U0053933

先華文創

Life is a Drama: The Life Model of "Seth Books" and Movies

人生「是」戲

《賽斯書》生命模型與電影

洪燕梅——著

人生真的什麼都帶不走？如果必須帶走，會是哪些？

答案就在生命的源頭、本質及目的。

序

本書是我從事《賽斯書》學術研究的第二本專著。全書嘗試以《賽斯書》中，與本體（ontology）、宇宙（universe）相關的內容為探討主軸，再綜理、延伸為有關人類是什麼樣的「存在」（being）、地球世界是如何被創造等相關議題。論述內容涉及人類生命的形成、本質、建構、作用等，以導向認識自己、身心保健為目的，但不涉及任何治療方法（therapy）。書中許多引用哲學、心理學、精神分析學等學術專著的部分，僅止於參考、佐證之用，而無學理上辨證或評論的意圖。

研讀《賽斯書》最適宜的方法或許應該是如賽斯所說的「直覺領悟」(intuitive insight)，即每個人自行閱讀、自己覺知書中的字句。本書訴諸內容的整理、分項，再加上個人的詮釋或援引其他相關學理相互參證，則屬於「邏輯領悟」（intellect insight）的研讀方式。過程中可能會有某種程度的武斷、切割或扭曲，尚請讀者多加留意，並且如賽斯所說，不妨「保持健康的懷疑精神」（《早期課3》，頁32）。

在寫作過程裡，除了整理資料、略做論述之外，我最常做的事是將資料運用於自己的身上、人際關係及電影研究，並做為觀察自己與生活百態的窗口。這麼做既有點像是榮格（Carl Gustav Jung，1875～1961））的自我實驗，也有些類似人格的整合歷程。有時看著自己的表達與變化，以及隨之改變的外在環境與他人，心中感觸至深，難以言喻。

能夠在此生有意識地獲得寶貴的生命經驗與體悟，首先要感謝賽斯、魯柏與約瑟的愛和奉獻，還有他們協力合作創造出如此廣博深奧的《賽斯書》。感謝賽斯文化公司同意我以其出版之所有《賽斯書》譯本做為研究對象；李佳穎總編輯兼翻譯召集人為本書的寫作及編輯，提供許多寶貴的意見；所有參與《賽斯書》的譯者及研究者，他們的作品都是本書得以問世的重要基石。本書內容大多僅就《賽斯書》重要觀念及專有名詞做詞句的片段引用，讀者若有興趣建立一套專屬於自己的「《賽斯書》理解」，建議盡可能閱讀完整的原文及譯本。至於其他領域的參考著作及引用的電影作品，也是如此。

在我選擇將研究領域擴展至《賽斯書》的過程裡，一直受到許多師長與親友的支持、鼓勵。輔仁大學中文系趙中偉教授持續且毫無保留地提供寶貴的學術意見，成為我堅持於這道研究旅程的重要支柱，協助我跨越許多難局和挑戰，在此謹致上敬意及謝意。

感謝：元華文創公司願意持續出版與《賽斯書》相關的學術研究專書；李欣芳主編、陳欣欣編輯則是始終扮演有力的推手，完成了我致力於連結學術研究與生活實修的理想，同時也體驗到如《賽斯書》中所說，建立——「更大的自己」（greater self）。

洪燕梅　于臺北木柵

2024 年 2 月

目 次

第一章　緒論

第一節　研究範圍

一、《賽斯書》

本書是繼《心靈動力視角的《老子》與《賽斯書》》[1]之後，延續《賽斯書》學術研究的第二本專著。內容主要是我對《賽斯書》的整理、分項與詮釋，包含個人的生命經驗投射與見解，所以並不涉及與其他專家學者相關研究的比較、評判或辯駁。

《賽斯書》是套書名稱，其中所屬專書及相關出版訊息都已於前一本專著《心靈動力視角的《老子》與《賽斯書》》之中羅列，因此不再贅述[2]。賽斯曾經自述之所以傳送這麼多前所未見的「資料」（material）[3]來到地球，目的是為了協助人類深入瞭解自己，以發掘更大潛能，並擴展感知（perception）及覺知（awareness）。他也提供了一套有關宇宙、生命的創造法則讓人類參考，試圖為人類指出一條生存之路（survival），避免「為了殺戮而殺戮」，最終「走向毀滅之途（destruction）」[4]。

《賽斯書》談論人類生命議題時，會涉及到它的源頭、存在的（existent）

---

[1] 見洪燕梅：《心靈動力視角的《老子》與《賽斯書》》（臺北：元華文創公司，2022）。此書將於本書出版之後推出「修訂版」，因此本書但凡有引用之處，皆僅註明章節而無頁碼。

[2] 見洪燕梅：《心靈動力視角的《老子》與《賽斯書》》第一章・第一節「一、研究範圍」。

[3] 本書所引用之專有名詞僅於首次出現時，加註原文。

[4] 見（美國）珍・羅伯茲（Jane Roberts）著，梁瑞安譯：《早期課4》（*"The Early Sessions Book 4"*）（臺北：賽斯文化公司，2018年），頁365。

形態，以及與其他生命形式（life form）的關係，描繪出完整的生命架構。這項議題所涉及的層面與內容，十分龐大，因此本書僅能以有限的文字與篇幅，略為探討《賽斯書》中有關人類的是什麼樣的「存在」（being）、地球世界是如何被創造（be created）、生命的意義、生命的目的等，涉及哲學（philosophy）、形上學（metaphysics）、本體論（ontology）等的部分。其他尚有涉及科學（science）的部分，例如有談論細胞（cells）、生命起源、生命演化、不同物種或生靈等的生物學（Biologically）；有談論物質（matter / physical）、時空（time and space）、電子（electrons）、電磁（electromagnetic）、電子反應（electrical reactions）、原子（atoms）、分子（molecules）、粒子（particles）、黑洞（black holes）、白洞（white holes）、死洞（dead hole）等的物理學（Physics）；也有談論酵素（enzymes）、化學反應（chemical reactions）、化學素（chemicals）等的化學（Chemistry）。涉及心理學（Psychology）、精神分析學（Psychoanalysis）的部分，例如賽斯提到的「人類系統」（human system），包括、心智（mind）、心靈（psychic nature / mind / psychic）、精神（spirit / mental）、人格（personality）等。由於上述各個領域都各有術業專精的學者專家研究成果，我僅能以自己可以明白、理解的視角及用語，陳述個人所知及研究心得。

本書採用的「模型」（model）一詞通常是自然科學及社會科學使用的研究方法，希望借用這項概念綜合整理《賽斯書》相關的內容。由於許多研究項目是外在感官（outer senses）無法感知到的對象，因此有些論述比較偏向想像性的建構（imaginative construction），有賴讀者多加發揮想像力（imagination）。至於本書研究的主要目的，依舊在於引導我個人長期處於僵化（rigid）、偏執（paranoia）的自我（ego），盡可能回歸彈性（elasticity）、平衡（blance），以及認識、瞭解自己；最終得以領會，為什麼生命旅程（life journey）既沒有起點，也沒有終點。論述內容若有能夠分享他人之處，或有助於讀者的生活體會，實屬意外收穫。

二、心理學、精神分析學

基於現代愈來愈多人尋求心理經驗（psychological experience）的描述及詮釋，心理學、精神分析的研究及相關著作，如雨後春筍般出現，對於現實生活中人際關係與社會發展的穩定，產生了某種程度的影響。《賽斯書》中也有許多與心理學、精神分析相關的論述，包括賽斯對傳統精神分析的看法，以及他不同的見解[5]。這些見解有一部分已經可以在現代心理學、精神分析的研究及著作之中，看到類似的說法，本書將予以併列陳述，但不涉及雙方的比較、評判或辯駁；同時本書也不論及相關的治療方法（therapy）。依本書寫作慣例，建議讀者能親自去閱讀本書所有參考的心理學、精神分析著作，並建立起一套專屬於自己的「心理學、精神分析理解」。

三、電影

本書以「人生『是』戲」為名，很容易令人立即聯想到類似的說法，即「人生『如』戲」。「是」與「如」最大的不同在於前者「當真」，後者「假設」；前者建立於「心物合一」的哲學觀點，後者則建立於「心物二元」的哲學觀點。《賽斯書》顯然偏向前者的主張。它將每個人的一生詮釋為一部正在上演且生動活潑的電影，並且詳述這部電影的監製或出品人（executive producer / presenter）、製片（producer），製作的資源、角色、拍攝過程等，以及製作完成後，如何於地球世界這個大型影院中發行上映。當然，相對於目前電影僅能以短短數小時的長度描述濃縮版的人生而言，現實生活中的人生可說才是真正「完整版的電影」。不過，相對於電影需要耗費不少時間才能完成的狀況，以賽斯的說法，這部「完整版的電影」只需要「瞬間」（moment）即能完成。

如果將電影視為一個個體，它就有如人類般具有意識，擁有它生命發展的過程與歷史。參考《賽斯書》有關人類生命模型的論述，或許也可以為電影的發明、改良，以及改良者「靈感（inspiration）或創造性活動」的來源，提供某

---

5 見洪燕梅：《心靈動力視角的《老子》與《賽斯書》》第一章・第二節「二、學理與實務」。

種研究視角，並且指向他們可能的心靈活動[6]。此外，許多現代電影的劇情其實可以看到一些《賽斯書》中，以往比較難以被接受或理解的說法，令人感受到一種時代快速變遷、思想多元轉變的進化感，這也是本書援引電影做為研究對象的原因之一。

四、其他

「戲」除了電影之外，還包括影集、舞台劇、傳統戲劇等。本書參考的戲種整體而言以電影為主。除了人生就是一齣戲劇之外，《賽斯書》也用「遊戲」來描述人的一生。賽斯認為生活就是「**精神振奮的靈（highly motivated）的遊戲性創造**」；談到意識心（conscious mind）時，建議讀者要盡量展現它遊戲、玩耍的本質，以「**一種遊戲的態度，有意地『玩』自己的意識心。就像孩子玩遊戲一樣**」[7]。

這場遊戲與現代流行的電子遊戲（video game / computer game）、虛擬實境（virtual reality；VR）遊戲十分相近。現代電子遊戲基本條件有四：一是製作團隊；二是硬體設備（hardware），主要是電腦主機的部分；三是軟體設計（software / firmware），主要有代碼（code）、程式（program）；四是劇本（script），包括遊戲的故事（story）、世界觀（worldview）等。電子遊戲的製作團隊與電影製作近似，例如它需要開發商、製作人或主策畫以負責整體工作的協調，有時開發商即身兼發行商；還需要文案策畫（copywriting planner），負責遊戲的世界觀（world view）、遊戲劇本（video game script）等的規畫；遊戲設計師（video game designer），負責安排角色、環境及情節，創造體驗（create experience）並將創意化為現實（concept to reality）等；程式設計師（programmer / computer programmer / coder），負責代碼編寫（code write）、程式開發及維護。以上各

6 見（美國）珍・羅伯茲（Jane Roberts）著，梁瑞安譯：《早期課 4》（"*The Early Sessions Book 4*"），頁 517。

7 見（美國）珍・羅伯茲（Jane Roberts）著，王季慶譯：《靈魂永生》（"*Seth Speaks: The Eternal Validity of the Soul*"）（臺北：賽斯文化公司，2015 年），頁 45。

種角色的身分，均近似電影中的編劇、導演[8]。

電子遊戲所需的硬體設備，是一部擁有龐大的儲存空間、記憶體（computer memory），快速穩定的伺服器（the server）、運算能力等條件的電腦（computer）。人類生命的源頭之一的「存有」（entity；又稱「靈魂」〔soul〕）就被賽斯比喻為一部電腦，他建議讀者可以將自己的靈魂或存有「想成有意識且活生生的、受神感召的電腦，它設計自身的存在及生生世世的生活程式」。《賽斯書》中的存有不僅擁有至高的創造力，能設計出不同的角色（人格）以躍入意識（consciousness）及生命，而且每個都角色都栩栩如生。現代最先進的電腦是「量子電腦」（quantum computer），而且已有多國競相投入研發。它具有強大運算速度和能力的優勢，或許更為趨近存有的本質。此外，賽斯又指出人類的身體（又稱「肉體」、「肉身」）也配備了容量超大的儲存、記憶空間。他說，個人的心智「非但**不是**等著經驗在上面大書特書的一張白紙」，而且已經「裝備有遠超過任何電腦的記憶庫」。這裡賽斯明確指出，每個人出生前就已經被賦予足以應付在地球世界生活所需的內建知識，而「整體大電腦內的濃縮知識，卻藏在人格最祕密的隱蔽處」[9]。

在軟體設計的部分，賽斯曾說人類系統「每一個新誕生的意識，自己之內都會帶有我之前提過的濃縮理解」，而每個由原子、分子及粒子所建構而成的「實體物質」（physical matter），「都包含各自的濃縮理解——也就是已編碼過的內在暗示（inner suggestions），不只是一個碼，而是好幾個碼，用以提供發展和成長的完整指引」[10]。此外，任何「個體（individual）的電磁本體（electromagnetic identity），都包含了過去的本體系統，而且一樣是以編碼形

---

[8] 見（美國）傑西・謝爾（Jesse Schell）著，盧靜譯：《遊戲設計的藝術：架構世界、開發介面、創造體驗，聚焦遊戲設計與製作的手法與原理》（“*The Art of Game Design: A Book of Lenses, Third Edition*”）（新北：大家／遠足文化公司，2021 年）。

[9] 見（美國）珍・羅伯茲（Jane Roberts）著，王季慶譯：《靈魂永生》（“*Seth Speaks: The Eternal Validity of the Soul*”），頁 51。

[10] 見（美國）珍・羅伯茲（Jane Roberts）著，梁瑞安譯：《早期課 4》（“*The Early Sessions Book 4*”），頁 119-120。

式」[11]。還有影響人類至深的情感，賽斯說它「也是經過電子編碼的，也有一個獨立的電子實相（electronic reality）」[12]；所有經驗「基本上都是心理性的，以編碼形式存放在細胞裡」[13]。

以電腦及相關設備比喻人類系統，只是為人類生命的創造提供另一種觀察的視角，賽斯強調他「並不是說靈魂或存有是一部電腦」，他只是邀請讀者「由這種方式來看看這事，以便弄清楚幾點」[14]。相關議題可參考電影「駭客任務」（"*The Matrix*"，中國大陸譯「黑客帝國」，香港譯「22 世紀殺人網絡」，1999；IMDb: tt0133093）[15]系列、「關鍵報告」（"*Minority Report*"，2002；中譯「少數派報告」，港譯「未來報告」；IMDb: tt0133093）等。

《賽斯書》認為人生既是一齣戲劇，也是一場遊戲。戲中多彩采姿的地理環境、各式各樣的人物角色、規模大小及難度不同的關卡（level）等，都是人生不可或缺的要件及組合。賽斯甚至以「過關」（passed）來形容人格已經完成地球輪迴（reincarnation），並進化至其他層面（plane）的狀況[16]。不過我個人認為，電子遊戲中的角色與現實生活中逐漸受到重視的人工智慧（artificial intelligence；AI），終究無法取代人類的身分[17]、角色。雖然它們像人類的人格

---

[11] 見（美國）珍・羅伯茲（Jane Roberts）著，梁瑞安譯：《早期課 4》（"*The Early Sessions Book 4*"），頁 532。

[12] 見（美國）珍・羅伯茲（Jane Roberts）著，陳秋萍譯：《早期課 3》（"*The Early Sessions Book 3*"），頁 446。

[13] 見（美國）珍・羅伯茲（Jane Roberts）著，梁瑞安譯：《早期課 4》（"*The Early Sessions Book 4*"），頁 531。

[14] 見（美國）珍・羅伯茲（Jane Roberts）著，王季慶譯：《靈魂永生》（"*Seth Speaks: The Eternal Validity of the Soul*"），頁 51-52。

[15] 「中國大陸譯」，後文簡稱「陸譯」；「香港譯」，後文簡稱「港譯」。本書所推薦之電影，所有參與人員及相關資料，均可於（美國）「網路電影資料庫」（Internet Movie Database；IMDb）網站查詢。見 https://www.imdb.com/?ref_=nv_home。

[16] 見（美國）珍・羅伯茲（Jane Roberts）著，洪志美、張黛眉、梁瑞安譯：《早期課 1》（"*The Early Sessions Book 1*"）（臺北：賽斯文化公司，2016 年），頁 97。

[17] 本書提及「身分」時，大致有兩種涵義：一是以二元性思考、「主體—客體」為原則的認知，指個人的出身、職業、資格、社會地位等，例如前文所提到的「編劇」、「導演」等；一是以整體的概念看待指稱對象的本質、真實樣態等，例如此處所指稱的內容，或說「意識是個人基本的身分」等。

（personality）一樣，「必須在它被設定『生存脈絡』中運作」，但是人類人格（human personality）擁有它們所缺乏的意識、精神活動（mental activity）、自由意志（free will）等，因此「有充分的自由」[18]，隨時可以基於自己的意願而跳脫循環生活模式。電子遊戲中「非玩家角色」（non-player character；NPC）與「玩家角色」（player character；PC）的差別也是如此。相關議題可參考電影「脫稿玩家」（*"Free Guy"*，2021；中譯「失控玩家」，港譯「爆機自由仁」；IMDb: tt6264654）。

通常「遊戲」一詞帶給人們的感覺是帶有一種輕忽或輕謔的態度；賽斯使用此詞時，則在強調它的創造性、直覺自發性（intuitive spontaneity），並具有喜悅、奮力、負責、達到目標、實現目的等性質，因此他說，「人類一方面把人生看得太認真，另一方面看『遊戲般的生存』卻不夠認真」[19]。賽斯提到在他所處的層面對於遊戲及放鬆的觀念，比人類的更強又好玩。他們「可以像孩子那樣遊戲，同時又能夠全然有意識地鑑賞著——『我是』（I am）的原則」，而地球的「孩童在自己的幻想遊戲中缺乏的就是這個」[20]。

遊戲要好玩，一定要有遊戲者精神活動的投入，而不是站在一旁觀賞，或投入時卻在精神上對遊戲抱持著抗拒（reactance）、迴避（avoidance）等的心態。賽斯就曾經提醒為他轉譯、傳送訊息的珍・羅伯茲（Jane Roberts），以及記錄者羅勃・柏茲（Rob Butts）這對夫婦[21]，不要過度嚴肅[22]、裝腔作勢

---

[18] 見（美國）珍・羅伯茲（Jane Roberts）著，王季慶譯：《靈魂永生》（*"Seth Speaks: The Eternal Validity of the Soul"*），頁 51。

[19] 見（美國）珍・羅伯茲（Jane Roberts）著，王季慶譯：《靈魂永生》（*"Seth Speaks: The Eternal Validity of the Soul"*），頁 46-47。

[20] 見（美國）珍・羅伯茲（Jane Roberts）著，洪志美、張黛眉、梁瑞安譯：《早期課 1》（*"The Early Sessions Book 1"*），頁 162。

[21] 在《賽斯書》中，賽斯大多以「魯柏」（Ruburt）稱呼珍・羅伯茲（Jane Roberts），這是她的「存有名」（name of entity），屬於男性名；以「約瑟」（Joseph）稱呼羅勃・柏茲（Rob Butts），這是他的存有名，一樣屬於男性名。

[22] 見（美國）珍・羅伯茲（Jane Roberts）著，梁瑞安譯：《早期課 4》（*"The Early Sessions Book 4"*），頁 137。

（affectation），以「刻意營造成他認為值得受人尊重的高姿態」[23]。賽斯總是有話直說，點出他們個性上的問題，而且鼓勵他們不要依賴他，而是應該發展他們自己的洞見，也要從他們「自己的錯誤和經驗中學習」[24]。

美國溝通分析心理學（Transactional Analysis）創始人艾瑞克·伯恩（Eric Berne，1910～1970）也主張以遊戲看待人生。他藉由觀察人們外在行為（例如：姿態、觀點、聲音、用語等）以及在人際交往中不斷的變化，整合出不同的行為模式，並對應出一種心理狀態，即「自我狀態」（ego state）。人們就是在這些模式及心理狀態下，玩著一些典型的心理遊戲（mind games）。他定義心理遊戲為「一系列朝著明確、可預測結局連續進行的互補式隱藏溝通」。不過艾瑞克·伯恩特別強調，以「心理遊戲」為名「並不意味著好玩或有趣」，有些遊戲「也應該得到更嚴肅的對待」[25]。

第二節　研究方法

一、訓釋與綜理

本書延續前一本《賽斯書》學術研究專著的做法，先以分項的方式綜合整理《賽斯書》的內容，以符合現今學術研究的基本要求。其實並非《賽斯書》沒有類似的做法，只是它的分項不如學術研究要求般清晰明確。即使如此，賽斯仍經常強調書中內容的分項只是為了配合人類認知的習慣、不得已的做法。

---

[23] 見（美國）珍·羅伯茲（Jane Roberts）著，彭君蓉譯：《早期課2》（*"The Early Sessions Book 2"*）（臺北：賽斯文化公司，2016年），頁480。

[24] 《賽斯書》中有一些內容是賽斯對魯柏、約瑟的談話及建議。這些內容是否可以延伸為其他人所用的觀點，可以由讀者自行決定。

[25] 見（美國）艾瑞克·伯恩（Eric Berne）著，劉玎譯：《人間遊戲：》（*"Games People Play: The Psychology of Human relationships"*）（新北：小樹文化公司，2021年），頁48、78、80。此書另有中譯版本，見（美國）艾瑞克·伯恩（Eric Berne）著，林曉欽譯：《人間遊戲》（*"Games People Play: the basic handbook of transactional analysis"*）（臺北：麥田出版公司，2022年）。

例如他曾經說「我們資料主題的畫分往往很武斷，那都只是為了方便討論而已」[26]；在談論「行動」（action）時，賽斯提到許多不同的行動名稱，但是他強調這麼做「暗含了一種實際上不存在的區隔，也意味了一些看不到的確切界限」，事實上行動的本質是「所有行動都會與其他行動融合在一起」、「所有的界限都會變動」[27]。

除了分項，人類還習慣給予各種有形（physical）或無形（nonphysical）的存在，附上許多特定的名稱；不同的主張或學派，可能產生不同的定義或專有名詞。《賽斯書》中一樣有許多專名，不過賽斯特別強調，這些做法都相當「人工化」（artificial），「它們代表了非常武斷的框架限制」[28]。賽斯認為，「名詞本身並不重要，重要的是藏在這些名詞之後的結構」[29]。

賽斯比較傾向以「直覺領悟」（intuitive insight）[30]的方式閱讀他所提供的資料；不過人類學習、理解的主要方式是「邏輯領悟」（intellect insight）[31]，分項討論即屬於這個部分。賽斯之所以建議讀者盡量以直覺領悟式閱讀《賽斯書》，主要是因為書中的字句原本是「非語言性」（not initially verbal）的，它們是透過魯柏的轉譯才形成人類可以閱讀的「語言性」存在。直覺領悟可以超越語文的限制、表達，正如同觀眾對影片段落的解讀，絕對比影片中的對白還要多，而且人與人之間溝通的強度是依賴語文背後的「情感強度」（emotional intensity）

---

26 見（美國）珍・羅伯茲（Jane Roberts）著，梁瑞安譯：《早期課 4》（“*The Early Sessions Book 4*”），頁 116。

27 見（美國）珍・羅伯茲（Jane Roberts）著，梁瑞安譯：《早期課 4》（“*The Early Sessions Book 4*”），頁 163-164。

28 見（美國）珍・羅伯茲（Jane Roberts）著，梁瑞安譯：《早期課 4》（“*The Early Sessions Book 4*”），頁 271。

29 見（美國）珍・羅伯茲（Jane Roberts）著，王季慶譯：《個人實相的本質》（“*The Nature of Personal Reality*”）（臺北：賽斯文化公司，2016 年），頁 9。

30 見（美國）珍・羅伯茲（Jane Roberts）著，梁瑞安譯：《早期課 4》（“*The Early Sessions Book 4*”），頁 160、176。

31 見（美國）珍・羅伯茲（Jane Roberts）著，梁瑞安譯：《早期課 4》（“*The Early Sessions Book 4*”），頁 176。

而定，絕非僅限於表面上的語文符號[32]。

邏輯領悟式的閱讀容易加入許多來自「外在自我」（outer ego，《賽斯書》中通常簡稱「自我」〔ego〕）的介入及武斷的解讀。自我是人類心智模型（mental model）中的一部分，出生後才開始發展、成長[33]。由於它負責向外界汲取知識，因此容易使個人意識的焦點逐漸專注於外在環境、他人或群體，並且深受撫養者、教育者的影響。一旦他被植入並全盤收下許多不適合他天生能力與特質的想法（thoughts）、意念（ideas）、信念（beliefs）等，都可能導致自我形成僵化、固執等發展限制，進而扭曲（distort）他的感知。這種扭曲對於許多來自他內在有用的直覺訊息無疑是一道障礙，並且為自己創造出許多不必要的難局與困境。

當一個人內、外的感知有著明顯矛盾、衝突時，「理性」（reason）往往可以成為一位蠻好的調停者，因為它正是自我的一部分[34]。《賽斯書》有一套針對自我的訓練方法，其實就是增長理性能力、減少自我扭曲的建議[35]。賽斯認為全部都依賴直覺並不適當。他主張直覺與理性並用，因為理性的用處是可以讓自我瞭解內在資料的內容，而不致於一意孤行[36]。賽斯的傳訊者魯柏也曾經建議讀者，閱讀《賽斯書》時留意不要「**望文生義，或是斷章取義妄下斷語，或自以為是**」、「**妄以人間所謂的真、假來限制與評判事物**」[37]。有鑑於此，本書僅就《賽斯書》重要觀念及專有名詞做詞句的引用，讀者若有興趣建立一套專屬於

---

[32] 見（美國）珍・羅伯茲（Jane Roberts）著，王季慶譯：《靈魂永生》（"*Seth Speaks: The Eternal Validity of the Soul*"），頁 27。

[33] 「心智模型」見洪燕梅：《心靈動力視角的《老子》與《賽斯書》》第二章・第一節「論意識」。

[34] 見（美國）珍・羅伯茲（Jane Roberts）著，梁瑞安譯：《早期課 4》（"*The Early Sessions Book 4*"），頁 533。

[35] 見洪燕梅：《心靈動力視角的《老子》與《賽斯書》》第二章・第一節・「一、意識的本質」。本書將也會在討論人格的單元予以補充論述。

[36] 見（美國）珍・羅伯茲（Jane Roberts）著，梁瑞安譯：《早期課 4》（"*The Early Sessions Book 4*"），頁 280。

[37] 見（美國）珍・羅伯茲（Jane Roberts）著，王季慶譯：《個人實相的本質》（"*The Nature of Personal Reality*"），頁 xi。

自己的「《賽斯書》理解」，建議盡可能閱讀完整的原文及譯本；本書所參考的心理學、精神分析學部分，也是如此。

二、學理與實務

本書參考了許多現代心理學、精神分析學的著作，但僅做為學理論述過程的佐證，而不涉及任何不同學派之間的辨證或評論。論述的方向以導向身心保健為主，並未涉及任何治療方法；論述的目的以我個人學習與教學工作的需求為主，而無教導他人或向讀者輸入所謂「好的知識」的意圖。本書也嘗試透過《賽斯書》的「整體」（whole）、「完形」（gestalt）、意識投射（projection of consciousness）等概念，探索人類生命的本源、形成、本質、建構方式、作用等議題。然後將這些研究後的心得、成果，實際運用在自身的生活之中，用以觀察其真實性與實效性；希望藉助這些知識來調整、改變自己的性格，以輕鬆自在的方式體驗身心的整合（integration）或融合（merge）遊戲。當然，如果因此意外地對讀者有所助益，也是寶貴、可喜的收穫。

所謂身心整合，更具體的描述是如賽斯所說，一個人終能把他「**內在的理解與肉身的自己融合在一起**」，而在有意識的基礎上形成他自己的世界[38]，同時讓自己保持在意識擴展（enlargement of consciousness / expansion of consciousness）、進化狀態（state of evolution）的行動之中。身心整合也與「意識創造實相」[39]、「精神創造實相」[40]的概念有關。這些概念是由《賽斯書》所衍生的經典名言，也是許多讀者奉行的目標。本書論述的基本架構及重心，較為偏向意識、精神的部分。主要是因為沒有它們的活動、選擇與決定，就沒有實相的被創造與存在。據我個人的研究與觀察，一個人對於這兩個概念關切的

---

[38] 見（美國）珍・羅伯茲（Jane Roberts）著，王季慶譯：《個人實相的本質》（“*The Nature of Personal Reality*”），頁 512。

[39] 見（美國）珍・羅伯茲（Jane Roberts）著，王季慶譯：《個人實相的本質》（“*The Nature of Personal Reality*”），頁 7。

[40] 見（美國）珍・羅伯茲（Jane Roberts）著，王季慶譯：《靈魂永生》（“*Seth Speaks: The Eternal Validity of the Soul*”），頁 337。

重心、實修的標的，究竟是放在內在、無形的「意識」、「精神」，還是外在、有形的「實相」，所獲得的成效往往不同[41]。當一個人多加關注自己的意識、精神狀態，而將它們創造物（實相）的作用定位於做為調整或改變自己意識焦點（focus of consciousness）、精神活動時，審視、研究、參考、觀察等的對象，這種做法比較容易為他的心靈帶來豐盛的收穫，並產生親近自己的感覺。賽斯一直強調生命就是一個旅程，那麼當一個人願意關心自己意識焦點、精神活動，自然就能比較「有意識地」（consciously）悠遊於生命的旅程。即使途中偶有因為過度關注實相而導致迷向或走叉了路，也會盡可能覺察其中的意義及價值，然後繼續旅程，體驗到生活的踏實感及力量感；而不是選擇停留在無盡的懊惱、悔恨之中，導致又創造出一些不必要的難局與挑戰。

本書的研究除了參考許多現代心理學、精神分析學的著作外，還援引了一些電影相關知識及作品，做為學理的佐證與參考資料。我個人對於電影的看法不斷改變，原因大多來自《賽斯書》研究，還有教學、生活實修心得、學生的反饋等。從「人生如戲」到「人生是戲」，正是目前逐漸改變的重要環節。限於版權的規範及研究方法的考量，本書僅於論述《賽斯書》學理之後，推薦可能具有相關議題的影片，但不涉及電影內容的揭露、討論或評價，也不會談論如何以《賽斯書》的觀點去閱讀影片，因為這些都是讀者可以自行達成的目標。我認為每個人都可以建立一套專屬於自己的電影認知模式，以及對個別電影的理解與詮釋。此外，每一部電影都有所有參與者的意識、精神的投入，屬於集體實相（collective reality）的創造，自然就有它存在的意義及價值。只要它開始被個人或集體創發、實質製作或發行上映，都已經是如《賽斯書》所說的「價值完成」（value fulfillment），而無論它的實質內容為何、是否得獎或觀眾接受與否。

上述論點並非在否認相關的電影評論或「金酸莓獎」（Golden Raspberry

41 「實相」近似「環境」的概念，不過因為環境一詞偏向用以指稱物質性的空間、事物等；實相則包含本體、本質、真相、空性等內涵，用以指稱非物質、內在或無形等的環境，較無違和感，因此「實相」一詞已逐漸被世人所接受，同時也經常出現在現代電影台詞之中。

Awards；Razzie Awards）存在的意義及價值[42]。因為它們也是一種集體的認知模式與理解方法，有助於觀眾追求「更好的」（the better…）經驗，只是本書傾向尋求如《賽斯書》經常強調的「更大的」（the greater…）經驗。這兩種經驗為個人所帶來的體驗（experience）[43]及學習（learning），迥然不同，卻都是人類生命必要的歷程。例如賽斯曾經提到，「在一個較大的角度來說，『正面』（positive）或『負面』（negative）沒多少意義」，因為實質人生的經驗就是為了讓個人獲得學習的機會；不過如果個人感到不快樂，「那麼『負面』這個字就是有意義的」[44]。賽斯認為，大多數人類害怕所謂的「痛苦」（pain / agony）感受，但它是必須學習接受的對象，因為「對於痛苦的刺激也予以接受是意識之本質的基本部分」[45]。當一個人願意承認自己因為外境的刺激（stimulus）而產生負面的想法、感覺（sensation / feeling）或情緒（emotion）時，就同時開啟了引領自己向內檢視精神活動，以及認識自己、改變自己的大門，而這也正是賽斯資料（Seth materials）出現於地球世界的目的之一。

---

42 「Razzie Awards」（金酸莓獎〔Golden Raspberry Awards〕）：http://www.razzies.com/index.html。

43 「經驗」與「體驗」二詞在英文之中使用同一個單字，但是在本書之中，略有差異。「經驗」或「經歷」，偏向於描述一個人的親身遭遇、與事件的接觸，而他在精神上可能採取投入或迴避的態度；「體驗」則是指一個人接觸事件時，願意接受事件所帶給他心靈上的刺激、感受、體會等，屬於一種精神投入的態度。

44 見（美國）珍・羅伯茲（Jane Roberts）著，王季慶譯：《個人實相的本質》（"*The Nature of Personal Reality*"），頁 74。

45 見（美國）珍・羅伯茲（Jane Roberts）著，王季慶譯：《靈界的訊息》（"*The Seth Material*"）（臺北：賽斯文化公司，2016 年），頁 193。珍・羅伯茲曾經提到，她相信「賽斯對『痛苦的本質』的概念也與當前的形上思想（metaphysical thought）十分歧異」。見同書，頁 123。

第二章　宇宙的發源與擴展

第一節　「一切萬有」（造物主）的難局與創造

以「人外有人，天外有天」[46]簡單概括《賽斯書》的人格論（personality theory）與宇宙論（cosmology），頗為貼切。本章將先行探討有關宇宙論的部分。不過，由於《賽斯書》論述的範圍極其廣深，本書的研究所得可能僅屬一窺其概貌，還無法究竟其堂奧，所以稱不上「論」的層次。

現代科學對於宇宙（universe）的研究及觀念，已經不再僅限於肉眼可見的部分；有些人已經開始思考、猜測，宇宙之外是否還有更大的「存在」（being）。《賽斯書》可以為這些研究或猜測，提供一種專屬於它的描繪與解說。它所談論到的宇宙，不是只有人類已知、肉眼可見的宇宙，還有更多是人類科學尚未發現、一般學者也難以想像的部分，通常賽斯以「所有的宇宙」、「所有的系統（system）或場（field）」做為它們的統稱。這一切無論可見／不可見、有形／無形的宇宙與存在，都源於「一切萬有」（All That Is）的創造。

一、一切萬有的本源與「金字塔完形」

有關所有宇宙、生物（包括人類）或其他可能的「存在」（being）的起源，至今眾說紛紜，尚無定論。比較多人認同的主張是神（Deity）、上帝（God）、

46 本句原釋為「比喻強中更有強中手。勸戒人不能自滿自大」，此處則是採用直譯。見「教育部重編國語辭典修訂本」（臺北：教育部國家教育研究院，2021 年 11 月臺灣學術網路第六版），https://dict.revised.moe.edu.tw/dictView.jsp?ID=136009&word=%E4%BA%BA%E5%A4%96%E6%9C%89%E4%BA%BA。

造物主（The Creator）或某種神祕力量；《賽斯書》則大多使用「一切萬有」（All That Is）來指稱這個起源。賽斯說，「通常只在與習慣以神學（Theology）術語來思考的學生說話」[47]，或「為了簡單起見」[48]，他才會使用「神」的稱呼。

令賽斯感到為難、痛苦的是，他無法以人類的語言來傳送他所知有關一切萬有的完整資料，原因大致有以下五項：

(一)人類的語言系統具有侷限性（limitation），當一個人有所領悟而試圖使用語言表達時，「語言的熟悉性便開始消失」，有時更難以精選字眼去表達自己無意識的創造或生命系統的操作[49]。

(二)賽斯自述他所傳送的資料「全部都是實相譯本，轉譯成概念（ideas）模式，再從概念模式轉譯為語言」[50]。當這些無形的資料被轉譯為人類可以辨識的具體形式時，「仍免不了有某種扭曲」[51]。

(三)一切萬有「存在於一個『存在的情境』（state of being），卻沒有辦法找到表達祂存在的方法」[52]，而且「任何事實都無法忠實地描畫出『一切萬有』的屬性」[53]。

(四)人類早已習慣於使用「線性時空」（linear space-time）的概念來生活、學習，以及理解所處的實相，因此賽斯必須使用這項概念來解釋一切萬有的

---

[47] 本句為作者珍・羅伯茲的陳述，不是賽斯的自述。見（美國）珍・羅伯茲（Jane Roberts）著，王季慶譯：《靈界的訊息》（*"The Seth Material"*），頁 279。

[48] 見（美國）珍・羅伯茲（Jane Roberts）著，王季慶譯：《靈界的訊息》（*"The Seth Material"*），頁 285。

[49] 見（美國）珍・羅伯茲（Jane Roberts）著，王季慶譯：《靈魂永生》（*"Seth Speaks: The Eternal Validity of the Soul"*），頁 87。

[50] 見（美國）珍・羅伯茲（Jane Roberts）著，彭君蓉譯：《早期課 2》（*"The Early Sessions Book 2"*），頁 91。

[51] 見（美國）珍・羅伯茲（Jane Roberts）著，王季慶譯：《靈魂永生》（*"Seth Speaks: The Eternal Validity of the Soul"*），頁 81。

[52] 見（美國）珍・羅伯茲（Jane Roberts）著，王季慶譯：《靈界的訊息》（*"The Seth Material"*），頁 281。

[53] 見（美國）珍・羅伯茲（Jane Roberts）著，王季慶譯：《靈魂永生》（*"Seth Speaks: The Eternal Validity of the Soul"*），頁 294。

存在，而「這種討論有一些一定會遭到扭曲」[54]。

(五)賽斯有時直言，「有些問題我無法回答，因為在我們生存的系統內找不到答案」[55]。

雖然一切萬有已經是所有宇宙及所有存在的源頭，不過賽斯還是曾經簡略提到它[56]更初的發源。他說，「祂曾由另一個『原』（Primary）發展而來」，但是「它已經遺忘它的本源（origin），它已經從另一主體（primary）進展而出」，而且它早已與「那主體早已分道揚鑣」，而「那『原』已早走了它的陽關道」[57]。至於這個「原」究竟是什麼樣的存在，賽斯無法回答。

賽斯說，一切萬有並不具有任何人格或物質形象；它也不是人或個人，「雖然他經過人的階段；此處佛教的神話（myth）最接近真相」。除了「一切萬有」這個專名之外，賽斯還曾經使用「整體」（the Whole）、「原始能量完形」（Primary Energy Gestalts）、「心靈完形」（the psychic gestalts）、「原始金字塔完形」（Primary pyramid gestalt）[58]、「整體的金字塔完形」（overall pyramid gestalt）[59]、「原創者」（creator）[60]、「無限的能量完形」（infinite energy gestalt）、「金

---

[54] 見（美國）珍・羅伯茲（Jane Roberts）著，王季慶譯：《靈界的訊息》（“*The Seth Material*”），頁279。

[55] 見（美國）珍・羅伯茲（Jane Roberts）著，王季慶譯：《靈界的訊息》（“*The Seth Material*”），頁279-280。

[56] 《賽斯書》原文以第三人稱描述一切萬有時，使用「It」；中文譯本則因譯者不同而有「它」、「祂」或「他」。為符合賽斯不以宗教、信仰性質描述一切萬有的立場，本書選擇以「它」做為代名詞，引文則不改。

[57] 見（美國）珍・羅伯茲（Jane Roberts）著，王季慶譯：《靈界的訊息》（“*The Seth Material*”），頁280；（美國）珍・羅伯茲（Jane Roberts）著，呂紹暉譯：《早期課9》（“*The Early Sessions Book 9*”）（臺北：賽斯文化公司，2023年），頁46。

[58] 見（美國）珍・羅伯茲（Jane Roberts）著，王季慶譯：《靈界的訊息》（“*The Seth Material*”），頁108、276、283。

[59] 見（美國）珍・羅伯茲（Jane Roberts）著，梁瑞安譯：《早期課4》（“*The Early Sessions Book 4*”），頁406。

[60] 見（美國）珍・羅伯茲（Jane Roberts）著，王季慶譯：《靈界的訊息》（“*The Seth Material*”），頁284。

字塔意識」（pyramid consciousness）[61]、「能量完形」（energy gestalt）[62]、「原始意識完形」(primary consciousness)[63]、「首要意識完形」(primary consciousness-gestalt）[64]等稱呼它。賽斯還特別強調「我不喜歡用男性的『他』來形容上帝」，因為一切萬有既是「所有性別的來源，而且是所有實相的源頭」。在許多地球以外的實相裡，人類「所認為的性別並不存在」[65]。

從上述與一切萬有相關的專有名詞觀察，人類應該無法使用外在感官來接觸它，而只能以「內在感官」（inner senses）感知它的存在，尤其是賽斯使用了中「金字塔」及「完形」兩個較為特殊的用語。

金字塔的命名由來已經無法考證。它是指現今許多考古聖地，例如埃及（Egypt）、墨西哥（Mexico）等國的遠古建築物，形狀多屬以三角形或四方形等為基座，頂部面積極小或成尖頂。賽斯大抵是藉由這類建築物的形狀來形容一切萬有的「頂尖」地位，以及由它而生的所有創造。它「藉由首要造物者(prime creators）的愛（love），讓它的關注<u>被</u>導向每一種意識」[66]；它透過某種痛苦、煎熬（agony）的狀態，並且「從當中產生最初的創造力」[67]。由一切萬有創造出的所有個體、存在，它們本身從事創造的原理也是如此。

此外，許多與金字塔建造相關的考古發現，例如能量、電磁(electromagnetic)

---

[61] 見（美國）珍・羅伯茲（Jane Roberts）著，陳秋萍譯：《早期課7》（“*The Early Sessions Book 7*”）（臺北：賽斯文化公司，2021年），頁406。

[62] 見（美國）珍・羅伯茲（Jane Roberts）著，陳秋萍譯：《早期課7》（“*The Early Sessions Book 7*”），頁409。

[63] 見（美國）珍・羅伯茲（Jane Roberts）著，王季慶譯：《靈界的訊息》（“*The Seth Material*”），頁280。

[64] 見（美國）珍・羅伯茲（Jane Roberts）著，呂紹暉譯：《早期課9》（“*The Early Sessions Book 9*”），頁45。

[65] 見（美國）珍・羅伯茲（Jane Roberts）著，王季慶譯：《個人實相的本質》（“*The Nature of Personal Reality*”），頁616。

[66] 見（美國）珍・羅伯茲（Jane Roberts）著，呂紹暉譯：《早期課9》（“*The Early Sessions Book 9*”），頁48。

[67] 見（美國）珍・羅伯茲（Jane Roberts）著，呂紹暉譯：《早期課9》（“*The Early Sessions Book 9*”），頁45。

等重要元素，化學、物理等原理，正是意識建構出人類物質世界的元素與原理，而且每個意識都存在著「巨大潛能」[68]。甚至連人類的語言系統也都是一座「龐大的符號金字塔」，但是人們並不有意識地知道自己是如何操縱語言系統，並且從中精確選出「表達某一個想法所需的那些字眼」[69]。

一切萬有的所有創造看似有各種不同的形式、層面，不過「所有的存在與意識全是相互交織的」，正如組構出金字塔的所有石塊一樣，必須以整體看待。而正如金字塔建築本身所具備的安全價值，一切萬有對於它所創造的所有存在極具「安全感」（secure）[70]。為賽斯傳送、轉譯資料的魯柏曾經在幾次傳訊的過程中，突然有特殊的感受：「內部的什麼東西開始發動、旋轉或加速，越來越快直到達到某個不可置信的另一個速度」[71]、「進入她『巨大的』感覺」[72]、「一種泰然自若混合著被動性的加速狀態」[73]、「體驗到很多生動主觀影像，還有強烈的巨大感」[74]等，他稱之為「金字塔效應」（pyramid effect）。他沒有因為這些感覺而心生恐慌，反而認為它們是「極少的、極重要的感覺」[75]。

組成金字塔的各個石塊是這整體建構中的一小部分，它就好像一切萬有整

---

[68] 見（美國）珍・羅伯茲（Jane Roberts）著，王季慶譯：《靈界的訊息》（“*The Seth Material*”），頁283。

[69] 見（美國）珍・羅伯茲（Jane Roberts）著，王季慶譯：《靈魂永生》（“*Seth Speaks: The Eternal Validity of the Soul*”），頁87。

[70] 見（美國）珍・羅伯茲（Jane Roberts）著，王季慶譯：《靈界的訊息》（“*The Seth Material*”），頁276。

[71] 見（美國）珍・羅伯茲（Jane Roberts）著，王季慶譯：《靈魂永生》（“*Seth Speaks: The Eternal Validity of the Soul*”），頁552。

[72] 見（美國）珍・羅伯茲（Jane Roberts）著，王季慶譯：《未知的實相・卷二》（“*The “Unknown” Reality Volume Two*”）（臺北：賽斯文化公司，2016年），頁410。

[73] 見（美國）珍・羅伯茲（Jane Roberts）著，王季慶譯：《未知的實相・卷二》（“*The “Unknown” Reality Volume Two*”），頁489。

[74] 見（美國）珍・羅伯茲（Jane Roberts）著，王季慶譯：《未知的實相・卷二》（“*The “Unknown” Reality Volume Two*”），頁873。

[75] 見（美國）珍・羅伯茲（Jane Roberts）著，王季慶譯：《靈魂永生》（“*Seth Speaks: The Eternal Validity of the Soul*”），頁553。

體創造中的每個創造，而這些創造都先發生在它「巨碩的想像中」[76]，進而孳生為無限的「可能性」（possibility）。一切萬有對待所有的可能性都一視同仁、一樣重要，所以也都會賦予它們真實性（actuality）。例如在人類系統（human system）中，就有所謂「可能的宇宙」（probable universes）[77]、「可能性領域」（the realm of probabilities）、「可能的替代行動」（alternative actions）[78]、「可能的自己」（probable selves）、「可能的神」（probable gods）、「可能的人」（probable men）[79]、「可能的行動」（possible actions）等[80]。這些人類無法以肉眼看見或科學驗證得知的存在，都是意識金字塔中的一部分，因此必須以「完形」的視角全部納入。

完形一詞又見於心理學流派之一「完形心理學」（Gestalt psychology）。它興起於 1912 年三位德裔的美國心理學家：馬科斯・韋特墨（Max Wertheimer，1880～1943）、沃爾夫岡・苛勒（Wolfgang Kohler，1887～1967）及庫爾特・考夫卡（Kurt Koffka，1886～1941）的研究。「格式塔」德文 'Gestalttheorie'，有模式、形狀、圖形等義，是一種「動態的整體」（dynamic wholes）的觀念。三位學者認為人類大腦（brain）的運作屬於整體論（Holism）的原理，反對當時流行的行為主義心理學（Behavioral Psychology / Behavioristic Psychology），及其所主張的「刺激——反應」（S-R theory / stimulate response theory）理論。他們認為一個人對於一個個體整體的感知，不只有外形所有部件的總和，還要加上他對於個體過去經驗、印象的總合。他們強調的是經驗及行為的整體性，

---

[76] 見（美國）珍・羅伯茲（Jane Roberts）著，王季慶譯：《靈界的訊息》（"*The Seth Material*"），頁 282。

[77] 見（美國）珍・羅伯茲（Jane Roberts）著，陳秋萍譯：《早期課 3》（"*The Early Sessions Book 3*"）（臺北：賽斯文化公司，2016 年），頁 116。

[78] 見（美國）珍・羅伯茲（Jane Roberts）著，呂紹暉譯：《早期課 9》（"*The Early Sessions Book 9*"），頁 34。

[79] 見（美國）珍・羅伯茲（Jane Roberts）著，王季慶譯：《靈魂永生》（"*Seth Speaks: The Eternal Validity of the Soul*"），頁 322。

[80] 見（美國）珍・羅伯茲（Jane Roberts）著，王季慶譯：《個人實相的本質》（"*The Nature of Personal Reality*"），頁 289。

[81]，因此格式塔心理學也被稱為「完形心理學」。

後來由格式塔心理學發展出一套專屬的「格式塔治療法」(Gestalt Therapy)。這套治療方法在原有的學理基礎上，一改精神分析神祕化及強調晦澀的趨勢，積極加入創造性、主動性。相關主張例如人類具有變得健康和自我調節（self-regulating）的內在能力；將夢、幻想、角色扮演、舞蹈、運動等活動加入實驗及治療[82]；人類天生具有解決自身問題或面臨困難時須具備的所有潛能；天生擁有與他人建立互惠關係、創造滿意生活的資源和能力等[83]。

二、一切萬有不是個已完成或未完成的產品

上述與「格式塔」、「完形」相關的心理學學理，《賽斯書》中也有近似的主張。這些主張的原型（archetype），可以從賽斯描述一切萬有的過程裡得知。綜合相關資料，謹就一切萬有的本質分項敘述如下：

(一)一切萬有是「整體的神——人格」（overall god-personality）。它「覺知它自己是某個比它的創造物總和還要大的東西」；「覺知它自己是最小的種子，既是那些已經長成的也是那些沒有長成的」，所以它對待所有創造成果(包括人類)的態度是「既嚴苛(demanding)又慈悲(compassionate)」，但絕沒有所謂的「正義」（justice）。賽斯曾說，「正義」「這個字眼是人類的說法，永遠隱含懲罰（punishment）」[84]。他肯定地說，「沒有人因為在一次前世犯下的罪而被懲罰」，而且每個人在每一世中，都是獨特

---

[81] 見（美國）庫爾特・考夫卡（Kurt Koffka）著，李維譯：《格式塔心理學原理》（"*Principle of Gestalt Psychology*"）（北京：北京大學出版社，2022 年），頁 1-85。

[82] 見（英國）彼特魯斯卡・克拉克森（Petruska Clarkson）、珍妮弗・麥丘恩（Jennifer Mackewn）著，吳豔敏譯：《弗里茨・皮爾斯：格式塔治療之父》（"*Fritz Perls*"）（南京：南京大學出版社，2019 年），頁 43-44、133、159。

[83] 見（英國）菲利普・喬伊斯（Phil Joyce）、夏洛特・西爾斯（Charlotte Sills）著，張莉莉譯：《完形諮商與心理治療技術》（"*Skills in Gestalt Counselling & Psychotherapy*"）（新北：心理出版社，2010 年），頁 8。

[84] 見（美國）珍・羅伯茲（Jane Roberts）著，陳秋萍譯：《早期課 7》（"*The Early Sessions Book 7*"），頁 406。

的[85]。換言之，一切萬有的觀念裡既沒有「正義」，也不需要「懲罰」。這些觀念純屬人類人格的創造與發明，目的是讓生命劇本與生命遊戲的內涵更為豐富、精采，進而使意識得以學習、發展及擴展。人類的本體深知這項道理，但是人格未必理解，所以地球世界才會需要很多英雄、偉人、聖賢等，看似可以解救人們於水火之中的人物、角色。以《賽斯書》或部分現代心理學、精神分析學的角度而言，無論是積極想要扮演這些人物、角色的人，或是他們的追隨者，都可能忽略了內在的罪惡感（sense of guilty）、無力感（sense of powerlessness）等負向情緒的存在與狀態，以致有如此強烈的投射與創造。事實上現代電影已經開始注意到這類個人與集體的實相本質。相關議題可以參考電影「靈魂急轉彎」（ *"Soul"* ，2020；中譯「心靈奇旅」，港譯「靈魂奇遇記」；IMDb: tt2948372）。

(二)一切萬有持續演變，而非恆久不變的存在。它的「每一部分都持續不斷改變、包覆（enfolding）、開展（unfolding）」，即使是「整體的金字塔完形也不是靜止不動的」。這項觀點與人類宗教主流文化中的「靜止不動的神」，大相逕庭。賽斯認為，變化、包覆、擴展才能使得「覺知及經驗持續不斷改變和成長」，而不致於停滯、衰落[86]。

(三)一切萬有之所以持續創造，主要目的有二：一是認識自己，並且「持續不斷創造它自己的新版本（new versions）」[87]；二是表達它自己，所以「有一種創造性的張力（creative strain）永遠存在，在其中意識努力表達自我（express itself）」[88]。這些追尋（seeking）「本身就是一個創造活動，也

---

[85] 見（美國）珍・羅伯茲（Jane Roberts）著，王季慶譯：《健康之道》（ *"The Way Toward Health"* ）（臺北：賽斯文化公司，2016 年），頁 417。

[86] 見（美國）珍・羅伯茲（Jane Roberts）著，陳秋萍譯：《早期課 7》（ *"The Early Sessions Book 7"* ），頁 406。

[87] 見（美國）珍・羅伯茲（Jane Roberts）著，陳秋萍譯：《早期課 7》（ *"The Early Sessions Book 7"* ），頁 407。

[88] 見（美國）珍・羅伯茲（Jane Roberts）著，呂紹暉譯：《早期課 9》（ *"The Early Sessions Book 9"* ），頁 34。

是所有行動的核心（core）」。由於它不斷更新，所以並沒有察覺到自己全部的目的，也沒有「預先安排好的答案」[89]。或許正因為如此，當一個人自認為認識自己、瞭解自己，又或是自認為瞭解外境或他人，通常也意味著他可能處於驕傲或假謙遜的狀態，而且容易迷失於生命旅程之中。在「已知」之中保有「未知」的成分或地位，才能使自己擁有保持清醒、處於覺知狀態的能力。這項能力對於生命的體驗而言，不是恆常的存在，而是有需要的時候才會加以運用、發揮。

(四)一切萬有永遠處於「變為」（becoming）的過程。人類透過精神活動及欲望（desire）創造出許多可能的神，即使它們未必都符合一切萬有的本質，但是賽斯說，它們依舊會被納入為「『一切萬有』靈魂或本體的一部分」，正如一個人「可能的自己」（probable selves）全是他靈魂或本體的一部分；一切萬有也「可能在其中獲致實現的次元（dimensions）」[90]，這個部分遠遠超過人類現在所能得到的。換言之，一切萬有「不止是祂自己的本質與所有意識的本質，祂也還知覺神無限量的可能自己」。整體而言，一切萬有所創造的實相具有「不可思議的複雜性」（miraculous complexity）[91]。

(五)一切萬有隨時與它的創造物保持溝通的狀態。如果人類想要感受、接觸一切萬有的本質，賽斯說「只能透過『內在感官』來直接感覺（sensed directly）」；如果是透過靈感或直覺，則屬於「較弱的溝通」（weaker

[89] 見（美國）珍・羅伯茲（Jane Roberts）著，陳秋萍譯：《早期課 7》（“*The Early Sessions Book 7*”），頁 407。

[90] 賽斯曾說：「當我談到次元時，我指的不是空間系統」，因為人類可以在心智上穿越空間，但是無法在肉體上做到。過去人類只看見也只關注到自己生活的環境及空間，即使發展出太空科學而朝向宇宙探索，就《賽斯書》而言，這些探索的對象仍然屬於物質的、偽裝的（camouflaged）宇宙。賽斯認為唯一真實的宇宙是「內在宇宙」。它屬於不同的次元，而且每個人一部分的自己就存在於這些次元之中。見（美國）珍・羅伯茲（Jane Roberts）著，陳秋萍譯：《早期課 6》（“*The Early Sessions Book 6*”），頁 283。

[91] 見（美國）珍・羅伯茲（Jane Roberts）著，王季慶譯：《靈魂永生》（“*Seth Speaks: The Eternal Validity of the Soul*”），頁 322。

communication）[92]。不過在形式上，一切萬有對於它所創造出的每個部分，都會預先設定它們「在意識上都不認識它們自己是一切萬有」，而只知道「它們自己主要是個體，不是最初的完形個體」。它的創造過程也是如此。它「一旦有了最高層次的了悟」，「就會立刻創造新的實相」，而且在某種程度上它「對自己的本體也失去有意識的認知」。人類出生之後的狀態也是如此。個人會暫時忘記與存有、本體的連結，直到他了悟了整體生命的由來、本質、意義等，就會立刻進入新的實相創造，並且「對本體的感覺就會包含愈來愈大的實相面向」[93]。

(六)一切萬有的實相之中自有一種秩序。在一切萬有如此複雜的實相中，卻存在著一種秩序（order）[94]。這項秩序正是人類星光本體（astral identity）的指揮者（director）內我（inner self）[95]所必須學習的。這種秩序可以「憑藉直覺得知，不過一定要加以理解」。賽斯強調，有些人類人格的學習「比我本身遠遠更為進展；有些人格運作的環境連我都覺得極為陌生」[96]。這裡可以看見賽斯「真實的謙虛」[97]。他既沒有因為協助一切萬有傳送有益人類的資料而自詡為神或神明代言人，同時也坦承有些人類的學習及整體狀態，比他更為擴展。或許這也是他認為不是所有人都需要研讀《賽斯書》，才能達到開悟、明覺的原因之一。

---

[92] 見（美國）珍・羅伯茲（Jane Roberts）著，王季慶譯：《靈魂永生》（*"Seth Speaks: The Eternal Validity of the Soul"*），頁 322。

[93] 見（美國）珍・羅伯茲（Jane Roberts）著，陳秋萍譯：《早期課 7》（*"The Early Sessions Book 7"*），頁 409。

[94] 見（美國）珍・羅伯茲（Jane Roberts）著，呂紹暉譯：《早期課 9》（*"The Early Sessions Book 9"*），，頁 34。

[95] 見（美國）珍・羅伯茲（Jane Roberts）著，謝欣頤譯：《早期課 5》（*"The Early Sessions Book 5"*）（臺北：賽斯文化公司，2019 年），頁 45。有關「內我」的部分，可以參考洪燕梅：《心靈動力視角的《老子》與《賽斯書》》第二章・第一節「論意識」。

[96] 見（美國）珍・羅伯茲（Jane Roberts）著，呂紹暉譯：《早期課 9》（*"The Early Sessions Book 9"*），，頁 34。

[97] 見（美國）珍・羅伯茲（Jane Roberts）著，王季慶譯：《個人實相的本質》（*"The Nature of Personal Reality"*），頁 616。

三、一切萬有是所有宇宙最初的本體及意識

在人類系統之中，「本體」大致是指實體、具體事物以外的存在；或是實體、具體事物的共同點，以及此共同點所擁有的特性。科學研究的是實體、具體事物等「有形」的存在，哲學則研究它們被創造之前的「無形」的存在與憑藉。由於本體的研究偏向抽象的論述，所以才會被稱為「形上學」。

《賽斯書》中有關「本體」的描述及其被創造的過程，茲綜合整理如下：

(一)本體沒有具體的形象，卻是創造所有無形和有形存在的根本。本體與其被創造出的存在之間，始終保持聯繫，而使存在可以感知到自己及其他的存在，所以一個人才能做到「不難分辨自己的身體和別人的身體」，或是他坐著的椅子[98]。賽斯說，人類的主要本體是存有，而存有是一個「電磁能量場」（electromagnetic energy field），人類只是其中的一部分（詳見本章第二節）。本體又與人格不同，「人格代表本體之可以在三度空間的存在中實現的那些方面」。本體透過人格而獲取豐富的經驗，卻不致於像人格可能會產生的「攪得亂七八糟」現象[99]。賽斯也曾經自述他是「一個人格，不是神」[100]，不過這個人格不同於地球世界的人類人格，而是「『以能量為體性的人格』，不再具體化（materialize）為物質形象」[101]。人類人格經過多次的轉世（reincarnation）學習之後，可以整合而自成一個存有、本體，而且人格「永不會失落」[102]。它所有的表達、存在的層次也是

---

[98] 見（美國）珍・羅伯茲（Jane Roberts）著，王季慶譯：《靈魂永生》（*"Seth Speaks: The Eternal Validity of the Soul"*），頁 116。

[99] 見（美國）珍・羅伯茲（Jane Roberts）著，王季慶譯：《靈魂永生》（*"Seth Speaks: The Eternal Validity of the Soul"*），頁 329。

[100] 見（美國）珍・羅伯茲（Jane Roberts）著，洪志美、張黛眉、梁瑞安譯：《早期課 1》（*"The Early Sessions Book 1"*），頁 262；（美國）珍・羅伯茲（Jane Roberts）著，彭君蓉譯：《早期課 2》（*"The Early Sessions Book 2"*）（臺北：賽斯文化公司，2016 年），頁 544。

[101] 見（美國）珍・羅伯茲（Jane Roberts）著，王季慶譯：《靈界的訊息》（*"The Seth Material"*），頁 241。

[102] 見（美國）珍・羅伯茲（Jane Roberts）著，王季慶譯：《靈魂永生》（*"Seth Speaks: The Eternal Validity of the Soul"*），頁 108。

如此[103]。因此，一個人死亡後並非什麼都帶不走。帶不走的只有實體物質的東西，然而他一生所有的學習、精神活動、記憶等無形的東西，都將自然、自發地「全部打包帶走」，而且併入兩世之間的「全我」(whole self)，以做為後續學習的補給站與資料庫。

(二)本體形成的過程可以被歸納為三個「兩難之局」。所謂兩難（dilemma）是指「左右為難，無論如何做均無法圓滿」[104]。人類通常視它為困難、阻礙、險境或不好的事，但它卻是一切萬有本體創造的原動力（impetus / mover）。賽斯說，一開始本體會「意識到它自己的『行動』」，由於「行動」的本質是「內在活力」（inside vitality）[105]、「行動之內永遠有行動」[106]，加上前文曾經提到一切萬有不斷在尋求認識自己，而這個追尋本身就是一個創造活動，也是所有行動的核心[107]，於是「經由這行動與它自身的互相交織，經由這個『再行動』（reaction），一個本體便形成了」[108]。

(三)承前項。第一個兩難之局是內在活力想要完全具體化卻又無法實現。第一個兩難之局是指，當內在活力（即「行動」）想完全具體化的欲望及衝力（impetus），卻又無法這麼做時，就會形成本體。賽斯強調，本體與行動沒有分隔，完全是為了解說的需要才會將它們分開。

(四)第二個兩難之局是本體不斷尋求穩定卻又無法恆常不變。本體的特性之

---

103 見（美國）珍・羅伯茲（Jane Roberts）著，陳秋萍譯：《早期課 3》（"*The Early Sessions Book 3*"），頁 104。

104 見「教育部重編國語辭典修訂本」，https://dict.revised.moe.edu.tw/dictView.jsp?ID=65134&q=1&word=%E5%85%A9%E9%9B%A3。

105 見（美國）珍・羅伯茲（Jane Roberts）著，王季慶譯：《靈界的訊息》（"*The Seth Material*"），頁 247。

106 見（美國）珍・羅伯茲（Jane Roberts）著，梁瑞安譯：《早期課 4》（"*The Early Sessions Book 4*"），頁 4。

107 見（美國）珍・羅伯茲（Jane Roberts）著，陳秋萍譯：《早期課 7》（"*The Early Sessions Book 7*"），頁 407。

108 見（美國）珍・羅伯茲（Jane Roberts）著，王季慶譯：《靈界的訊息》（"*The Seth Material*"），頁 245。

一是它會「**不斷地尋求穩定**」，可是卻又無法恆常不變，否則它就無法存在。以人類為例，賽斯說，一個人「**從這一刻到下一刻，在意識**(consciously)**及無意識**（unconsciously）**上已不是同樣的了**」。加上行動本身必然涉及改變，而且具有「**天生求變的衝力**」，所以當它形成了本體，卻又看似成為本體的威脅，這就導致本體無法穩定不變。不過賽斯強調，本體不會因此「**依賴穩定性**（stability）」，創造依舊持續。換言之，在求穩定的本體與求變的行動之間，就形成了第二個兩難之局。它是由第一個難局演化而成。在這進退兩難之間必然形成「不平衡」（unbalanced），卻正是這不平衡造就「**那極精緻的創造性副產品——對自己的意識**（consciousness of self）」，進而創造出豐富多樣的存在及實相。「對自己的意識」實質上與人類的「自我意識」（ego consciousness / egotistical consciousness）不同，不過有時為了方便敘述，賽斯還是會以「自我意識」稱呼它[109]。它直接與行動連接，而且使得意識、存在、實相等成為可能，因此賽斯說，「**如此豐富地富創造性，如果平衡一旦能維持住，就不會有實相**」[110]。就此項不難發現，大多數人類追求的平安無事、一帆風順，未必對他們的創造、發展有所幫助，反而偶爾的危險多事、一波三折可能才是發揮潛能及創造力的好時機。這也是為什麼「逆轉勝」、「危轉安」之類的電影題材，大多能夠達到激勵人心、鼓舞士氣的效果。電影中的故事、情節所涉及的能量衝擊與創造規模，通常可以觸發觀眾近似於意識與本體擴展時的恢宏感受。

(五)第三個兩難之局是「對自己的意識」企圖與行動分開而無法實現。前項提及「對自己的意識」，它「**包括了對在行動內的（並為其一部分的）自己**

---

[109] 賽斯說「一棵樹意識到它自己是一棵樹，不會以為自己是一塊岩石。一隻狗知道牠不是一隻貓」。這裡賽斯直接指出人類認為「自我意識必然涉及人類」是一種「極端自我中心的假設，事實上並非如此」，因為所有宇宙中的所有存在都具有「意識」。見（美國）珍・羅伯茲（Jane Roberts）著，洪志美、張黛眉、梁瑞安譯：《早期課1》（“*The Early Sessions Book 1*”），頁346。

[110] 見（美國）珍・羅伯茲（Jane Roberts）著，王季慶譯：《靈界的訊息》（“*The Seth Material*”），頁245-246。

的意識」，可是它會「試圖將它自己與行動分開」，還企圖「想知覺行動有如一物件……而把行動知覺成是為自我所創始，並將之視作自我存在的一個結果，而非原因」。然而賽斯強調，本體與行動是無法分開的，因此「對自己的意識」的企圖也都不可能實現。這整個過程造就了第三個難局，並且形成前項所說的「自我意識」[111]。

(六)本體的創造永遠沒有所謂「圓滿完成」。上述三個兩難之局的本質是「代表了實相的三個區域，在其中內在的活力能體驗它自己」，同時明白「內在活力永遠不能完成完全具體化之理由」。賽斯指出，活力的企圖只會加大它本身的「內在次元」（inner dimension），所以它「永遠不能完成自己」[112]。以人類的實相創造來說，它永遠沒有完成的時候，即使是一世的死亡後也一樣。人生也永遠沒有所謂的圓滿，除非停止創造，但這又是不可能的。

(七)三個兩難之局即一切萬有創造的過程。上述三個兩難之局可以說是一切萬有創造的過程。當一切萬有有了突破困境而創造的決心時，被創造物的本體就會凝聚而成[113]。經由它所創造的整體、所有宇宙的整體狀態及實相的全部架構，遠遠超過人類所有轉世及人類「所知的物質系統內的發展」[114]。它「同時而瞬間地創造宇宙和個人，賦予他們——藉著贈與個人性（individuality）的見地——耐久力（duration）、心靈上的理解力、智力（intelligence）與永恆的效力（eternal validity）」[115]。「同時而瞬間」就

---

[111] 見（美國）珍・羅伯茲（Jane Roberts）著，王季慶譯：《靈界的訊息》（"*The Seth Material*"），頁 246-247。

[112] 見（美國）珍・羅伯茲（Jane Roberts）著，王季慶譯：《靈界的訊息》（"*The Seth Material*"），頁 247。

[113] 見（美國）珍・羅伯茲（Jane Roberts）著，彭君蓉譯：《早期課 2》（"*The Early Sessions Book 2*"）（臺北：賽斯文化公司，2016 年），頁 161。

[114] 見（美國）珍・羅伯茲（Jane Roberts）著，王季慶譯：《靈界的訊息》（"*The Seth Material*"），頁 284。

[115] 見（美國）珍・羅伯茲（Jane Roberts）著，王季慶譯：《靈界的訊息》（"*The Seth Material*"），頁 276。

是榮格（Carl Gustav Jung，1875～1961）所謂的「同時性」（synchrony；又譯「共時性」），與人類所能理解的「線性時空」觀念迥然不同。線性時空觀念是由人類的「神經結構」（neurological structure）所決定的」[116]。賽斯說，人類「當脈搏躍過神經末梢時」，必然「會經驗到時間的流逝」[117]。一切萬有創造的所有宇宙並非如人類所說，由遠古到現在地依序建構，而是全部同時、瞬間就完成。人類藉由出神狀態（trance state）、心理時間（psychological time）、冥想（meditation）等方法，或是死亡後進入非物質的存在狀態，就能經歷、領會到這種概念，並體驗到它的運作。因此，人類的「成長和挑戰並不是靠在時間內的成就或發展，而是以強度（intensities）而論」[118]。相關議題可以參考電影「似曾相識」（"*Somewhere in Time*"，1980；中譯、港譯「時光倒流七十年」；IMDb: tt0081534）、「奇異博士」（"*Doctor Strange*"，2016；IMDb: tt1211837）、「媽的多重宇宙」（"*Everything Everywhere All at Once*"，2022；中譯「瞬息全宇宙」、港譯「奇異女俠玩救宇宙」；IMDb: tt6710474）等。這些在電影類型（film genre，又譯「片種」）中被定位為科幻（science fiction film）的故事架構，卻是《賽斯書》中，由一切萬有所創造的宇宙樣貌、真實現象。

(八)一切萬有經常把自己分解又再重建。一切萬有對於它的創造有著充分的安全感，所以「它經常能把自己分解又再重建」，並且以不可思議的能量創造了「更大的本體」[119]、「更大的存在架構」[120]。可是它能夠知覺自己

[116] 見（美國）珍・羅伯茲（Jane Roberts）著，王季慶譯：《靈界的訊息》（"*The Seth Material*"），頁 276。

[117] 見（美國）珍・羅伯茲（Jane Roberts）著，王季慶譯：《靈界的訊息》（"*The Seth Material*"），頁 277。

[118] 見（美國）珍・羅伯茲（Jane Roberts）著，王季慶譯：《靈界的訊息》（"*The Seth Material*"），頁 276。

[119] 見（美國）珍・羅伯茲（Jane Roberts）著，梁瑞安譯：《早期課 4》（"*The Early Sessions Book 4*"），頁 64。

[120] 見（美國）珍・羅伯茲（Jane Roberts）著，王季慶譯：《健康之道》（"*The Way Toward Health*"），

所有的創造，即使是「每一隻落下的麻雀。因為它即每一隻落下的麻雀」[121]。從《賽斯書》的行文看起來，一切萬有的創造似乎很是輕鬆容易，其實不然。賽斯描述它在創造之前，是處於「非存在」（nonbeing）的狀態。這種狀態「並非空無一物，而是一個情境」。它「在其中已知並可預期（expected）『可能性』，但卻受阻而不能表現」；「創造與存在的力量已知，但產生它們的方法卻未知」。賽斯說，一切萬有因此感到十分痛苦、煎熬，但卻理解這是它「必須學的教訓」[122]。一切萬有的這項創造，讓我聯想到《賽斯書》談論到的「人格整合」，而這也是現代心理學、精神分析學中，逐漸受到重視的議題[123]。相關議題可以參考電影「危險療程」（*"A Dangerous Method"*，2011；中譯「危險方法，港譯「危險療情」；IMDb: tt1571222）[124]。

由上述與本體相關的描述及其被創造的過程不難發現，一切萬有的創造是一門極其獨到的藝術，尤其展現於創造的永恆性（eternity）及多樣性（diversity）。它信任自己的創造，過程中只有學習而沒有絲毫對自己的批判、評價，對待它的創造物也是如此。它同時毫不吝嗇、無所畏懼地賦予創造物個體性（individuality）[125]及獨特性（uniqueness），以一種不同於大多數人類信奉的「愛」的本質，支持著它們傳承它創造的本質。茲將一切萬有創造的本質綜理於下：

(一)創造的動力來自於難局中的「教訓」與「痛苦」。一切萬有創造的原動力

頁 416。

121 見（美國）珍・羅伯茲（Jane Roberts）著，王季慶譯：《靈界的訊息》（*"The Seth Material"*），頁 276。

122 見（美國）珍・羅伯茲（Jane Roberts）著，王季慶譯：《靈界的訊息》（*"The Seth Material"*），頁 279。

123 見黃國勝：《隱藏的人格面具》（臺北：時報文化出版公司，2020 年），頁 4-10。

124 原著見（美國）約翰・克爾（John Kerr）著，陳雅馨、楊晴譯：《危險療程：心理學大師榮格、佛洛伊德，與她的故事》（*"A Most Dangerous Method: The Story of Jung, Freud, and Sabina Spielrein"*）（臺北：商周出版公司，2019 年）。

125 「個體性」一詞泛指一切萬有創造出的所有意識及存在。用於人類時，可稱為「個人性」。

是來自難局中的「教訓」（lesson；亦可譯為「經驗」），以及這些教訓所引發的「痛苦」（agony；《賽斯書》其他專著或譯為「煎熬」）感受[126]。這些教訓沒有人可以教給它，唯有它自己能夠面對、負責。不過一切萬有並沒有讓這份痛苦、煎熬成為折磨自己的工具，或是形成消極以對的狀態。他選擇的因應作法是「以之作為朝向更新的（renewed）創造力之一個恆常的原動力（constant impetus）」。賽斯說，一切萬有「仍保有對那情境的記憶」，每一個由它創造而出的意識、人類「也記得那情境」，所以每個人其實「天生就有求生、求變、求發展和創造的原動力」[127]。這裡所謂的痛苦、煎熬，是一種由內而外、意識蠢動所引發的能量及感受，它是自然、自發的創造，而與人類為了追求某種成果，由外而內地刻意強迫自己從事某種作為的創造不同。此外，《賽斯書》這類強調人類的發展、肯定人類自我更新能力的說法，近似「永恆主義」（perennialism）部分的主張[128]。

(二)創造的決心形成創造力的強度。一切萬有之所以能夠持續不斷地求生、求變、求發展及求創造，是因為它完全的決心。這份決心加上它接受並肯定痛苦、煎熬的存在，於是形成一種創造力的「強度」，而「其強度足以使『一切萬有』在『祂自己』之內創始了存在的方法」。這個強度的具體內容是欲望、希望（hope）及期望（expectation），而它們「統治所有的行動，並且是所有實相的基礎」[129]。

---

[126] 見（美國）珍・羅伯茲（Jane Roberts）著，王季慶譯：《靈界的訊息》（*"The Seth Material"*），頁 279。

[127] 見（美國）珍・羅伯茲（Jane Roberts）著，王季慶譯：《靈界的訊息》（*"The Seth Material"*），頁 280。

[128] 永恆主義以（奧地利）阿爾弗雷德・阿德勒（Alfred Adler，1870～1937）、（美國）羅伯特・哈欽斯（Robert Maynard Hutchins / Maynard Hutchins，1899～1977）為代表人物。見（奧地利）阿爾弗雷德・阿德勒（Alfred Adler）著，吳書榆譯：《阿德勒心理學講義》（*"The Science of Living"*）（臺北：經濟新潮社，2015 年）；李建強：《大學的理想與理想的大學——赫欽斯高等教育思想研究》（河北：河北大學教育學院〔外國教育史〕博士學位論文，2000 年 06 月）。

[129] 見（美國）珍・羅伯茲（Jane Roberts）著，王季慶譯：《靈界的訊息》（*"The Seth Material"*），

(三)難局的狀態宛如人類的分娩陣痛。當一切萬有身處第一個兩難之局時，它並不知道是否有像它一樣的存在，卻又渴望表達它自己。賽斯描述這種情況是「一『段』收縮性的渴望」，促使一切萬有「集結足夠的能量以創造那在祂之內、存在於可能懸疑中的實相」。不過，僅僅是這種想創造的痛苦和欲望，就足以「代表對祂自己實相的證實」，「證實祂的確存在」。他說這種狀態像是人類婦女的分娩陣痛（birth throes）[130]、產痛[131]；也可以像是藝術家希望能將內在泉湧的悸動、感受，藉由具體的、物質的東西表達出來。這種渴望往往令藝術家感到內心作痛，可是另一方面又充滿活力與期待。賽斯指出，單單這種想要創造的痛苦和欲望的感覺，就已經開始賦予創造物、作品個別的意識，「促使個別意識存在且永遠持續這過程」[132]，持續成長[133]，但不必一定要有具體化、物質化（materialize）的創造物。這整個過程即是所謂的「價值完成」。以人類婦女的產痛、分娩陣痛形容一切萬有的創造，並不意謂它所有的創造都必須像是產出嬰兒般地看到「具體」的成果。賽斯強調，他所說的價值完成「沒有物質方面的成長或擴展之意」，只有人類才會堅持創造時，一定要看到物質性的成果[134]。或許正因為如此，許多人才會選擇沉浸於痛苦、煎熬之中，久久不願脫離。此外，賽斯曾經說過，人類的「胎兒成長是遵循價值完成的法則」

頁 281。

[130] 見（美國）珍・羅伯茲（Jane Roberts）著，王季慶譯：《靈界的訊息》（“*The Seth Material*”），頁 280。

[131] 見（美國）珍・羅伯茲（Jane Roberts）著，呂紹暉譯：《早期課 9》（“*The Early Sessions Book 9*”），頁 46。

[132] 見（美國）珍・羅伯茲（Jane Roberts）著，呂紹暉譯：《早期課 9》（“*The Early Sessions Book 9*”），47。

[133] 這裡所說的「成長」，不是如人類所認知的物質（身體）由小變大、由矮變高等。賽斯十分肯定地說，「同一物質不會成長」。「價值完成」概念下的「成長」，是一種「能量徹底形成永遠嶄新的模式」。見（美國）珍・羅伯茲（Jane Roberts）著，彭君蓉譯：《早期課 2》（“*The Early Sessions Book 2*”），頁 248。

[134] 見（美國）珍・羅伯茲（Jane Roberts）著，陳秋萍譯：《早期課 3》（“*The Early Sessions Book 3*”），頁 264。

[135]。這項觀點對於渴望孕育新生命卻苦而不得的人們而言，或許也有值得參考、探討的價值。

(四)創造者與創造物都是同時存在而未曾分離。一切萬有的創造不像人類一般，總是尋求具體的成果，並且利用他人對成果的評價來證明自己存在的意義及價值，因此它始終知道自己是完整的；它與它的創造都是同時存在而未曾分離，「任何的分離全都是心理上的分離」[136]。然而最初的創造、未具體化以前的所有實相，都「以如星雲般混沌的夢的樣子存在於『一切萬有』的意識裡」。由於這個本質混沌的夢會自行發展，於是夢「越來越確切與生動」，直到「它們吸引了『一切萬有』有意識的注意」。於是好奇（curiosity）和渴望讓一切萬有「故意給它們越來越多的細節，渴望有更多變化，而開始對這尚未自祂分離的產生了愛」。「夢」正是一切萬有創造的來源，而人格一開始也是出現在它的夢中。它將意識和想像力賦予了人格，而且是在個體形成之前[137]。這正是人類無法不做夢，而且與夢永遠無法分離的主因。

(五)一切萬有以喜悅的態度釋放其創造物，給予完全的獨立、自由。它創造的本質之一正是許多人類所害怕的壓力（pressure）、難題（problem）及束縛（bondage）。當一切萬有創造出的「意識」有了想要獨立創造的渴望，於是它們「大聲喧喊（clamored），求取釋放（released）到實相中，而一切萬有，基於無法言表的同情（sympathy），在他本身之內探尋辦法」[138]；另一方面，一切萬有也「渴望釋放他們」。賽斯認為，以人類的說法，這

---

[135] 見（美國）珍・羅伯茲（Jane Roberts）著，彭君蓉譯：《早期課 2》（*"The Early Sessions Book 2"*），頁 248。

[136] 見（美國）珍・羅伯茲（Jane Roberts）著，王季慶譯：《靈魂永生》（*"Seth Speaks: The Eternal Validity of the Soul"*），頁 519。

[137] 見（美國）珍・羅伯茲（Jane Roberts）著，王季慶譯：《靈界的訊息》（*"The Seth Material"*），頁 282。

[138] 見（美國）珍・羅伯茲（Jane Roberts）著，呂紹暉譯：《早期課 9》（*"The Early Sessions Book 9"*），，頁 50-51。

些壓力、難題及束縛就是「初始的宇宙困境」（primary cosmic dilemma）[139]。一切萬有面對這些困境的態度與作法是「完全投入（involved）而沉浸（enveloped）」且「全力拚搏」，而不是許多人類慣有的逃離、迴避[140]。對它而言，困境是推動它持續創造的巨大力量，而不是負擔。它明白如果沒有直面解決這些困境，將會面臨瘋狂的可能[141]。於是一切萬有看見意識們的「無限可能性」（Infinite possibilities），最終選擇放手（let go），將它們全部釋放。「懷著愛和渴望，他鬆手放開那一部分的自己」，讓它的「心靈能量（psychic energy）在創造的一瞬間爆發開來」，於是意識們獲得完全的自由。放手後的一切萬有雖然「『「失去」一部分的自己」，卻不失其完整，因為「所有個體都記得自己的根源」，也未曾與一切萬有分離[142]。它沒有絲毫的傷心失落，反而肯定每一個意識都是花費極高代價才從它的「情境」中掙脫出來，而這些「親生子」都是如此地「可貴和獨特」[143]。它由衷地為意識們的個體化（individualized），感到「喜氣洋洋」[144]。

(六)一切萬有將身為原創者的「愛」持續挹注予它的創造物。一切萬有的創造是憑藉著它那纖細與專注的知覺，及「以一個原創者（creator）的愛導向每個意識」的注意力（attention）[145]。它仍是那些由它而出、早已獲得獨

---

[139] 見（美國）珍・羅伯茲（Jane Roberts）著，王季慶譯：《靈界的訊息》（"*The Seth Material*"），頁 283。

[140] 見（美國）珍・羅伯茲（Jane Roberts）著，呂紹暉譯：《早期課 9》（"*The Early Sessions Book 9*"），，頁 51。

[141] 見（美國）珍・羅伯茲（Jane Roberts）著，王季慶譯：《靈界的訊息》（"*The Seth Material*"），頁 282。

[142] 見（美國）珍・羅伯茲（Jane Roberts）著，呂紹暉譯：《早期課 9》（"*The Early Sessions Book 9*"），，頁 52。人類之所以遺忘他們的根源，是由於第三個難局，「自我意識」的形成。但這是故意的設定，目的在於擴大學習的難度及廣度。

[143] 見（美國）珍・羅伯茲（Jane Roberts）著，王季慶譯：《靈界的訊息》（"*The Seth Material*"），頁 283。

[144] 見（美國）珍・羅伯茲（Jane Roberts）著，王季慶譯：《靈界的訊息》（"*The Seth Material*"），頁 284。

[145] 見（美國）珍・羅伯茲（Jane Roberts）著，王季慶譯：《靈界的訊息》（"*The Seth Material*"），

立自主的所有意識、個體的「驅動的力量」[146]、「總能量」。以人類為例，每一個人做為一切萬有的一部分，都能「由這總能量中汲取而且是自動這樣做」，因為個人就是靠著它而存在的[147]。沒有任何人因為扮演的角色不同，而有任何的差別待遇。它永遠一視同仁地將它的「愛」，無條件且持續地挹注給它所有的創造物。

上述有關一切萬有創造的本質，其實或多或少可以在人類傳統文化及知識中看見、習得。如果一個人對上述內容有所覺知，那麼做為一切萬有一部分的他，在創造的過程裡就可能產生「與神同在」的感受。然而這個「神」是指他內在的「個人神」（personal god）[148]，而非向外投射出的其他神祇。誠如賽斯所說，每個人「顯然是一個能量完形」，當個人「變得愈來愈充分意識到(conscious of）實相時」，他「對本體的感覺就會包含愈來愈大的實相面向」[149]。

四、一切萬有永遠照顧人類的利益而不求回報

從人類線性時空的概念而論，人類並非一切萬有最直接的創造（詳見本章第二節），但是這個部分並不影響「人類就是一切萬有的一部分」這項事實。《賽斯書》中有許多地方探討到人與一切萬有的關係，茲列舉數項於下：

(一)所有的人類隨時都可以向一切萬有求助。一切萬有的創造是將能量引導至被創造者「存在之內的部分」，並成為被創造的一部分，因此它的創造物有必要時，隨時都可以向它求助。人類雖然只是一切萬有的一部分，但

頁 284。

[146] 見（美國）珍・羅伯茲（Jane Roberts）著，呂紹暉譯：《早期課 9》（*"The Early Sessions Book 9"*），，頁 52。

[147] 見（美國）珍・羅伯茲（Jane Roberts）著，王季慶譯：《靈界的訊息》（*"The Seth Material"*），頁 285。

[148] 見（美國）珍・羅伯茲（Jane Roberts）著，陳秋萍譯：《早期課 7》（*"The Early Sessions Book 7"*），頁 406。

[149] 見（美國）珍・羅伯茲（Jane Roberts）著，陳秋萍譯：《早期課 7》（*"The Early Sessions Book 7"*），頁 409。

一切萬有依舊會照顧它們的利益。賽斯說人類「**可以用人格的方式召喚**」一切萬有[150]，而這個被召喚的對象（即前文提及的「整體的神——人格」）可以視為「個人神」。不過賽斯強調，雖然人類可以運用意識去創造所有的物質與非物質的存在，包括被召喚的一切萬有，但是這並不表示個人創造了一切萬有[151]。

(二)一切萬有給予人類絕對的自由。嚴格說來，人類生命最直接的來源是「存有」（靈魂），而它又源於一切萬有的創造，但無論如何，人類與其所屬存有都是一切萬有的一部分。賽斯說，存有十分有意識地「**樂在一切萬有之中**」，但是多數人類卻「**往往就為了追求審美的目的**」，而轉身對他們所屬的存有不予理會[152]。這種個人心理與存有分離的狀況，往往直到他因為過度投入、沉浸於物質世界而拒絕心靈層面[153]，於是在生活中創造出許多難以承受且「**不必要的難局**」[154]，才可能開始改變。這些難局可能是疾病，或是意外的失敗、與相愛的人分離等。當一個人再也無法承受由難局所帶來的壓力、難題、束縛等挑戰，並且轉化其中的能量時，他就可能開始願意去探索自己存在的意義、價值，以及生命的本源。於是，正視自己與一切萬有、存有分離的幻覺（hallucination）及與心靈有意識地連結，又成為了「可能」。賽斯說，此時「**祈禱的自己在聽著，然後做必要的調整和進步**」。個人「**可以接近一切萬有的一部分**」，而這部分完全只與他相通。他將藉此體驗到，原來自己始終與一切萬有、存有共享著「心靈完

---

150 見（美國）珍・羅伯茲（Jane Roberts）著，陳秋萍譯：《早期課 7》（“*The Early Sessions Book 7*”），頁 406。

151 見（美國）珍・羅伯茲（Jane Roberts）著，洪志美、張黛眉、梁瑞安譯：《早期課 1》（“*The Early Sessions Book 1*”），頁 352。

152 見（美國）珍・羅伯茲（Jane Roberts）著，彭君蓉譯：《早期課 2》（“*The Early Sessions Book 2*”），頁 73。

153 見（美國）珍・羅伯茲（Jane Roberts）著，王季慶譯：《個人實相的本質》（“*The Nature of Personal Reality*”），頁 329。

154 見（美國）珍・羅伯茲（Jane Roberts）著，王季慶譯：《個人實相的本質》（“*The Nature of Personal Reality*”），頁 330。

形能力」[155]。其實，無論人類眼中的「好」或「壞」，在一切萬有、存有的認知之中，都是有助於意識發展與擴展的創造。人類創造的過程裡，總是展現一切萬有、存有所賦予人類的「自由意志」，這項天生能力的本質是絕對的自由而不帶有任何的條件。任何人只要試圖限制、抗拒這份能力，就是在精神上主動選擇與一切萬有、存有分離。但即使如此，這種限制、抗拒的作為，以及與生命源頭分離的選擇，也是人類得以無條件運作自由意志的一種表現。

(三)一切萬有不會試圖控制人類。一切萬有創造了所有宇宙的存在，但是它明瞭「他只是其創造者，因為他並不試圖去控制，所以才創造」。存有創造了人類，同時也延續著一切萬有的創造理念。地球世界許多看似類似或一樣的事物，「那些模式永遠多多少少會被改變，所以，沒有物體是另一個的複製品——雖然它可能看起來是一樣的」[156]。現代愈來愈多人明白，這世上沒完全一樣的一片樹葉或雪花，而科學研究也給予了證明。既然如此，每個人都可以在地球世界表達其獨特性、多樣性，才符合自然、自發之道，而這也是一切萬有賦予人類的天生權利。一切萬有、存有雖然身為創造者，卻絕不會試圖操縱（manipulation）、控制（control）它的創造物。它們始終無條件地支持創造物的選擇及發展。現今人類遭遇許多嚴峻的難局、挑戰，絕大多數起因於個人只想操縱外境與他人，卻不思如何認識自己、瞭解自己。賽斯曾說，當一個人「試著去控制權力或人們時」，他「永遠是在模仿」[157]，如此一來，人類個體的獨特性、多樣性將無法獲得表達，地球世界就可能朝向負向循環、消極停滯的方向發展。相關議題可

---

155 見（美國）珍・羅伯茲（Jane Roberts）著，謝欣頤譯：《早期課 5》（"*The Early Sessions Book 5*"），頁 175；見（美國）珍・羅伯茲（Jane Roberts）著，陳秋萍譯：《早期課 7》（"*The Early Sessions Book 7*"），頁 405。

156 （美國）珍・羅伯茲（Jane Roberts）著，王季慶譯：《未知的實相・卷二》（"*The "Unknown" Reality Volume Two*"），頁 634。

157 見（美國）珍・羅伯茲（Jane Roberts）著，王季慶譯：《未知的實相・卷二》（"*The "Unknown" Reality Volume Two*"），頁 634。

以參考電影「靈魂急轉彎」（*"Soul"*，2020）。

(四)人類增強了一切萬有的力量，而非其反面。賽斯認為許多人「**自以為是真理尋求者與富於靈性的人**」，心中都充滿了他們所認定的神、上帝或造物主，並且認為即使自己做了什麼善事或有任何成就，都是神、上帝或造物主的，而不是他自己的。這個信念很容易成為一種有力的自我暗示（self suggestion）、自然的催眠（natural hypnosis），即「**我自己沒有能力，只有上帝的力量才有能力**」[158]。這是一種自我否定（self-denial）。他們否定自己存在的意義及價值。事實上，人類與造物主互為對方的一部分。人類藉由各式各樣的創造來彰顯自己存在的意義及價值，同時也彰顯了創造他們的一切萬有、存有。如此才能充分體現「完形」的概念。完形與完整不同，前者主張個體永遠「大於」其各個部分的總合，並且追求創造、改變與擴展；而後者只要求「等於」，並且容易流於守舊、控制與束縛。將這個概念延伸到人類的家庭、組織團體，道理也是一樣。

(五)人類可以藉由「真正的自傲」以肯定一切萬有創造時的喜悅。賽斯曾經針對習慣於自我否定的人做了更深的精神分析。他認為有此信念的人本身就是「壓抑」（repressed）的，所以他不敢為自己的創造感到滿足、喜悅，並且享受在「真正的自傲」（self-pride）中。他們選擇讓自己沉醉在「假的謙虛」（fake humility），以致生命無法充分獲得表達，隱晦了生命的本質。這麼做就是在否定他們與一切萬有互為對方一部分的事實，同時否定了一切萬有創造時的「喜氣洋洋」。假的謙虛「**常常掩蔽了一個扭曲、膨脹、被否定的自傲**」，引發更多的批判、評價與驕傲，以致能夠引起一個人「**去撕下別人的價值**」；真正的自傲則容許一個人「**去感知同類的完整性**」，而讓他「**幫助他們用自己的力量**」[159]。此時，他就能體驗到一切萬有的「整體的金字塔完形」。從上述賽斯所做的精神分析再做推衍，就

---

[158] 見（美國）珍・羅伯茲（Jane Roberts）著，王季慶譯：《個人實相的本質》（*"The Nature of Personal Reality"*），頁614。

[159] 見（美國）珍・羅伯茲（Jane Roberts）著，王季慶譯：《個人實相的本質》（*"The Nature of Personal Reality"*），頁612。

可以知曉為什麼人類的衝突、紛爭、攻擊等現象，始終無法平息。它們肇因於當事人對生命邏輯與生活模式的誤解。過去人類總是倡導要「犧牲小我，完成大我」，但試想，如果一個人總是疏忽於照護、安頓自己的身心，無法真正「愛」自己而總是否定自己，他又怎麼可能誠心去愛他人、為他人奉獻自己，甚至毫無所求地為他人犧牲。因此賽斯才會建議讀者，不妨將「**愛你的鄰人如你自己**」這句話轉個方向，改為「**愛你自己就如愛你的鄰人**」[160]，因為照顧好自己的同時也就照顧到了別人。當一個人藉由接受自己、喜悅地做自己，「**完成了自己的能力**」，那麼光是他的在場，自然「**就可以使別人快樂**」[161]。這也是一種自發性的創造。這類個人與表現，就是現今所謂的「自帶氣場」、「底氣十足」。他們既樂於做自己，也允許他人做自己，因為他明白生命本身就具備存在的意義及價值，所有的物質創造都只是一齣戲劇、一場遊戲，目的只在於他個人意識、精神的發展與擴展。他明白「合作」（cooperation）與「競爭」（competition）的差異與影響，經常在自我覺察及與他人的合作之中，感受到「更大的自己」（greater self），但是這個自己絕非建立在他對群體或群體對他的泛濫投射之中。

(六)一切萬有在人類「之內」與「之外」。賽斯在談論到個人無須害怕自然的衝動（impulses）或存在的本質時強調，一切萬有不只是「**在實相的外邊，像某個宇宙指揮者（cosmic director）那樣的運作**」，事實上它也在每個人之內[162]。瞭解這項道理的人，就不致刻意向外追求或修煉所謂的「靈性」，也很容易獲得自我肯定的心理經驗。他也不必刻意大量創造助人的事件，以便從中獲取存在感、價值感。因為他明白事件的本質是中立的，

---

160 見（美國）珍・羅伯茲（Jane Roberts）著，王季慶譯：《個人實相的本質》（*“The Nature of Personal Reality”*），頁 612。

161 見（美國）珍・羅伯茲（Jane Roberts）著，王季慶譯：《個人實相的本質》（*“The Nature of Personal Reality”*），頁 614。

162 見（美國）珍・羅伯茲（Jane Roberts）著，王季慶譯：《個人與群體事件的本質》（*“The Individual and the Nature of Mass Events”*）（臺北：賽斯文化公司，2016 年），頁 475。

他關的是創造事件者的動力（意圖、動機、目的等）。如果助人不是源於自然、自發的衝動與創造，那麼他的行動就可能出自於扭曲的認知。賽斯說，衝動是人類的本能、創造的必要條件之一，它是自發性的，不能被理性、知性（intellect）所取代[163]。想要體驗到一切萬有的存在或及個人的靈性，就必須先由肯定自己與一切萬有的密不可分、自己存在的本質著手。賽斯說，一切萬有「**只能被體驗被感受到**」，而且是由「**自己的存在體驗到**」，然後汲取它那至為廣大的能量和智慧。從某種角度而言，一切萬有也是人，它沒有人類的物質形象，但是「**在祂廣大的經驗裡，祂保有一個他自己做為人的『概念形』（idea-shape）**」，個人「**可與之有關聯**」[164]。不過賽斯還是強調，它「**根本『非人』，祂也非一個人格**」。綜合一切萬有這些特質，賽斯稱之為「多次元存在的多重面目」（multitudinous facets of his multidimensional existence）、「多次元面貌」（multidimensional aspects）[165]。這些特質也存在於人類的心靈之中。賽斯認為，人不是只有一個「物質的自己」（physical self；又稱「物質取向的自己」〔material self〕[166]），另外還有「非物質自己」（nonphysical self）[167]，例如：夢中的自己、轉世的自己等，所以《賽斯書》才會有「多次元的自己」[168]、「多次元人格」（multidimensional personality）[169]等說法。相關議題可以參考

---

[163] 見（美國）珍・羅伯茲（Jane Roberts）著，王季慶譯：《個人與群體事件的本質》（“*The Individual and the Nature of Mass Events*”）（臺北：賽斯文化公司，2016 年），頁 388。

[164] 按：此「概念形」即人類所屬的「存有」（靈魂）。

[165] 見（美國）珍・羅伯茲（Jane Roberts）著，王季慶譯：《靈魂永生》（“*Seth Speaks: The Eternal Validity of the Soul*”），頁 292、294。

[166] 見（美國）珍・羅伯茲（Jane Roberts）著，謝欣頤譯：《早期課 5》（“*The Early Sessions Book 5*”），頁 45。

[167] 見（美國）珍・羅伯茲（Jane Roberts）著，梁瑞安譯：《早期課 4》（“*The Early Sessions Book 4*”），頁 442。

[168] 見（美國）珍・羅伯茲（Jane Roberts）著，王季慶譯：《個人實相的本質》（“*The Nature of Personal Reality*”），頁 437。

[169] 見（美國）珍・羅伯茲（Jane Roberts）著，王季慶譯：《靈魂永生》（“*Seth Speaks: The Eternal Validity of the Soul*”），頁 14-15。

電影「雲圖」（*“Cloud Atlas”*，2012；IMDb: tt1371111）、「醒來吧，寶貝」（*“Wake up, baby”*，2013）[170]、「全面啟動」（*“Inception”*，2010；中譯「盜夢空間」，港譯「潛行凶間」；IMDb: tt1375666）、「異星入境」（*“Arrival”*，2016；中譯「降臨」，港譯「天煞異降」；IMDb: tt2543164）、「你的名字」（*“君の名は / Your Name”*，2016；IMDb: tt5311514）等。一旦人類感受、體驗到這些存在的自己，就可以感受、體驗到一切萬有的存在。賽斯說它只能是一種「內在體驗」，無法向外尋求。在這種個人接觸的瞬間，「永遠有一種統合的效果（unifying effect）」，而且擴大了此人的感知力。他「會感到比較不孤立（less isolated），比較不被隔離（less set apart）」，理解到自己存在的真實性及獨特性。他不會因為有此經驗而自以為終於高人一等（此即虛假的自傲），反而「會被一種理解的完形（gestalt of comprehension）席捲，而他了悟自己與『一切萬有』的合一（oneness）」[171]。

(七)人類可以選擇與一切萬有「合一」但無法「溶解」。前項所說一切萬有在人類「之內」，是指人類與一切萬有「合一」，而非「溶解」（dissolve）到它裡面，否則就無法宣稱所有的存在都具有創造性，都存在著所謂「整體的金字塔完形」。賽斯強調，一切萬有是「『個人性』的創造者，並非毀滅它的方法」，人類所有「人格的種種面貌將被保留」。所以，每個人生生世世的人格「全都活著而且充滿活力。全都走他們自己的路」[172]。

(八)一切萬有不會強加任何的「負面」到人類身上。痛苦、疾病乃至於其他人類所不喜歡的、負面的實相，都不是一切萬有或外在因素硬推到人類身上的；即使是喜歡的、正面的實相也一樣。人類在物質／非物質世界的種種

---

[170] 本片編劇、導演均為徐化先生，相關資訊未載錄於「IMDb」網站。見「豆瓣電影」，https://movie.douban.com/subject/24522669/。

[171] 見（美國）珍・羅伯茲（Jane Roberts）著，王季慶譯：《靈魂永生》（*“Seth Speaks: The Eternal Validity of the Soul”*），頁 294。

[172] 見（美國）珍・羅伯茲（Jane Roberts）著，王季慶譯：《靈魂永生》（*“Seth Speaks: The Eternal Validity of the Soul”*），頁 519。

體驗，全部都源於自己的創造。這些被人類創造出的實相，「是學習過程的一種副產品」，「本身是相當中立的」，它們的好、壞、對、錯，都是人類額外加上的定義與標籤。痛苦、疾病也不是一切萬有或存有給予人類的懲罰，而是人類「創造性能量誤入歧途的結果」，所以它們也是「創造力的一部分」，與健康、活力都是同一來源。賽斯認為，人類在自己身處的系統（即「地球世界」、「物質世界」）裡，「都在學著處理這創造性能量」。如果一個人對於自己的存在及生命的來源充分信任，那麼創造過程「所引起的糾結混亂」，都會自動把他「帶回內在的問題」[173]。上述說法並不是說個人的受苦或疾病「必然會導致精神上的成就」，有時反而「常常是無知和懶惰的精神習慣的結果」。當然他也不排除有某些「因其他的特性而必須對自己採取強烈手段的人」，致使生病成為一種訓練的方法。即使如此，賽斯還是強調，「真正快樂的一生是深深令人滿足的，應該會包含了自發的智慧與心靈的喜悅」[174]。

(九)一切萬有永遠不會鼓勵使用任何形式的暴力、謀殺、恨及詛咒。賽斯以十分肯定的語氣說道，無論基於任何理由，一切萬有永遠不會鼓勵由它而生的所有宇宙存在，去使用任何形式的暴力（violence）、謀殺（murder）、恨（hate）及詛咒（curse）。賽斯提醒人類，每個人天生就被賦予自由意志及自訂的生命藍圖（life blueprints），所以在心靈層面都十分清楚自己應該成就什麼。當然，基於自由意志，人類也「可以選擇忽略那藍圖」。從許多方面來說，人類的「醒時狀態」（waking conditions）其實是在一切萬有及存有的夢中，卻經常「把夢弄得太成真了」。所以，人生不僅是戲，也是夢。為了避免入戲太深、弄假成真，人類需要理解「自己的內在實相」及「非肉身的存在」，並且勇敢「解決問題及應付挑戰」[175]。許多

---

173 見（美國）珍・羅伯茲（Jane Roberts）著，王季慶譯：《未知的實相・卷二》（*"The "Unknown" Reality Volume Two"*），頁 773。

174 見（美國）珍・羅伯茲（Jane Roberts）著，王季慶譯：《靈魂永生》（*"Seth Speaks: The Eternal Validity of the Soul"*），頁 253。

175 見（美國）珍・羅伯茲（Jane Roberts）著，王季慶譯：《靈界的訊息》（*"The Seth Material"*），

人誤以為只要「**永遠毀掉了一個活的意識**」、殺掉一個人，就可以免於受害，不再遭受悲傷與痛苦。然而事實卻非如此。許多的悲劇一再重複發生，歷史一再重演，正是由這種誤解所造成。幸好，自由意志的扭曲與誤用，永遠有機會可以導正與正確使用；生命藍圖的遺忘與偏離，也永遠有機會可以憶起與選擇重回正途。只要切記所有的事件都源於自己意識、精神的創造，所有給出去的能量也終究會回到自己身上的原理。賽斯說，「**一個有仇恨的人，他的恨沒有不向外反映而具體化的。一個有愛心的人，他的愛沒有不向外反映而具體化的**」，所有外境與他人都是自己內在向外投射，以及能量相互吸引的結果。雖然「**錯誤與過失都不是真實的，不會影響實相**」，可是唯有持續地從錯誤與過失中學習與改變人格，才有可能再創造出自己所喜歡的外境與他人[176]。

從以上各項有關一切萬有對待人類的態度可知，雖然它居處於整體的最頂端，卻始終以平等、合作的原則看待它一手創造的所有宇宙存在，包括人類。它信任自己的創造，也絕對不會插手其創造物的存在狀態，以及它們自己的創造。它以完全尊重的態度看待所有的創造物，並且給予它們所需的能量。

如果說人生就是一部電影，那麼一切萬有大概就是這部電影的監製或出品人，能量就是它所供給的「資金」，而且它只源源不絕地提供，絕不干預使用

頁 288。一個人之所以害怕「問題」，大多源自於幼時撫養者或教育者的信念植入。當他被告知「生活平安順利、沒有問題才是『好的』，才能證明自己是『好人』，而且有存在的意義及價值」、「大人永遠是『對的』，是唯一能為小孩解決問題的力量來源」時，自然會開始將問題視為不平安、不順利、不是好事，而且對犯錯感到恐懼。當問題還沒發生，他們就已經在精神上創造出抗拒問題、害怕犯錯的情感與能量，反而減損應對、解決問題，以及犯錯後能同理自己、從容改正的能力。然而如果他們從小聽到的是：「問題是一種挑戰，是成長的養分及提升能力的方法之一」、「問題是生命發展的指南針」、「做自己，發揮自己的個人性、獨特性，同時也不妨參考他人的意見，但不必勉強自己接受」、「犯錯是被允許的，而且絲毫不影響你存在的意義及價值，重點在於如何從中自我覺察、自我調整」等觀念，或許就不致於在群體中，創造出不必要的關係衝突、世代對立；生活中的各項問題，反而能夠成為推動個人或集體「意識進化」（consciousness evolution）的原動力。

[176] 見（美國）珍・羅伯茲（Jane Roberts）著，王季慶譯：《靈界的訊息》（"*The Seth Material*"），頁 288-289。

方式。存有則是一切萬有所委任的「製片」，負責行政監督、安排編劇、導演、演員、所有拍攝工作相關人員等。由存有而生的意識、人格，正是存有所創造、安排的編劇及導演。至於這部電影要怎麼編寫、選角、拍攝及演出，就由編劇、導演全權決定，它也像一切萬有般充分授權、完全信任而不插手。每一部電影都沒有「殺青」的問題，因為創造本身就是「價值完成」，重要的是戲必須一直演下去。存有不會刻意要求人類的生命劇本必須要有「情節的層層推進」與「完美的結局」，因為它深知任何一個劇本的故事都沒有「開始」，也沒有「結束」，更沒有所謂「完美的結局」；整體劇本都是瞬間完成，劇本中的每一個事件也都是同時發生[177]。它只會以完全中立的觀眾身分，喜悅、興奮地看著身為演員的人類穿梭在不同的事件之中，盡情地演出與體驗，而存有需要的就只是這些體驗而已。

第二節　「存有」（靈魂）的難局與創造

賽斯曾經提到，有些人不信任「內在自己」及他向外的創造、顯現，寧可選擇相信自己的內在充滿了各式各樣的惡魔，有著一不小心就會如虎兕出柙般被激怒的衝動。如果再加上他們日常生活中習慣於壓抑不滿、憤怒、懊惱等「負向」情緒，而「覺得極難表達愛、喜悅，或感激」，他們就很容易體驗到情緒失控、脾氣暴發[178]。如果他有意願改善自己的身心狀態，除了可以尋求相關專業人士的協助，回歸探索自己生命的本質也是一條自助之路。賽斯說，地球的屬性就是要引領個人「進入靈魂的本質」[179]。

---

177 見（美國）珍・羅伯茲（Jane Roberts）著，王季慶譯：《靈魂永生》（*"Seth Speaks: The Eternal Validity of the Soul"*），頁 425-426。

178 部分的身心疾患也有這些特徵。見（美國）珍・羅伯茲（Jane Roberts）著，王季慶譯：《健康之道》（*"The Way Toward Health"*），頁 376、409。

179 見（美國）珍・羅伯茲（Jane Roberts）著，王季慶譯：《未知的實相・卷二》（*"The "Unknown" Reality Volume Two"*），頁 634。

一位能夠經常感受到自己與存有（靈魂）有所連結、甚至密不可分的人，他會選擇相信自己，並且藉由親近自己的意識、精神，學習操縱自己的精神活動以穩定思緒和情緒。這一類的創造通常會讓他自然展現出溫和且令人願意主動親近的自信和力量。然而賽斯強調，無論個人不相信或相信自己，悲傷或歡笑，這些都是他所屬人格所需要的表達及擴展；而所有轉世的人格也順著這種生命模式，「表達並且擴展了整個存有」[180]。換言之，人類習慣區分為好的／壞的、善的／惡的、對的／錯的等二分法思考（dichotomous thinking）及創造，都是存有想要的體驗，是它成為「更大的存有」（greater entity）的必經之路。

一、存有是一切萬有與人類的「中間人」

一切萬有在創造人類的過程中，先行創造出了人類更直接的源頭，即「存有」，也就是人類常說的「靈魂」。賽斯說，「『存有』在某個程度是人與『一切萬有』的中間人（mediator）」[181]，《賽斯書》中又稱它為「私人的多次元自己」（private multidimensional self）[182]、「基本的自己」（basic self）[183]；有時為了配合人類的認知習慣及語文用詞，賽斯也會使用「靈魂」一詞。不過賽斯表明，他比較喜歡使用「存有」，因為「這字沒有與那些特定的錯誤概念連在一起，而它的涵義比較不帶有組織意義上的宗教性」[184]。

使用「中間人」一詞並不意味人類不能直接與一切萬有親近，因為人類與存有一樣，都是一切萬有的一部分。更具體地說，存有是一種「活力」及「確

---

180 見（美國）珍・羅伯茲（Jane Roberts）著，洪志美、張黛眉、梁瑞安譯：《早期課 1》（"*The Early Sessions Book 1*"），頁 175。

181 見（美國）珍・羅伯茲（Jane Roberts）著，王季慶譯：《靈魂永生》（"*Seth Speaks: The Eternal Validity of the Soul*"），頁 467。

182 見（美國）珍・羅伯茲（Jane Roberts）著，王季慶譯：《靈魂永生》（"*Seth Speaks: The Eternal Validity of the Soul*"），頁 292。

183 見（美國）珍・羅伯茲（Jane Roberts）著，洪志美、張黛眉、梁瑞安譯：《早期課 1》（"*The Early Sessions Book 1*"），頁 189。

184 見（美國）珍・羅伯茲（Jane Roberts）著，王季慶譯：《靈魂永生》（"*Seth Speaks: The Eternal Validity of the Soul*"），頁 100。

實性的能量」的存在，是人類未形成肉身之前的「自己」。雖然它是無形的存在，由於它擁有「一個永恆的確實性（eternal validity）」，所以賽斯名之為「存有」。

存有沒有像人類身體般的物質形體（physical form），賽斯說它屬於物質顯現（material manifestation）、非物質（immaterial）建構、精神系統或精神界域。它不像人類有著具體的身體輪廓，所以人類無法以外在感官感知它的存在。這種建構、系統或界域是開放性（openness）的，賽斯強調，「理論上沒有封閉系統（closed system）這種東西」[185]，只有看起來或「相對來說是封閉」[186]的，人類的身體就一個實例。然而為了某些實際上的需求與目的，「一個封閉的精神系統就是一個允許最少量偽裝資料傳過來的系統」[187]；為了對人類描述存有的狀態，賽斯只好以「偽裝」的方式處理。

「偽裝」一詞最早出現於《早期課 1》[188]，之後就經常在《賽斯書》中被提起、使用。賽斯認為，所有的物質形體被創造之前，必先歷經非物質建構的階段，人類、地球世界也是如此。它們都是一種「偽裝模式」（camouflage patterns）。為了感知這些物質形體，人類被設計為擁有自我（ego）及外在感官的配備，所以當賽斯提到「偽裝」時，「指的是外在自我所涉及的物質世界」[189]，外在感官則是「『偽裝』本身的感知器」[190]。

---

[185] 見（美國）珍・羅伯茲（Jane Roberts）著，陳秋萍譯：《早期課 3》（*"The Early Sessions Book 3"*），頁 4。

[186] 見（美國）珍・羅伯茲（Jane Roberts）著，陳秋萍譯：《早期課 3》（*"The Early Sessions Book 3"*），頁 5。

[187] 見（美國）珍・羅伯茲（Jane Roberts）著，陳秋萍譯：《早期課 3》（*"The Early Sessions Book 3"*），頁 4。

[188] 見（美國）珍・羅伯茲（Jane Roberts）著，洪志美、張黛眉、梁瑞安譯：《早期課 1》（*"The Early Sessions Book 1"*），頁 188。

[189] 見（美國）珍・羅伯茲（Jane Roberts）著，王季慶譯：《靈魂永生》（*"Seth Speaks: The Eternal Validity of the Soul"*），頁 18。

[190] 見（美國）珍・羅伯茲（Jane Roberts）著，洪志美、張黛眉、梁瑞安譯：《早期課 1》（*"The Early Sessions Book 1"*），頁 249。

不過，人類可以透過內在感官去感知存有的存在，因為內在感官可以「感覺『偽裝』形式內的真相」[191]；至於任何有關存有的具體形象，都可能只是人類透過想像力或幻覺所建構而得。即使如此，賽斯仍然盡可能地形容它存在的狀態。他說存有的「物質顯現」也是以「精神圍場」（mental enclosure）的建構方式所形成的。這個圍場「看不見也摸不到」，「可以被想是有點像一座工廠，所有物質的具體化一定都來自那裡」。它是任意的（arbitrary）、必要的（necessary）[192]。它之所以能將物質具體化，竟然是因為「微妙棘手、甚至岌岌可危的一種壓力不穩定狀態」，「創造力源於壓力的不平衡」[193]。

賽斯建議讀者，「可以把最簡單的一個精神圍場想成有點像一個立方體（cube）」，有一些線條，但是「其中的體積可能不同」。然後「把能量倒進立方體」[194]，「能量接著也立刻被保留和轉化，變成物質或其他面向」[195]。緊接著再經由以下幾項元素及工序來完成物質的建構：

(一)生命力（vitality）：所有的偽裝都是外在實相，雖然名之為「偽」，但事實上它們的內在還有一個真實且更大的實相在支撐它們的存在，賽斯稱之為「生命力」或「宇宙的生命力」；《賽斯書》其他專著中又譯為「活力」。這種生命力是自行產生而且沒有極限的，人類就是用它來創造物質形體，但大多數人沒有意識到自己這種每分每秒都在運作的天生能力。當人類在使用這份能力時，並不會減損或剝奪他人的生命力，就像人類呼吸時所需的空氣一樣。宇宙生命力改變了非物質建構的形狀及內容，人類因

191 見（美國）珍・羅伯茲（Jane Roberts）著，王季慶譯：《靈魂永生》（“*Seth Speaks: The Eternal Validity of the Soul*”），頁 18。

192 見（美國）珍・羅伯茲（Jane Roberts）著，陳秋萍譯：《早期課 3》（“*The Early Sessions Book 3*”），頁 13。

193 見（美國）珍・羅伯茲（Jane Roberts）著，陳秋萍譯：《早期課 3》（“*The Early Sessions Book 3*”），頁 7。

194 見（美國）珍・羅伯茲（Jane Roberts）著，陳秋萍譯：《早期課 3》（“*The Early Sessions Book 3*”），頁 12。

195 見（美國）珍・羅伯茲（Jane Roberts）著，陳秋萍譯：《早期課 3》（“*The Early Sessions Book 3*”），頁 14。

此可以看見物體的形狀，即「物質建構」，當然也就形成了種種的偽裝。沒有這份宇宙生命力，所有的偽裝都會立即消失[196]。

(二)精神酵素（mental enzymes）：當能量被倒入精神圍場中之後，就由精神酵素「幫忙轉化這股能量，變成初期的模式，物質可能從中產生」[197]。在人類創造物質的過程裡，精神轉化為物質之間有一種交換，精神酵素發揮關鍵作用，這樣人類才能透過外在感官感知到物質的顏色、質地等。「光」就是一種精神酵素[198]。精神酵素也是「行動的力量之一」，本質屬於一種「精神火花」（mental spark），可以啟動一切。它「創造出各種感覺，以便物質存在體能夠認出和意識到它們」，屬於固化（solidified）的感覺[199]。「固化」指「在地球的層面，它的作用看起來多少有些缺乏彈性、靜止、不可逆轉、不會改變」[200]，但事實並非如此。有些化學反應（chemical reactions）和電子反應（electrical reactions）是由精神酵素所引發的[201]，它「屬於心智而不是頭腦，但它們透過心智和頭腦兩者來運作」[202]，然後再「將生命力轉化為特定的偽裝模式」[203]。

---

[196] 見（美國）珍・羅伯茲（Jane Roberts）著，洪志美、張黛眉、梁瑞安譯：《早期課 1》（“*The Early Sessions Book 1*”），頁 296。

[197] 見（美國）珍・羅伯茲（Jane Roberts）著，陳秋萍譯：《早期課 3》（“*The Early Sessions Book 3*”），頁 12。

[198] 見（美國）珍・羅伯茲（Jane Roberts）著，洪志美、張黛眉、梁瑞安譯：《早期課 1》（“*The Early Sessions Book 1*”），頁 185。

[199] 見（美國）珍・羅伯茲（Jane Roberts）著，洪志美、張黛眉、梁瑞安譯：《早期課 1》（“*The Early Sessions Book 1*”），頁 142-145。

[200] 見（美國）珍・羅伯茲（Jane Roberts）著，洪志美、張黛眉、梁瑞安譯：《早期課 1》（“*The Early Sessions Book 1*”），頁 186-187。

[201] 見（美國）珍・羅伯茲（Jane Roberts）著，陳秋萍譯：《早期課 3》（“*The Early Sessions Book 3*”），頁 4。

[202] 見（美國）珍・羅伯茲（Jane Roberts）著，洪志美、張黛眉、梁瑞安譯：《早期課 1》（“*The Early Sessions Book 1*”），頁 257。

[203] 見（美國）珍・羅伯茲（Jane Roberts）著，洪志美、張黛眉、梁瑞安譯：《早期課 1》（“*The Early Sessions Book 1*”），頁 254。

(三)膠囊理解（capsule comprehension）：膠囊理解屬於「能量本身在它純粹形式中的一個特性」，本身「絕對不會減少或簡化」。可以把它「想成所有能量的纖維或組成的一部分」。它遍布在能量之中或是之內，無法被指出，也不能和能量切割。由於它被濃縮成一種膠囊的形式，所以稱之為「膠囊」。不過賽斯強調，「膠囊」只是他「選用的一個詞」。由於「個別意識的所有單位都包含這種膠囊理解，它代表意識最微小的單位」，因此稱之為「理解」。賽斯說，這裡所謂的「意識」是指「內在意識」而不是「意識自我」（conscious ego）[204]。

每個存有的的「物質顯現」都是經由上述的方式而形成，「然後它再送出它的創造物」[205]。存有的創造物是指存有會自行分裂為「片段體」（fragments），而「宇宙的每個片段體都有它自己的意識」[206]。「宇宙」又可區分為物質宇宙及非物質宇宙，人類所處的地球世界即屬於前者。不過「整體存有」的「完形」本質使它無法存在於地球物質世界，它「只是一個個分開、局部失去連結的部分」[207]。

二、存有不是個已完成或未完成的產品

相對於人類可感到知的實體物質，存有僅是一種「物質顯現」的存在，可是它與一切萬有一樣，永遠在求生、求變、求發展且持續創造。賽斯說，「靈魂不是個完成了的作品。事實上它根本不能說是個作品，而是『變為』的一個

---

[204] 見（美國）珍・羅伯茲（Jane Roberts）著，陳秋萍譯：《早期課 3》（“*The Early Sessions Book 3*”），頁 14。

[205] 見（美國）珍・羅伯茲（Jane Roberts）著，陳秋萍譯：《早期課 3》（“*The Early Sessions Book 3*”），頁 15。

[206] 見（美國）珍・羅伯茲（Jane Roberts）著，洪志美、張黛眉、梁瑞安譯：《早期課 1》（“*The Early Sessions Book 1*”），頁 222-223、345-346。

[207] 見（美國）珍・羅伯茲（Jane Roberts）著，彭君蓉譯：《早期課 2》（“*The Early Sessions Book 2*”），頁 247。

過程」[208]。除此之外，存有還具有以下數項本質：

(一)它始終被「『一切萬有』的能量與不可思議的活力（inconceivable vitality）所維護支持」，分享一切萬有與生俱來的能力，所以它也像一切萬有所創造出的其他存在一樣，「必須去創造」[209]。

(二)存有是由人類「可能稱為女性（feminine）和男性（masculine）特質構成的」[210]。賽斯的傳訊者本名為「珍」，後來賽斯改以她的存有名稱她為「魯柏」，並使用代名詞「他」。賽斯的做法是「就整體感覺而言」[211]，與人類習慣使用的「性別」（sex）概念「沒有什麼關係」[212]。

(三)一個人所屬的「存有通常一次只有一個」。存有必須花費很長的時間「才能創造出人類的形象」。不過創造仍在地球持續之中，所以它總是「來來去去」[213]。

(四)存有存在於「多次元」裡，與人類所處的地球物質世界不同。對人類而言，那裡「彷彿是無限的範圍」，而存有總是在其中「自由來去」，就好像人類「體內最小的細胞以它的程度」參與個人的日常經驗[214]。

(五)極少數人類有機會看見另一個存有的形象。賽斯與魯柏、約瑟夫婦一開始是透過靈應盤（ouija board）的方式進行溝通、交流。有一次，夫婦倆與

---

208 見（美國）珍・羅伯茲（Jane Roberts）著，王季慶譯：《靈魂永生》（"*Seth Speaks: The Eternal Validity of the Soul*"），頁 322。

209 見（美國）珍・羅伯茲（Jane Roberts）著，王季慶譯：《靈魂永生》（"*Seth Speaks: The Eternal Validity of the Soul*"），頁 292。

210 見（美國）珍・羅伯茲（Jane Roberts）著，陳秋萍譯：《早期課 3》（"*The Early Sessions Book 3*"），頁 94。

211 見（美國）珍・羅伯茲（Jane Roberts）著，梁瑞安譯：《早期課 4》（"*The Early Sessions Book 4*"），頁 94。

212 見（美國）珍・羅伯茲（Jane Roberts）著，梁瑞安譯：《早期課 4》（"*The Early Sessions Book 4*"），頁 430。

213 見（美國）珍・羅伯茲（Jane Roberts）著，洪志美、張黛眉、梁瑞安譯：《早期課 1》（"*The Early Sessions Book 1*"），頁 61。

214 見（美國）珍・羅伯茲（Jane Roberts）著，王季慶譯：《個人實相的本質》（"*The Nature of Personal Reality*"），頁 244。

他們的朋友比爾‧麥唐納（Bill Macdonnel）向賽斯提出直接接觸的要求。賽斯回覆說，「你們完全不瞭解，從我的層面到進到你們的層面，為你們表演這些小把戲，對我來說有多困難」[215]。不過他還是嘗試做了。賽斯讓三人看著鏡子，試圖改變魯柏的鏡中影像，可是沒想到他們竟然看見「另一個存有的的形象」[216]。賽斯自己也感到很意外，並且說那位存有「從來不是地球上的人——完全不同的層面」。賽斯說它的現形並非侵入（intrude）到三人所處的層面（即地球世界），而是因為「溝通的管道是開放的，存有只是暫時溜了進來（slipped through），或有一部分過來而已」。整個過程的性質是穿透（transparency）層面，而且一定會有一種「空間扭曲」（space distortions）的現象[217]。

(六)一如一切萬有，「『存有』（entity）即是行動，永遠在轉移、改變」[218]。它不是人類所擁有的「東西」，而是始終處於動態、未完成的狀態。它「總是在一種流變不居或學習的狀況，而且在與時間或空間無關卻與主觀感受有關的發展中」[219]。總之，存有「就像萬事萬物一樣，時時刻刻都在變化」[220]。

(七)存有藉由它的創造物——人格的轉世、存在，「及在可能的實相中的經驗，不但沒有萎縮，反而得以擴展」，所以不是如人類想像般的具有「貧

---

215 見（美國）珍‧羅伯茲（Jane Roberts）著，洪志美、張黛眉、梁瑞安譯：《早期課1》（"*The Early Sessions Book 1*"），頁115。

216 見（美國）珍‧羅伯茲（Jane Roberts）著，洪志美、張黛眉、梁瑞安譯：《早期課1》（"*The Early Sessions Book 1*"），頁120。

217 見（美國）珍‧羅伯茲（Jane Roberts）著，洪志美、張黛眉、梁瑞安譯：《早期課1》（"*The Early Sessions Book 1*"），頁122-124。

218 見（美國）珍‧羅伯茲（Jane Roberts）著，王季慶譯：《靈界的訊息》（"*The Seth Material*"），頁285。

219 見（美國）珍‧羅伯茲（Jane Roberts）著，王季慶譯：《靈魂永生》（"*Seth Speaks: The Eternal Validity of the Soul*"），頁100-101。

220 見（美國）珍‧羅伯茲（Jane Roberts）著，梁瑞安譯：《早期課4》（"*The Early Sessions Book 4*"），頁379。

瘠的單一性」（sterile in singularity）[221]。它是人格所有階層（layers）的總合，「在任何時刻，它都能夠有意識地運用這一切知識」[222]。

(八)存有「在任何宇宙中都是最有衝勁、最有精力、最有潛力的意識單位」。它一種濃縮到人類不可置信的能量，是「有意識的能量」。它擁有一切萬有賦予的無窮潛力，「但它必須努力達成自己的身分，形成自己的世界，它內心背負著所有生靈的重擔」。在它之內有著超過人類所能理解的「人格潛能」，所以人類在地球世界的所有作為、表達，其實「只是自己靈魂的一種示現而已」[223]。這個示現是多面向的，可以物質性及非物質性的性格，包括心理學上所說的各種「人格面具」（persona）與「陰影」（shadow）[224]。

(九)人類可以透過內在感官、直覺去發現及瞭解自己所屬存有的本質。不過，達成這個目標必須要有一個先決條件，那就是立下「想要達成它的願望」。一旦個人的願望夠強，那麼他就會自動地被引導並創造相關的經驗[225]。

(十)存有可以被視為一座「電磁能量場」（electromagnetic energy field），而人類是其中的一部分。一旦人類這樣思考它時，它就是一個「濃縮行動的場」、「『可能性』或『可能行動』的發電場」，而「這些可能性或可能行動在尋求表達的方式；它是一個非實質意識的集合體，卻認知其自身為一個本體」[226]。

---

[221] 見（美國）珍・羅伯茲（Jane Roberts）著，王季慶譯：《靈魂永生》（"*Seth Speaks: The Eternal Validity of the Soul*"），頁 102。

[222] 見（美國）珍・羅伯茲（Jane Roberts）著，洪志美、張黛眉、梁瑞安譯：《早期課 1》（"*The Early Sessions Book 1*"），頁 180。

[223] 見（美國）珍・羅伯茲（Jane Roberts）著，王季慶譯：《靈魂永生》（"*Seth Speaks: The Eternal Validity of the Soul*"），頁 103。

[224] 見黃國勝：《隱藏的人格面具》，頁 25-29。

[225] 見（美國）珍・羅伯茲（Jane Roberts）著，王季慶譯：《靈魂永生》（"*Seth Speaks: The Eternal Validity of the Soul*"），頁 103。

[226] 見（美國）珍・羅伯茲（Jane Roberts）著，王季慶譯：《靈魂永生》（"*Seth Speaks: The Eternal Validity of the Soul*"），頁 116。

(十一)存有可以被視為是一個「主本體」（prime identity）。「它自己就是許多其他單個意識的完形」、「一個無限的自己」，即使它運用許多方法及形式表達自己，仍然可以維持它自己的本體及「我性」("I am-ness,")，「即使當它知道它的我性也許是另一我性的一部分」[227]。、

(十二)每位存有都有它的個體性及獨特性。例如有一對魯柏、約瑟完全不認識的夫婦，吉姆（Jim）與安・林登（Ann Linden），主動登門尋求賽斯的協助。這對夫婦三歲的兒子幾個月前去世。賽斯對吉姆說，「他是個比你還老的存有。他曾試著給你指路……」；他也已經結束輪迴，「繼續走向另一個實相，在那兒他能更善用他的才能」[228]。對於另一位請求協助的多重硬化症（multiple sclerosis）患者莎莉（Sally），賽斯說她的「存有的特性，沒耐心卻大膽」，不喜歡設計「一連串輕些的困難」，所以這一世「所有的弱點都被加強」，導致罹患如此嚴重的病症。再加上她潛意識（subconscious）的默許，希望藉此「學習忍耐和自制」，才會設下這麼大的挑戰。賽斯描述了一些有關她的轉世經歷之後說道，每個人選擇自己的病，所以必須自己解決，畢竟這攸關生命的學習與發展。至於個人決定選擇「完全康復、患病或早死，在這存有〔或全我〕方面並沒有注定」。問題的確是存有為某一個人格所設下的挑戰，但是「後果如何是由所牽涉的人格決定的」[229]。賽斯也曾經對著魯柏、約瑟夫婦說，「你們的朋友馬克（Mark）的存有比你們的存有年輕——活蹦亂跳，活像匹小雄馬」[230]。談到魯柏的母親，說她的存有是「強大存

---

[227] 見（美國）珍・羅伯茲（Jane Roberts）著，王季慶譯：《靈魂永生》（"*Seth Speaks: The Eternal Validity of the Soul*"），頁 117。

[228] 見（美國）珍・羅伯茲（Jane Roberts）著，王季慶譯：《靈界的訊息》（"*The Seth Material*"），頁 145-153。

[229] 見（美國）珍・羅伯茲（Jane Roberts）著，王季慶譯：《靈界的訊息》（"*The Seth Material*"），頁 154-159。

[230] 見（美國）珍・羅伯茲（Jane Roberts）著，洪志美、張黛眉、梁瑞安譯：《早期課 1》（"*The Early Sessions Book 1*"），頁 131。

有的片段體」[231]；魯柏本身的存有「極為強壯」[232]；外祖父則是「一個非常強壯的存有的一部分」[233]。

(十三)以平行時空（parallel spacetimes）、多重宇宙（parallel universe / multiverse）的視角而言，「地球形成之前，全部的存有就已存在」。由存有創造的「片段體人格」也可以經由學習、擴展而成為新的存有，所以新的存有也不斷在形成[234]。

(十四)存有具備「永久有效性」（eternal validity）[235]，任何人都可以從內心去感受到它的這份永久效力及「充滿活力的實相」[236]。這份永久效力也體現在它「不管在地球的哪一世生命都不會被毀滅」[237]。

綜觀《賽斯書》有關存有（靈魂）本質的描述，它是具備創造性、多樣性與複雜性的存在[238]。由它所創造的人類也理當如此。或許可以這麼說，當一個人隨意地批判、評價另一人的各種「表達」、各項創造，其實也批判、評價了對方所屬的存有。即使關係密切如親子、手足、師生之間，道理也是一樣。

---

[231] 見（美國）珍・羅伯茲（Jane Roberts）著，洪志美、張黛眉、梁瑞安譯：《早期課 1》（*"The Early Sessions Book 1"*），頁 56。

[232] 見（美國）珍・羅伯茲（Jane Roberts）著，洪志美、張黛眉、梁瑞安譯：《早期課 1》（*"The Early Sessions Book 1"*），頁 99。

[233] 見（美國）珍・羅伯茲（Jane Roberts）著，洪志美、張黛眉、梁瑞安譯：《早期課 1》（*"The Early Sessions Book 1"*），頁 151。

[234] 見（美國）珍・羅伯茲（Jane Roberts）著，彭君蓉譯：《早期課 2》（*"The Early Sessions Book 2"*），頁 121。

[235] 見（美國）珍・羅伯茲（Jane Roberts）著，王季慶譯：《靈魂永生》（*"Seth Speaks: The Eternal Validity of the Soul"*），頁 100。

[236] 見（美國）珍・羅伯茲（Jane Roberts）著，王季慶譯：《靈魂永生》（*"Seth Speaks: The Eternal Validity of the Soul"*），頁 103。

[237] 見（美國）珍・羅伯茲（Jane Roberts）著，洪志美、張黛眉、梁瑞安譯：《早期課 1》（*"The Early Sessions Book 1"*），頁 189。

[238] 見（美國）珍・羅伯茲（Jane Roberts）著，王季慶譯：《靈魂永生》（*"Seth Speaks: The Eternal Validity of the Soul"*），頁 54。

三、存有尋求表達自己並展現個體性與獨特性

每位存有憑藉著它們的個體性與獨特性，自動自發地為自身的發展、擴展而設定各式各樣的議題與挑戰，並持續不懈地創造人格。綜合《賽斯書》涉及存有創造的論述，略為分項敘述如下：

(一)存有創造出人類，但不僅只於此。賽斯形容存有「像一棵生出很多種子的樹」，「種子」是指人格（全名為「片段體人格」）或其他的個體、存在。這些種子可以藉由學習、擴展而成為獨立的存有，不過也有「選擇沒有發展為存有的種子或人格，但不是缺乏必要的環境因素」，「或種子有缺陷」[239]。地球世界上的每個人都有他所屬的種子（即「片段體人格」；又稱「心靈種子」），是這種子的一部分，也是「其一部分的『多次元人格』」[240]。

(二)存有分裂為「片段體人格」。存有藉由它自己的分裂，形成了「片段體」，其中有一類稱為「片段體人格」（fragment personalities）。這些人格「生產它們自己的心靈以及種種物質建構」，「接著變成獨立的個體」[241]，而每一個個體都有它們自己的命運、能力及潛能[242]。片段體人格也會產生它們自己的片段體，稱之為「人格片段體」（personality fragments）。存有賦予這些形形色色人格天生的力量[243]，再藉由人格的生命經歷以獲取它所要的體驗及學習。賽斯描述它「結合了肉體而存在於肉體中，是為了要經歷一個無比豐富的世界」，它與人類「協力創造一個有色有相的實相」，

---

239 見（美國）珍・羅伯茲（Jane Roberts）著，彭君蓉譯：《早期課2》（“*The Early Sessions Book 2*”），頁150-151。

240 見（美國）珍・羅伯茲（Jane Roberts）著，王季慶譯：《靈魂永生》（“*Seth Speaks: The Eternal Validity of the Soul*”），頁14-15。

241 見（美國）珍・羅伯茲（Jane Roberts）著，陳秋萍譯：《早期課3》（“*The Early Sessions Book 3*”），頁15、65。

242 見（美國）珍・羅伯茲（Jane Roberts）著，王季慶譯：《靈魂永生》（“*Seth Speaks: The Eternal Validity of the Soul*”），頁102。

243 見（美國）珍・羅伯茲（Jane Roberts）著，洪志美、張黛眉、梁瑞安譯：《早期課1》（“*The Early Sessions Book 1*”），頁110。

因而「豐富感官知覺的神妙領域」，並「體會能量被造成具體形態時的感受」[244]。

(三)大多數存有需要至少三次的轉世人生及三種不同角色。賽斯提到，大多數的存有「至少有三次轉世人生」[245]。照例它們「必須活過三種不同角色——父、母和子」，而且「兩次人生就可以達成這三個角色」。當然也可能有一些例外的狀況，不過「最重要的要點是潛能最完全的利用」[246]。由於「存有在每一世之中是分裂的，在兩世之間則是全我」，所以才會有「分裂的存有」、「片段體存有」等的說法[247]。

(四)存有偶爾會有一種突然的心靈覺察。存有偶爾會創造出「突破」人類所謂「平行時空」、「多重宇宙」的事件。賽斯說，一切萬有所有的創造都是同時發生、同時存在。在這些被同時創造的所有宇宙、存在之中，又有著各式各樣不同的層面；層面之中又有層次（levels）[248]。存有的創造也是如此。在這些不同的層面之間，會以「簾幕」（apparent curtain）加以適度區隔；人類所處的不同時空之間，也是如此處理。不同層面、不同層次之間相互無法看見，而所有的界線只是為了實用目的。對於有些人聲稱看見飛碟（flying saucers），有些人認為自己曾經走入過去或未來，賽斯說這些情況都是可能發生的。有些不同於地球物質世界的層面，隨著它們科學的進步，「居民學著偶爾在層面之間旅行，同時隨身帶著他們本站的物質表現」。這種「物質表現」即前文提到的「偽裝」。依宇宙法則而言，

---

244 見（美國）珍・羅伯茲（Jane Roberts）著，王季慶譯：《個人實相的本質》（“*The Nature of Personal Reality*”），頁 44。

245 見（美國）珍・羅伯茲（Jane Roberts）著，王季慶譯：《靈魂永生》（“*Seth Speaks: The Eternal Validity of the Soul*”），頁 514。

246 見（美國）珍・羅伯茲（Jane Roberts）著，王季慶譯：《靈界的訊息》（“*The Seth Material*”），頁 178-179。

247 見（美國）珍・羅伯茲（Jane Roberts）著，洪志美、張黛眉、梁瑞安譯：《早期課 1》（“*The Early Sessions Book 1*”），頁 52、69、71。

248 見（美國）珍・羅伯茲（Jane Roberts）著，洪志美、張黛眉、梁瑞安譯：《早期課 1》（“*The Early Sessions Book 1*”），頁 91。

地球的居民照理不應該看見其他層面的偽裝，也不能「撞穿現在與過去之間表面的簾幕」，或「掉進」所謂的過去或未來。賽斯認為這類事件的發生，「有時是故意的，有時完全是意外」；這類經驗其實是「存有一種突然的心靈覺察」[249]。

(五)存有為人格勾勒生命藍圖的大綱。賽斯之所以使用「魯柏」、「約瑟」這兩個存有名來稱呼珍‧羅伯茲及羅勃‧柏茲，目的在於暗示他們的「存有的高峰（high points）、精神基因（mental genes）中的形象」、「靈性遵循的藍圖」、「地球人格全貌」等，並且提醒他們必須朝著這個方向發展。其實每個人都有這種「大計畫」（master plan）、「生命藍圖」。不過賽斯強調，存有只是為這個藍圖勾勒大綱。至於模式、細節的部分，必須由人類自己繪畫，並做為個人每一世遵循的計畫[250]。當然，大多數人類被設計為出生後必須暫時忘記藍圖的存在，同時也可以基於他的自由意志加以更動內容，或是不再遵循。對此，存有完全不會插手或干預。

(六)存有以其意念建構出物質實相及人類的肉體。存有以其「意念」建構出物質實相及人類的肉體，這意念是一種精神能量（psychic energy）。賽斯說存有以它的能量帶動人類肉體的能量；魯柏則認為人類的身體「是存有對『物質屬性底下的自己』的意念之物質建構」[251]，而兩位的說法大致上就是所謂「意念建構」（idea construction）的概念。人類也有自己的意念建構。賽斯說，「物質世界乃意念的建構，所有的世界都是如此」[252]；「意念建構變成近似內在實相的意念值，然而它們有很大程度是被扭曲的」，

---

[249] 見（美國）珍‧羅伯茲（Jane Roberts）著，洪志美、張黛眉、梁瑞安譯：《早期課 1》（*"The Early Sessions Book 1"*），頁 191-196。

[250] 見（美國）珍‧羅伯茲（Jane Roberts）著，洪志美、張黛眉、梁瑞安譯：《早期課 1》（*"The Early Sessions Book 1"*），頁 78。

[251] 見（美國）珍‧羅伯茲（Jane Roberts）著，王季慶譯：《夢與意識投射》（*"Seth, Dreams and Projections of Consciousness"*）（臺北：賽斯文化公司，2011 年），頁 9。

[252] 見（美國）珍‧羅伯茲（Jane Roberts）著，洪志美、張黛眉、梁瑞安譯：《早期課 1》（*"The Early Sessions Book 1"*），頁 64。

然後構成人類熟悉且形形色色的偽裝模式[253]。這也是什麼賽斯說人類的存有（靈魂）「**結合了肉體而存在於肉體中**」[254]，但是人類無法以外在感官察覺到它，只能憑藉感覺或直覺能力去感受它的存在。此外，存有既「**不需要遵照物質實相裡的法律與原則**」，「**也不依賴肉體的感知**」，「**它以一個完整知覺之場的方式存在**」，所以可以直接體驗人類的物質世界。這就像是人類入睡做夢時，外在感官、自我會暫時關閉，因此大致上也是以這種方式去獲得直接的體驗[255]。

(七)存有結束地球上的轉世之後會持續往下一個目標前行。賽斯曾經提到魯柏、約瑟夫婦不需要孩子，因為這將是他們的最後一世。當他們完成在地球世界的轉世，「**有形的死亡一到來，肉體就會完整無缺地返回。在地球的最後一世一定都是如此**」[256]。此處所稱的「肉體」，可能是指前文提到的存有對人類肉體的意念建構，而非指人類外在感官所感知的實體、物質性的身體。存有與一切萬有一樣，不可能保持不變，但又保留個體性、耐久性（permanence）。在它之內也包含著無止盡的可能性，持續不斷創造各式各樣的人格，而這些人格也可以經由學習、擴展再成為存有。賽斯形容它的成長不占據任何或更多的空間，並且存在於「**值（value）或性質的擴展之內**」。這些特性、發展都屬於「內在宇宙」（inner universe）的法則，「價值完成」則是其中不可或缺的法則。至於地球世界這個偽裝宇宙（camouflage universe）所謂的法則，並不適於內在宇宙，但賽斯強調，「**內在宇宙的法則卻適用於所有的偽裝宇宙，任何層面上的所有意識都**

---

253 見（美國）珍・羅伯茲（Jane Roberts）著，彭君蓉譯：《早期課2》（*"The Early Sessions Book 2"*），頁26。

254 見（美國）珍・羅伯茲（Jane Roberts）著，王季慶譯：《個人實相的本質》（*"The Nature of Personal Reality"*），頁44。

255 見（美國）珍・羅伯茲（Jane Roberts）著，王季慶譯：《靈魂永生》（*"Seth Speaks: The Eternal Validity of the Soul"*），頁114。

256 見（美國）珍・羅伯茲（Jane Roberts）著，洪志美、張黛眉、梁瑞安譯：《早期課1》（*"The Early Sessions Book 1"*），頁102-103。

必須遵循內在宇宙的基本法則」[257]。

從上述有關存有的本質及其創造，就不難得知現代人類積極研發的 A.I.人工智慧，不可能完全取代人類，或擁有「真正」毀滅人類的能力。人類對它的又愛又懼，反而映照出人類對心靈、「自我」（ego）及「自己」的不夠認識與瞭解，甚至對「自己」感到恐懼、害怕。賽斯曾經說過，想要更加瞭解他的資料，必須仰賴人類天生具有的「直覺」能力，而「**直覺不受所謂邏輯定律，以及因果的束縛**」[258]，這也是 A.I.人工智慧無法突破的重要關卡。相關議題可參考電影「不可能的任務 7：致命清算第一章」（“*Mission: Impossible – Dead Reckoning Part One*”，2023；中譯「碟中諜 7：致命清算〔上〕」，港譯：「職業特工隊：死亡清算〔上集〕」；IMDb: tt9603212）。

四、存有關心「更大的」而非「更好的」創造

以存有的身分、角色而言，它可以被視為人類「更大的我」（greater self）[259]。賽斯說它總是以「**一個無法量度的更大程度**」，與由它所創造的人格、個人，分享著它的種種事件[260]。它關注的焦點永遠是放在人格、個人能否在地球世界獲得學習、體驗，能否擴展，以便它能藉由它們的經驗而共同獲益。因此，它根本不在意地球世界流行的二元思想或好壞對錯的區分；它在乎的是事件的本質，以及可以從中吸取哪些更大的經驗。它深知尋求「更大的」才能保持意識的彈性、擴展，而追求「更好的」只會造成意識的閉塞、僵化。賽斯說，當

---

[257] 見（美國）珍・羅伯茲（Jane Roberts）著，彭君蓉譯：《早期課 2》（“*The Early Sessions Book 2*”），頁 22-23。

[258] 見（美國）珍・羅伯茲（Jane Roberts）著，彭君蓉譯：《早期課 2》（“*The Early Sessions Book 2*”），頁 26。

[259] 見（美國）珍・羅伯茲（Jane Roberts）著，王季慶譯：《靈魂永生》（“*Seth Speaks: The Eternal Validity of the Soul*”），頁 103。

[260] 見（美國）珍・羅伯茲（Jane Roberts）著，王季慶譯：《個人實相的本質》（“*The Nature of Personal Reality*”），頁 244。

一個人「把靈魂想作是一個封閉系統」，他「也就會那樣感知它」，「再也不會認識它更大的創造性與特性了」[261]。《賽斯書》還有一些與此相關的論述，茲綜理分述於下：

(一)存有可以視為人類所稱的「大我」。地球世界經常見的「大我」（greater you）一詞，某種程度而言，即是《賽斯書》中所說的「存有」。賽斯建議讀者不妨將它想像成一個和人類「肉體結構一樣真實的心靈結構」，只不過「它是由許多個『自己』組成的」[262]。賽斯說，「它就是你之為你」[263]。

(二)存有就是人類最親密有力的內在本體。存有就是它所創造的個人的「最親密有力的內在本體——是而且必是永遠在變的」。它始終處於「變為」的狀態，所以無法被像是一個稀世傳家珍寶般地鎖藏、呵護、膜拜，而且還不輕易示人。賽斯強調它是「活生生的、有反應的、好奇的」，因此才能促使「靈魂組成了存有的生命，然而存有卻比靈魂『更多』」[264]。這裡賽斯將「存有」與「靈魂」視為兩種不同的個體，或許後者指稱的是由存有分裂的「片段體人格」。如前文所述，片段體人格是人類人格、個人最直接的生命源頭，也不妨視為存有與人類之間的「中間人」。即使如此，存有還是參與了人類的創造，並且與之共同學習、一起價值完成。所以無論是存有、片段體人格或人類，終究都是一體的，必須以「整體」視之。賽斯通常只是為了配合人類的語言系統或思考習慣而說「存有或靈魂」，或只以「靈魂」取代「存有」。賽斯曾經在分析人性、具體人格的多次元性

---

261 見（美國）珍・羅伯茲（Jane Roberts）著，王季慶譯：《靈魂永生》（*"Seth Speaks: The Eternal Validity of the Soul"*），頁 511-512。

262 見（美國）珍・羅伯茲（Jane Roberts）著，王季慶譯：《個人實相的本質》（*"The Nature of Personal Reality"*），頁 241。

263 見（美國）珍・羅伯茲（Jane Roberts）著，王季慶譯：《靈魂永生》（*"Seth Speaks: The Eternal Validity of the Soul"*），頁 100。

264 見（美國）珍・羅伯茲（Jane Roberts）著，王季慶譯：《靈魂永生》（*"Seth Speaks: The Eternal Validity of the Soul"*），頁 100-101。

時說，個人一部分的「自己」負責處理地球物質實相；一部分處理無形實相的創造與成就，例如夢中的自己；還有一部分負責處理「可稱為『靈魂』或『整體的個人存有』，那個真正多次元自己的持續經驗與存在」[265]，也就是人類最親密有力的內在本體的部分。

(三)人類被設定為暫時以為自己與存有處於關係斷絕的狀態。人類通常一開始會以為自己是完全獨立的存在，甚至只是一個「偶然」的被創造物，而與存有處於看似沒有關係的狀態。這是因為自我（ego）的功能一開始就是被設定為「對物質實相的極端貫注中」，「它假裝不知道」與存有的關係，直到它覺得有能力實質地利用內在資料為止[266]。現今流行的「覺醒」一詞，大致上就是指稱這個過程。個人是否願意重新感受到自己與存有的連結，是基於他的自由意志與選擇，而不具備任何強迫性。不過賽斯建議讀者，沒有必要去創造一位存在於地球世界的宇宙之外，且與之分離的神，「也沒有任何必要把靈魂當成是個遙遠的存有」[267]，因為人類所有轉世的體驗與學習，最終都將歸入存有之內，而與存有共同獲益與擴展。

(四)存有直接看入所有人類事件的本質以感知人格所有的經驗。相對於人類偏好定義、分類或修飾、包裝，存有喜歡直接看入人類所有事件的本質，並以此感知人格所有的經驗[268]。它不會刻意區分所有人、事或物為善惡、好壞或對錯，因為它明瞭「善與惡只不過是一個大得多的實相之不同顯現而已」[269]。它不需要「遵照物質實相裡的法律與原則」，「不依賴肉體的

---

[265] 見（美國）珍‧羅伯茲（Jane Roberts）著，王季慶譯：《靈魂永生》（*"Seth Speaks: The Eternal Validity of the Soul"*），頁 192。

[266] 見（美國）珍‧羅伯茲（Jane Roberts）著，王季慶譯：《靈魂永生》（*"Seth Speaks: The Eternal Validity of the Soul"*），頁 101-102。

[267] 見（美國）珍‧羅伯茲（Jane Roberts）著，王季慶譯：《靈魂永生》（*"Seth Speaks: The Eternal Validity of the Soul"*），頁 510。

[268] 見（美國）珍‧羅伯茲（Jane Roberts）著，王季慶譯：《靈魂永生》（*"Seth Speaks: The Eternal Validity of the Soul"*），頁 113。

[269] 見（美國）珍‧羅伯茲（Jane Roberts）著，王季慶譯：《靈魂永生》（*"Seth Speaks: The Eternal Validity of the Soul"*），頁 118。

感知」，也不必依靠時間。時間是地球物質世界的偽裝，不適用於它所處的非物質實相。這一切看似存有與人類之間有著很大的差異，但是賽斯說這個現象毫並不妨礙一項事實，即：個人持續在創造他所屬的存有，而存有也繼續在創造著他[270]。

(五)存有會傳送資料給人格，並且在一世與一世之間解決人格的問題。人與人選擇在某一世建立關係，完全是自由意志的運作，雙方也都有充分、獨立的「選擇權」。關係一旦建立，就會形成各式各樣的兩難之局、問題。這些兩難之局、問題都是「自己的」，只能由自己解決。至於相關的「時間、地點和關係」也都是自己的選擇，而解決問題的方式會決定人格的發展。存有會在人格的「一世與一世之間解決這些問題」。一個足夠強壯的人格的潛意識會透過內在感官與存有溝通，並且取得足以解決問題的方法[271]。在人格接收存有所提供資料的過程中，它需要避免自我（ego）、大腦的過度扭曲解讀，甚至任由自我、大腦認定這些資料、訊息是一種「入侵」而「為它穿上各種各樣的思想偽裝與幻想」。賽斯強調，「每個存有都有很多問題要考慮」，但它「一定不能讓人格碰觸基本問題」，因為有許多「心理暗流」（psychological undercurrents）會沖垮自我。賽斯形容這種狀況就像是從自我的下方，「把神智清明這張踏腳墊給抽走」[272]。當然，存有不會強迫人格接受它為人格解決問題所提供的訊息或「內在警告」（inner warnings），因為它「從不主宰或試圖主宰一個之前的人格」，更不會嘗試「同化」（assimilating）人格。有時候人格為了自己的好處，會想要走出與存有不同方向的路，改變流向（course），存有絕對會選擇「完

---

[270] 見（美國）珍・羅伯茲（Jane Roberts）著，王季慶譯：《靈魂永生》（“*Seth Speaks: The Eternal Validity of the Soul*”），頁 114。

[271] 這種說法近似「問題本身就是解答」的道理。所有問題的解答都早已存放在一個人所屬的存有（靈魂）及潛意識之中。見（美國）珍・羅伯茲（Jane Roberts）著，洪志美、張黛眉、梁瑞安譯：《早期課 1》（“*The Early Sessions Book 1*”），頁 276、285。

[272] 見（美國）珍・羅伯茲（Jane Roberts）著，洪志美、張黛眉、梁瑞安譯：《早期課 1》（“*The Early Sessions Book 1*”），頁 268-275。

全同意」[273]。從存有的這種態度就不難理解，為什麼一個人熟悉自己的心靈、心智，擁有自我心靈解讀、自我覺察的工夫是極為重要的事。賽斯說，人類的心智「包含所有與過去世和互相糾纏（intertwining）的目的、問題和關係有關的資料，但它只會給頭腦目前這一世需要的資料」。它既是存有的一部分，也負責在地球這個偽裝世界裡守護著人格。賽斯認為人類經常提到守護天使（guardian angel）之類的存在，其實就是心智。它「幫忙防止人格誤入歧途」[274]，而心智就是心靈[275]。

(六)存有無條件地為人類的活力、確實性的能量而負責。存有以其意念建構出人類的肉身，做成人身而居於其中，並且對賦予人類「『私人的多次元自己』活力與確實性的能量負責」。然後這個「自己」再依照人類的概念創造出具體形象。由於存有擁有一切萬有的能量及活力，並分享它的能力，因此由它而創造的人類的本體、內我，永遠不可能被毀滅與減損[276]。

(七)存有透過潛意識操作它的片段體。存有透過一種人類「稱之為潛意識的一種方式來操作它的片段體」，所以不會對它的片段體做「有意識的指引」。它賦予片段體獨立的生命、自主運作的權利，「然後存有或多或少就把它們給忘了」。存有只有在「當短暫的控制失誤發生時，兩者就會面對面」[277]。存有也透過潛意識與人類聯繫。賽斯說存有（靈魂）「擁有窺視的孔」，而「潛意識是一道長廊」。各種人格之間「以牆分隔，牆的數目也代表著轉世的次數」。人類「可以越過這堵牆看出去，有時牆只有一道，

---

273 見（美國）珍・羅伯茲（Jane Roberts）著，洪志美、張黛眉、梁瑞安譯：《早期課 1》（*“The Early Sessions Book 1”*），頁 184。

274 見（美國）珍・羅伯茲（Jane Roberts）著，洪志美、張黛眉、梁瑞安譯：《早期課 1》（*“The Early Sessions Book 1”*），頁 276。

275 見（美國）珍・羅伯茲（Jane Roberts）著，梁瑞安譯：《早期課 4》（*“The Early Sessions Book 4”*），頁 8。

276 見（美國）珍・羅伯茲（Jane Roberts）著，王季慶譯：《靈魂永生》（*“Seth Speaks: The Eternal Validity of the Soul”*），頁 292。

277 見（美國）珍・羅伯茲（Jane Roberts）著，洪志美、張黛眉、梁瑞安譯：《早期課 1》（*“The Early Sessions Book 1”*），頁 91-92、96。

但有時候是很多道」，但是對存有而言，「牆並不存在，只有合一」[278]。

(八)存有會同時存在於地球層面，但它的片段體不會。賽斯說，「存有通常一次只有一個」。它會「同時存在於地球層面上」，可是由它分裂而成的片段體人格則不會。這是因為片段體容易「受到某些力量影響，而這些力量也同樣影響地球上所有的生命」，存有因此需要花費很長的時間才能創造出人類的形象[279]。

(九)存有必須出生為男性與女性以體驗其特質。如果整個存有是女性存有，但是它在地球世界這個物質層面只曾經出生為男人，還不曾出生為女人，賽斯說，「那這個人格將非得以最豔麗耀眼的方式」出生為女人不可。這是因為它還沒有使用它的能力，「也沒有表達它本質中強大的直覺部分」。它是在「抑制天性裡的基本女性特質，它回饋（fed back）到它自己身上，好讓存有的整個本體看起來是女性」，但這些被認為是女性的特質積壓太多了。相反的情況也一樣。賽斯強調，一個存有是由人類可能稱為女性或男性特質所構成。當所有能量被聚集在其中一種性別導向的人格時，「這時就會積壓很多，以至於存有只剩下未被使用、未被顯現、目前為止被否定的」相對的性別特質[280]。

(十)存有全然信任、支持由它所創造的人格。存有不會持續不斷地追蹤他的人格，不會扮演像是地球世界裡，在孩子身後窮追不捨、緊迫盯人的父母一樣的角色。它賦予每一個人格「內在自我意識」（inner self-conscious）；又稱為「超越潛意識的自我意識」（self-conscious beyond the subconscious），而這個部分知道人格的源頭為何[281]。內在自我意識和「自我意識」（ego

---

[278] 見（美國）珍・羅伯茲（Jane Roberts）著，洪志美、張黛眉、梁瑞安譯：《早期課1》（*"The Early Sessions Book 1"*），頁54-55。

[279] 見（美國）珍・羅伯茲（Jane Roberts）著，洪志美、張黛眉、梁瑞安譯：《早期課1》（*"The Early Sessions Book 1"*），頁61。

[280] 見（美國）珍・羅伯茲（Jane Roberts）著，陳秋萍譯：《早期課3》（*"The Early Sessions Book 3"*），頁94-95。

[281] 見（美國）珍・羅伯茲（Jane Roberts）著，洪志美、張黛眉、梁瑞安譯：《早期課1》（*"The Early*

consciousness）一樣會接收、轉譯內在資料，再透過潛意識篩選、過濾這些資料。它與存有密切聯繫，持續執行心電感應功能，但通常人類熟悉的「有意識的自己」不知道有這回事[282]。它是「強大的自覺自己（self-conscious self）」、「人格沒有覺察到的自覺自己」[283]。

(十一)存有與人格們都以「合作」做為共同創造的基礎。各個不同的人格在合作的基礎上，形成存有的「心靈結構」；而存有「也以同樣的個體合作在運作，並利用能量積木（building blocks of energy）」的方式，在一個背景中形成各個不同的人格。這些人格都保有它們的個體性和獨特性[284]。因此，賽斯一再強調人類的本質是合作，而非競爭。

(十二)人類必須為直接體驗存有的存在而自行負起舉證責任。賽斯認為，有關人類存在的合法性（validity），必須由自己負起「舉證責任」（burden of proof）。將這類責任丟給另一人或老師，整個過程必類會引導個人「落入一個又一個的主觀陷阱」。想要直接體驗存有的存在，感受到自己的生命是由它而來，就「一定要有一種意願（willingness）、一種默許（acquiescence）、一種欲望」[285]。賽斯說，地球物質生活整體的性質與結構，「都是那些選擇運用物質性象徵的『存有群』所製作的一個象徵性聲明」，因此，「『身體』是『你是什麼』或『你認為你是什麼』」，「而這可能的確是兩件不同的東西——的象徵」[286]。

Sessions Book 1”），頁 381、419。

282 見（美國）珍・羅伯茲（Jane Roberts）著，洪志美、張黛眉、梁瑞安譯：《早期課 1》（“*The Early Sessions Book 1*”），頁 381-382。

283 見（美國）珍・羅伯茲（Jane Roberts）著，洪志美、張黛眉、梁瑞安譯：《早期課 1》（“*The Early Sessions Book 1*”），頁 409。

284 見（美國）珍・羅伯茲（Jane Roberts）著，彭君蓉譯：《早期課 2》（“*The Early Sessions Book 2*”），頁 120-121。

285 見（美國）珍・羅伯茲（Jane Roberts）著，王季慶譯：《靈魂永生》（“*Seth Speaks: The Eternal Validity of the Soul*”），頁 522。

286 見（美國）珍・羅伯茲（Jane Roberts）著，王季慶譯：《靈魂永生》（“*Seth Speaks: The Eternal Validity of the Soul*”），頁 549。

(十三)存有創造的目的在於表達與價值完成。存有創造的目的在於體現「價值完成」，而不是一定要有什麼具體的、有價值的成果。這項觀念與一切萬有秉持的創造理念，毫無二致，但是與大多數人類的觀點可說是背道而馳。賽斯認為，存有「**最主要的是一個能量、創造與行動的泉源，而就是要透過永遠變化的情感來顯示它的特性**」[287]。存有存在的主要目的與一切萬有一樣，就只是單純地「表達」，盡可能地透過創造來展現它的個體性、獨特性。它不需要如人類般地與其他存有相互競爭、比較，因為這既非它的本質，也不是一切萬有賦予它的責任或義務。基於這項理念，它不會為自己或所有的創造物添加任何的批判和評價，當然也包括對待人類的方式。賽斯說，存有「**創造肉身，而創造者很少會鄙視他的作品**」[288]。所以，當一個人把許多標籤、評價性質的字詞加諸在自己的身體，例如高矮、胖瘦、美醜等，或是厭惡、害怕、抗拒自己身體的狀態，就等於是在否定他自己，以及他所屬的存有（靈魂）。這樣的人即使擁有眾人追捧、財富自由、權高位重等所謂光鮮亮麗、功成名就、登峰造極的生活，他的內心卻很可能難以感受到真實、自然且恆常的喜悅和滿足。

地球世界是源自於存有所創造出的片段體人格與人類人格，而各個不同的人格在合作的過程中，既保有它們的個體性和獨特性，同時也形成並擴展了存有的「心靈結構」[289]。然後所有的存有都參與「心靈合作」，以「**欲力（libido）的基本合作本質**」，建構出地球這個「**一切眾生居住的這個物質世界**」[290]。在

[287] 見（美國）珍・羅伯茲（Jane Roberts）著，王季慶譯：《個人實相的本質》（“*The Nature of Personal Reality*”），頁 607。

[288] 見（美國）珍・羅伯茲（Jane Roberts）著，王季慶譯：《靈魂永生》（“*Seth Speaks: The Eternal Validity of the Soul*”），頁 192。

[289] 見（美國）珍・羅伯茲（Jane Roberts）著，彭君蓉譯：《早期課 2》（“*The Early Sessions Book 2*”），頁 121。

[290] 見（美國）珍・羅伯茲（Jane Roberts）著，彭君蓉譯：《早期課 2》（“*The Early Sessions Book 2*”），

地球世界的層面裡，不同的人格彼此相互依賴[291]，卻又保有它們各自的個體性、獨特性；整個創造過程屬於內在宇宙法則，同時也是「價值完成」。這種依賴是自然的，而不同於人類習慣使用的「操控」（manipulation / control）式依賴。這類的價值完成不會導致競爭的原因之一，在於人格的創造並不占據任何時間或空間。賽斯描述他自己居處的內在宇宙裡，生長是以價值或「品質擴張」（quality expansion）的方式存在，但絕對不同於地球物質世界的時間、空間概念[292]。地球物質性的時空概念是偽裝宇宙的法則，所以容易產生限制或束縛的感受，進而導致感知扭曲，於是創造出「競爭」的遊戲規則。

競爭的本質是透過雙方相互的比較、批判或評價，以分出輸贏高下，然後證明誰才是「最好的」、「最棒的」。有時還用做分辨誰的生命才是有意義、有價值的，然後從中取得統領、操控他人的權力。然而這些都是人類自我（ego）的產物，而非心靈的本質，更不是存有或靈魂創造時所追求的目的。自我在競爭過程中容易形成極度的「自我中心」（egotism），在群體中放大、膨脹自己想像的地位。矛盾的是人類在如此的遊戲之中，經常想要創造「永恆」。賽斯說，當一個人想像現在的自己就是他全部的人格時，或堅持他的本體「在無窮的永恆中一直維持<u>不變</u>時」，他「就是在自我設限」。這樣的想像與思考方式，容易使他的人生變成了無生氣而不自知。

賽斯指出，從許多方面來說，「靈魂是一個初期的神（incipient god）」。他形容人類與其生命源頭的關係是除了存有或靈魂之外，就連「那個更大的我」（按：可能指「一切萬有」），它們總是在每個人「經驗中的隱密處」，一直對著他「悄悄耳語」[293]。這也是平等、互助、合作的真實體現。相反的，如果

頁 521。

[291] 見（美國）珍・羅伯茲（Jane Roberts）著，王季慶譯：《個人實相的本質》（“*The Nature of Personal Reality*”），頁 245。

[292] 見（美國）珍・羅伯茲（Jane Roberts）著，王季慶譯：《個人實相的本質》（“*The Nature of Personal Reality*”），頁 253-254。

[293] 見（美國）珍・羅伯茲（Jane Roberts）著，王季慶譯：《靈魂永生》（“*Seth Speaks: The Eternal Validity of the Soul*”），頁 103。

一個人始終認為他地位低於、能力弱於他的生命源頭，而他與存有或靈魂之間屬於控制者與被控制者的關係，那就真的可能會感受或自認為看到會發出吼聲的存有或靈魂，並且以高姿態、命令式的口吻與他互動[294]。

現今地球世界仍然存在許多衝突、戰爭，傳統文化與教育之中的競爭觀念就是主要的催化劑。賽斯強調，人類在「所有層次上的合作在所有層面上都是必要的」，及「這種合作可以是喜悅的」[295]。競爭並不符合人類生命及其生存的本質，而且無論對個人或群體都容易引發不必要的難局和挑戰、痛苦與煎熬。不過，只要人類願意面對、涵納它們，並接受《賽斯書》「心靈的本質是合作」的論點，相信再多的難局和挑戰、痛苦與煎熬都可以轉化為新創造的原動力。

---

[294] 見（瑞士）卡爾・榮格（Carl G. Jung）著，索努・山達薩尼（Sonu Shamdasani）編輯、註釋、導讀，魯宓、劉宏信譯：《紅書：讀者版》（“*The Red Book : A Reader's Edition*”）（臺北：心靈工坊文化公司，2023 年），頁 337。

[295] 見（美國）珍・羅伯茲（Jane Roberts）著，彭君蓉譯：《早期課 2》（“*The Early Sessions Book 2*”），頁 521。

第三章　人類的發源與創造

第一節　人格的分裂、投射與體驗

以《賽斯書》的觀點而言，人類生命源自一切萬有與存有，目的在於表達它們自己與創造的本能。人類繼承了這些目的，卻因為被賦予「外在自我」（outer ego）的部分而有了更多樣、豐富的表達與創造[296]。無論這些表達與創造被人類自己如何定義（definition）或詮釋（interpretation），在一切萬有與存有的認知裡，它們都有益於意識擴展，都有存在的意義與價值。

一、人類最親密有力的內在本體是存有

前文提及，一切萬有賦予存有巨大的潛能，再透過存有的分裂以形成「片段體人格」[297]。存有在它所處的層面之內，將其人格、意念建構投射（projects）為人類與地球物質世界，並配備給人類「存活在那個層面所需的任何偽裝感官、機制（mechanisms）和保護」。事實上「片段體人格」（或「靈魂」）與人類，都不是存有將一個製作好後再送進地球物質世界的固體、東西。一切都是「投射」的效果，賽斯說，「所有的片段體（暫停）都是拋出物或投射體」[298]。物

[296] 見（美國）珍・羅伯茲（Jane Roberts）著，王季慶譯：《個人實相的本質》（*"The Nature of Personal Reality"*），頁23。

[297] 見（美國）珍・羅伯茲（Jane Roberts）著，陳秋萍譯：《早期課3》（*"The Early Sessions Book 3"*），頁102。

[298] 見（美國）珍・羅伯茲（Jane Roberts）著，洪志美、張黛眉、梁瑞安譯：《早期課1》（*"The Early Sessions Book 1"*），頁95。

質之所以會讓人類有固體、實體的感受，完全是人類「偽裝感官」（即「外在感官」）及神經機制所產生的幻覺作用而已。

賽斯強調，人類最親密有力的內在本體是存有或靈魂[299]。茲將相關內容略為整理如下：

(一)本體在人類的形象產生之前即已存在。

一個人格想要進入地球物質世界體驗、學習，必須先有「本體」的形成。「本體」或「本體身分」不是一個實體或物質性的存在，卻是所有非物質存在及物質性存在的胚根。以人類而言，其本體的凝聚（或「本體感」的形成），是源自於內我、內在生命力及內在自我（inner ego）的決心；它不是一種可以借由外力去打造的東西，它需要的是意念的凝聚。

本體在人類的「形象」產生之前即已存在[300]，它也是一切萬有、存有「創造」（行動）前的「第一個兩難之局」（first dilemma）（詳見本書第一章第二節）。本體與人格不同。賽斯說本體「**在構成肉體的所有細胞合作之下，才讓人體這樣一個特定的結構能夠以分離的獨立建構狀態存在，並維持必要的本體感**（sense of identity）」[301]。一個人如果缺乏如此的認知，當然就很容易在地球

---

[299] 見（美國）珍・羅伯茲（Jane Roberts）著，王季慶譯：《靈魂永生》（"*Seth Speaks: The Eternal Validity of the Soul*"），頁 100。

[300] 見（美國）珍・羅伯茲（Jane Roberts）著，王季慶譯：《個人實相的本質》（"*The Nature of Personal Reality*"），頁 154。

[301] 見（美國）珍・羅伯茲（Jane Roberts）著，彭君蓉譯：《早期課 2》（"*The Early Sessions Book 2*"），頁 161。「內我」與「內在自我」兩個專有名詞在《賽斯書》之中，有時合稱，例如「內在自我（inner ego）是我們所謂內我（inner self）的別稱」；有時分開使用，如正文所述，及「內在自我是容格所謂無意識經驗的組織者」、「內我做的所有具豐富創造性的工作並不是無意識的，它是有目的、有高度辨識力的，由內在有意識的自我做出來的」（見〔美國〕珍・羅伯茲〔Jane Roberts〕著，王季慶譯：《靈界的訊息》〔"*The Seth Material*"〕，頁 350-351）、「內在自我就是你們夢裡面的『我』，它在內我裡面的位置就跟自我在物質的自己當中的位置有點類似」(見〔美國〕珍・羅伯茲〔Jane Roberts〕著，梁瑞安譯：《早期課 4》〔"*The Early Sessions Book 4*"〕，頁 274）、「內在自我是內我當中與外在自我（outer ego）緊密連結的那一部分（見〔美國〕珍・羅伯茲〔Jane Roberts〕著，梁瑞安譯：《早期課 4》〔"*The Early Sessions Book 4*"〕，頁 20）。至於「內在自我」究竟等於內我，還是它屬於內我的一部分，則有待商榷。

世界感覺到孤單、寂寞，即使擁有再多的物質財富、身旁有再多的人陪伴，總有那麼一個片刻會感受不到喜悅、踏實的滿足感。這種滿足感絕非物質（金錢、衣飾、職位、婚姻、子孫滿堂等）所能替代。即使有替代感，也可能只是自我、大腦的一種「自以為」。

除非有本體感的支持，否則物質的滿足感只能維持一個人短暫的開心、快樂。當這種短暫的刺激消褪後，又需要更多物質的挹注，如此的循環造就了人類不斷追逐物質的精品化、高價格化。這也是為什麼每當人類的經濟活動開始呈現大幅波動，甚至有危機感時，精緻與實用、價格與價值等問題就會開始被正視與討論。相關議題可以參考電影「穿著 Prada 的惡魔」（"*The Devil Wears Prada*"，2006；中譯「穿普拉達的女王」，港譯「穿 Prada 的惡魔」；IMDb: tt0458352）、「華爾街之狼」（"*The Wolf of Wall Street*"，2013，港譯「華爾街狼人」；IMDb: tt0993846）、「大賣空」（"*The Big Short*"，2015；IMDb: tt1596363）等。

(二)「本體感」使人類的創造不受限於肉體感官及物質條件。

為生活大小事或已發生、未發生的事感到憂慮，似乎已現現代大多數人的常態。依《賽斯書》的觀點而論，這是因為個人的自我（ego）僵化、精神活動失衡，並且無法「做本體的自己」所致。許多現代心理學、哲學也有類似的主張[302]。大抵而言，有本體感的人平日比較不容易為自己的存在感到擔憂，即使他有著被一般人視為功能不彰的自我、大腦、智力（intelligence）等情形，也不會成為他創造過程的阻礙，有時他們反而更容易與內我、潛意識連結，因而往往創造出令他人感到意外的作為或成果。這裡不是在否認自我、大腦或智力的存在及功能，畢竟它們都是中性且不斷變為的存在。而且，如果一個人只選擇相信「智力不足或有身心障礙的人反而有更好的創造力」，也容易陷入近似心理學上所說的「倖存者偏差」（survivorship bias）、「選擇偏差」（selection bias）、

---

[302] 見（日本）枡野俊明著，王蘊潔譯：《你所煩惱的事，有九成都不會發生》（"*心配事の9割は起こらない: 減らす、手放す、忘れる「禅の教え」*"）（臺北：春天文化公司，2016年），頁 11-47。

「草率歸納」（hasty generalization）等「認知偏誤」（cognitive bias；又譯「認知偏差」、「認知偏見」）[303]。

一個人能否發揮創造力，重點不在於他的擁有哪些天生有形的、物質性的「配備」（身體、物質感官、原生家庭等）及功能，而是在於他與本體的連結程度，並據以充分運用現有的配備。絕大多數兒童擁有比成人更大的創造力，主要就是因為他們具備這些條件。他們尚未具有強烈且偏執的二分法思考，還保有強烈的直覺力（intuitiveness）與豐富的想像力，同時也比較關注事件本質的探索，所以學習的效果格外顯著。相關議題可以參考電影「阿甘正傳」（"*Forrest Gump*"，1994；IMDb: tt0109830）、「大地的女兒」（"*Nell*"，1994；IMDb: tt0110638）、「馬拉松」（"*말아톤 / Marathon*"，2005；IMDb: tt0448621）、「暑假作業」（"*A Time in Quchi*"，2013；IMDb: tt3102636）、「寶貝老闆」（"*The Boss Baby*"，2017；港譯「波士 BB」；IMDb: tt3874544）等。

上述電影有一部分被定義為「反智」（Anti-intellectual）題材。就《賽斯書》的觀點而言，一個人出生前就已經自己選擇、設定好出生後所有有形的、物質性的配備，而且這些配備都與如何運用他所有的內在知識及能力、擴展他的意識，以及發揮更大的潛力有關。當他拿自己的外在條件去與其他人比較時，就說明了他無法理解自己存在的意義及價值。當一個人選擇無條件地相信自己天生就具有愛、智慧、慈悲、創造力，信任他存在的合法性，同時也在乎他自己的感覺、感受，他就很難不觸及本體感。這種「向內看」的作法會為他帶來樂觀、積極的生活態度，並以此看待人間一切事物。他也會以溫和、接納的心情對待所有的「自己們」，以及外在的世間萬物。

賽斯說「靈魂是一個開放的精神系統（spiritual system），一個創造力的發電場（powerhouse），向各方向射出——然而事實的確是如此」。持有相反看法或抗拒此一觀念的人，自然會經常為自己的存在感到擔心，進而對生活中的點

---

[303] 見（日本）情報文化研究所（山崎紗紀子、宮代こずゑ、菊池由希子）著，高橋昌一郎監修，許郁文譯：《圖解認知偏誤！避開 99%思考陷阱》（"*情報を正しく選択するための認知バイアス事典*"）（臺北：墨刻出版公司，2022 年），頁 34-37。

點滴滴都可能抱持著憂慮、恐懼的態度[304]。日本文學作家村上春樹（むらかみはるき）中形容現今人類「都在內心深處期待著世界末日的降臨」[305]，或許正是建立在如此的精神活動條件與實相創造的過程裡。

(三)人類的本體永遠處於變化之中。

賽斯明確指出，「人格在被存有創造出來以前並不存在，一旦人格成為一個本體，便保有那種個體性」，而且無論本體或個體都「永生不朽」，所以本體「從來不分解」[306]。一個人創造性的泉源正是由他「內在的本體湧出的」，而他的「內在本體永遠不會在肉身裡完全具體化」，因此他永遠有一些沒用到的創造力可以供他使用[307]。現代許多心理學家、教育領域的專家學者也相信，人的一生終究有大部分的潛能未曾被開發和使用，而且這些潛能並非存在大腦之中[308]。人類的肉身不能涵括所有的本體，而肉身就是由那本體未被肉身涵括的部分，無意識地創造而成[309]。一個人之所以有選擇的能力與行為，就代表著他本體的本質[310]。

人類的本體與一切萬有、存有一樣，永遠在變化之中。《賽斯書》中談論到許多與人類本體相關的名目，例如：分離本體（separate identity）、新的本體

---

[304] 見（美國）珍・羅伯茲（Jane Roberts）著，王季慶譯：《靈魂永生》（“*Seth Speaks: The Eternal Validity of the Soul*”），頁 108。

[305] 見（日本）村上春樹著，賴明珠譯：《1Q84》（第一冊）（臺北：時報文化出版公司，2022 年），頁 175。

[306] 見（美國）珍・羅伯茲（Jane Roberts）著，彭君蓉譯：《早期課 2》（“*The Early Sessions Book 2*”），頁 250。

[307] 見（美國）珍・羅伯茲（Jane Roberts）著，王季慶譯：《個人實相的本質》（“*The Nature of Personal Reality*”），頁 293。

[308] 見（印度）約瑟夫・墨菲（Joseph Murphy）著，朱侃如譯：《潛意識的力量》（“*The Power of Your Subconscious Mind*”）（臺北：INK 印刻出版公司，2010 年），頁 19-56。

[309] 見（美國）珍・羅伯茲（Jane Roberts）著，王季慶譯：《個人實相的本質》（“*The Nature of Personal Reality*”），頁 294。

[310] 見（美國）珍・羅伯茲（Jane Roberts）著，梁瑞安譯：《早期課 4》（“*The Early Sessions Book 4*”），頁 169。

（new identity）[311]、自我的本體[312]、個體的電磁本體（individuals electromagnetic identity）[313]、內我本體（identity of the inner self）[314]、星光本體[315]、更大的本體（greater identity）[316]等。其中所謂的「電磁本體」，是基於人類所有物質性或非物質性的「創造」，全部都有含有化學及電磁的作用[317]，本體也不例外。這個電磁本體涵括了個體全部的經驗，也在每一世形成本體系統（identity systems）。賽斯說，「**任何一個個體的電磁本體，都包含了過去的本體系統，而且一樣是以編碼形式**」[318]。所以一個人剛出生時，並非一無所知，所有的知識、智慧都像是電腦程式軟體般，早已深嵌、隱藏在他的潛意識之中，等著他去發掘及運用。他的內我完全知情，也全都在它的掌握之中。

---

[311] 見（美國）珍・羅伯茲（Jane Roberts）著，梁瑞安譯：《早期課 4》（"*The Early Sessions Book 4*"），頁 35。

[312] 見（美國）珍・羅伯茲（Jane Roberts）著，梁瑞安譯：《早期課 4》（"*The Early Sessions Book 4*"），頁 64。

[313] 見（美國）珍・羅伯茲（Jane Roberts）著，梁瑞安譯：《早期課 4》（"*The Early Sessions Book 4*"），頁 531。

[314] 見（美國）珍・羅伯茲（Jane Roberts）著，謝欣頤譯：《早期課 5》（"*The Early Sessions Book 5*"），頁 120。

[315] 見（美國）珍・羅伯茲（Jane Roberts）著，謝欣頤譯：《早期課 5》（"*The Early Sessions Book 5*"），頁 44、120。

[316] 見（美國）珍・羅伯茲（Jane Roberts）著，梁瑞安譯：《早期課 4》（"*The Early Sessions Book 4*"），頁 64；（美國）珍・羅伯茲（Jane Roberts）著，王季慶譯：《個人實相的本質》（"*The Nature of Personal Reality*"），頁 23。

[317] 順著這項原理，賽斯還談到有所謂的化學實相（chemical realities）（或「化學層面」）、電磁實相（electromagnetic realities）（或「電磁層面」）等。例如人類有「多次元的自己」，就存活於地球物質世界的自己而言，它對於存在其他次元的自己「幾乎一無所知」，但有時「或有一些有效的效應」發生。賽斯說，「在這些次元中，你們並不是以你們所是而被認識」，當然也不會是以「人類形式而被認知」，而「只是藉由效應而被認識」。賽斯還提到，「在某些這類次元當中，你在化學上，甚至電子上是一個實相，在另外一些當中，你在電磁上是一個實相」。見（美國）珍・羅伯茲（Jane Roberts）著，陳秋萍譯：《早期課 3》（"*The Early Sessions Book 3*"），頁 233-235。

[318] 見（美國）珍・羅伯茲（Jane Roberts）著，梁瑞安譯：《早期課 4》（"*The Early Sessions Book 4*"），頁 531-533。

(四)「內我」也是人類的本體而且必須改變。

內我在某種形式上也可以視為一位個人的「神」，因為沒有它的決心就沒有人類形象的創造。它擁有一切萬有、存有的活力支持，所以它「**不能被毀滅，也不能被減損**」[319]，而又因此可以稱為「持久的自己」(durable self)[320]。它「**知道它與靈魂的關係**」[321]，分享了它們的能力，同時也「**必須去創造**」[322]。創造就意謂著行動與改變，所以賽斯說每個人都保有他的內我，也就是本體，「**但是這個本體必須改變**」[323]。每個人都「**確實可以與內我相通**」[324]，《賽斯書》之中提供了不少的方法。例如：「超感官知覺」（extrasensory perception）[325]、內在聲音（inner sound）[326]、衝動[327]、對自我的訓練[328]、自我暗示[329]、出神狀態

---

[319] 見（美國）珍・羅伯茲（Jane Roberts）著，王季慶譯：《靈魂永生》（"*Seth Speaks: The Eternal Validity of the Soul*"），頁 292。

[320] 見（美國）珍・羅伯茲（Jane Roberts）著，彭君蓉譯：《早期課 2》（"*The Early Sessions Book 2*"），頁 201。

[321] 見（美國）珍・羅伯茲（Jane Roberts）著，王季慶譯：《靈魂永生》（"*Seth Speaks: The Eternal Validity of the Soul*"），頁 111。

[322] 見（美國）珍・羅伯茲（Jane Roberts）著，王季慶譯：《靈魂永生》（"*Seth Speaks: The Eternal Validity of the Soul*"），頁 292.

[323] 見（美國）珍・羅伯茲（Jane Roberts）著，彭君蓉譯：《早期課 2》（"*The Early Sessions Book 2*"），頁 149。

[324] 見（美國）珍・羅伯茲（Jane Roberts）著，王季慶譯：《靈魂永生》（"*Seth Speaks: The Eternal Validity of the Soul*"），頁 101。

[325] 賽斯認為這種方法只是個人「對內我收受情報的基本方法的一個粗淺而扭曲的概念」。見（美國）珍・羅伯茲（Jane Roberts）著，王季慶譯：《靈魂永生》（"*Seth Speaks: The Eternal Validity of the Soul*"），頁 110。

[326] （美國）珍・羅伯茲（Jane Roberts）著，王季慶譯：《個人實相的本質》（"*The Nature of Personal Reality*"），頁 133。

[327] 見（美國）珍・羅伯茲（Jane Roberts）著，王季慶譯：《個人與群體事件的本質》（"*The Individual and the Nature of Mass Events*"），頁 465。

[328] 見（美國）珍・羅伯茲（Jane Roberts）著，彭君蓉譯：《早期課 2》（"*The Early Sessions Book 2*"），頁 199。

[329] 見（美國）珍・羅伯茲（Jane Roberts）著，梁瑞安譯：《早期課 4》（"*The Early Sessions Book 4*"），頁 406。

[330]、心理時間[331]等。然而無論用哪一種方法，都必須留意自己對於實相的觀念是否已經敞開，而不再是局限、狹窄，以及是否會以自己的經驗做為過濾訊息的標準，否則容易對內我提供的資料感到莫名的恐懼，形成不必要的誤解或扭曲。

以上有關人類本體的論述之中，使用了許多看似壁壘分明的專有名詞，試圖建構出一個人類生命的樣貌、模型。對此，還是要再次強調如賽斯的原始聲明：一切只是為了方便論述而已。他說，內我可以被視為「靈魂與目前人格之間的信差」，而「靈魂」、「存有」、「內我」、「目前人格」等術語，「其一即另一個的一部分；並沒有一個『點』，在那兒一個開始而另一個結束」[332]。

二、人類是存有「片段體人格」的創造與投射

本書第二章第二節曾經談論到存有的創造，「片段體人格」即是其中的一種。這些人格持續它自己的創造，於是有了人類的產生。它們也會如存有般分裂產生片段體，稱為賽斯稱它為「人格片段體」。它在每一世創造出物質性的存在，稱為「個人片段體」（individual fragments）[333]或「人類人格」；還有非物質性的存在，稱為「分裂人格片段體」（split personality fragments）或「人格形象片段體」（personality image fragments），而通常它們無法在人類所處「物質層面的每一個層次上運作」[334]。這些物質或非物質性的人格片段體，又可以

---

[330] 見（美國）珍・羅伯茲（Jane Roberts）著，梁瑞安譯：《早期課 4》（"*The Early Sessions Book 4*"），頁 230-250。

[331] 見（美國）珍・羅伯茲（Jane Roberts）著，梁瑞安譯：《早期課 4》（"*The Early Sessions Book 4*"），頁 119。

[332] 見（美國）珍・羅伯茲（Jane Roberts）著，王季慶譯：《靈魂永生》（"*Seth Speaks: The Eternal Validity of the Soul*"），頁 111。

[333] 見（美國）珍・羅伯茲（Jane Roberts）著，洪志美、張黛眉、梁瑞安譯：《早期課 1》（"*The Early Sessions Book 1*"），頁 97。

[334] 見（美國）珍・羅伯茲（Jane Roberts）著，洪志美、張黛眉、梁瑞安譯：《早期課 1》（"*The Early Sessions Book 1*"），頁 96。

統稱為「多次元人格」或「『人』的多次元面貌」（multidimensional aspects of personality）[335]。每一個人類人格所屬的片段體「都存在一個存有之內，但擁有個別的意識」[336]，「擁有的屬性絕不會少於它的根源」[337]。

物質性的人類人格就是生活在地球物質世界且維持「醒時狀態」（waking state）的人類；又稱為「物質取向的自己」（material self）、「肉身的自己」（physical self）、「外在自己」[338]等。賽斯才會說「並非所有人格都有形體」[339]。至於沒有形體的人格或非物質性的人類人格，又區分為許多不同的種類，例如「做夢的自己」（self that dreams）[340]、「看不見的自己」（unseen self）[341]、「非物質自己」（nonphysical self）、「內在自己」（inner self）[342]等。這些個體、「自己們」都是「整個存有」的一部分，而且「擁有源頭存有的所有屬性，但是這些屬性仍然潛伏或尚未使用」[343]。相關議題可參考電影「靈魂急轉彎」（“*Soul*”，2020）。

人類人格的創造力與其生命源頭一切萬有、存有等一樣，具有豐富、多樣

---

[335] 見（美國）珍・羅伯茲（Jane Roberts）著，王季慶譯：《靈魂永生》（“*Seth Speaks: The Eternal Validity of the Soul*”），頁 15。

[336] 見（美國）珍・羅伯茲（Jane Roberts）著，洪志美、張黛眉、梁瑞安譯：《早期課 1》（“*The Early Sessions Book 1*”），頁 90。

[337] 見（美國）珍・羅伯茲（Jane Roberts）著，洪志美、張黛眉、梁瑞安譯：《早期課 1》（“*The Early Sessions Book 1*”），頁 96。

[338] 見（美國）珍・羅伯茲（Jane Roberts）著，謝欣頤譯：《早期課 5》（“*The Early Sessions Book 5*”），頁 45。

[339] 見（美國）珍・羅伯茲（Jane Roberts）著，王季慶譯：《靈魂永生》（“*Seth Speaks: The Eternal Validity of the Soul*”），頁 7。

[340] 見（美國）珍・羅伯茲（Jane Roberts）著，陳秋萍譯：《早期課 3》（“*The Early Sessions Book 3*”），頁 22。

[341] 見（美國）珍・羅伯茲（Jane Roberts）著，謝欣頤譯：《早期課 5》（“*The Early Sessions Book 5*”），頁 44。

[342] 見（美國）珍・羅伯茲（Jane Roberts）著，謝欣頤譯：《早期課 5》（“*The Early Sessions Book 5*”），頁 45。

[343] 見（美國）珍・羅伯茲（Jane Roberts）著，洪志美、張黛眉、梁瑞安譯：《早期課 1》（“*The Early Sessions Book 1*”），頁 96。

且多元的特質。茲將相關資料略述於下：

(一)「人格片段體」在存有的支持之下，分裂、創造與獨立運作。

賽斯說，人格片段體可以「**獨立運作，不過是在存有的支持之下**」，而且「**可以學習去發展它擁有的屬性，而不是去尋求新的力量**」[344]。換言之，一個人的信心、力量都是人類所屬存有或靈魂所賦予的天生能力之一，完全不需要向外求得。賽斯就曾經斬釘截鐵地說，「**並沒有所謂新的力量**」[345]。人類之所以感受不到這些天賦，也是基於自己的選擇、意願和創造。當一個人選擇不再將「信心」放在「相信自己」而是其反向，然後自我（ego）也同意這項選擇，自然就會形成種種不必要且過度消耗能量的精神活動。這種過程一般稱之為「精神內耗」（mental internal friction）。即使如此，《賽斯書》主張這也是一種創造力的展現。只要個人願意積極尋求改變，跳脫出內耗的循環，它依舊可以成為有意義、有價值的體驗，同時也擴大了自己的經驗、擴展了自己的意識。

值得留意的是，許多人為了「對抗」或「克制」精神內耗，選擇投入所謂正向思考、提振信心之類的課程。如果這些課程只專注於追求一些外在言行的改變、團體的支持，而沒有根植於個人精神（思想、信念、感覺、情緒等）的改造，那麼即使參與者當下充滿了力量感，課後卻可能快速地恢復原狀，甚至反而信心大失。一個人選擇相信力量和信心是天生具備的、內建的，還是後天養成的、外來的，他所創造的實相的模式與內涵就自然大有不同。

賽斯強調，世間形形色色的萬物都可以稱為片段體，例如動物、植物等，但唯有人格片段體「**可以讓其他片段體從它們自身形成**」。這些由人格片段體再分裂而成的其他片段體，稱為「**分裂人格（split personality）片段體，或是人格形象（personality image）片段體**」。通常這些分裂的片段體無法在地球物質世界的任何層次運作，但是它依然可以擁有它「親本片段體」（parent fragment）

---

344 見（美國）珍・羅伯茲（Jane Roberts）著，洪志美、張黛眉、梁瑞安譯：《早期課 1》（“*The Early Sessions Book 1*”），頁 91。

345 見（美國）珍・羅伯茲（Jane Roberts）著，洪志美、張黛眉、梁瑞安譯：《早期課 1》（“*The Early Sessions Book 1*”），頁 96。

（即分裂的人格片段體）的「所有屬性——情感生命等等」[346]。

(二)建設性的「分裂人格片段體」與投射。

人格片段體的分裂、投射通常不會影響個人的生活運作，或傷及身體健康，屬於有建設性（constructive）的創造。例如，賽斯提到約瑟小時候很希望有朋友的陪伴，加上嫉妒弟弟待在父親身邊的時間比自己長久，「在完全不知不覺的情況下」，他「讓一個片段體顯現成一個玩伴」。這種形象屬於「纖維狀投射體」（fibrous projection），「偶爾某個人格會製造出這種形象而讓自己大吃一驚」。賽斯分析這種情況起因於「潛意識裡，心智所成就的事」，而且是依據「潛意識裡鮮明的欲望或恐懼形塑而成的」。潛意識的創造能力就是如此地沒有限制。不過由於人類在地球層面必須受到某種限制，所以這種形象無法長久維持，「通常人格進入成人期，這一類型的形象投射就會消失」。賽斯強調，創造這一類實相或假實相（pseudorealities）的力量，「不管出於什麼意圖和目的，本來在地球層面期間是全部暫停使用的」。但是基於存有本身並不受到這項法則的限制；就存有而言，它的「每個作為都是有意識也有目的的」[347]；再加上人類的潛意識一直與它處於連結的狀態，因此這類創造只是企圖「模仿存有本身的力量而已」。

上述有關人格片段體投射形象的案例，其實長期發生在人類生活之中，一般稱為「想像的同伴」（imaginary companion）、「幻想朋友」、「隱形好朋友」等，只是以往大多被視為鬼怪作崇或兒童精神疾患問題。現代心理學家已經採取較為正面的眼光看待這類現象，並且深入探討這一類兒童在情緒、信念等精神方面的議題[348]。相關議題可參考電影「長輩有交代」（ *“Parental Guidance”*，

---

346 見（美國）珍・羅伯茲（Jane Roberts）著，洪志美、張黛眉、梁瑞安譯：《早期課 1》（ *“The Early Sessions Book 1”* ），頁 95。

347 見（美國）珍・羅伯茲（Jane Roberts）著，洪志美、張黛眉、梁瑞安譯：《早期課 1》（ *“The Early Sessions Book 1”* ），頁 109-111。

348 見林其羿、傅宏、王港、姚進、周楠：〈兒童的假想夥伴與其認知、人格和社會性發展的關係〉（南京：《學前教育研究》，2016 年第 5 期；總第 257 期，頁 35-45）；林其羿、傅宏、薛豔：〈兒童假

2012；中譯「家長指導」，港譯「PG 老爺指引」；IMDb: tt1047540）。

另一個有關人格片段體分裂、投射的實例是魯柏、約瑟夫婦的親身經歷。有一天他們來到一間名為「約克海灘舞廳」（York Beach dancing establishment）的地方，一進門就發現有一對男女「獨自坐在舞池對面的桌邊」。魯柏的眼光立刻被他們吸引，因為他們的外表無論是臉型、身材、體格等，都與夫婦倆人非常相似。這對男女頗為古怪且不苟言笑。魯柏想靠近他們和他們說話，約瑟卻不想這麼做，所以魯柏只好作罷。賽斯直白地說，「他們是你們尖酸刻薄的自己的片段體，是你們的負面和攻擊性的感覺拋出的具體化身」，而且「這些片段體存在的時間較久，已經固化（solidity）而不會變質，因為你們持續幫他們充氣（inflation）」；它們甚至「也含有你們的智力，因此他們有一部分認出你和珍」。這種形象同樣也是潛意識的創造能量運作的結果，賽斯稱之為「形象人格情境」（image personality situations）。賽斯深入分析這種情況，無非是兩個分裂人格片段體的兩道力量在相互拉扯，而且是由魯柏、約瑟夫婦平日所累積、壓抑破壞力的能量所創造、投射而成[349]。

賽斯為上述事件提出具體的解決之道。他說，在這種狀況下，「劇烈的行動是最好不過了」。當時夫婦倆決定起身跳舞是對的，「跳舞代表的是，遠離這些形象隱含之意的第一個動作」。賽斯提醒夫婦倆，即使人格轉往破壞的方向發展，只要謹記它「既能創造也能建設」，而且保留在潛意識裡的「心靈庫存」（psychic reserves）能量隨時可以提供緊急之需，再加上採取果決的行動，那麼任何令自己感到不愉快的情緒或作為都可以隨時予以調整、改變。賽斯還說夫婦倆很幸運，那對男女並沒有起身反抗他們。這對男女的確具有反抗的能力，因為「形象片段體其實擁有其雙親全部的力量，只不過那些力量可能潛伏著」[350]。通常這類事件發生時，「直覺」可以及時傳給當事人相關的訊息與提

想夥伴與社會性發展的關係：理論嬗變和實證研究歷史回顧〉（南京：《學前教育研究》，南京：2018 年第 9 期；總第 285 期，頁 39-49）。

[349] 見（美國）珍・羅伯茲（Jane Roberts）著，洪志美、張黛眉、梁瑞安譯：《早期課 1》（"*The Early Sessions Book 1*"），頁 98-100。

[350] 見（美國）珍・羅伯茲（Jane Roberts）著，洪志美、張黛眉、梁瑞安譯：《早期課 1》（"*The Early*

醒，魯柏就是憑藉著這份能力而看出情況有些不對勁，只不過他無法明確指出究竟出了什麼問題。雖然這種創造可能令當事人感到不愉快，卻也不失為一種自我（self）的挑戰、覺察與療癒的機會。

還有一種分裂人格片段體的形象是由存有的片段體所投射而成。實際的案例發生在魯柏、約瑟夫婦的朋友比爾・麥唐納身上。有一天當他躺臥在寢室搖椅上時，突然看見一個影像。賽斯分析說，一個片段體人格的所有人格片段體「都存在一個存有之內，但擁有個別意識」，「它們沒有覺察到存有本身」。當比爾看見它時，人格片段體「本身似乎做了一場夢」，因此才會雙方都看見對方卻認不出來。這種情形是存有「短暫的控制失誤」，導致人類與一個「在視覺層面上重新取得短暫的獨立性」的過去的人格，意外地面對面。比爾看見的影像是個女孩。由於比爾在事件發生的當下「調整得不是很好」，因此這個女孩並沒有認出比爾[351]。

(三)破壞性的「分裂人格片段體」與投射。

有一種分裂人格片段體的投射會影響個人的生活運作，或傷及身體健康，屬於有破壞性（destructive）的創造。一個人之所以能在地球物質世界過著日常生活，並且有意識地與他人互動，基本上是因為擁有完整的心智運作功能，以及人格的主導。人格是一切萬有、存有的共同創造。這種創造物還可以透過學習、擴展而成為存有。賽斯說，「任何一個人格都可以變成一個獨立的存有，這牽涉到一種高度發展的利用能量和其強度的知識」[352]。《賽斯書》中人格的本質是多元的、多層次的。書中論述各式各樣的人格，例如：支配人格（dominant personality，又譯「主宰人格」；或作「主人格」〔primary personality〕）、第二人格（secondary personalities）、有意識的半人格（conscious semipersonalities）

Sessions Book 1"），頁 100-101。

351 見（美國）珍・羅伯茲（Jane Roberts）著，洪志美、張黛眉、梁瑞安譯：《早期課 1》（"*The Early Sessions Book 1*"），頁 90-91。

352 見（美國）珍・羅伯茲（Jane Roberts）著，王季慶譯：《靈界的訊息》（"*The Seth Material*"），頁 285。

[353]、轉世人格[354]、過渡期（transition）的人格[355]、離開物質場域的人格[356]、可能人格[357]等。其名目之眾、內容之多，實足以研究編寫為一本厚重的「人格論」專書。

賽斯說，人類在每一世都會有一個「**基本的人格，也就是主人格**」做為主導，「**除非透過人格本身，否則它不會改變**」[358]。即使像魯柏必須為賽斯傳送、轉譯訊息，當下「**一部分的心靈完全解離（dissociated）**」，等著賽斯發號施令，卻也有一部分的他能夠清醒地與旁人交談、互動或做其他動作。這種狀態主要是因為他的主人格（dominant personality）並未與人格片段體切斷連結[359]。人類的人格「**實際上會依據它的潛能而改變、擴展及成長**」[360]，所以在每一世都可能衍生出不同的人格。有時候，「**人格中較差的許多片段體，有一世可能競相爭取主宰人格的地位**」，這就可能導致主人格與它所屬的人格片段體產生連結切斷的狀況[361]。這種情形與之前提到魯柏、約瑟夫婦及其朋友比爾的經歷不同，那是屬於「整體潛意識」的分裂，對於投射者的影響較小；主人格（dominant

---

353 見（美國）珍・羅伯茲（Jane Roberts）著，洪志美、張黛眉、梁瑞安譯：《早期課 1》（“*The Early Sessions Book 1*”），頁 380。

354 見（美國）珍・羅伯茲（Jane Roberts）著，王季慶譯：《個人實相的本質》（“*The Nature of Personal Reality*”），頁 198。

355 見（美國）珍・羅伯茲（Jane Roberts）著，陳秋萍譯：《早期課 3》（“*The Early Sessions Book 3*”），頁 160。

356 見（美國）珍・羅伯茲（Jane Roberts）著，陳秋萍譯：《早期課 3》（“*The Early Sessions Book 3*”），頁 156。

357 見（美國）珍・羅伯茲（Jane Roberts）著，梁瑞安譯：《早期課 4》（“*The Early Sessions Book 4*”），頁 379。

358 見（美國）珍・羅伯茲（Jane Roberts）著，洪志美、張黛眉、梁瑞安譯：《早期課 1》（“*The Early Sessions Book 1*”），頁 190。

359 見（美國）珍・羅伯茲（Jane Roberts）著，洪志美、張黛眉、梁瑞安譯：《早期課 1》（“*The Early Sessions Book 1*”），頁 173，

360 見（美國）珍・羅伯茲（Jane Roberts）著，洪志美、張黛眉、梁瑞安譯：《早期課 1》（“*The Early Sessions Book 1*”），頁 175。

361 見（美國）珍・羅伯茲（Jane Roberts）著，洪志美、張黛眉、梁瑞安譯：《早期課 1》（“*The Early Sessions Book 1*”），頁 190。

personality）與人格片段體切斷連結則屬於「意識」上的分裂，會形成所謂的「精神分裂症」（schizophrenia；今已改稱「思覺失調症」）。賽斯分析這個試圖「奪位」的片段體，「往往和主人格直接對立，但是不管哪一種情況，它都是以次人格的身分在運作」[362]。他認為人類「很多所謂著魔附身（possession）的例子，可以單獨用這樣的理由來解釋」[363]。

當片段體人格之中較差的許多片段體，即次人格們，成功奪取主人格的權位並且成為個人整體作為的主宰時，加上它們與主人格之間產生相互屏蔽、隔絕的情況，就有可能形成所謂的「解離性身分疾患」（Dissociative Identity Disorder，DID；舊稱「多重人格障礙」〔Multiple Personality Disorder，MPD〕）。《賽斯書》對此有更深層次的探討。不過由於這個部分已經涉及精神醫學暨治療的層面，本書不再詳述。相關內容可參考《個人實相的本質》第六、八章有關「奧古斯都」（Augustus）的敘述。相關議題可參考電影「三面夏娃」（“*The Three Faces of Eve*”，1957；IMDb: tt0051077）、「驚魂記」（“*Psycho*”，1960；港譯「觸目驚心」；IMDb: tt0054215）、「大法師」（“*The Exorcist*”，1973；中譯「驅魔人」；IMDb: tt0070047）、「鬥陣俱樂部」（“*Fight Club*”，1999；中譯「搏擊俱樂部」，港譯「搏擊會」；IMDb: tt0137523）、「美麗境界」（“*A Beautiful Mind*”，2001；中譯「美麗心靈」，港譯「有你終生美麗」；IMDb: tt0268978）、「捉迷藏」（“*Hide and Seek*”，2005；IMDb: tt0382077）、「24 個比利」（“*Monsters Inside: The 24 Faces of Billy Milligan*”，2021；中譯「心中惡魔：比利・米利根的 24 副面孔」；IMDb: tt15287836）等。

(四)人類一出生就進入了一個豐富的心理環境。

賽斯經常提醒讀者，生命就是一個旅程。當一個人有心想要知曉自己生命旅程的方向和內涵，用以做為豐富旅程、增加趣味的基底，不妨可以從瞭解人

---

362 見（美國）珍・羅伯茲（Jane Roberts）著，洪志美、張黛眉、梁瑞安譯：《早期課 1》（“*The Early Sessions Book 1*”），頁 174。

363 見（美國）珍・羅伯茲（Jane Roberts）著，洪志美、張黛眉、梁瑞安譯：《早期課 1》（“*The Early Sessions Book 1*”），頁 175。

類的本質開始。茲就《賽斯書》中有關人類本質的敘述，綜理如下：

1.存有創造出片段體人格、人格片段體、人類及其他存在，所以它就是整個的本體。它「每一部分都是獨特而獨立的」，透過「自己的信念決定在切身的生活境況中，它要接受哪一些影響」。人類是它「一個獨立並永遠確實的部分」，不過必須認知到自己「只是這本體的一個顯示」[364]，不能因為有存有做為背景、支持就無限放大「存在感」（sense of presence）而傲視萬物。「人類是萬物之靈」、「人類是萬物的主宰」這一類自我（ego）極度膨脹的信念，忽略了創造者與創造物之間的平等概念，無視於萬物皆有意識與靈性的事實。這些信念稍有不慎就容易使個人的天生理想（ideal）因扭曲而走向狂熱（fanatical）；讓天生的熱情（zest / enthusiasm）因偏執（paranoia）而淪為激情（passionate）[365]，最終成為「害怕自己的人」（詳見本書第四章第二節）。

2.人類「在某種程度上是思想受體（receptors），不被時間束縛」[366]。片段體人格的意識進入人類身體之前，先有思想、概念，並據此創造、投射出「概念形」、「思想形象」（thought form），然後意識才「進入身體」而有了「肉體形象」（physical form），同時也「進入了身體所處的實質環境中」。這正是人類出生前的狀態。人類出生後，「也進入了一個豐富的心理環境[367]。在那個環境中，信念與概念也都同樣的真實」[368]。思想、概念本身都具

---

[364] 見（美國）珍・羅伯茲（Jane Roberts）著，王季慶譯：《個人實相的本質》（“*The Nature of Personal Reality*”），頁 560；見（美國）珍・羅伯茲（Jane Roberts）著，王季慶譯：《靈魂永生》（“*Seth Speaks: The Eternal Validity of the Soul*”），頁 20。

[365] 為了方便敘述，並對人的情感反應做出更深入、具體的描繪，本書將「熱情」與「激情」視為同中有異的兩個辭彙。前者是一個人受到某種刺激後，表現出比平常較為熱烈的情感、情緒，它是創造的原動力；後者則是比前者更為「強烈而激動」的情感、情緒，它容易將創造導向扭曲、偏執。

[366] 見（美國）珍・羅伯茲（Jane Roberts）著，彭君蓉譯：《早期課 2》（“*The Early Sessions Book 2*”），頁 45。

[367] 「心理環境」原文為「natural psychological environment」，似漏譯「自然的」一詞。見 Jane Roberts: “*The Nature of Personal Reality*”（San Francisco: Amber-Allen Publishing and New World Library, 2011），頁 245。

[368] 見（美國）珍・羅伯茲（Jane Roberts）著，王季慶譯：《個人實相的本質》（“*The Nature of Personal*

有化學性與電磁性作用，因此隨著「思想不斷變動的步調而有重要的化學與電磁方面的改變」。人類時時刻刻都依照這個原則在創造自己的肉體，賽斯說這肉體就是個人對「我是什麼」的「內在概念的直接結果」[369]。

3.人類是整體、完形的存在，而非「孤島」（islands island）。如果一個人感覺自己就像座孤島，是源於他過度依賴外在感官，而且以片段、切割的方式去感知環境、實相。賽斯強調，人類無時無刻不在潛意識層面以心電感應（telepathy）的方式，相互溝通、交流，這種狀況「經常在發生，供給了內在的溝通來支持所有的感官資料」[370]。換言之，地球世界中的物理距離並不會實質影響人與人之間的內在溝通，即使是互不相信的雙方也一樣。賽斯說，人類「也是一種夥伴關係受體」。即便兩人歷經轉世而相隔幾個世紀，只要雙方意願仍在，「有著一份確實的情感關係」，依舊可以「逃脫物質實相的偽裝面向」，透過心電感應以保持內在溝通[371]。

4.人類是「一個特意形成的特有人格，不是隨機的組合」[372]。

5.人類的世界是由每個人「一手所創」，賽斯說「真理就只有這一個」[373]。

6.「人天生是善的」。然而由於人類天生就被賦予了「自由意志」，所以也可以「認為自己是惡的」，做出世人所謂的壞事、惡行或其他扭曲的行為。不過賽斯強調，人類的「誤解、犯罪與殘暴雖然很真實，但很少是出自故意為惡的意圖」。當一個人「嚴重地錯誤詮釋了善的本質」，扭曲了想要實現

Reality”），頁 372。

[369] 見（美國）珍・羅伯茲（Jane Roberts）著，王季慶譯：《個人實相的本質》（“*The Nature of Personal Reality*”），頁 372；（美國）珍・羅伯茲（Jane Roberts）著，王季慶譯：《靈魂永生》（“*Seth Speaks: The Eternal Validity of the Soul*”），頁 26-27。

[370] 見（美國）珍・羅伯茲（Jane Roberts）著，王季慶譯：《靈界的訊息》（“*The Seth Material*”），頁 138。

[371] 見（美國）珍・羅伯茲（Jane Roberts）著，彭君蓉譯：《早期課 2》（“*The Early Sessions Book 2*”），頁 45。

[372] 見（美國）珍・羅伯茲（Jane Roberts）著，彭君蓉譯：《早期課 2》（“*The Early Sessions Book 2*”），頁 113。

[373] 見（美國）珍・羅伯茲（Jane Roberts）著，王季慶譯：《個人實相的本質》（“*The Nature of Personal Reality*”），頁 22。

「善」的手段，就有可能創造出惡的行為。大多數人內心的某個部分其實對此知之甚詳[374]。

7.經由「轉世」的這個設計，「每個人都曾經是不同種族的一員，因此，以歷史的角度而言」，每個人「都曾經分享過身屬不同種族的利弊」[375]。有些人會特別喜歡或討厭某些種族，或許其中就隱含了他透過轉世經驗，而為自己設定一些相關的生命議題與課題。

8.每個人的生日的確有具有特殊意義。賽斯說，「潛意識記得肉體出生時的辛苦」，所以生日隔天是「展開新生活最好的日子」，而且「各種能量更肯定是屬於它們自己」[376]。看來生日不僅是與親朋好友一起慶祝的日子，同時也可以是靜下心來，與「所有的自己」對話、共商未來的好時機。

9.「能量的投射」是人類族群的主要特徵。每個人「睡覺時會投射出夢和夢影像（dream images），醒時狀態中也會，不過是在潛意識基礎上投射的」[377]。

10.人類的天性是「合作」而非「競爭」。大多數人類選擇相信「物競天擇」、「適者生存」之說，賽斯認為這種推論看似合理，但其實就像某些科學研究常常先假設結論、相信結論，再搜集相關證據的做法一樣，「把對世界的覺知組織起來，使得它們好像證實了那些理論」。對此，賽斯提出一些人類天生擁有的能力以做為反證，例如：認識自己的善性、對人類在宇宙裡正當性的內在認識、想要實現自己的能力、想要實現在地球世界裡活動與行動的欲望、生而有愛心和慈悲心、對世界的好奇等。他說，人類一出生就具備「獨特而切身的存在感」，這種感受會「尋求自己的圓滿以及其他人的圓

---

374 見（美國）珍・羅伯茲（Jane Roberts）著，王季慶譯：《個人實相的本質》（“*The Nature of Personal Reality*”），頁 236；（美國）珍・羅伯茲（Jane Roberts）著，王季慶譯：《個人與群體事件的本質》（“*The Individual and the Nature of Mass Events*”），頁 415。

375 見（美國）珍・羅伯茲（Jane Roberts）著，王季慶譯：《個人實相的本質》（“*The Nature of Personal Reality*”），頁 374。

376 見（美國）珍・羅伯茲（Jane Roberts）著，梁瑞安譯：《早期課 4》（“*The Early Sessions Book 4*”），頁 3-4。

377 見（美國）珍・羅伯茲（Jane Roberts）著，梁瑞安譯：《早期課 4》（“*The Early Sessions Book 4*”），頁 479。

滿」。每個人藉由來到地球世界以便「追求理想的實現」，「追求能增加生命品質的價值，把特性、能量與能力加在生命上」，而且這是只有個人可以「個別地貢獻給世界的」。生命的本質不是在催促個人把所有意識、精神的注意力放在外境與他人身上，而是「追求達到一種獨特的存在狀態，同時也豐富了這世界的價值完成」[378]。

《賽斯書》之中有關人類人格的論述不僅呈現多層次、多樣化的面貌，其廣度與深度遠亦超過許多人的想像或專家學者的相關研究。賽斯使用「多次元」（dimensions）一詞來形容人格的廣闊涵義，並說「人格本身存在於許多次元，不只在物質領域，也在其許多其他領域之內有它自己的實相」。他認為「基本上來說，人格跟物質領域的連結」，其實不如人類想像得那樣密切[379]。人類唯有透過潛意識的研究才能「發現人類真正的起源」，還有「看不見的自己運作、透過心靈能量形成他的物質宇宙，並且和他外在物質有機體（outer physical organism）感知不到的各層溝通，所用的機制和方法」[380]。

三、人類天生擁有生存所需的保護及力量

人類可以在生命的旅程裡，沿途欣賞各種由個人、同類與其他生靈共同合作創造的風景。賽斯說人類是「一個合作的族類，也是一個有愛心的族類」[381]。對於這項愛與合作的定律，「是有一些指導各種生命及所有實相之自然律」，賽斯稱此為「內在自然律」（inner laws of nature）[382]。內在自然律不同於人類

---

378 見（美國）珍・羅伯茲（Jane Roberts）著，王季慶譯：《個人與群體事件的本質》（“*The Individual and the Nature of Mass Events*”），頁 415。

379 見（美國）珍・羅伯茲（Jane Roberts）著，梁瑞安譯：《早期課 4》（“*The Early Sessions Book 4*”），頁 175。

380 見（美國）珍・羅伯茲（Jane Roberts）著，彭君蓉譯：《早期課 2》（“*The Early Sessions Book 2*”），頁 527。

381 見（美國）珍・羅伯茲（Jane Roberts）著，王季慶譯：《個人與群體事件的本質》（“*The Individual and the Nature of Mass Events*”），頁 415。

382 見（美國）珍・羅伯茲（Jane Roberts）著，王季慶譯：《個人與群體事件的本質》（“*The Individual

科學上所說的自然律，例如引力定律（law of gravity），賽斯說它根本就是「知覺工具的結果，而由某個意識層面的觀點顯現而出」[383]。至於《賽斯書》論及內在自然律的內容，大致可整理為以下數項：

(一)人類天生處於「生命中心感」。

人類生而被賦予一種「生命中心感」（feeling secure at life's center），並且毫無畏懼地「大膽挺進物質宇宙」及「一個不知道有時間或空間的大環境」。這也是其他生靈（being）的內建生命模式，一種「心靈—物質存在模式」。一個人之所以會在世間感到孤立、恐懼，或害怕自己被消滅，原因之一就在於對自己所屬的生命模型感到陌生，以致無法如賽斯所說的「停留在他主觀選定的自性核心之內」。他選擇相信自己是一個被丟入某個空間及時間的東西或物質性存在。再者，他沒有意識到其實他與其他的「非自己」及他人之間其實沒有分隔，於是造就出「引以為傲的這個封閉、孤獨、隔離的自己」。實際上，「自己的這些界限、限制、廣度和前景都只是依據主觀而定」，這也是「一個依據主觀而定的形態」。這個自己永遠都「包含著本體的核心」[384]。

賽斯還曾提到每個人都有的一種配備，他稱之為「力量的心靈領土」（psychic territory of power）。我個人推測它也許與上述的生命的中心感有關。賽斯說，一個人心靈的其他部分都有可能成為難題的戰場，唯獨它「代表了一個不可侵犯的領域」。這區域裡有著「堅持維持他的主權，覺察他自己的獨特性和能力」、「所有疾病或缺陷都有免疫力」。只要他平時都能選擇面對生活中各式各樣的困難、挑戰，沒有迴避成癮的問題，那麼這個區域就不會被困難或挑戰波及。他既「不會真正在關鍵性的方面感受到威脅」[385]，也不會缺乏力

---

and the Nature of Mass Events”），頁 425。

383 見（美國）珍・羅伯茲（Jane Roberts）著，王季慶譯：《個人與群體事件的本質》（“*The Individual and the Nature of Mass Events*”），頁 419。

384 見（美國）珍・羅伯茲（Jane Roberts）著，彭君蓉譯：《早期課 2》（“*The Early Sessions Book 2*”），頁 163-166。

385 見（美國）珍・羅伯茲（Jane Roberts）著，王季慶譯：《個人實相的本質》（“*The Nature of Personal*

量感、安全感。

心理學中的「永恆少年」（puer aeternus）[386]、「假性孤兒」（adult children of emotionally immature parents）[387]等議題，其核心問題或許就在於一個人的「自我」（ego）無法感受到天生的「生命中心感」，導致他「力量的心靈領土」受到困難與挑戰的波及。典型的表現就是個人出生之後，原有「向內看」的精神習慣（mental habits）逐漸被「向外看」所取代，進而形成意識、精神的創造、發展過程中，一道又一道的框架。不過賽斯強調，即使一個人在現實生活中有任何不同於「生命中心感」的表現與作為，這「也是『自然的』」，因為所有的內在自然律都「瀰漫滲透了存在」，它們都是一切萬有、存有所賦予人類的穩固基礎[388]，而且人類永遠處於「變為」的狀態。當他認知到「生命的框架（frame）永遠始於自己的選擇及創造」，而非他人、外力強加於自己的身上時，並且讓一旦這項新的信念取代舊有的信念，那麼舊有的框架就有隨之崩裂、瓦解的可能[389]。「可能」是否成真，就看他在自我暗示、自我催眠（self-hypnosis）方面所下的工夫，還有決心而定。

(二)人類的意識天生具有價值完成、行動的能力。

賽斯說，人類的意識「帶著一種朝向價值完成的內在推動力進入存在」，所以天生就有「行動」的能力。如果一個人能體驗到自己彷彿就在生命的中心，

Reality"），頁 496-497。

386 見（瑞士）瑪麗—路薏絲・馮・法蘭茲（Marie-Louise von Franz）著，徐碧貞（Pi-Chen Hsu）譯：《永恆少年：從榮格觀點探討拒絕長大》（"*The Problem of the PUER AETERNUS*"）（臺北：心靈工坊文化公司，2022 年），頁 64-68。

387 見（美國）琳賽・吉普森（Lindsay C. Gibson）著，范瑞玟譯：《假性孤兒：他們不是不愛我，但我就是感受不到》（"*Adult children of emotionally immature parents*"）（臺北：小樹文化公司，2016 年），頁 135-159。

388 見（美國）珍・羅伯茲（Jane Roberts）著，王季慶譯：《個人與群體事件的本質》（"*The Individual and the Nature of Mass Events*"），頁 419。

389 見（韓國）崔仁哲（최인철）著，陳品芳譯：《框架效應：告別慣性偏誤的心理學智慧》（"*Frame, 프레임 : 나를 바꾸는 심리학의 지혜*"）（臺北：遠流出版公司，2019 年），頁 15-63。

「**在自己的環境裡天生就有一種安全感，且那個環境是適合它去處理的**」，那麼他自然會想要積極地學習、創造，「**並且充滿了去影響其世界的欲望**」[390]。我個人認為這裡的「影響」一詞頗為重要，因為它與「改變」的概念不同。「影響」世界或他人是指一個人專注於自己的表達、表現，完全尊重他人的表達、表現而沒有任何的批判與評價；他人看見或知道後，可能因而產生想要改變自己的意念。如果將句中的「影響」改為「改變」，就會是指一個人專注於外在環境現狀及他人的表達、表現，並且試圖以自己的言行、力量去要求他人做出符合他信念的變化，其出發點與過程都容易形成強烈的批判和評價。一旦外境或他人抗拒他的意願，就可能創造出各種矛盾或相互攻擊的事件。許多的親子不合、世代衝突、關係破裂，甚至是陌生人之間一言不合發生爭執，大多不離這一類「操控」與「反操控」（anti-manipulation）的戲碼與遊戲[391]。

一位確信自己處於生命中心感的人，通常不會產生操控外境或他人的意圖，更不需要想方設法去培養操控外境及他人的能力，因此生活品質自然大部分是處於喜悅、滿足的狀態。反之，失去生命中心感且總想操控外境與他人的人，只會讓他的自我（ego）逐漸僵化、缺乏彈性。他的意識會「**透過自己體驗生命，透過本質覺察生命**」[392]，並且經常關注自己當下的精神活動和整體發展的狀況，於是他的內在自然會有一股推動力將他導向「價值完成」。

賽斯認為「**『價值完成」這個詞非常難解釋，卻是非常重要的**」。它探討所有生靈的「價值發展」，而不是「道德價值」。從賽斯的說法觀察，或許價值完成並不是大多數人類所關心的功成名就、財富自由、關係堅固等，因為任何事件及其成果都是「中性的」，創造者的意圖、目的、意義（即「心靈動力」），

---

[390] 見（美國）珍・羅伯茲（Jane Roberts）著，王季慶譯：《個人與群體事件的本質》（"*The Individual and the Nature of Mass Events*"），頁 420。

[391] 見（德國）賈誠柯（Wladislaw Jachtchenko）著，廖芳婕譯：《操控與反操控：德國法律人都在使用的日常修辭邏輯與謬誤偵知法》（"*SCHWARZE RHETORIK: MANIPULIERE, BEVOR DU MANIPULIERT WIRST!*"）（臺北：遠流出版公司，2021 年），頁 15-104。

[392] 見（美國）珍・羅伯茲（Jane Roberts）著，王季慶譯：《個人與群體事件的本質》（"*The Individual and the Nature of Mass Events*"），頁 420。

以及創造過程中所帶給他的學習、感受，才是真實的。這些整合而成的經驗、非物質性的存在，都是創造者死亡後會全部帶走的部分，當然也有可能持續影響著仍在世間的人們。至於那些物質性的成果、存在，只會留在物質世界等待著自行灰飛煙滅，或是被「需要的人」以某種形式予以保留。賽斯說，價值完成與「增加生靈自覺在其中心的任何生命品質有關」。這些品質除了「被傳下來或被體驗」之外，還要「以一種完全與數量無關的方式被創造性的增益、增加」[393]。

(三)人類的意識永遠在尋求刺激、創造、發揮能力及穿越障礙。

人類意識的深處「都藏著一種永不止息的衝勁，想要尋求能力的盡情發揮、胸懷的開闊，以及樂觀進取的去突破那些表面上似乎存在的種種障礙」。這些障礙有一部分是自己生前就預先設計好的，即使是原生家庭也不例外。所有生靈都擁有這項自然律。在這項內在自然律的推動之下，人類天生就會反抗「將它束縛住的想法」，並且「渴望著新經驗及新的生命形態」。賽斯說，就連構成生命的原子、分子「也都不斷的在尋求加入新的結構，或是追求一種新的意義」[394]。可見，無論孩童或成人的叛逆性格，都源自於天生本能，一點也不特殊或怪異[395]。一個人想要感知到這種賽斯所說的內在自然律，他的「意圖」（intent）（即「心靈動力」）最為關鍵和重要，因為「『意圖』有穩定的力量」。前文提及，每個天生都有「生命中心感」，具體而言，「意圖或目的（purpose）形成了那個中心，不管就能量而言它的實相如何」。每個人的這個中心在自己創造的實相或事件之中，始終「扮演著核心的角色」。這個核心可以改變，使

---

[393] 見（美國）珍・羅伯茲（Jane Roberts）著，王季慶譯：《個人與群體事件的本質》（“*The Individual and the Nature of Mass Events*”），頁 419-422。

[394] 見（美國）珍・羅伯茲（Jane Roberts）著，王季慶譯：《個人實相的本質》（“*The Nature of Personal Reality*”），頁 xxiii- xxiv。

[395] 只有撫養者、教育者或試圖操控他人者，才可能使得這項天性、本能變得與眾不同，或令人感到厭惡、害怕與排斥。通常他們也具有叛逆性格，但基於某些因素而長期將之壓制、深囚於內心，並將對自己這種人格面向的厭惡、害怕與排斥，投射至言行叛逆的人身上。

如此，「它將永遠是肉體存在向外輻射的那個中心」[396]。

無論傳統或現代文化裡，都有許多人認為唯有停留在一個平穩、不變的環境之中才是安全的，甚至因此畏懼、抗拒任何的改變；有人熱衷追求權威、操控外境或他人，其內在動力其實也不乏具備這項因素。這些生命模式容易導致生活上單調循環、缺乏創造活力等狀態，文化人類學（cultural anthropology）及心理學稱此現象為「內卷化」（involution）[397]。這些學門的研究大多著重於外在物質環境中的競爭、淘汰等概念，與《賽斯書》分析人類意識從事創造的內在原始目的，顯然不同。不過，《賽斯書》也會提醒讀者關心外境與他人的存在，畢竟這些都源於自己意識、精神的投射與創造，可以做為瞭解自己或改變信念的參考對象。一個人如果在物質創造的過程中，同時關注自己的意圖、動機與目的，探索、面對自己生命可能的議題，就不會輕易地將自己導向各種無益於身心發展的成癮（addiction）行為[398]。

(四)生命即意義，兩者不可區分。

成癮行為在現代心理學、精神分析學研究中，愈來愈受到重視。這種現象不僅是因為成癮者的年齡有下降的趨勢，相對的也是因為有更多人願意選擇走向意識覺醒之路，於是引發面對挑戰、認識自己的推動力。人類之所以會成癮，一來可能與意識天生喜歡刺激與挑戰有關；二來可能是成癮者尚未知曉「人類始終處於變為狀態」的道理，或是知道這個信念，但還無法讓它深植於個人潛意識。成癮行為的確立，必然先在個人的精神活動中建立起某些相關的信念與

---

[396] 見（美國）珍・羅伯茲（Jane Roberts）著，王季慶譯：《未知的實相・卷一》（*"The "Unknown" Reality Volume One"*）（臺北：賽斯文化公司，2016 年），頁 22。

[397] 見張文成：《墨菲定律：如果有可能出錯，那就一定會出錯！》（新北：幸福文化／遠足文化公司，2023 年），頁 86-89。

[398] 「無益」不等於「有害」。在各種成癮行為之中，總有許多當事人終其一生表面上看起來身心沒有受到影響，例如：抽菸的人未必會罹患肺癌、購物成癮的人未必會罹患囤積症（compulsive hoarding）。導致成癮的「事」或「物」本身是中立的，創造它們的人如何定義或詮釋它，有哪些相關的意志力（willpower）、信念、情緒等，才是決定創造者所受影響程度的重要因素。不過本項註解並非鼓勵成癮行為，本文中的「表面上」一詞即表示我個人對此現象有待深入探討的意向。

習性（精神成癮、非物質性成癮），進而向外投射、創造出許多相關的物質慣性活動（物質作癮、物質性的成癮）。如果成癮者願意培養自我覺察的能力，藉由分析自己的精神活動、解讀自己的心靈世界，或許也可以因此得知這一世的生命議題，引導自己覺知生命的意義。

《賽斯書》對於生命意義的問題，是從廣大萬物生靈的角度加以討論。賽斯說，一個人的意識不僅只是在與同類族群的意識（其他生靈）打交道（dealing with），同時也都在「和自己不同類的意識打交道」。這些不同於人類的意識「是集中焦點的意識（focused consciousnesses），每一個感覺它自己在生命的中心」、「一同努力朝向一種共同的價值完成」。換言之，大多數人類並不瞭解自己經常與不同物種有著意識上的溝通，而且這正是他們喜歡親近大自然的原因之一。可是適者生存、物競天擇之類的理論盛行之後，接受相關信念的人逐漸看不到其他物種的生命價值，然後又將動物的相搏、咬食視為殘忍、野性。賽斯說，這其實是人類自己內在恐懼的投射。這些現象是生物之間的「偉大合作性冒險」（great cooperative venture），同時也存在著一種意識上的默許。因此，賽斯反對人類任何的動物實驗，無論採取的理由或藉口為何。

「如果人相信生命沒有意義的話，他會變得精神錯亂」，賽斯十分肯定的提出這項說法。不過由於大多數人類堅信生命的意義必須建立在各種物質性的創造與成就，而無法接受「生命存在的本身就是神聖而有意義、有價值」的信念，才會將人類區分為劣等與優等、好人與壞人，進而需要製造出如此多的英雄（hero）、救贖（salvation）與奇蹟（miracle）。賽斯說，這些需求「幾近於宣告了生命本身是無意義的，這是與深層生物學知識的一個直接矛盾（direct contradiction），更不必說靈性上的真理了」。當一個人相信生命是無意義，或必須藉由物質創造才能證明它的意義，也等於否認了生物完整性的意義，以及人類的內在自然律與基本需求；後者還包括「感覺他是在生命的中心、可以在其環境裡安全的活動、可以信任自己，並相信其存在與行動具有意義」[399]。

---

[399] 與前段均見（美國）珍・羅伯茲（Jane Roberts）著，王季慶譯：《個人與群體事件的本質》（“*The Individual and the Nature of Mass Events*”），頁 421-422。

總結《賽斯書》對於生命意義的論述，可以說是「生命即意義」。人類一出生就在展現它的源頭——一切萬有、存有的創造及表達，並延伸出「人生是樂」、「我生而即有存在的價值及意義，任何創造的成果都不足以影響這項真理」、「任何物質性的成就都是我的意識（精神活動）創造的結果，都是一種體驗，無法影響我存在的意義及價值」等信念。如此的信念與人類長期以來堅信「人生是苦」、「唯有物質的成就、成功，才能證明我的生命是有意義、有價值的」、「任何物質性的成就都是外境或他人給予我的，可以決定我存在的意義及價值」等信念迥然不同，而這些信念為人類所帶來的實相創造當然也大不相同。

一個人想要更明確或具體地感受到生命本然即具有的意義，可以如賽斯所經常鼓勵讀者勇敢追尋生命的起源著手。他列舉了以下一些有關追尋過程的必要條件，以供讀者參考：

1.將探討人類生命起源的過程，視為一道旅程，而不是生硬嚴肅的工作或功課。賽斯認為一個人在探尋生命起源時，「紀律（discipline）、一些謹慎和瞭解，以及大量的勇氣」是不可或缺的條件。由於生活中不乏繁瑣的大小事件，如果不想它們「攪混在一起」，就需要「有紀律又連貫的調查」。這些行動最好能有直覺力、心靈能力及整合的內在身分（integrated inner identities）做為強而有力的後盾[400]。（德裔瑞士、美國籍）愛因斯坦（Albert Einstein，1879～1955）就是憑藉這些條件而獲得更多的「內在自由」（inner freedom），並得以在科學哲學（Philosophy of science）、物理學等領域擁有眾多且重要的創造和發明[401]。

2.向內旅行。賽斯認為，一切萬有所創造的宇宙，唯一真實的只有「內在宇宙」。如果人類想要探查、瞭解它，必須盡可能從人類「自己的扭曲之外的一個點著手」，而要逃離人類「自身物質宇宙的扭曲，唯一可行的途徑，就

[400] 見（美國）珍・羅伯茲（Jane Roberts）著，彭君蓉譯：《早期課 2》（“*The Early Sessions Book 2*”），頁 527。

[401] 見（美國）珍・羅伯茲（Jane Roberts）著，彭君蓉譯：《早期課 2》（“*The Early Sessions Book 2*”），頁 34。

只有內在旅程」。具體的方法可以是個人自我（ego）與內我的合作、精神活動的自我覺察、潛意識的研究等。順著這條路而行，就有可能達到「自己的宇宙外面」[402]。

3.有意識地發掘「內在感官」的能力，並善加運用。賽斯說，內在感官是感知「內在資料」的唯一管道與方法。透過它，「精神酵素才能作用於生命力之上」，而「這生命力就是宇宙本身的結構」[403]。它是「偽裝本身的感知器」，人類「無法用偽裝看穿偽裝」，所以「關於生命本身的一切基本性質」，只有它能提供確實的證據[404]。內在感官是朝向一個開放系統而運作，它也是「嬰幼兒及孩童時期主要利用的感官」。隨著年齡的成長，嬰兒、孩童的注意力逐漸對外境和他人產生更多的關注、吸引，「自我（ego）和外在感官加強了一個封閉系統的信念，然後便封閉系統」。賽斯認為一般人只要身體放鬆、「專注在目標上，而不是達成目標的方法」，就又能開始運作內在感官[405]。現代心理學中的發展心理學（Developmental Psychology）有所謂「視覺懸崖」（visualcliff）及「靜臉實驗」（still face experience），其研究方向與賽斯的這項說法頗為近似，不過學者們研究的重心依舊放在人類的外在感官與大腦機制[406]。就《賽斯書》的觀點而言，兒童對於特殊環境具有警覺性與自我保護能力，以及他們能夠接收撫養者的情緒並產生積極、直接的主動反應（active response），其實都已經涉及人類內在感官與內在溝

---

[402] 見（美國）珍・羅伯茲（Jane Roberts）著，彭君蓉譯：《早期課 2》（*"The Early Sessions Book 2"*），頁 32-35。

[403] 見（美國）珍・羅伯茲（Jane Roberts）著，洪志美、張黛眉、梁瑞安譯：《早期課 1》（*"The Early Sessions Book 1"*），頁 192-194。

[404] 見（美國）珍・羅伯茲（Jane Roberts）著，洪志美、張黛眉、梁瑞安譯：《早期課 1》（*"The Early Sessions Book 1"*），頁 248-249。

[405] 見（美國）珍・羅伯茲（Jane Roberts）著，彭君蓉譯：《早期課 2》（*"The Early Sessions Book 2"*），頁 470-471。

[406] 見（美國）David R. Shaffer、（美國）Katherine Kipp 著，張欣戊審閱，林淑玲、李明芝譯：《發展心理學》（*"Developmental Psychology: Childhood and Adolescence, 9e"*）（臺北：新加坡商聖智學習亞洲私人公司台灣分公司，2019 年），頁 182-201。

通的部分。

4.留意夢中的活動[407]。科學、心理學等研究已逐漸發現，一個人可以多日不吃不喝，可是很難不睡覺，至於睡眠的原因也大多數認為只是身體需要休息。賽斯則明確指出，睡覺是為了做夢。每個人都會做夢，而且夢並非如一般人所認為的偶發、隨機或無意義；它是一種「行動」[408]。「**在睡眠中，意識其實變成潛意識，而且潛意識也以最真實的方式變成意識**」[409]；自我（ego）在夢中「**沒有知覺**」、「**無法動彈**」，卻可以從中獲取有益於醒時狀態的學習和能量[410]。賽斯說，「**夢是精神活動的一種，這種精神活動有其肉體組織上的根源，不過卻存在於一種不是以物質為主的次元之中**」[411]，而每個人的「夢行動」（dream action）「**背後帶著很多個人的內在的目的**」[412]。生命旅程是先在夢中建構，之後才進一步在醒來後轉化為物質性的行動。夢中旅行的範圍決定了一個人對於他自己生命旅程的真實理解，而這範圍又取決於他自己的能力。即使一個人當下的能力有限，還無法涉及夢中更大的範圍，他的夢也不會因為睡醒而停止。賽斯強調，「**夢是一種連續的過程**」。人在醒時狀態下，意識焦點集中於物質世界，所以無法察覺到自己的夢仍然在持續發展。人類就是如此「**以富有意義的方式，盡可能在許多活動層面投射和釋放能量**」，同時又「**分享了它們的能量**」[413]。

---

[407] 見（美國）珍・羅伯茲（Jane Roberts）著，陳秋萍譯：《早期課6》（"*The Early Sessions Book 6*"），頁283。

[408] 見（美國）珍・羅伯茲（Jane Roberts）著，梁瑞安譯：《早期課4》（"*The Early Sessions Book 4*"），頁6。

[409] 見（美國）珍・羅伯茲（Jane Roberts）著，洪志美、張黛眉、梁瑞安譯：《早期課1》（"*The Early Sessions Book 1*"），頁299-300。

[410] 見（美國）珍・羅伯茲（Jane Roberts）著，梁瑞安譯：《早期課4》（"*The Early Sessions Book 4*"），頁355-356。

[411] 見（美國）珍・羅伯茲（Jane Roberts）著，梁瑞安譯：《早期課4》（"*The Early Sessions Book 4*"），頁489。

[412] 見（美國）珍・羅伯茲（Jane Roberts）著，梁瑞安譯：《早期課4》（"*The Early Sessions Book 4*"），頁7。

[413] 見（美國）珍・羅伯茲（Jane Roberts）著，梁瑞安譯：《早期課4》（"*The Early Sessions Book 4*"），

以上是《賽斯書》中有關如何涉入生命內在旅程的一部分要件。依《賽斯書》的理念而言，每個人都旅行在自己「投射的內容」裡，就如同在一場虛擬實境中的演出與遊戲，而非生活在一個真實不摧、固化不毀的實體物質環境之中。每個人在夢中的存在狀態其實比醒時狀態更為真實。只因為自我（ego）、大腦難以理解「夢實相」（dream reality）的建構方式，及其「複雜且獨特的行動」、象徵意義，才會導致人類誤認為夢只是一場「雜亂無章的行動」[414]。換言之，生命旅程就是一場意識之旅[415]，世間人類的來來去去，實際就如某些哲學、宗教所說的「幻覺」，而佛經中的「一切唯心造」[416]、「萬法唯識」[417]在此也就有了另一種學理上的論據。

四、人類是一座開放的精神系統及創造力的發電場

以人類科學、醫學的用語來說，人類天生擁有一切萬有和存有的 DNA（deoxyribonucleic acid，「去氧核醣核酸」；又稱「脫氧核醣核酸」），因此無論出生前、後，「創造」就成為人類無法迴避或去除的天生能力與衝動。按《賽斯書》的說法，個人應該會自然、自發地尋求創造與表達，以發揮這些天生本能。如果此人的自我（ego）、大腦機制基於某些理由而選擇克制、壓抑這些本能，那麼此人容易如賽斯所說，「就是在自找麻煩（in for trouble）」[418]。這句

頁 435-436；（美國）珍・羅伯茲（Jane Roberts）著，謝欣頤譯：《早期課 5》（"*The Early Sessions Book 5*"），頁 46。

[414] 見（美國）珍・羅伯茲（Jane Roberts）著，梁瑞安譯：《早期課 4》（"*The Early Sessions Book 4*"），頁 146。

[415] 見（美國）珍・羅伯茲（Jane Roberts）著，彭君蓉譯：《早期課 2》（"*The Early Sessions Book 2*"），頁 166。

[416] 見（唐）實叉難陀譯：《大方廣佛華嚴經・卷第十九》（北京：愛如生「中國基本古籍庫」，大正新修大藏經本），頁 222。

[417] 見（宋）釋道原：《景德傳燈錄・卷第十二》（北京：愛如生「中國基本古籍庫」，四部叢刊三編景宋本），頁 143。

[418] 見（美國）珍・羅伯茲（Jane Roberts）著，王季慶譯：《個人實相的本質》（"*The Nature of Personal*

話大致上可以套用在人類所有違反本性、內在自然律、自發性等的精神活動或言行舉止。

《賽斯書》載有許多有關創造的本質及相關天生能力的內容，茲略舉數項如下：

(一)創造的本質是輕鬆而喜悅的。

賽斯說，創造的喜悅從每個人心中流出，就如同「呼吸一樣的自然、一樣不費力」；即使最為細微的外在經驗，也「全都出自這種創造之欣悅」[419]。絕大多數人類在童年時期與存有（靈魂）、內我及潛意識保持連結感，因此都能感受到如賽斯描述的狀態。然而有些人隨著開始接受成人給予的不適合的信念，以及這些信念所形成的經驗，促使他們主動切斷內在的連結感，屏蔽了存有的耳語、內我與潛意識發送的有用訊息。在這種情況下，自我（ego）、大腦很難不成為獨斷、獨裁的主宰者。它們的僵化、固執往往把自己推向痛苦的深淵而不自知，生活中的大小創造與表達都不再是自然、輕鬆而喜悅的事。

信念深深影響一個人的言行舉止、情緒表達，然後又與情緒、想像攜手「推送」出個人生活中的大小事件。因此，信念可以說就是影響創造的本質的重要關鍵[420]。例如，有些學生持有「學習的目的在於獲得知識、領悟和成長，成績只是學習的成果，以及是否需要調整學習方向與方法的參考」的信念，所以他們不會因為成績的高低而激烈的反應，開心或失落也只是一時的情緒反應，但毫不影響他們對自己的肯定和期許。反之，有些學生選擇相信「唯有高於他人的成績或傲人的成果，才能證明自己是善的、好人、優秀者、有前途及值得活下去的人」，因此只要成績或成果未盡如人意、不符合事先的期待，就會產生激烈的反應，狂喜或痛苦成為輪流體驗的對象，信心、力量容易在這種過程中

Reality"），頁 307。

419 見（美國）珍・羅伯茲（Jane Roberts）著，王季慶譯：《個人實相的本質》（"*The Nature of Personal Reality*"），頁 16。

420 見（美國）珍・羅伯茲（Jane Roberts）著，王季慶譯：《個人實相的本質》（"*The Nature of Personal Reality*"），頁 151。

逐漸流失。影響一個人創造與表達的信念，當然不會只有此處列舉的一項，事實上在實際狀況中會有更多與與此相關的其他信念結合在一起，而形成所謂的「信念群」（structuring of beliefs）或「信念叢」（clusters of beliefs）[421]。以《賽斯書》的觀念而言，它們正是構成個人生命劇本的實質內容，以及生命遊戲的編碼與軟體。

人類各式各樣的情緒都是被自己的信念所推動而出，因此如果一個人願意接受《賽斯書》的說法，選擇相信創造的本質是喜悅的，那麼接下來還可以參考賽斯的建議，在創造的過程緊記「遊戲的感覺與輕鬆的手法」[422]。不過賽斯也很直爽地說，要不要這麼想、這麼做，「全在於你」[423]。至少就存有（靈魂）、片段體人格而言，它們總是就人類個人或群體的演出和遊戲，看得津津有味、十分盡興。賽斯以電台、節目來形容所有宇宙存在的活動狀態，當然也包括地球物質世界。當存有、人格的意識對準地球時，這個電台的節目就開始上演，否則它根本不存在。賽斯說，人類的世界「是某種意識焦點之結果，沒有那焦點，世界無法被感知」[424]。一個人「整個心靈的超自然無線電收音機包含了許多這種電台，都在同時播放」[425]。賽斯還舉例說，「以一種說法，我是一個人格、節目或電台，而魯柏是另一個，我們學會了彼此知覺」，在他們相互溝通的過程中，影響了彼此的節目、改變了彼此的世界[426]。人與人之間也是如此。

---

[421] 見（美國）珍・羅伯茲（Jane Roberts）著，王季慶譯：《個人實相的本質》（*"The Nature of Personal Reality"*），頁 508。

[422] 見（美國）珍・羅伯茲（Jane Roberts）著，王季慶譯：《靈魂永生》（*"Seth Speaks: The Eternal Validity of the Soul"*），頁 104。

[423] 見（美國）珍・羅伯茲（Jane Roberts）著，王季慶譯：《個人實相的本質》（*"The Nature of Personal Reality"*），頁 23。

[424] 見（美國）珍・羅伯茲（Jane Roberts）著，王季慶譯：《未知的實相・卷二》（*"The "Unknown" Reality Volume Two"*），頁 363。

[425] 見（美國）珍・羅伯茲（Jane Roberts）著，王季慶譯：《未知的實相・卷二》（*"The "Unknown" Reality Volume Two"*），頁 366。

[426] 見（美國）珍・羅伯茲（Jane Roberts）著，王季慶譯：《未知的實相・卷二》（*"The "Unknown" Reality Volume Two"*），頁 370。

每個人都有權利選擇及決定自己電台與節目的內容與品質，一切都是不假他手的創造與表達。

(二)個人的創造影響集體的創造。

每個人對於創造的感受，會向外流出而「**影響了大氣本身**」，進而創造出「集體事件」（collective event）、「集體實相」。這是因為信念、情緒所集結而成的精神活動都具有電磁性及化學作用，只要「強度」到達一定程度，就會先創造出非物質性的形象，稱為「心念影像」（thought image），這是「**能量集中的結果**」。賽斯說這類影像「**通常不會被別人看到；在將來很可能科學儀器可以感知它**」。精神活動本身即具有「吸引力」（attraction），會進一步吸引更多相同或類似的人靠近、集結，當集體的心念影像成熟時，就向外「推送」出物質性的形象，成為外在感官可以感知到的集體事件、集體實相[427]。相關議題可參考電影「噪反」（*"Chaos Walking"*，2021；中譯「混沌行走」，港譯「讀心叛變」；IMDb: tt2076822）。

(三)創造與感知之間，關係密切。

賽斯說，「**創造與感知之間的關係密切**」，遠超過人類科學家的體認[428]。他建議讀者開始練習忘記「**把宇宙想成是一個地方的習慣，因為它根本就不是一個地方**」，因為人類外在感官所感知到的外相，只是「**一個扭曲，如此而已**」；感知到的空間，只是一種由「心理模式」（mental patterns）與意識「進化」到某種階段時所採取的模式而引起的錯覺。透過人類的內在感官的運用其實可以感知到更多面向，如果想要獲得「心靈經驗」、「智能的心靈完形」（psychic

[427] 見（美國）珍・羅伯茲（Jane Roberts）著，王季慶譯：《個人實相的本質》（*"The Nature of Personal Reality"*），頁 16；（美國）珍・羅伯茲（Jane Roberts）著，王季慶譯：《靈魂永生》（*"Seth Speaks: The Eternal Validity of the Soul"*），頁 122。

[428] 見（美國）珍・羅伯茲（Jane Roberts）著，王季慶譯：《靈魂永生》（*"Seth Speaks: The Eternal Validity of the Soul"*），頁 37。

gestalts of intelligence），也是需要藉助它的運作[429]。賽斯說，「幾乎每一個小孩都曾經懷疑，他一閉上雙眼，周圍的一切就會消失無踪」，當一個人的外在感官「不以自我視角（self-perspective 請加線）感知一個物體時，那麼在他的自我視角中，那個物體就不存在」，例如每位車禍目擊者眼中的車禍現場都不盡相同[430]。

賽斯對於人類感官及感知的見解，近似於現代量子力學（quantum mechanics）的研究[431]。這項議題涉及「光」（light）、「原子」、「分子」、「粒子」、「電子」、「磁力」（magnetism）、「電磁場」（electromagnetic field）、「電磁波」（electromagnetic wave）、能量的計算方式（份〔quantum〕）、「經典力學」（classical mechanics）、「光電效應」（photoelectric Effect）、「頻率」（frequency）、「干涉條紋」（interference pattern）、「雙縫實驗」（double-slit experiment」、「波粒二象性」（wave–particle duality）、「客觀現實」（reality）、「量子疊加」（quantum superposition）、「量子糾纏」（quantum entanglement）「不確定的疊加態」、「多元宇宙」（multiverse）、「平行宇宙」（parallel universes）、「微觀／宏觀事物」等層面的研究，而這些學理與《賽斯書》所探討的意識和精神的聚焦、投射、實相創造等，以及意識在平行實相（平行宇宙）、多次元的自己（可能的自己）之間的「穿越」有關。此外，只要稍微理解量子力學與《賽斯書》相關敘述，就可以對所謂「發光發熱」、「做自己的光」等詞語的實質內涵有更深一層的體悟。相關議題也可以參考電影「彗星來的那一夜」（“*Coherence*”，2013；IMDb: tt2866360）、「曼德拉效應」（“*The Mandela Effect*”，2019；IMDb: tt6544220）、「天能」（“*Tenet*”，2020；中譯「信條」；

---

[429] 見（美國）珍・羅伯茲（Jane Roberts）著，彭君蓉譯：《早期課 2》（“*The Early Sessions Book 2*”），頁 249；（美國）珍・羅伯茲（Jane Roberts）著，王季慶譯：《靈魂永生》（“*Seth Speaks: The Eternal Validity of the Soul*”），頁 51。

[430] 見（美國）珍・羅伯茲（Jane Roberts）著，彭君蓉譯：《早期課 2》（“*The Early Sessions Book 2*”），頁 260-261。

[431] 見（美國）羅伯・蘭薩博士（Robert Lanza, MD）、鮑伯・博曼（Bob Berman）著，隋芃譯：《宇宙從我心中生起──羅伯·蘭薩的生命宇宙論》（“*Biocentrism: How Life and Consciousness are the Keys to Understanding the True Nature of the Universe*”）（臺北：大雁文化公司，2015 年），頁 61-70。

IMDb: tt6723592）、「蟻人與黃蜂女：量子狂熱」（*“Ant-Man and the Wasp: Quantumania”*，2023；中譯「蟻人與黃蜂女：量子狂潮」；IMDb: tt10954600）等。

雖然現今流行以「遇事不決，量子力學；解釋不通，平行時空」之類的語句來形容量子力學的虛幻或難以理解，不過至少在《賽斯書》中尚未發現相關論述有相互扞格之處。《賽斯書》所有手稿及魯柏所有作品至今仍收藏於美國耶魯大學（Yale University）斯特林紀念圖書館（Sterling Memorial Library）「手稿檔案部」（Manuscripts and Archives），標題為「珍・羅伯茲文件」（Jane Roberts Papers 〔MS 1090〕）[432]；美國國家太空總署（National Aeronautics and Space Administration；NASA）科學家曾經寫信給魯柏，證實賽斯有關粒子（particle）是所有物質基礎（單位）的說法，明確無誤[433]，這些應該都足以證明《賽斯書》相關論述的重要性。

(四)接受創造的自發性及「意外」的發生。

一個人想要讓生活「**經驗中的任何事都可以拿來做例子**」，讓自己可以在大小創造擴展感知與學習，那就不妨「**總是留有一些餘地給自發性及意外之事**」[434]。賽斯的這項建議十分挑戰現今大多數人類總想要掌控所有人、事的發生與否，以及要或不要得到某些物件。事實上，當一個人終日想要追求「心想事成」而不是專注於每個創造的當下，或多或少也反映出他更多時候是「心想事不成」，自然也會對一些超乎想像、預期或是十分畏懼的事件，降低了他的接受度與反應能力。

---

432 見 http://drs.library.yale.edu/fedoragsearch/rest?filter=&operation=solrQuery&query=Seth。

433 見（美國）珍・羅伯茲（Jane Roberts）著，王季慶譯：《夢與意識投射》（*“Seth, Dreams and Projections of Consciousness”*），頁 xviii。

434 見（美國）珍・羅伯茲（Jane Roberts）著，王季慶譯：《靈魂永生》（*“Seth Speaks: The Eternal Validity of the Soul”*），頁 57。

(五)「創造性」是人類最基本的需要。

賽斯認為，「創造性是人天生具有的推動力（in-built impetus），遠比科學所謂的基本需要的滿足更重要」，所以，「創造性是所有需要中最基本的需要」。不過賽斯也強調，他所說的「並不是任何想找到秩序而過度執著的需要」，人類一旦陷入這種需要，「身心環境」（physical environment）會變得狹窄，對於創造毫無助益。他所說的創造性是指一種潛藏內心深處，「想要創造、想要成就情感與靈性價值的一種有力的驅策力」。這種驅策力每個人都有，從最基本「尋找食物或住所」的意願就可以發現。一個人如果連這項動力都沒有，那麼他也不會信任驅動這項意願的精力（energy）與衝動，而且他可能連活下去的動力都沒有，因為他「在生活裡找不到意義」[435]。

創造性需要被實踐與更新。當一個人全神貫注於物質世界、外境與他人，而忽略關懷自己的意識發展、精神活動時，他比較難以感受到自己的創造能力被實踐與創新。如果他選擇平日就會關心、照顧好自己的生活起居、精神活動，並且學習心靈、外在行動上的獨立自主，那麼更多符合他生命藍圖的創造將會自然、自發的形成，根本不必他的自我（ego）做出多餘的擔憂和煩惱。同時他也可以避免創造出許多不必要的向外操控，或是外來對他操控的事件發生，「愛與合作」的內在自然律因而才得以實現並持續運作。

(六)人類天生擁有社交性、合作性的能力及習慣。

為了追求意識的擴展，人類不只需要關心身體的存活、繁衍後代，也需要更多其他的創造，因此人類天生「也關懷它具有的那些特定品質之加強與實現」。基於這項理念，人類又被賦予了社交、合作的本能及習慣。賽斯認為，這項本能及習慣是每個族類都有的。許多人是因為後天的學習，以及接收許多與之矛盾、衝突的信念，才導致無法有效地看見這項能力和天性。賽斯強調他所說的不是「一個強迫性的合作」，畢竟所有族類在它們的生存架構裡都擁有自由意

---

[435] 見（美國）珍・羅伯茲（Jane Roberts）著，王季慶譯：《個人與群體事件的本質》（*"The Individual and the Nature of Mass Events"*），頁 425。

志。整體而言，所有族類的本能、天性的實踐，仍需符合前文曾經提到的內在自然律，尤其是「愛與合作的定律」。賽斯舉了一個例子，「雞不會讀書，牠無法選擇去讀書，植物也無法選擇去逛街。可是，雞和植物可以選擇去活或去死」[436]。

愛與合作的定律往往體現於人類更細微的創造。人類之所以能創造出有形的物質身體，並且擁有無形的心理經驗、精神活動，全都仰賴分子、原子與粒子的自我實現及化學、電磁作用。它們並不僵化，經常在改變之中[437]，而且「某種程度上都擁有意識」[438]。換言之，它們都有「自己想發展與達成價值完成的推動力」，卻又能夠相互合作無間，共同攜手創造出活靈活現的人類肉身。

透過上述這些物質最小單位的合作，它們所創造出的每個人也都天生具有「尋找意義、尋求愛、尋找合作性冒險」，以及「形成令人目奪神移的精神性或心理性創作」的傾向。即使創造的過程之中不免產生錯誤或扭曲，這些錯誤或扭曲有時也是「創造性的需要」，有其意義和價值。一旦個人形成害怕、排擠它們存在的信念與情緒，反而容易削減整體的創造性，絲毫無助於學習與發展。許多學科或領域強調「標準」，無疑是在強化這類信念與情緒，「因而使人們害怕他們的特性與能力」，為無法契合任何物質或心理的「輪廓線」（norm）而感到恐慌。賽斯認為這種作法會造成個人無法「觸及人類經驗的高度或深度，因此，人們變得害怕自己的個人性」。

賽斯針對上述精神分析舉例說明：許多人推崇或積極培養「資優兒童」（gifted children），殊不知這類兒童「只不過是顯出了人類天生具有的潛在機敏、頭腦的靈活、好奇心及學習能力」，而推崇者的反應及作法根本在暗示這些兒童是「人類的古怪版本（eccentric versions）」，並且否定「每個人都有自

---

[436] 見（美國）珍・羅伯茲（Jane Roberts）著，王季慶譯：《個人與群體事件的本質》（*"The Individual and the Nature of Mass Events"*），頁 425、430-432。

[437] 見（美國）珍・羅伯茲（Jane Roberts）著，洪志美、張黛眉、梁瑞安譯：《早期課 1》（*"The Early Sessions Book 1"*），頁 526。

[438] 見（美國）珍・羅伯茲（Jane Roberts）著，陳秋萍譯：《早期課 3》（*"The Early Sessions Book 3"*），頁 126。

己獨特的能力」[439]。許多人害怕或排斥唐氏症兒童（Mongoloid children）、被老師認定是智障（regarded as retarded）的小孩、愛搗蛋小孩（disruptive children）、過動兒童（hyperactive children）、自閉兒童（autistic children）等，負面情緒使得他們根本無法看見這些小孩所帶來的禮物。

這些小孩一樣有自己獨特的能力及天分，並且為大人們「提醒了人在知性成就之外的純粹情感傳承」；有些則是「表達了他父母自己未被承認的恐懼」，或反照出具有「世界是如此不安全，最好根本就不要去跟它來往，只要自己的要求或需要被滿足就夠了」、「相信自己沒有價值、不能信任衝動而做選擇的壞處比好處多」、「躲在能力的後面比去用它們更安全」等信念的人。賽斯指出，這類小孩經常因為這些大人們的存在，「而在工業化文明裡出現更多」。想要引導這些小孩或與大人們相處，可以參照賽斯所說的，人類擁有「愛與合作」的內在自然律，以及社交、合作的需求和習慣；更重要的不要再教導他們「要彼此競爭」，還把競爭變成真實的，「並且是一個理想」。如果依舊把競爭做為教育的主軸，這類小孩自然會和許多大人們一樣，「以新表現來勝過舊表現這種衝動裡，自然地與自己『競爭』」[440]，終究成為「害怕自己的人」。

以上相關議題可以參考電影「阿甘正傳」（*"Forrest Gump"*，1994）、「與光同行」（*"光とともに / With the Light"*，2004；IMDb: tt1315266）、「遠山遠處」（*"The Horse Boy"*，2009；IMDb: tt1333668）、「海洋天堂」（*"Ocean Heaven"*，2010；IMDb: tt1498858）、「星星的孩子」（*"Temple Grandin"*，2010；中譯「自閉經歷」；IMDb: tt1278469）、「七號房的禮物」（*"7 번방의 선물* / Miracle In Cell No.7"，2013；港譯「戇爸的禮物」；IMDb: tt2659414）、「心中的小星星」（"तारे ज़मीन पर / *Taare Zameen Par* / Like Stars on Earth"，2007；中譯「地球上的星星」；IMDb: tt0986264）。

---

[439] 見（美國）珍・羅伯茲（Jane Roberts）著，王季慶譯：《個人與群體事件的本質》（*"The Individual and the Nature of Mass Events"*），頁 432-433。

[440] 見（美國）珍・羅伯茲（Jane Roberts）著，王季慶譯：《個人與群體事件的本質》（*"The Individual and the Nature of Mass Events"*），頁 454、458-459。

(七)人類具有身心的自然治癒能力。

如果人類天生具有「自然治癒能力」（natural healing abilities），這也意味著生病是有可能或不可避免的。「病」通常指生理及心理機能產生問題或缺陷，並與「健康」成為反義詞；有些人則主張在病與健康之間，有時存在著一種不確定的狀況，應該稱為「症」。《賽斯書》沒有討論這些議題，倒是比較關心「健康狀態」一詞的概念。

賽斯認為「健康狀態」是「一種糟糕措詞」。當一個人意念扭曲的時候，尤其是滿懷怨念，自然會「豎起障礙」，所以「疾病即扭曲」。更深層的狀態是此人的「能量正在受到扭曲、濫用（misused）和變形（misshapen）」。他強調，「健康無論如何都非靜止狀態」。每個人都「應該渴望良好的健康」，因為這是「存在的自然狀態」。如果一個人選擇相信「自己存在的本質的內在智慧」，以及健康透過他的「物質形相，宇宙的能量得以自我表達」，那麼他就可以維持對健康的渴望。許多人害怕，甚至是畏懼健康不佳，不過賽斯認為它本身就是一種創造。它的狀態又可以區分為身體上的與心理上的，但這只是為了方便描述，實際上二者密不可分。身體的病症必然來自心理、精神與能量上的扭曲。當一個人如果健康不佳時，自然就「無法充分地表達自我」，也無法實現「作為本體和作為個人的目的」。更重要的是他身體所受到的影響「會在心靈中感受到」，這將波及到他其他的創造[441]。

一個人的身體知道如何走路、如何安頓自己的起居生活，這些「知識是天生固有，並且被付諸行動的」；它也知道「如何治療自己、如何利用養分、如何去更換組織」。隨著他的學習與發展，如果他選擇相信大多數人的說法，即「身體本身並沒有辦法弄到心智所擁有的那種資訊」[442]，這無疑又是在自找麻煩。賽斯強調，人類的身體「有自己的完整性，而疾病常常只是一個不平衡的

---

441 見（美國）珍・羅伯茲（Jane Roberts）著，呂紹暉譯：《早期課 9》（*"The Early Sessions Book 9"*），頁 551-552。

442 見（美國）珍・羅伯茲（Jane Roberts）著，王季慶譯：《未知的實相・卷二》（"The "Unknown" Reality Volume Two"），頁 786。

自然信號、一個身體的訊息」，個人「應該去傾聽它，隨之做些內在的調節」。內在的調節是指心智上的調整，身體與心智的關係密不可分。可是當一個人選擇相信療癒的力量一定要由外而來，他的信心「愈來愈被轉移到一個外在力量上」，這會導致身體與心智的「關係也被混淆了」，於是「自然的療癒力量變鈍了」[443]。

賽斯的主張與現代醫學也開始談論的「自癒力」，頗為近似。有些學者專家主張將痊療的力量導向疾患本身，並且引導疾患對操控外境的習性「放手」、放鬆身體，然後延伸到心靈層面的「愛的療癒」。當然，一切還是會回歸到身體結構的關注及治療[444]。賽斯申明，「良好的健康是身體與心智之間交互作用的一個結果」[445]，「健康的肉體是內在平衡的有力證明」。所有疾病的療癒，都必須揭露它的內在因素，包括「智性上的指露，還有直覺上的瞭解」[446]。

至於心理上、精神上的病症，賽斯主張每個人「對所有不符合自己目的及信念的思想有自然免疫力（natural immunity）」，個人自然地被對自己「思想的健康信任與信念所『接種』（inoculated）」[447]。一旦這項免疫力無法發揮功能，必是起因於當事人僵化、缺乏彈性的意念、自我（ego），還有足以導致不健康的信念。這些不利於人的意識狀態與思想，「會形成肉體組織通常無法有效利用的電荷（electrical charges），一旦這樣的電荷累積過多，就會產生疾病」。賽斯還提到，這也意味著疾病可以運用電磁原理加以治療，「在未來、在遙遠

[443] 見（美國）珍・羅伯茲（Jane Roberts）著，王季慶譯：《個人實相的本質》（*"The Nature of Personal Reality"*），頁 511。

[444] 見（美國）傑佛瑞・雷迪格（Jeffrey D. Rediger）著，林怡婷譯：《自癒力為什麼有些人的病自己會好，其他人卻不行？哈佛醫院權威逾 15 年研究，解開啟動人體自癒力的 4 大關鍵，癌症、心臟病、糖尿病、憂鬱症……都可以不「藥」而癒！》（*"Cured: The Remarkable Science and Stories of Spontaneous Healing and Recovery"*）（臺北：平安文化公司，2021 年），頁 138-197。

[445] 見（美國）珍・羅伯茲（Jane Roberts）著，彭君蓉譯：《早期課 2》（*"The Early Sessions Book 2"*），頁 131。

[446] 見（美國）珍・羅伯茲（Jane Roberts）著，彭君蓉譯：《早期課 2》（*"The Early Sessions Book 2"*），頁 305。

[447] 見（美國）珍・羅伯茲（Jane Roberts）著，王季慶譯：《個人與群體事件的本質》（*"The Individual and the Nature of Mass Events"*），頁 302。

的未來，這或許可行」[448]。賽斯的推測的確已經出現於現代專家學者的研究及類似的治療方法[449]。

依《賽斯書》的觀點而言，疾病既是個人或集體的創造，也是疾患最好的老師。例如一個人藉由他的一場病，「很可能有機會看一看那些以前一直為他所拒的區域，從而大獲饒益」[450]，抑或是「代表他採取了一個特別的高度強焦點（highly intense focus），在其中，某一方面的尋常經驗被有意的切除或否定了；於是生命內容本身就必然沿著其他的方向被放大」[451]。如果他想要瞭解這些重大的意義，就必須先行承認疾病是自己的創造，然後在自我覺察（self-awareness）、自我生命解讀（self life reading）方面多下工夫。賽斯提醒讀者，如果一個人相信他的疾病源自於前世的因果，「而必須要『忍受它』」，那麼他「就不會了解威力之點是在當下，也不會相信自己有恢復的可能性」[452]。

《賽斯書》明確指出，每個人天生都備配了「一個統一、自我調整、療癒、自我進化的系統」，在這個系統內，「每個問題如果被誠實面對，都會含有自己的解答」[453]。人類自然療癒能力裡，還有所謂的「夢療法」（dream therapy）。每個人都會經歷的「夢」，它「實際上是透化學合成（chemical synthesis），沿

448 見（美國）珍・羅伯茲（Jane Roberts）著，梁瑞安譯：《早期課 4》（"*The Early Sessions Book 4*"），頁 544。

449 見鄭匡善：〈將電磁波高溫熱療法結合化學療法應用於癌症治療〉（新竹：《科儀新知》，2015 年 6 月第 203 期，頁 81-92）；黃聖芸、翁滋嬪：〈體外電磁治療儀對壓力型尿失禁婦女影響之系統性回顧〉（臺北：《物理治療》，2020 年 12 月第 45 卷 4 期，頁 295-364）；殷婷婷、黃芊芊、蘇裕盛：〈重複經顱磁刺激技術對阿茲海默症治療的研究進展〉（新竹：《元培學報》，2023 年 6 月第 26 期，頁 73-85）。

450 見（美國）珍・羅伯茲（Jane Roberts）著，王季慶譯：《個人實相的本質》（"*The Nature of Personal Reality*"），頁 77。

451 見（美國）珍・羅伯茲（Jane Roberts）著，王季慶譯：《個人實相的本質》（"*The Nature of Personal Reality*"），頁 553-554。

452 見（美國）珍・羅伯茲（Jane Roberts）著，王季慶譯：《個人實相的本質》（"*The Nature of Personal Reality*"），頁 552。

453 見（美國）珍・羅伯茲（Jane Roberts）著，王季慶譯：《個人實相的本質》（"*The Nature of Personal Reality*"），頁 326。

著強烈的電子路徑（electrical pathways）建構而成」[454]。夢療法的原理是立基於一位需要被療癒的人在做夢時，「負離子（negative ions）會形成一個可能具有療癒作用的電子架構」。尤其「如果內我深感絕望，那麼這種具有療癒作用的夢（healing dreams）就會出現得極為頻繁」，而之前一度「為了實際的目的而遭到封閉」的「自己更深層次的通道（channels）」，就會自動打開。這時當事人就很容易看見自己在醒後發生「幾乎是即刻再生（instant regeneration）的現象」[455]。

現代醫學的確也頗為強調睡眠及其品質對於身心疾患的重要性。不過特別提醒，他所說的夢療法「如果在不道德或固執僵化的人格手中，可能就會有危險」，因為「人格的衰敗肇因於它的固執僵化」。這一類人很難信任來自內我、潛意識的訊息與建議，而且夢療法「只不過是為已經發生的現象助上一臂之力」，並非力挽狂瀾或起死回生的療法。換言之，如果當事人根本不相信這類自然、自發的能力，人格反而容易受到夢境的影響而更加扭曲、偏執，更不會相信「在夢境裡，一種全然消極的精神態度，會在一夜之間變成建設性的態度，整個電磁平衡（electromagnetic balance）改變了」[456]。有關夢療法的論述其實《賽斯書》還有很多，不過為避免涉入心理、精神治療專業，本書僅就其原理、作用略述一二，其餘不再贅述。

一個人自然、自發的療癒系統受到干擾而無法發揮正常作用，除了肇因於他僵化的自我（ego）和人格之外，賽斯還提醒讀者特別留意「無力感」（helplessness / powerlessness）的現象。人類的療癒能力「涉及了能量偉大自然而富攻擊性的衝刺、成長，以及對活力的集中焦點」，所以當一個人愈感到無力時，就愈無法利用「自己的治療能力」，然後「被迫把這些向外投射到一個

---

[454] 見（美國）珍・羅伯茲（Jane Roberts）著，梁瑞安譯：《早期課 4》（“*The Early Sessions Book 4*”），頁 424-425。

[455] 見（美國）珍・羅伯茲（Jane Roberts）著，梁瑞安譯：《早期課 4》（“*The Early Sessions Book 4*”），頁 544-545。

[456] 見（美國）珍・羅伯茲（Jane Roberts）著，梁瑞安譯：《早期課 4》（“*The Early Sessions Book 4*”），頁 282-283。

醫生、一個療癒者，或任何外在的力量上面」[457]。

賽斯並未阻止讀者向外尋求醫療專業協助，他只是「堅持幫助是由內在來的」[458]，提醒讀者多加留意外來力量的意圖、目的等，以及是否會影響求助者本人有關「生命中心感」的問題。無力感深厚的人容易「向人求助成了一種習慣，而用它作為逃避責任的方法」[459]，這一類求助者一旦對治療者形成依賴，就容易將治療者視為唯一支柱，就如同讀者把《賽斯書》當作枴杖（a crutch）一樣。賽斯並不鼓勵選擇這種做法、形成這種現象。當一個人瞭解了實相的本質，以及他在創造實相時所扮演的角色時，就不能再期待別人為他解決問題，而必須了悟到「自己必須加以混合、配製的豐富創造成分」[460]。總之，賽斯強調，每個人都要學習如何有意識地啟動自己的療癒力，而且願意支持自己擁有如此的「擴展的信念系統」[461]。

(八)人類的精神活動展現出存有是最有衝勁的意識單位。

每個人都有精神活動。賽斯認為，人類必須把精神活動具體化為物質，因為這正是存有（靈魂）透過人類去做它喜歡做的事。它將這些事視為演出（表達）與遊戲，還以此自娛。每個人放眼望去的物質環境，正是他所屬的存有、意識「向外推擠而形成的各種形式的精神性創造」[462]。這並不表示存有鼓勵人

---

457 見（美國）珍・羅伯茲（Jane Roberts）著，王季慶譯：《個人實相的本質》（"*The Nature of Personal Reality*"），頁 510-511。

458 見（美國）珍・羅伯茲（Jane Roberts）著，王季慶譯：《靈界的訊息》（"*The Seth Material*"），頁 117。

459 見（美國）珍・羅伯茲（Jane Roberts）著，王季慶譯：《個人實相的本質》（"*The Nature of Personal Reality*"），頁 644。

460 見（美國）珍・羅伯茲（Jane Roberts）著，王季慶譯：《個人實相的本質》（"*The Nature of Personal Reality*"），頁 341；（美國）珍・羅伯茲（Jane Roberts）著，王季慶譯：《靈界的訊息》（"*The Seth Material*"），頁 121。

461 見（美國）珍・羅伯茲（Jane Roberts）著，王季慶譯：《個人實相的本質》（"*The Nature of Personal Reality*"），頁 387。

462 見（美國）珍・羅伯茲（Jane Roberts）著，王季慶譯：《靈魂永生》（"*Seth Speaks: The Eternal Validity of the Soul*"），頁 61。

類可以不顧他人的感受，為所欲為。事實上人類可以透過把思想、情感向外「推送」為物質實相的過程與經驗裡，學習不要切斷內在紀律的協助、擺脫「罪與罰」的束縛，然後學會掌握、操縱自己的思想（包括想法、意念和信念）和情感（包括感覺和情緒），逐漸涉入有意識地創造的階段。就算過程中有所扭曲、迷失，對存有、意識而言也都是寶貴的經驗。這就是「進化」的概念之一[463]。

「精神」（mental）一詞現今已是日常用語中常見的辭彙。一般學理上常見的解釋是它屬於意識、思維或一般的心理狀態，相對於「有形」（tangible / form）的物質（materiality / physicality）或肉體（physical / body）。它是一種「無形」（intangible / nonphysical）的存在，無法被外在感官（outer senses）所感知或觸摸。《賽斯書》對精神分析論述之深入，可由書中所載眾多與「精神」相關的專有名詞一窺堂奧，例如：精神侵犯（psychic invasion）[464]、精神（interior mental）生活、精神狀態、精神形像、精神模式、精神環境[465]、精神分裂[466]、精神怠惰

---

463 人類天生具有好奇心與探索世界的本能，有時會「想」做出一些不容於當下社會規範或法律制度的事。基於害怕犯罪、受罰而去壓制、譴責這個「想」，反而容易在精神層面強化這事件的意念形象，然後在個人意想不到或理性失控的狀況下表現出來。生活中許多這類的事件，闖紅燈、背後評判或詈辱他人、謊言欺騙、伴侶出軌、循私作弊等，都是常見的實例。有些人認為單單有這些想法就是邪思，就是罪惡，甚至是十惡不赦。這種說法隱含了否定人類自由意志的本能，而且具有強勢操控自己精神活動的意圖，致使個人的思想和情感更容易偏執、言行更容易扭曲，無助於他的學習與成長，同時最多也只能體驗到「人格的愛」，而且情感關係的發展通常表現為大起大落或呆板無趣。少了「心靈、本體之愛」的支撐，人類很難在各種關係之中體驗到真實且恆久的喜悅和滿足。這類的「愛」通常體現於具有真正「同理心」的人身上。他會經常關心並瞭解自己的精神活動，既給予它想像的自由，也不任意批判、指責它的意念建構和精神實相。對於不適合向外「推送」為具體物質實相的精神實相，即稍早提及「『想』做出一些不容於當下社會規範或法律制度的事」，則給予它們接納與愛的理解，就像是通情達理、充滿愛心的父母對待孩子般，去運作自我覺察、自我對話等有助於認識自己的方法。這種對待自己的方式一般稱之為「自我同理」（self-empathy）。它符合「意識創造實相」的原理，並且使自己不被罪惡感所扭曲與操控，而且有助於自己的人格整合。賽斯認為，世界的混亂不是因為人類「沒有罪與罰的意念，反而主要是因為有罪與罰的意念」。見（美國）珍·羅伯茲（Jane Roberts）著，王季慶譯：《個人實相的本質》（“*The Nature of Personal Reality*”），頁 94。

464 賽斯說他曾經企圖親自聯繫魯柏，但這屬於不道德之事。見（美國）珍·羅伯茲（Jane Roberts）著，彭君蓉譯：《早期課 2》（“*The Early Sessions Book 2*”），頁 546。

465 見（美國）珍·羅伯茲（Jane Roberts）著，王季慶譯：《個人與群體事件的本質》（“*The Individual and the Nature of Mass Events*”），頁 431、469、477、478、404。

466 賽斯認為它的起因是「思考過程與情緒分隔的毛病」，「症狀可能包括運動障礙（motor malfunctions）、

（lazy）、精神大氣（atmosphere）[467]、精神錯亂（aberrations）、精神事件、精神性免疫力（immunity）、精神力量[468]、精神酵素[469]、精神治療[470]、精神行動[471]、精神吸引力[472]、精神官能症（neurosis）[473]、精神（inner psychic）完形[474]、精神基因[475]、心理（mental）印象[476]、心智（mental）反應[477]、心智（mental）障礙[478]、精神訓練或精神紀律（discipline）、精神工具（implements）、精神結

涉及了幻覺與妄想（delusions）的知覺障礙、奇怪的行徑及從真實世界的撤退；但精神分裂者也可能保持他主要知性能力的運用」。見（美國）珍・羅伯茲（Jane Roberts）著，王季慶譯：《個人與群體事件的本質》（*"The Individual and the Nature of Mass Events"*），頁 428。

[467] 見（美國）珍・羅伯茲（Jane Roberts）著，王季慶譯：《個人實相的本質》（*"The Nature of Personal Reality"*），頁 465、480。

[468] 見（美國）珍・羅伯茲（Jane Roberts）著，王季慶譯：《個人與群體事件的本質》（*"The Individual and the Nature of Mass Events"*），頁 277、279、302、387。

[469] 它處於「精神圍場」（the mental enclosure）之中，是引發行動的元素，以及可以啟動一切的「精神火花」（mental spark）。見（美國）珍・羅伯茲（Jane Roberts）著，洪志美、張黛眉、梁瑞安譯：《早期課 1》（*"The Early Sessions Book 1"*），頁 144-145。

[470] 見（美國）珍・羅伯茲（Jane Roberts）著，彭君蓉譯：《早期課 2》（*"The Early Sessions Book 2"*），頁 507。

[471] 見（美國）珍・羅伯茲（Jane Roberts）著，陳秋萍譯：《早期課 3》（*"The Early Sessions Book 3"*），頁 161。

[472] 見（美國）珍・羅伯茲（Jane Roberts）著，陳秋萍譯：《早期課 3》（*"The Early Sessions Book 3"*），頁 162。

[473] 見（美國）珍・羅伯茲（Jane Roberts）著，梁瑞安譯：《早期課 4》（*"The Early Sessions Book 4"*），頁 147。

[474] 見（美國）珍・羅伯茲（Jane Roberts）著，梁瑞安譯：《早期課 4》（*"The Early Sessions Book 4"*），頁 149。

[475] 見（美國）珍・羅伯茲（Jane Roberts）著，梁瑞安譯：《早期課 4》（*"The Early Sessions Book 4"*），頁 150。

[476] 見（美國）珍・羅伯茲（Jane Roberts）著，謝欣頤譯：《早期課 5》（*"The Early Sessions Book 5"*），頁 499。

[477] 見（美國）珍・羅伯茲（Jane Roberts）著，陳秋萍譯：《早期課 6》（*"The Early Sessions Book 6"*），頁 232。

[478] 見（美國）珍・羅伯茲（Jane Roberts）著，陳秋萍譯：《早期課 7》（*"The Early Sessions Book 7"*），頁 47。

構[479]、心智深淵（mental chasm）[480]、精神領域[481]、精神能量（spiritual energy）[482]、精神路標（signposts）[483]等。以如此的專業術語及論述規模而言，《賽斯書》可堪稱一部極廣義的「精神分析學」著作。

《賽斯書》中所稱的「精神」，就是人類思想（thoughts）與情感（emotion / feeling）的結合。二者關係密切且相互影響。以一種較為偏執的做法來看待它們時，我個人以華語文的角度再做細分：思想包含了《賽斯書》中常見的「想法」（thoughts / idea）、「意念」（idea）、「信念」（belief）等。想法是對人、事或物比較隨興或不確定的看法或意見；意念是在想法的基礎上，加入了意志力（willpower），使想法更為確定、堅持；信念則是在意念的基礎上，加入了想像力，最終成為堅定不疑且經常用以自我暗示（self-suggestion）、自我催眠的意念，並結合「情感」建構出一個人內在的心理實相、精神實相。如果情感的強度充分，就會向外「推送」而出，成為可以被外在感官感知到的周遭所有物質景象、他人，以及各式各樣的大小事件。

情感的部分含了《賽斯書》中常見的「感覺」及「情緒」。賽斯說，「**每一種族類都被賦予了情緒上的感受（emotional feelings）**」[484]。人類所有的情感反應都是由那看不見、摸不著，卻可以明顯感受、認知的思想所推動而出，所

---

479 見（美國）珍・羅伯茲（Jane Roberts）著，王季慶譯：《個人實相的本質》（“*The Nature of Personal Reality*”），頁 66、203、207。

480 見（美國）珍・羅伯茲（Jane Roberts）著，陳秋萍譯：《早期課 7》（“*The Early Sessions Book 7*”），頁 312。

481 見（美國）珍・羅伯茲（Jane Roberts）著，梁瑞安譯：《早期課 8》（“*The Early Sessions Book 8*”）（臺北：賽斯文化公司，2022 年），頁 30。

482 存有（靈魂）以它創造人類的身體，是「肉體存活（physical survival）背後的原動力」，人類因它而得到活力。見（美國）珍・羅伯茲（Jane Roberts）著，王季慶譯：《靈魂永生》（“*Seth Speaks: The Eternal Validity of the Soul*”），頁 76。

483 見（美國）珍・羅伯茲（Jane Roberts）著，王季慶譯：《靈魂永生》（“*Seth Speaks: The Eternal Validity of the Soul*”），頁 47。

484 見（美國）珍・羅伯茲（Jane Roberts）著，王季慶譯：《個人與群體事件的本質》（“*The Individual and the Nature of Mass Events*”），頁 430-431。

以是個人的信念在領導情緒，而不是情緒在領導信念[485]。賽斯就以「焦孟不離」（go together）形容思想與情緒二者無法分割的狀態[486]。《賽斯書》是很早就對它們有深入分析、探討的專著，其中還包含對它們的科學論述，這個部分算是相關研究的創始者。

思想和情感雖然都是人類的「原廠設定」，但是賽斯多次強調：它們是「你」，但「你」不是它們。例如他說，「你不是你的身體，你不是你的情緒。你有情緒，你有思想，好比早餐你有蛋一樣，但你不是蛋……你不受你的思想和情緒所控制，就好像你不受鹹肉和蛋所控制一樣」[487]、「你絕不是『你的觀念』，更不是『你的思想」，你是那個去體會這些觀念與思想的『我』」[488]。這項說法的基礎就在於每個人都是他所屬存有的「意識投射」，而存有「在任何宇宙中都是最有衝勁、最有精力、最有潛力的意識單位（units of consciousness）[489]。

既然人類是所屬存有的投射，那麼不妨想像自己是一名偉大的演員，每天都在夢中先拍攝（或「畫」）好自編、自導、自演的戲碼，然後在醒時狀態中投射、播放，存有、人格與意識就藉著這個影片中的「自己」加以體驗、學習和領悟。又或是自己是一名偉大的遊戲程式撰寫員，每天都在夢中先編碼、設計軟體，然後在醒時狀態中執行程式、操作著虛擬實境遊戲，存有、人格與意識就藉著這個遊戲扮演「玩家角色」。每個玩家角色都具有人類人格，並且在遊戲中不斷地變化、衍生出不同的人格面向。它周遭的環境與他人（非玩家角

---

[485] 見（美國）珍・羅伯茲（Jane Roberts）著，王季慶譯：《個人實相的本質》（"*The Nature of Personal Reality*"），頁 37。

[486] 見（美國）珍・羅伯茲（Jane Roberts）著，王季慶譯：《個人實相的本質》（"*The Nature of Personal Reality*"），頁 104。

[487] 見（美國）珍・羅伯茲（Jane Roberts）著，王季慶譯：《靈界的訊息》（"*The Seth Material*"），頁 189-190。

[488] 見（美國）珍・羅伯茲（Jane Roberts）著，王季慶譯：《個人實相的本質》（"*The Nature of Personal Reality*"），頁 48。

[489] 見（美國）珍・羅伯茲（Jane Roberts）著，王季慶譯：《靈魂永生》（"*Seth Speaks: The Eternal Validity of the Soul*"），頁 102-103。

色）完全依據它自己所編寫的程式（意識、精神），如實投影生成[490]。

無論是戲劇演出或虛擬遊戲，存有、人格與意識都可以盡情地在其中「沉浸體驗」（flow experience）。當影片播放結束或遊戲結束之後，它們又可以立即完全回復到自己的身分與樣貌。就影片或遊戲中的個人而言，除非他的自我（ego）「入戲太深」，而且與存有之間關係疏離，否則照理他的內心非常瞭解如此整體的生命運作模式。如果他有此覺察、覺知，明白一切都只是體驗而可以做到不深受生活中各種成敗事件、苦樂情緒所干擾、影響，我個人稱之為「覺察體驗」（aware experience）。

依《賽斯書》的論點，一個人不宜在物質世界中恆久保持沉浸體驗或覺察體驗，這是一種失衡的狀態，也符合創造的本質與目的。當他對自己存在的狀態和意義有所覺察、覺知時，即與存有（靈魂）同在。賽斯說存有（靈魂）「不需要遵照物質實相裡的法律與原則」，也「不依賴肉體的感知」。它要的感知是人類所有「實質事件之下的精神性活動與事件」、靈魂所感知的乃是在個人所知的[491]。它要藉由所有的學習，以擴展為「更大的本體」（greater identity）[492]、「更大的存有」[493]。至於這些活動、事件究竟是好是壞、是對是錯、是善是惡，它根本不在意，也不會因此就「棄『人』不顧」。

---

[490] 此處的「非玩家角色」是以創造者「玩家角色」的角度而言。事實上，每位非玩家角色在它自己的生命模型裡，也是玩家角色，而它周遭的人們就變成非玩家角色。從這項原理就可以理解，為什麼自己所看見的他人，往往不是「全面性」的，而只是部分的人格面向；藉由心電感應的作用，通常他人的整體表現也都會符合自己的想像。可是，一旦對方的表現超乎自己的想像時，就可能感到困惑或難以接受。造成如此景況的原因至少有二：一是所謂的「想像」只停留在個人的自我（ego）層面，而忽略了內心（個人潛意識層）真實的感受與認知，形成自欺欺人的現象。二是每個人都有他所屬的存有、片段體人格（靈魂），及獨立自主的個人意識，它們的本質之一就是始終處於「變為」的狀態。因此，任何人只要自認為「瞭解」他人或有能力操控他人，都是違反人類天性、本能的「人為」（非自然、自發）行動，都可能「自找麻煩」而創造出不必要的難局與挑戰。

[491] 見（美國）珍・羅伯茲（Jane Roberts）著，王季慶譯：《靈魂永生》（*"Seth Speaks: The Eternal Validity of the Soul"*），頁 114。

[492] 見（美國）珍・羅伯茲（Jane Roberts）著，王季慶譯：《個人實相的本質》（*"The Nature of Personal Reality"*），頁 23。

[493] 見（美國）珍・羅伯茲（Jane Roberts）著，王季慶譯：《靈魂永生》（*"Seth Speaks: The Eternal Validity of the Soul"*），頁 102。

存有（靈魂）及其所投射出的「人」，本身就都具有完整性（integrity）[494]，所以不會有所謂「碎片」（fragments）的問題。一個人具備如此的基本概念，才有確保獨立自主（independence），隨時做到自我（self）的改變、修復或療癒，以及與他人合作（cooperation）等的可能。他自然會選擇相信「自己」（self）是「**永不能毀滅或失落**」[495]的存在。他在世間所有的好或壞、對或錯、優或劣……等二分法的思考、創造和經驗，都是為了滿足意識擴展（enlargement of consciousness / expansion of consciousness）的需求。不相信自己與其所屬存有始終都具有完整性的人，很容易接受競爭的觀念而經常處於與他人比較、比賽的狀態，也因此形成過度的負向情感（negative affect）體驗。

人類所有的體驗都是精神活動的具體物質化。賽斯明確指出，「精神」包括人類的思想、情感兩大部分。他說「**思想與情感是用非常明確的方法、透過相當確實的定律來形成為物質的，雖然目前這些方法和定律也許尚不為人知**」[496]。精神活動是人類創造物質實相的基石，先有內在精神實相的形成，當情感強度充分時，即向外創造、投射出外在感官可以感知的所有物質，形成物質實相。甚至有一些未被物質化，但已經被精神活動創造出的實相也是如此[497]。這些實相就是前文提及的「可能性系統」或存在於其他次元的實相。

有一些精神實相可以被人類感知到它的存在，只是影像不如物質實相般的鮮明、具體。賽斯說，一個人「**藉由想像力考慮這樣或那樣一個可能性**」而形成他的存在[498]。人類的信念會推動出各種相應的情緒，當情緒被貼上「負面」

---

494 見（美國）珍・羅伯茲（Jane Roberts）著，王季慶譯：《個人實相的本質》（“*The Nature of Personal Reality*”），頁 203。

495 見（美國）珍・羅伯茲（Jane Roberts）著，王季慶譯：《靈魂永生》（“*Seth Speaks: The Eternal Validity of the Soul*”），頁 107。

496 見（美國）珍・羅伯茲（Jane Roberts）著，王季慶譯：《靈魂永生》（“*Seth Speaks: The Eternal Validity of the Soul*”），頁 96。

497 見（美國）珍・羅伯茲（Jane Roberts）著，王季慶譯：《靈魂永生》（“*Seth Speaks: The Eternal Validity of the Soul*”），頁 295。

498 見（美國）珍・羅伯茲（Jane Roberts）著，王季慶譯：《個人與群體事件的本質》（“*The Individual and the Nature of Mass Events*”），頁 442。

的標籤，「**然後想像力跟進，對某一個特別的情況繪出可怕的心理圖象**」[499]。類似說法也見於現代青少年科幻小說《噪反》，而且書中將這整個過程及圖象樣貌描述得活靈活現。

《噪反》故事大概是描述一群地球人移民到名為「新世界」的星球，並建造了一座「普倫提司」的小鎮。不料星球原住民稀人在與地球殖民的戰爭中釋放出「躁音菌」，殺死了地球殖民中一半的男人和所有的女人。從此，剩下的男人都可以聽見他人腦中的聲音，同時還可以由這些聲音內容所構成的畫面[500]。雖然整體故事被定義為「科幻」，事實上就《賽斯書》的理論架構而言，它完全是合情合理的現象。人類所有的精神活動都具有化學與電磁作用，可以透過其中的原子與分子、光與波（wave）建構出精神實相。書中所說的「躁音」，人類可以經由「心電感應」的方式獲得；至於畫面的部分，可以藉助內在感官讀取。不過絕大多數的人無法在意識層面與外在感官上，感知得到他人的內在聲音或精神畫面。

人類天生擁有「精神」這麼一套原廠設定、開放的系統，因此具有強大的創造能力。每個人的思想和情感或多或少地都被自己「**構成為實質**」；而每個人放眼所能看見的世界，都是按照「**自己的思想所形成的忠實複製品**」[501]。所以，當一個人害怕自己的精神活動，而且堅信它是一套封閉的系統，然後經常想著或說著「我對……無能為力」、「我只能說／做……」；面對他人時，則是想著或說著「他不能對我說／做……」、「我不接受……」，生活自然就可能一成不變，或是朝向無法盡如人意、了無生趣等方向發展。

以上《賽斯書》論及人類創造的本質、擁有的基本能力、基本需求等的內

---

[499] 見（美國）珍・羅伯茲（Jane Roberts）著，王季慶譯：《個人實相的本質》（"*The Nature of Personal Reality*"），頁 106。

[500] 見（美國）派崔克・奈斯（Patrick Ness）著，段宗忱譯：《噪反 I：鬧與靜》（"*Chaos Walking I：The Knife of Never Letting Go*"）（臺北：聯經出版公司，2012 年），頁 29-33。

[501] 見（美國）珍・羅伯茲（Jane Roberts）著，王季慶譯：《靈界的訊息》（"*The Seth Material*"），頁 123。

容，如果借用現代心理專家的用語，可說都是人類的「原廠設定」[502]。這些設定都源自於一切萬有、存有的賦予，目的在於使人類擁有無可限量的創造能力，並從中學習如何「遵循價值完成的法則」而發展，以使個人的意識、人格獲得擴展[503]。

第二節　人格的創造與擴展

當片段體人格獲得存有（靈魂）所賦予的自由意志，容許它完全獨立自主地學習、發展，也就意味著它展開了創造之旅。賽斯說，「一個人格可能不只是一個人格」[504]，這是因為它藉由在地球層面的不同轉世，以及在每一世的身分、角色、性格，以及存在的各個層次，持續體驗、發展，以達意識擴展的目的。賽斯強調這裡所說的「層次」「不一定帶著層次有高有低的含意，而是同心圓層次（concentric levels）」，就像潛意識分層的概念一樣，「只是為了簡單才用的字眼」[505]。

一、意識永遠處於變為與運作的狀態

《賽斯書》本體論的一大特色是主張所有宇宙（包括物質、非物質）、存在或非存在，都擁有本體和意識，甚至連人類所處的地球，萬「事」萬「物」也都擁有本體和意識。賽斯說，「不管是石頭、礦物、植物、動物或空氣」，「即使一支釘子裡也有意識」，在它們之內的「原子與分子確實擁有它們自己

---

502 見蘇予昕：《活出你的原廠設定》（新北：方舟文化公司，2021 年）。

503 見（美國）珍・羅伯茲（Jane Roberts）著，彭君蓉譯：《早期課 2》（“*The Early Sessions Book 2*”），頁 248。

504 見（美國）珍・羅伯茲（Jane Roberts）著，陳秋萍譯：《早期課 3》（“*The Early Sessions Book 3*”），頁 103。

505 見（美國）珍・羅伯茲（Jane Roberts）著，陳秋萍譯：《早期課 3》（“*The Early Sessions Book 3*”），頁 103-104。

的一種意識」，所以「沒有所謂死的東西」。而且「每一種意識都歡喜地享有感覺與創造」，正因為如此，人類才能「站在一個恆常的盎然生機之中，站在一個有知覺的能量完形之中」。至於人類，除了「自我」（ego）可能感受不到這份歡喜之外，其餘的意識組成成分都能理解，它們存在及創造的本質都是喜悅的[506]。

(一)意識若無行動就不再為意識。

當意識選擇進入地球物質世界體驗與創造時，就決定了它會「以形形色色的裝扮來表現它自己」，這也是它「創造力自然自發的運用」[507]。它創造出萬事萬物，賽斯稱這些事、物為「惰性形式」（inert form）。當「自我意識」進入之後，它們就被具體化了。這種自我意識不同於人類的，它使萬事萬物意識自己的存在及本質，然後「甚至擁有自我意識到某種程度」（詳見第二章第一節）。不過賽斯也認為，「各種類型的自我意識之間，並沒有實際的差異」，有時特別地加以強調或區辨只是為了配合人類的認知模型、方便敘述而已[508]。

意識是人類「基本的本體與身分」。它是「沒有形體的存在」，最後經由投射才成為人類的身體[509]。它不是一個什麼樣的東西或固定的形狀，不會因為投射出的形體類別而有「什麼叫做貓的意識或鳥的意識這種東西」。因此，意識「只有選擇採取某種焦點」[510]，或以人類而言「就是自己看出去的方向」[511]；

---

[506] 見（美國）珍・羅伯茲（Jane Roberts）著，王季慶譯：《靈魂永生》（“*Seth Speaks: The Eternal Validity of the Soul*”），頁 16-17。

[507] 見（美國）珍・羅伯茲（Jane Roberts）著，王季慶譯：《靈魂永生》（“*Seth Speaks: The Eternal Validity of the Soul*”），頁 37-38。

[508] 見（美國）珍・羅伯茲（Jane Roberts）著，洪志美、張黛眉、梁瑞安譯：《早期課 1》（“*The Early Sessions Book 1*”），頁 345-346。

[509] 見（美國）珍・羅伯茲（Jane Roberts）著，王季慶譯：《靈魂永生》（“*Seth Speaks: The Eternal Validity of the Soul*”），頁 13、22。

[510] 見（美國）珍・羅伯茲（Jane Roberts）著，王季慶譯：《個人與群體事件的本質》（“*The Individual and the Nature of Mass Events*”），頁 298。

[511] 見（美國）珍・羅伯茲（Jane Roberts）著，梁瑞安譯：《早期課 4》（“*The Early Sessions Book 4*”），

是「一種聚焦狀態」，而「不是一個自己」[512]。

人類肉身形成之前會先形成「靈體」（astral form），而肉身就是「靈體的具體化」。人類在轉世的兩世之間，是以靈體的形式存在（詳見本書第四章第一節）。當一個人睡覺時，他的意識、靈體會暫時離開身體，但「不會長時間的捨棄身體」，除非他選擇死亡與結束一世的輪迴。所以當此人睡醒後，他的意識就不只聚焦在自己的肉體上，「並且也聚焦在一個事件的特定頻率裡」，也就是所謂的「時間」裡。這時，他「其他的歷史時代及轉世的自己，都以同樣有效的形式同時存在著」，只是「沒有向那些頻率對準而已」[513]。換句話說，如果此人擁有「穿越」時空或不同轉世的能力，那必定是不受限於形體的意識旅行，而不是身體的穿越。物質性的身體無法離開它所處特定層面的層次，因為它屬於「偽裝形式」（詳見本書第二章第一節）。相關議題可以參考電影「第六感生死戀」（"*Ghost*"，1990；中譯「人鬼情未了」；IMDb: tt0099653）、「靈魂急轉彎」（"*Soul*"，2020）。

意識與本體的關係緊密。賽斯說，「本體從不是恆常不變的」，因為個人「從這一刻到下一刻，在意識（consciously）及無意識（unconsciously）上已不是同樣的了」。最明顯的狀態是「在睡眠中，意識變成潛意識，而且潛意識也以最真實的方式變成意識」[514]。此外，賽斯強調，「每個行動是一個結束」，「然而沒有這結束，本體會停止存在，因為意識若無行動就不再為意識」[515]。《賽斯書》所談論的「行動」，並非僅止於人類一般所指的行為、舉動、走動，或是為達某一目標而有所作為，而是比這些概念更為廣泛、深入的探討與論述

頁 221。

512 見（美國）珍・羅伯茲（Jane Roberts）著，陳秋萍譯：《早期課 3》（"*The Early Sessions Book 3*"），頁 70。

513 見（美國）珍・羅伯茲（Jane Roberts）著，王季慶譯：《靈魂永生》（"*Seth Speaks: The Eternal Validity of the Soul*"），頁 128。

514 見（美國）珍・羅伯茲（Jane Roberts）著，洪志美、張黛眉、梁瑞安譯：《早期課 1》（"*The Early Sessions Book 1*"），頁 300。

515 見（美國）珍・羅伯茲（Jane Roberts）著，王季慶譯：《靈界的訊息》（"*The Seth Material*"），頁 426。

[516]。賽斯將行動大致區分為內在（心靈）的行動（inner action）與身體（外在）的行動（outer action）。前者涉及的範圍甚廣，包括：夢、自我（ego）、意念、心智、人格、片刻點（moment point）[517]、切點（apex）[518]、潛意識、內我、全我、價值完成、情感、張力（tension）、暗示、投射等，因此賽斯說，「就心理實相而言，內在行動的重要性一點也不亞於身體行動，甚至更為重要」。後者大致上是指人類的「成長和釋放（release）」[519]。

賽斯「每個行動是一個結束」的說法，並非指行動的停止或終結。他說，「行動之內永遠有行動」[520]。當意識選擇進入人類身體之前或之後，都持續在創造，所以他形容人類「正鑽進（perceiving）一個行動，在它之內繼續創造行動中的行動」，而「每件事物基本上都是行動」[521]。賽斯說，「意識本身並不是一件『東西』，它是行動的一個次元，一個幾乎是奇蹟似的情況」，賽斯「名之為一連串創造的兩難之局而使之成為可能」[522]。也因此，「最基本的意識永遠不是物質的」[523]。

人類的意識「必須顯示自己，它不能不存在（unbe）」，只是它「並不需

---

[516] 見「教育部重編國語辭典修訂本」，https://dict.revised.moe.edu.tw/dictView.jsp?ID=110753&q=1&word=%E8%A1%8C%E5%8B%95。

[517] 見（美國）珍・羅伯茲（Jane Roberts）著，梁瑞安譯：《早期課 4》（“*The Early Sessions Book 4*”），頁 149、151、152 等。

[518] 見（美國）珍・羅伯茲（Jane Roberts）著，梁瑞安譯：《早期課 4》（“*The Early Sessions Book 4*”），頁 9-10。

[519] 見（美國）珍・羅伯茲（Jane Roberts）著，梁瑞安譯：《早期課 4》（“*The Early Sessions Book 4*”），頁 24-25。

[520] 見（美國）珍・羅伯茲（Jane Roberts）著，梁瑞安譯：《早期課 4》（“*The Early Sessions Book 4*”），頁 4。

[521] 見（美國）珍・羅伯茲（Jane Roberts）著，梁瑞安譯：《早期課 4》（“*The Early Sessions Book 4*”），頁 10、24。

[522] 見（美國）珍・羅伯茲（Jane Roberts）著，王季慶譯：《靈界的訊息》（“*The Seth Material*”），頁 246。

[523] 見（美國）珍・羅伯茲（Jane Roberts）著，謝欣頤譯：《早期課 5》（“*The Early Sessions Book 5*”），頁 44。

要總是在一個形式之內」，所以其實「有些『人格』從未有過身體」[524]。它像其他意識一樣，「與生具有改變形相的能力，只是熟練度（proficiency）、實現的程度（actualization varies）不同」[525]。它創造的方式是瞬間完成、同時存在。人類之所以無法理解這種創造的原理與方式，是因為必須受限於時間與空間的觀念，以及身處物質環境條件之中。此外，再搭配「一套高度專門化的感官來感知它的實相」[526]，才能感覺到所有物質是實體的、是「真」的，並且在實相中維持一種連續性的經驗。賽斯說，事實上這些都是「以『慢動作影片』（slowed down version）的方式呈現出來」的。換言之，人類所感知到的實體、真的物質存在，包括身體，其實一切都是「假」的，都只是存有（靈魂）、片段體人格的幻覺與一場「夢」而已[527]。

(二)人類透過二元性的創造以體驗限制、分裂的「我」。

綜合《賽斯書》所述，人類的心智模型大致上可區分為意識焦點向外時的自我（ego）、大腦，以及意識焦點向內時，維持整體生命運作的全我、內我、潛意識等[528]。賽斯說，人類之所以「演化出自我和自我意識」，是為了協助自己處理由生命力轉化而成的偽裝模式，也就是居處的物質世界[529]。自我是由個人的個性中各種不同的部分、特性所綜合組成，就像它的生命源頭——一切萬有、存有、片段體人格一樣，「恆處變化中」。在物質世界的生活中，它被賦

---

[524] 見（美國）珍・羅伯茲（Jane Roberts）著，王季慶譯：《靈魂永生》（*"Seth Speaks: The Eternal Validity of the Soul"*），頁 34。

[525] 見（美國）珍・羅伯茲（Jane Roberts）著，王季慶譯：《靈魂永生》（*"Seth Speaks: The Eternal Validity of the Soul"*），頁 27。

[526] 這裡所謂「高度專門化的感官」應是指人類的外在感官。見（美國）珍・羅伯茲（Jane Roberts）著，王季慶譯：《靈魂永生》（*"Seth Speaks: The Eternal Validity of the Soul"*），頁 37。

[527] 見（美國）珍・羅伯茲（Jane Roberts）著，王季慶譯：《靈魂永生》（*"Seth Speaks: The Eternal Validity of the Soul"*），頁 27。

[528] 見洪燕梅：《心靈動力視角的《老子》與《賽斯書》》第二章「意識與思考」。

[529] 見（美國）珍・羅伯茲（Jane Roberts）著，洪志美、張黛眉、梁瑞安譯：《早期課 1》（*"The Early Sessions Book 1"*），頁 317。

予「**以單一的模式去行動**」的能力與權力，所以「**是一個人個性中，最直接與世界打交道的那個部分**」[530]。生命的源頭之所以賦予自我強大的能力與權力，無非是為了協助意識去學習與發展，然而如果缺乏清明的引導及制衡的力量，它就容易成為獨斷的怪獸。因此相形之下，先它而存在的全我、內我和潛意識就更為重要了。

全我就是「**全部的內我**」，但是賽斯說他更喜歡稱它為「**整體的我**」[531]。當一個人死亡、意識離開物質世界後，就會回歸為全我的狀態。此人的意識在世間所有的學習所得，會「全部打包帶走」，沒有任何遺漏。現代的專家學者已經開始留意到一個人死亡後的瞬間，似乎會產生一生所有記憶的閃回（flashback）重播；也開始有人相信在瀕死時刻，會有快速回顧自己一生（panoramic life review with memory recalls，俗稱「人生跑馬燈」）的體驗[532]。所以，死亡並非如許多人所說的「什麼都帶不走」，帶不走的永遠只有物質性的他人與事物；所有經由他人與事物而得到的精神性收穫，都會被帶回全我之中。

基於全我的本質，它也可以被視為「轉世人格」(reincarnational personalities)[533]或「過去累世的人格」（previous personalities of past lives）[534]。它是由存有

---

[530] 見（美國）珍・羅伯茲（Jane Roberts）著，王季慶譯：《個人實相的本質》（"*The Nature of Personal Reality*"），頁 23。

[531] 見（美國）珍・羅伯茲（Jane Roberts）著，王季慶譯：《靈界的訊息》（"*The Seth Material*"），頁 241。

[532] 見（美國）澤馬爾・齊默（Dr Ajmal Zemmar）等：〈瀕死者腦中神經元連貫性與耦合的交互作用〉（'*Enhanced Interplay of Neuronal Coherence and Coupling in the Dying Human Brain*'），（《老化神經科學前線》〔"*Frontiers in Aging Neuroscience*"〕，2022 年 2 月 22 日）。https://www.frontiersin.org/articles/10.3389/fnagi.2022.813531/full；（美國）雷蒙・穆迪（Raymond A. Moody）著，林宏濤譯：《死後的世界》（"*Life After Life*"）（臺北：商周出版社、城邦文化公司，2012 年）；（日本）木內鶴彥著，李瓊祺譯：《瀕死經驗的啟示》（"*「臨死体験」が教えてくれた宇宙の仕組み*"）（臺中：一中心公司，2020 年）。

[533] 見（美國）珍・羅伯茲（Jane Roberts）著，梁瑞安譯：《早期課 4》（"*The Early Sessions Book 4*"），頁 18。

[534] 見（美國）珍・羅伯茲（Jane Roberts）著，梁瑞安譯：《早期課 4》（"*The Early Sessions Book 4*"），頁 532。

某個片段體的所有人格組成，而「組成它的所有人格都同時存在」。然後它「會在同一個次元裡」，去經驗對某一世的人而言是未來或過去的人格[535]。這裡就可以清楚知道，地球物質世界上的每一個人，都是他所屬的全我「從它自己投射出片段體和人格到所有這些片刻點上」[536]，並且創造出許多的自我（egos）。一個人的自我是「強烈聚焦點」（intense focus points），各自獨立地「發展自己的命運和經驗，進而以慢動作感知任何一個片刻點」。

全我透過自我「致力於維持物質操縱」，但是它只能透過身體、外在感官等，去感知、接受由這些物質設備所收集到的訊息，而無法以直接驗的方式接觸物質。所以自我是一個人的意識永遠不再回到此世時，「最後離開這種出神的一個部分」[537]。人活著的時候，他的自我「不能被毀滅。殺掉一個，則另一個將會——也必然會由內我中浮出，內我是他們的來源」，因此當一個人沒有活下去的欲望時，很少會立即想要結束自己的生命。即使是因為結束一世的學習而死亡，他的自我也「沒有被吞噬，反而繼續掌控它們在其形成與訓練之時地位如此重要的那些特質、能力」[538]；何況前世的資訊全部都保留在這個自我的潛意識裡，而意識就是如此無止境地學習。賽斯說，「轉世的自我是同一個自我」。它可以基於特別的渴望而選擇在熟悉的同一層面（例如地球物質世界），「無限期地繼續轉世」，以求「遇到新的挑戰，發展新能力」[539]。

「內我」、「內在自我」或是「自己的內在核心」（the inner core of the self），可以視為一個人的「心」或內在「統合活動的指揮者」，原則上個人就是由它「掌理基本的日常瑣事」。不過由於大多數人的自我（ego）想要與內我做出區

---

[535] 見（美國）珍・羅伯茲（Jane Roberts）著，梁瑞安譯：《早期課 4》（“*The Early Sessions Book 4*”），頁 18。

[536] 「片刻點」的概念類似早期電影拍攝的原理，詳見本節第三單元。

[537] 見（美國）珍・羅伯茲（Jane Roberts）著，陳秋萍譯：《早期課 3》（“*The Early Sessions Book 3*”），頁 138。

[538] 見（美國）珍・羅伯茲（Jane Roberts）著，王季慶譯：《個人實相的本質》（“*The Nature of Personal Reality*”），頁 261。

[539] 見（美國）珍・羅伯茲（Jane Roberts）著，彭君蓉譯：《早期課 2》（“*The Early Sessions Book 2*”），頁 201-202。

別[540]，才會在生活總是創造出一些不必要的困難或阻礙。賽斯說，「當內在自我與外在自我追求完全相反的觀點以及不同的目標和目的時」，個人就會遇到困難了[541]。可見一個人在世最重要的工作並非努力去創造、得到一些物質性的東西，而是要先關注自己的精神活動與內在狀態，經常審視頭腦「想要的」究竟與內心「需要的」是否一致。有了穩固、平衡的內在，經常可以感受到生命中心感，自我自然就不必會衍生多餘的考量或憂慮。創造的過程裡雖然免不了困難、挑戰，只要將之視為意識擴展、能力提升的必要旅程，依舊可以大多保持輕鬆而認真、喜悅而尊重的態度去面對這一切。

內我向內聚焦的強度和自我（ego）。它們都是複合體（composite），只不過自我的程度較小[542]。可是如果「沒有內我的決心，本體的凝聚是不可能的」[543]。所以當一個人睡覺或死亡後，自我的功能就會自動消失，此時只有內我可以主導一切。內我也是「星光本體的指揮者」[544]，所以它「就是持久的自己(durable self）」[545]，也可以稱之為「靈體的我」[546]。它在人類生命中的地位及它所提供訊息的重要性，可見一斑。

在自我與內我之間有一個用以整合內外訊息的平台，《賽斯書》稱之為「意識心」。它類似於現代心理學上所稱的覺知功能，或是覺知能力。賽斯明確指

---

540 見（美國）珍・羅伯茲（Jane Roberts）著，梁瑞安譯：《早期課4》（“*The Early Sessions Book 4*”），頁518。

541 見（美國）珍・羅伯茲（Jane Roberts）著，彭君蓉譯：《早期課2》（“*The Early Sessions Book 2*”），頁200。

542 見（美國）珍・羅伯茲（Jane Roberts）著，梁瑞安譯：《早期課4》（“*The Early Sessions Book 4*”），頁38。

543 見（美國）珍・羅伯茲（Jane Roberts）著，彭君蓉譯：《早期課2》（“*The Early Sessions Book 2*”），頁161。

544 見（美國）珍・羅伯茲（Jane Roberts）著，謝欣頤譯：《早期課5》（“*The Early Sessions Book 5*”），頁45。

545 見（美國）珍・羅伯茲（Jane Roberts）著，彭君蓉譯：《早期課2》（“*The Early Sessions Book 2*”），頁201。

546 見（美國）珍・羅伯茲（Jane Roberts）著，謝欣頤譯：《早期課5》（“*The Early Sessions Book 5*”），頁46。

出，它是內我的一部分[547]，賽斯形容自我就是它「所生出的一根旁枝」，而它「就像是一具龐大的照相機，自我則在指揮這個照相機如何取景與運用焦點」[548]。也可以說自我就是意識心的眼睛，「一個絕佳的感知工具」。它是一個人天生具有的「內在知覺狀態的一種功能」，靈魂透過它可以向外看見五光十色的繁華世界[549]。意識心就是「天生有意識的心靈」，它可以主宰一個人所創造出物質的「性質、形狀、形式」，而他內心「深層的渴望、不自覺的深層動機，以及未曾言宣的驅策力」，全都等著意識心的「認可或否定，並且等待著它的指揮」[550]。由此可以想見，意識心對於一個人的行動及生活品質，影響甚鉅。

當一個人處於心情不佳，「讓自己被『負面的感受』所支配」；自認諸事不順，「感覺被事情牽著鼻子走」，以致對周遭事物充滿無力感，此時就極有可能是意識心「拒絕承當它的責任」。賽斯以「棄權」、「退位」（abdicates）形容意識心這一類失功能的狀況。在此同時，它也被剝奪了「天生的邏輯能力」、「本體感」。它的處境是「沒有外在的東西可供它去抵抗，沒有它可在其中獲得平衡的架構」[551]，整體情況宛如一個領導人棄位而去的組織或團體。更嚴重的是，「如果意識心容許自我跟它一起逃跑，自我可能會有被切斷、孤單、害怕等種種感覺」[552]，一個人的分裂感、不安全感將油然而生。

意識心不僅「充滿了好奇，態度也十分開放」[553]，而且「先天上本來具足

---

[547] 見（美國）珍・羅伯茲（Jane Roberts）著，王季慶譯：《個人實相的本質》（*"The Nature of Personal Reality"*），頁 130。

[548] 見（美國）珍・羅伯茲（Jane Roberts）著，王季慶譯：《個人實相的本質》（*"The Nature of Personal Reality"*），頁 50-51。

[549] 見（美國）珍・羅伯茲（Jane Roberts）著，王季慶譯：《個人實相的本質》（*"The Nature of Personal Reality"*），頁 23。

[550] 見（美國）珍・羅伯茲（Jane Roberts）著，王季慶譯：《個人實相的本質》（*"The Nature of Personal Reality"*），頁 xxiv。

[551] 見（美國）珍・羅伯茲（Jane Roberts）著，王季慶譯：《個人實相的本質》（*"The Nature of Personal Reality"*），頁 269。

[552] 見（美國）珍・羅伯茲（Jane Roberts）著，王季慶譯：《個人實相的本質》（*"The Nature of Personal Reality"*），頁 23。

[553] 見（美國）珍・羅伯茲（Jane Roberts）著，王季慶譯：《個人實相的本質》（*"The Nature of Personal

『接收內我傳出的資料』與『接收外界傳回的資料』的雙重功能」[554]，可以接收由內我傳送而來的「一些洞見與直覺」，以協助它「擦亮眼睛」[555]。雖然它只能「強烈的集中焦點」於物質層面，但是有能力「盡可能清楚正確地詮釋感官事件」[556]。賽斯舉例說明，當一個人不再強迫自己被安排婚姻、被迫繼承家業等，而是選擇自己決定婚姻、前往家鄉以外的地方發展等，這就意味著他的「意識心快要擴張其力量、能力及範圍了」[557]。以賽斯所舉例子為題材的電影，不勝枚舉。由此推論，當一個人想要有意識地保持意識心的功能及運作，不妨從日常生活中開始自我訓練。他可以偶爾審視一下自己的某一個想法、一句話或一個動作背後的心理動力（意圖、目的、動機等）有哪些？帶給自己什麼感覺或情緒反應？想想自己為什麼要這麼「想」、「說」或「做」？是否還可以選擇其他的表達？這些簡單的實驗足以讓自己不再只是像自我一樣，只認同於想什麼、說什麼與做什麼這三者本身，而與這三者保持可供自己「觀察」的距離，同時也有意識地運作意識心。當一個人的意識心經常保持在清明的狀態，自然不會有壓抑自己的精神活動或操縱外境、他人的意圖，更不容易遭到他人的詐騙或侵犯。

魯柏曾經提到，在協助賽斯傳送、轉譯資料的過程裡，他堅信賽斯是在把人類「對自己、對世界、對宇宙以及對『存在本身』源頭之最深的無意識知識」，傳遞給人類的意識心[558]。此外，誠如約瑟所說的，「雖然賽斯資料暗示了每個

Reality"），頁 46。

[554] 見（美國）珍・羅伯茲（Jane Roberts）著，王季慶譯：《個人實相的本質》（"*The Nature of Personal Reality*"），頁 46、55。

[555] 見（美國）珍・羅伯茲（Jane Roberts）著，王季慶譯：《個人實相的本質》（"*The Nature of Personal Reality*"），頁。

[556] 見（美國）珍・羅伯茲（Jane Roberts）著，王季慶譯：《個人與群體事件的本質》（"*The Individual and the Nature of Mass Events*"），頁 62、277-278。

[557] 見（美國）珍・羅伯茲（Jane Roberts）著，王季慶譯：《個人與群體事件的本質》（"*The Individual and the Nature of Mass Events*"），頁 333。

[558] 見（美國）珍・羅伯茲（Jane Roberts）著，王季慶譯：《個人與群體事件的本質》（"*The Individual and the Nature of Mass Events*"），頁 xix。

人的無限創造力」，他與魯柏「仍然明白，意識心是無法真正理解在這樣一個觀念裡的所有涵義的」[559]。對此，我個人認為，對這些資料感到興趣的人，如果無法將它們運用到生活中的各個層面，並且據以自我覺察、自我訓練，這些資料只會是存放於書本之中的「惰性知識」而已。面對這些龐大、深奧的資料，也最好只去思考如何做為自己身心發展之用，而不能強加於他人，或有意無意地用做操控他人的工具。當自己實驗、實踐到某種程度時，對他人的幫助會自然、自發地發生，而無需刻意為之。

《賽斯書》中雖然有詳盡的生命與心智模型的描述，同時也鋪陳了很多如何讓它們順暢運作的資訊與建議，但這並不意味它的主旨是要贈送讀者「凡事心想事成、平安幸福」的大禮。事實上，它反而鼓勵讀者勇敢面對困境、阻礙，並且將之視為擴展意識、提升能力的珍貴挑戰。現實生活中的大多數人似乎總有許多心想事不成的時候，或是問題總是處理不完的感覺。就《賽斯書》觀察，這些現象的原因大致有二：一是人類的自我（ego）透過後天的學習及外境的影響，導致它僵化、缺乏彈性，因此在選擇信念時，做了錯誤的決定。這個錯誤又往往來自於自我選擇了與內我、潛意識相反的意向。二是人類在出生前即為自己設立生命計畫及藍圖，許多看似困境、障礙的經歷，其本質是自我（self）挑戰，以使引導自己朝著適宜的「進化」方向前行。

賽斯形容自我（ego）是「全我的那個小小的部分」，可是「全我允許它完全，或幾乎完全，迷醉在自我催眠的出神之中」[560]。所謂「出神」，或許是指一個人完全投入物質世界生活而缺乏覺知的狀態，以及自我對於它的身分、功能毫無所悉而一意孤行、獨斷專行的時候。這些狀態大多數源自於後天有關「二元性」（duality）的學習。《賽斯書》中談到這一類議題時強調，「我們所說的二元性主要是人工的。在所謂比較進步的社會，它會更強大」。賽斯認為，「研究將會顯示二元性不是人類的自然狀態，因為即使在今天，很多所謂原始社會

---

[559] 見（美國）珍・羅伯茲（Jane Roberts）著，王季慶譯：《個人與群體事件的本質》（*"The Individual and the Nature of Mass Events"*），頁 6。

[560] 見（美國）珍・羅伯茲（Jane Roberts）著，陳秋萍譯：《早期課 3》（*"The Early Sessions Book 3"*），頁 138。

經驗的二元性，程度也不到它對比較文明社會造成的影響」，因此，二元的思想與生活模式「並不是人類本身的一個先決條件」，這個觀念非常重要[561]。

華人傳統經典《老子》也有相似的說法，〈第二章》說：「天下皆知美之為美，斯惡已。皆知善之為善，斯不善矣。故有無相生，難易相成，長短相較，高下相傾，音聲相和，前後相隨」[562]。《老子》觀察到當時生活中充滿二元性的概念，因此主張領導者（聖人）應該回歸人性自然、自發的本質，而不以二元觀念做為領導的手段，如此才能讓領導者免於身陷這類觀念的遺害[563]。

賽斯指出，人類還把所有「感覺到的二元性投射到一神觀念上」，神因此具有懲罰的涵義[564]。這類思考方式，「以一種純粹機械的方式變得更有發明才能時，這種二元性的感覺會圍困人類」。物質發明、工業化本身都是中性的，人類朝向它們發展也符合欲力、渴望等自然的創造動力，可是人類以哪些觀點去定義或詮釋它們才是關鍵。當工業化的社會不再以「合作」，而是改以「競爭」為手段，人類就註定無法「保留從偽裝中分離出全我的能力」。這種能力原本可以讓人類「整體存在的人格」（即「全我」），隨意運用內在感官與外在感官。大多數人因此將意識的焦點聚焦在物質偽裝模式，內在感官也逐漸隱去它的能力。

賽斯認為，堅持二元性思考與觀念的人，會切斷自己「與一半的能力和一半的知識連結」和「與非常原始的社會連結」，因而喪失他「原本可以學到很多他自己拒絕承認的能力」，結果讓自己葬送擴展能力及獲得內在資料的機會

[561] 見（美國）珍・羅伯茲（Jane Roberts）著，洪志美、張黛眉、梁瑞安譯：《早期課 1》（*"The Early Sessions Book 1"*），頁 326。相關說法亦可參考現代人類學研究。見（美國）康拉德・菲利普・科塔克（Conrad Phillip Kottak）著，黃劍波、方靜文譯：《文化人類學：文化多樣性的探索（第 12 版）》（*"Anthropology: The Exploration of Human Diversity"〔Twelfth Edition〕*）（北京：中國人民大學出版社，2014 年），頁 365-391。

[562] 見（晉）王弼注：《老子道德經》（臺北：世界書局，《新編諸子集成・三》「華亭張氏原本」，1991 年），頁 1-2。

[563] 見洪燕梅：《心靈動力視角的《老子》與《賽斯書》》第二章第二節「三、信念覺察注意事項」。

[564] 見（美國）珍・羅伯茲（Jane Roberts）著，陳秋萍譯：《早期課 3》（*"The Early Sessions Book 3"*），頁 109。

[565]。即使有所謂的「超感官知覺」（Extrasensory perception；ESP）研究，「這個詞本身就是個人造二元論的結果，維持它一貫的主張，認為不是透過外在感官感知的一切就是額外的、附加的」[566]。相關議題可以參考電影「亨利・休格的神奇故事」（"*The Wonderful Story of Henry Sugar*"，2023；IMDb: tt16968450）。

人類順著二元性的方向學習與發展，將外在感官打造成「最討人喜歡的捏造者（fabricators）」[567]，並且「讓死亡看起來這麼可怕」。如果人類人格瞭解到它最真實的部分並非身體而「以一種個人的方式獨立於物質事物之外」，即使生活在地球層面也不一定要受限於物質資料，那麼它「就不會以為死亡是個人的終結而恐懼」[568]。相關議題可以參考電影「一切始於一見鍾情」（"*Love at First Sight / The Statistical Probability of Love at First Sight*"，2023；中譯「初見傾心」；IMDb: tt13444014）。

二元性使得人類的在意識上無法感知到全我，自我因而無法知曉它只是「一個大很多的自己當中的一部分」。這種獨大感也造成人類認為自己不完整的感覺，並且「以最多元的方式影響」感知，再經常率性地將之投射於他人身上[569]。現代心理學也逐漸重視思想二元化所衍生的問題，其中又以「二分法思考」最為顯著。由它而產生的心理經驗，對於人類身心健康的影響日漸加重。賽斯也曾經在為魯柏、約瑟夫婦做精神分析時，談到約瑟「心靈狀態的雙重性（duality）」問題的嚴重性[570]。賽斯以直言不諱的方式說出夫婦倆之間的心結，以及造成雙

---

565 見（美國）珍・羅伯茲（Jane Roberts）著，洪志美、張黛眉、梁瑞安譯：《早期課 1》（"*The Early Sessions Book 1*"），頁 327-328。

566 見（美國）珍・羅伯茲（Jane Roberts）著，洪志美、張黛眉、梁瑞安譯：《早期課 1》（"*The Early Sessions Book 1*"），頁 335。

567 見（美國）珍・羅伯茲（Jane Roberts）著，洪志美、張黛眉、梁瑞安譯：《早期課 1》（"*The Early Sessions Book 1*"），頁 335。

568 見（美國）珍・羅伯茲（Jane Roberts）著，洪志美、張黛眉、梁瑞安譯：《早期課 1》（"*The Early Sessions Book 1*"），頁 335、338。

569 見（美國）珍・羅伯茲（Jane Roberts）著，洪志美、張黛眉、梁瑞安譯：《早期課 1》（"*The Early Sessions Book 1*"），頁 441-442。

570 見（美國）珍・羅伯茲（Jane Roberts）著，梁瑞安譯：《早期課 8》（"*The Early Sessions Book 8*"），

方表面關係和諧、內心卻矛盾和衝突的精神活動。

賽斯認為這個事件與「賽斯課」關係密切。身為丈夫的約瑟「一方面對於課程的舉行感到高興，但另一方面卻又嫉妒魯柏所扮演的角色」。約瑟會在口頭上鼓勵魯柏，但實際上他對魯柏感到「非常不滿，尤其是有其他人在場時他得到的關注」。魯柏覺察到了約瑟的實際情況，畢竟夫妻之間除了言語上的互動，其實更多時候是心電感應的溝通、交流。當約瑟「嫉妒心變得夠濃烈，就會變得很敏感，然後透過心電感應接收到」魯柏的感覺，而這些感覺又會強化約瑟自己的感受。

魯柏並不想讓上述情形及課堂資料的運用傷害到約瑟，即使賽斯說魯柏「的確具有天生的攻擊性(natural aggressiveness)和叛逆的本性(rebellious nature)」，他也只能選擇用隱忍和生病的方式來處理、應對這些天性；而讓自己的心理產生「不幸的無價值感」（unfortunate sense of unworthiness），身體處於無能為力（incapacitated）的狀態，就是他自我否定（self-denial）、自我懲罰（self-punishment）的具體作法。賽斯指出，約瑟的「綜合的情感狀態，形成了一種充滿張力的氛圍」，加上雙方「被拒絕的感覺會集結情感動力（emotional impetus）而形成的情感風暴（emotional storms）」，而「只要這種雙重性長期存在，就會破壞人格的創造力」。夫婦倆的狀況都可能造成賽斯傳送資料時遇到阻擋，因此他往往必須努力穿透倆人的阻塞現象（blockage）與情感的盾牌（emotional shield）。

這對夫妻的心理經驗之所以有如此複雜，還存在著許多不為人知的精神互動狀態，賽斯認為除了兩人都有原生家庭的議題外，他們之間的「較勁」也發生作用。有時魯柏還會深怕在傳送訊息的過程中，意外取得有關約瑟的輪迴資料（reincarnational material）而傷害到他。這對夫妻在表面相處融洽的同時，也暗含了內在相互比較、競爭的心態，無非都源於傳統二元、雙重性的學習與發展。因此，賽斯提供了一些因應的方法，包括：正視兩人與原生家庭的關係及議題、瞭解兩人之間存在著合作關係、認知坦誠面對自己的重要性、維持「創

頁 110。

造力的直覺本性」（the creative intuitive nature）、找時間一起去度假、粉刷住處等；魯柏還「必須學會掌握正常的攻擊性」，不再害怕自己的天性[571]。

(三)人類在多元性中創造與體驗無限、完整的「我」。

從意識創造實相的觀點而言，人類的內在本應極具多元性、多樣性，才有辦法創造出如此榮盛繁華、五光十色的物質世界。潛意識的確就是如此的存在。賽斯說潛意識是全我的一部分[572]。它存在的樣貌宛如「一道長廊（corridor）」[573]，「整體是任由它的各個部分支配」[574]。賽斯提到傳統精神分析「把一個人在個性上所遇到的各種問題與困難一概歸罪於『潛意識』」，認為它累積、存放滿滿的負能量（negative rnergy），盡是令人傷心難過、「深鎖著一些最好棄之為快的回憶」。賽斯認為相信這種說法的人無疑是將自己的內、外加以切割，才會「阻礙住內我自然流靈的歡悅」[575]，而需要大量外來物質性的刺激與狂歡。

潛意識的本質是「自發地、歡愉地、自由地運作」。例如，當人「開始說一句話的時候，一點都不曉得自己要怎麼完成這一句話」，但只要他順利地說出口，自認為這句話有意義，那麼他想表達的意思就「會不費功夫地流出」[576]。

---

[571] 見（美國）珍・羅伯茲（Jane Roberts）著，梁瑞安譯：《早期課 8》（“*The Early Sessions Book 8*”），頁 107-113。我個人對於賽斯在此處所展現的精神分析功力感到好奇和佩服。畢竟分析案例中，類似的性格、心理經驗、事件等，也曾經常發生在我自己身上。魯柏、約瑟夫婦願意將賽斯所說的每一字、每一句，全部詳實記錄並於書中公開，而且還不只這個案例，對此我也感到訝異和欽敬。對大多數人而言，這些都是極為隱私而難以公諸於世的內容，不僅可能影響到自己的外在形象、社會身分地位等，更別說整個分析過程都是被引導去面對內在更深層、更真實的自己。

[572] 見（美國）珍・羅伯茲（Jane Roberts）著，梁瑞安譯：《早期課 4》（“*The Early Sessions Book 4*”），頁 16。

[573] 見（美國）珍・羅伯茲（Jane Roberts）著，洪志美、張黛眉、梁瑞安譯：《早期課 1》（“*The Early Sessions Book 1*”），頁 54。

[574] 見（美國）珍・羅伯茲（Jane Roberts）著，洪志美、張黛眉、梁瑞安譯：《早期課 1》（“*The Early Sessions Book 1*”），頁 77。

[575] 見（美國）珍・羅伯茲（Jane Roberts）著，王季慶譯：《個人實相的本質》（“*The Nature of Personal Reality*”），頁 29-30。

[576] 見（美國）珍・羅伯茲（Jane Roberts）著，王季慶譯：《個人實相的本質》（“*The Nature of Personal Reality*”），頁 31。

這就是潛意識的作用。其實不只說話，生活中的作息、人際關係等，絕大部分都不來自教科書的指導及學習，可是人們會自然地在其中活動、互動，應該也都是潛意識的「表達」之一。賽斯說潛意識的另一項本質是「通向內我的門戶」，原則上應該緊閉，而「只有在冗長的心理分析下，才能或才應該被再度打開」。受到傳統精神分析的影響，許多人認為不去接觸潛意識才是「正常人」，這麼做不僅「把自己的這些個部分切除之時，也阻礙住內我自然流靈的歡悅」，然後導致自我的迷失，「覺得自己與真正的自己脫了節」[577]。通常一個人感到空虛、寂寞或生活得不踏實時，大致不離這部分的影響。「心理分析」的確有助於改善這類現象，它在《賽斯書》之中可以指藉助相關專業人士的諮商或治療，也可以是個心平日的自我覺察、自我心靈解讀。這些分析都會協助自己觸及「個人潛意識」（personal subconscious）的部分，引導自己找回最親密的「家人們」[578]。

賽斯之所以會向地球世界傳送龐大的宇宙訊息，目的之一在於協助人類更加瞭解自己的內在層面，而「人類還沒有學會有效使用他的各個部分」[579]。他曾經分析魯柏的潛意識「落入恐慌，而的確感覺被騙了」，導致它「相當混亂」[580]。這些是所謂「自我本位的扭曲資料」、「外在偽裝導向人格有關的部分」。存放這些資料的部分是位於潛意識的上層區域，卻只是「相對來說一小層個人資料」。人類根本不用擔心這些屬於「個人意識」的問題，因為有「更強大的內在自我實際上代表外在自我背後的力量與能力」[581]。個人想要擁有這種理想

---

[577] 見（美國）珍・羅伯茲（Jane Roberts）著，王季慶譯：《個人實相的本質》（“*The Nature of Personal Reality*”），頁 30-31。

[578] 見（美國）珍・羅伯茲（Jane Roberts）著，梁瑞安譯：《早期課 4》（“*The Early Sessions Book 4*”），頁 29。

[579] 見（美國）珍・羅伯茲（Jane Roberts）著，洪志美、張黛眉、梁瑞安譯：《早期課 1》（“*The Early Sessions Book 1*”），頁 77。

[580] 見（美國）珍・羅伯茲（Jane Roberts）著，梁瑞安譯：《早期課 4》（“The Early Sessions Book 4”），頁 15。

[581] 見（美國）珍・羅伯茲（Jane Roberts）著，彭君蓉譯：《早期課 2》（“*The Early Sessions Book 2*”），頁 34。

的內在狀態，前提必須建立於自我（ego）願意與內我攜手合作。賽斯強調，雖然人類或多或少任由潛意識支配，但是整體意識「**應該是卓越的意識**」。他提醒魯柏，「**個別意識（individual consciousness）極為重要，它沒有失只有得，每擴展一次就涵納（include）更多**」[582]。

「只有得，沒有失」是潛意識重要的本質之一，這與許多人秉持「有得必有失」的信念，大相逕庭。潛意識將所有事件視為學習的對象，其中必有可供汲取的意義和價值。它沒有二元性的觀念，不會刻意區辨精神活動、外在環境是正向、有利或負向、有害的；也不會專注辨認他人是好的、善的或壞的、惡的。現代心理學、精神分析學已有類似說法[583]，但與精神分析創始人佛洛伊德的看法有所不同[584]。賽斯形容潛意識是人類「**不那麼沉默寡言的夥伴**」，希望讀者要多多密切留意它的存在。它其實「**一點都不僵化**」，而且「**它比自我更加流動、有彈性**」。一個人通常「**因為自我無法傾聽潛意識的內在聲音（inner voice），才造成很多問題**」。對潛意識不熟悉甚至感到害怕的人，他的自我會「**希望潛意識不存在，它不想要夥伴，它想要主宰整個人格**」，反而讓他自己感覺到「**非常沒有力量**」，而在言行中顯示他的「**頗自以為是**」。唯有重新認知「**整個有機體的生存責任幾乎都由潛意識承擔**」，「**在服裝、配件和生活環境方面，如果把潛意識的傾向（inclinations）列入考慮**」，那麼就能提升「**人格的整體效率**」，而減少人格與自己拉扯[585]。

生活中，常見一個人的個人潛意識層（潛意識表層）早已堆疊許多的不利

---

582 見（美國）珍・羅伯茲（Jane Roberts）著，洪志美、張黛眉、梁瑞安譯：《早期課1》（*"The Early Sessions Book 1"*），頁77-78。

583 見（日本）永松茂久著，張嘉芬譯：《圖解正向語言的力量》（*"図解 言葉は現実化する 人生は、たった"ひと言"から動きはじめる"*）（臺北：三民書局公司，2021年），頁50-71。

584 見（美國）史帝芬・米契爾（Stephen A. Mitchell）、瑪格麗特・布萊克（Margaret J. Black）著，白美正譯：《超越佛洛伊德：精神分析的歷史》（*"Freud and Beyond：a history of modern psychoanalytic thought"*）（新北：心靈工坊文化公司，2011年），頁51-53；林家興：《精神分析治療的理論與實務》（新北：心理出版公司，2021年），頁39-43。

585 見（美國）珍・羅伯茲（Jane Roberts）著，梁瑞安譯：《早期課4》（*"The Early Sessions Book 4"*），頁30-31。

於他意識發展的信念、情緒，卻放任他的自我（ego）強迫自己只能表達「正向」而禁止表達「負向」，而完全漠視潛意識、內我的訊息。那麼無論他的意圖、動機、目的等有多正向，終將會創造出讓他不得不面對、處理內在問題的事件，例如疾病、學業或事業的困境、人生的「顛峰墜落」（由盛而衰）等。自我限制、禁止自己自然、自發表達的作法，本身就需要強大的情感強度（恐懼、悲傷等）與能量。當這種強度到達一定程度，內在會逐漸形成一個已具精神形像但尚未實體化的自己，而且可能是如學者所說的「痛苦之身」[586]或「悲傷的內在小孩」[587]；這份能量正好「滋養」、「餵養」了這個自己。當這個自己被滋養到一定的程度，自然會藉著某些事件而向外投射、具體化。面對如此的自己「突然」現身，通常當事人與周遭親友會是驚訝且無法接受的。然而以《賽斯書》的觀點而言，這可能是一件有助於自己學習、改變與發展的「正向」事件。

將人、事或物區分為正向／負向是二元性、雙重性思想常見的作法。雖然它容易困限人類的創造力，賽斯認為這也未必是壞事。他說，人類的力量「**必須永遠在平衡中作用**」，但自我（ego）容易「**行使平衡作用的抗拒**」，並且在生活中創造出困難。「**任何的困難都是自我與內我暫時的僵局引起的**」，以及全我為了熟悉人格投胎出生後的新環境、「**新的實現層次**」，就「**很可能在不同的時間預料會有些相當無害的形形色色目的，以及暫時的失衡**」。有時候，一個人生活得太過舒心而沒有失衡、困難，反而會有危險，因為「**在全我精通真正有必要的控制和紀律之前，太過一帆風順，接著就可能會導致過度自信**」

---

586 見（加拿大）艾克哈特・托勒（Eckhart Tolle）著，梁永安譯：《當下的力量：通往靈性開悟的指引》（“*The Power of Now: A Guide to Spiritual Enlightenment*”）（臺北：橡實文化公司，2023 年），頁 57-71；（加拿大）艾克哈特・托勒（Eckhart Tolle）著，張德芬譯：《修練當下的力量》（“*Practicing the Power of Now: Essential Teachings, Meditations, and Exercises from The Power of Now*”）（臺北：方智出版公司，2023 年），頁 85-99；（加拿大）艾克哈特・托勒（Eckhart Tolle）著，劉永毅譯：《當下的覺醒：你到底是誰？啟動意識的更高層次》（“*Stillness Speaks*”）（臺北：橡實文化公司，2023 年），頁 182-201；（加拿大）艾克哈特・托勒（Eckhart Tolle）著，張德芬譯：《一個新世界：喚醒內在的力量》（“*A New Earth: Awakening to Your Life's Purpo se*”）（臺北：方智出版公司，2015 年），頁 137-162。

587 見王雪岩：《父母並非不愛你，卻又讓你傷痕累累的「隱性虐待」》（臺北：方言文化出版公司，2022 年），頁 128-138。

[588]。賽斯的說法為大多數人所畏懼、討厭的失衡和困難，提供了不一樣的視角與看待方式；同時也為「舒適圈」（comfort zone）的概念與影響，增添新的認識。

一個有益的舒適圈或許可以是失衡與平衡、平安與困頓的兼容併蓄。如此也能體現存有賦予人格「**無限的變化和機會**」的用意[589]，而「變化」這個詞即意味著多元性、多樣化。除了人格本身即擁有多元性、多樣化（diversity）的本質之外，「意識」的本質也是如此[590]。賽斯在談他自己喜歡什麼的時候，先是聲明這個問題「**本身有很多複雜的糾葛**」。他直接、自發地表明他愛那「**有覺知、個體化、喜歡追根究柢的意識**」，無論它以什麼形式出現。他認為意識「**向來都有個體性，而且就是因為這種驚人的多樣性，才可能有這麼多的形式**」。人類之所以能擁有如此多采多姿、形形色色的地球物質世界，正是「**意識的一種具體化**」，而賽斯就是懷著這一份「**對持續創造的愛**」，主動擔負起將龐大宇宙資料傳送、轉譯至地球的責任[591]。

賽斯提醒讀者，人類仍處於物質世界中的發展階段，集體處理「**政治和社會客觀結構的問題**」是不可避免的。從完形意識和心電感應運作的角度而言，人類是很難有真正的隱私，但是個人仍然「**有必要加以選擇，也要劃定一些有效定義外顯限制和界線的標準**」。在這些限制和界線的範圍裡，人類稱之為「自己」。在如此的概念之下，人類可以「**能力日益增長，學會在多元中維持本體之時，自己也隨之擴展**」[592]。現代人對於類似的議題也愈來愈重視，主要是因

[588] 見（美國）珍・羅伯茲（Jane Roberts）著，陳秋萍譯：《早期課3》（"*The Early Sessions Book 3*"），頁200-201。

[589] 見（美國）珍・羅伯茲（Jane Roberts）著，洪志美、張黛眉、梁瑞安譯：《早期課1》（"*The Early Sessions Book 1*"），頁379。

[590] 見（美國）珍・羅伯茲（Jane Roberts）著，陳秋萍譯：《早期課3》（"*The Early Sessions Book 3*"），頁53。

[591] 見（美國）珍・羅伯茲（Jane Roberts）著，陳秋萍譯：《早期課3》（"*The Early Sessions Book 3*"），頁264-265。

[592] 見（美國）珍・羅伯茲（Jane Roberts）著，陳秋萍譯：《早期課6》（"*The Early Sessions Book 6*"），頁195。

為許多人偏好操控外境與他人，又或是認同成癮（approval addiction；又譯「認同上癮症」），許多人因而引發身心上或人際關係上的問題。賽斯在距今約六十年前即已開始提醒讀者留意，強調集體意識的重要性或積極投入群體發展的同時，也應兼顧人與人之間的分際。

當一個人過度關心集體意識的走向與發展而忽略自身的存在，無論是負責對外的自我（ego）或內在的心電感應溝通，都容易超過本體的負荷。賽斯說，「本體可以被稱為強大的組織特徵，感知形式明確有序的印象」[593]。一旦它「被迫感知的印象多過於它能夠有效處理的範圍」，那麼它就會受苦。所以追求多元、多樣的同時，也應關注個人的個人性、獨特性，才不致於讓自己迷醉於物質大海[594]，或是導致個人意識迷失於意識大海（ocean of consciousness）之中[595]。

人類的外在感官「只能單獨感知物質系統之內外顯的多元」，也就是五光十色、七彩繽紛的地球物質世界，因為它並不直接、也無法感知這個世界以外的「任何其他系統」[596]。一個人想要免於分裂感、孤單感，並且感知到一切萬、存有的多元性，並與之「合一」，這些都是外在感官也是無法做到的。依《賽斯書》觀點而論，個人可以從內在感官的運用及全我的探索著手。人類經常使用的「我」字，其實大多是割裂的，並非真正的「我」。真正的「我」是全我、「整體的我」；當人類死亡後，等待下一次轉世之前的「我」。換言之，一個人的話語之中，以「我」字做為主詞的現象多寡，或許對他的創造力、覺察力都有某種程度的影響。

---

593 見（美國）珍・羅伯茲（Jane Roberts）著，陳秋萍譯：《早期課 6》（*"The Early Sessions Book 6"*），頁 195-196。

594 見（美國）珍・羅伯茲（Jane Roberts）著，王季慶譯：《靈魂永生》（*"Seth Speaks: The Eternal Validity of the Soul"*），頁 101。

595 賽斯談論到他曾經與魯柏、約瑟同屬於一個存有或整個本體，「因此象徵地說，有些心靈之流結合我們。所有這些意識全匯合成一個常常被比為『意識大海』的東西，一個流溢出所有確實性的泉源。理論上，從任何一個意識開始，你都會找到所有其他的意識」。見（美國）珍・羅伯茲（Jane Roberts）著，王季慶譯：《靈魂永生》（*"Seth Speaks: The Eternal Validity of the Soul"*），頁 134。

596 見（美國）珍・羅伯茲（Jane Roberts）著，陳秋萍譯：《早期課 3》（*"The Early Sessions Book 3"*），頁 387。

當賽斯與魯柏、約瑟合作成立「賽斯課」後，一開始就一直在學習「探索全我的方法」，但魯柏、約瑟「並沒有一頭鑽進任何有勇無謀的探險之中。《賽斯書》一開始被許多讀者視為追求靈性、覺醒的身心靈專著，不過如果詳細研讀書中內容就不難發現，它所涉及的學術領域極為廣泛，論述則十分深入。它強調個人應該內外兼修，兼顧內在直覺與外在理智（intellect），但並不鼓勵讀者快速改變，或依賴特定導師的教誨以求「超凡入聖」，而是強調自律、穩定且獨立自主地學習。賽斯提醒讀者不要因為「熱愛」《賽斯書》而不小心陷入「過度強烈或狂熱專注在單一聚焦方向」的狀態，及其「可能發生的危險」[597]。這項提醒是賽斯對魯柏、約瑟的叮嚀，或許也適用於所有的讀者[598]。因為賽斯曾經提醒讀者，不要只用他提供的資料去檢視朋友或相識的人，清楚地看出局限他們經驗的無形信念（invisible beliefs），卻對自己的信念「視而不見，理所當然地把它們當作事實或實相的特點」[599]。

賽斯提出一些有關探索全我的見解及方法，例如：「建立必要的基礎，吸

---

[597] 見（美國）珍・羅伯茲（Jane Roberts）著，陳秋萍譯：《早期課 3》（"*The Early Sessions Book 3*"），頁 147。

[598] 就我個人的經驗與觀察，研習《賽斯書》時的確有陷入賽斯所提示的狂熱反應的可能。這或許是一種「熱情」（enthusiastic / zest）的扭曲，尤其容易發生在原本已經養成「害怕自己」習性的人身上。面對完全不同於過往所學習到的知識及領域，我也曾經在不知不覺中選擇以「賽斯視角」來看待他人及所有的事物。對於沒有接觸過《賽斯書》的人，可能會在互動中，經常質疑對方的精神活動是否正向、信念是否過於負向、性格有哪些缺點、有沒有「靈性」成長的傾向等；有時還會在他人詢問相關學理時，因他人否認我的分析或回應內容而感到不耐煩或自責。面對接觸過《賽斯書》的人，有時會想與對方就所知所學一較高下，比比看誰讀過的內容更多、更為熟悉。這些狀態容易引發起伏波動較大的情緒反應或喜怒無常。為了緩解這類深層的焦慮、恐懼，又往往會衍生出某種物質或精神上的成癮行為。如今回顧這個過程就能明白，我當時所秉持的不是「賽斯視角」或「整體視角」（overall perspective）（見〔美國〕珍・羅伯茲〔Jane Roberts〕著，王季慶譯：《個人實相的本質》〔"*The Nature of Personal Reality*"〕，頁 585-586），而是「自己的視角」、「自我視角」（self-perspective）（見〔美國〕珍・羅伯茲〔Jane Roberts〕著，彭君蓉譯：《早期課 2》〔"*The Early Sessions Book 2*"〕，頁 260-261），並且是以自我（ego）為主導的表達方式。不過如果可以勇敢面對這些經驗，選擇以「同理」的方式去接納、處理它，不僅會自動改善成癮行為，更有助於自己對生命及《賽斯書》的體會和領悟。

[599] 見（美國）珍・羅伯茲（Jane Roberts）著，王季慶譯：《個人實相的本質》（"*The Nature of Personal Reality*"），頁 74。

取必要的知識，為自己做好準備」；理解「自我」（ego）對人類而言是「必要的保護，不應該用勢力或壓力削減它的屏障」，而是要妥善地訓練它；善加運用天生的「理智」功能，「當理智覺察到直覺或內我給它的資料時，它就有能力通知自我，接著自我便可據以改變它的態度」。透過這些方法，大致上就能確定自我與全我的合作關係，達成「避免分裂一個自己，自己的一部分與另一部分對抗的任何可能性」。因此，賽斯給了魯柏許多實驗《賽斯書》學理的方法，有時卻提醒魯柏暫時停止或不要過度努力，一切以適度、適宜為主[600]。

人類生活中充滿許多可能導致失衡或扭曲的精神活動和態度。《賽斯書》的目的在於引領讀者以更寬廣的角度去體驗多元、多樣的人生，但是賽斯依舊提醒讀者不要「盲信」這些前所未聞的資料或訊息。賽斯說，「人類的弱點之一，一直都是缺乏耐性，以及全神貫注在他層面上的偽裝模式」[601]，缺乏耐性與過度專注於物質創造容易導致一個人迷失於創造（即「沉迷於忘我世界」）或導致認知的失衡、扭曲。因此賽斯經常鼓勵魯柏和約瑟「不要失去耐性」[602]，也強調他「厭惡任何類型的盲信」，但是建議倆人如果評估狀況正常，也不妨接受他人真誠的求助[603]，以平衡創造與分享。這種做法可以保持對自己採取觀察、實驗的態度，認真面對所有的自己，並勇敢地對自己想要的人際關係、生活方式做出選擇，真正做到掌握、改變自己的生命。當一個人擁有覺察和改變自己的能力，幫助他人的行動會自然、自發地發生，而不必刻意為之，扭曲為操控他人的意圖。相關議題可以參考電影「靈魂急轉彎」（“*Soul*”，2020）。

---

600 見（美國）珍・羅伯茲（Jane Roberts）著，陳秋萍譯：《早期課3》（“*The Early Sessions Book 3*”），頁148-149。

601 見（美國）珍・羅伯茲（Jane Roberts）著，洪志美、張黛眉、梁瑞安譯：《早期課1》（“*The Early Sessions Book 1*”），頁317。

602 見（美國）珍・羅伯茲（Jane Roberts）著，彭君蓉譯：《早期課2》（“*The Early Sessions Book 2*”），頁281。

603 見（美國）珍・羅伯茲（Jane Roberts）著，陳秋萍譯：《早期課3》（“*The Early Sessions Book 3*”），頁47。引文中的「盲信」，原文作‘fanaticism’，亦可譯為「狂熱」。見Jane Roberts:“*The Personal Sessions: Book Two of The Deleted Seth Material*”（New York: New Awareness Network Inc., 2003），頁28。

(四)人類所有個體都分享著一個完形或集體的意識。

人類的個體意識自願選擇進入地球這個物質實相經歷、體驗，所以只要它還有著「物質性身體」這個表達架構時，就必須遵守一切與物質相關的定律或假設。在這個架構裡，個人可以「完全的自由去創造自己的經驗」，所有被創造的成果也都可以被視為「真」的。此外，個人也會涉入一種所謂「完形的或集體的意識」，但大多數人「幾乎根本就察覺不到」它的存在。當人類集結成群時，集體意識或完形意識就產生了，而且「自有其自己的一個『本體』」。人類就是如此地既可以做為「一個獨特的、個別的、獨立的個人」，又可以分享著一個「完形意識」，而且其他生靈、大自然具有生命的結構也一樣。賽斯舉例說，「樹木、岩石都有自己的意識，並且，它們分享著一個『完形意義』」；人類身體生命組織中的細胞與器官也都有它們自己的個體意識，並且分享著一個集體或完形意識[604]。

人生的演出或遊戲都是創造力及潛能的發揮，但不可能只靠一個人獨自完成。賽斯說，每個人創造自己的實相、環境，並預設或吸引前來共同學習的他人。從原生家庭到學校、工作環境、社會、國家等都是如此。因此，嬰兒、童年時期必須面對的「個人和集體的父母態度設下的早期限制」、「國家的成就和種族期望」等集體意識，往往既是障礙，也是挑戰。當集體意識豎起圍籬時，個體如何從中「自我實現」（self-realizations）才是至極重要之事[605]。賽斯提醒讀者，「在自己身上設下的限制對整個種族是有害的，而且妨礙價值完成」。

實相、環境是就人類生活較大範圍的概念而言，較小範圍的部分則是在自己周遭所創造出的個人或集體事件。賽斯明確地對讀者說，「你創造事件」[606]。

---

[604] 見（美國）珍・羅伯茲（Jane Roberts）著，王季慶譯：《個人實相的本質》（*"The Nature of Personal Reality"*），頁 20-22。

[605] 見（美國）珍・羅伯茲（Jane Roberts）著，彭君蓉譯：《早期課 2》（*"The Early Sessions Book 2"*），頁 281；（美國）珍・羅伯茲（Jane Roberts）著，王季慶譯：《個人與群體事件的本質》（*"The Individual and the Nature of Mass Events"*），頁 352。

[606] 見（美國）珍・羅伯茲（Jane Roberts）著，王季慶譯：《個人與群體事件的本質》（*"The Individual and the Nature of Mass Events"*），頁 277。

更細膩地說，這些事件都是經由個人或集體的思想、情感、想像，也就是透過精神活動去「觸發內在的模式」，並建構、創造而成[607]。每個人「必會以個人的方式來詮釋事件」。至於集體事件，雖然所有參與者共同創造了這個事件，但是對於這個事件的看法、定義、詮釋、記憶等，都不盡相同。不過它之所以能夠被集體創造，是因為人類「多少也有共享的實際接觸之會合處」，此處稱為「感官高原」（sense plateau）。感官高原是「一個集體分享世界之協議（agreement）提供夠穩定的基礎」[608]。換言之，一個集體事件的創造，必然含有所有參與者潛意識上的意願與默許，然後再以此為基礎，形成集體的意識、本體、潛意識等[609]。

賽斯提到每個思想及情感都具有「電磁實相」。「它向外流出，影響了大氣本身」，然後形成一種吸引力作用，「為某一些『事件』與『情況』造勢，最後可以說『凝聚』成了實質的物體或是在『時間』中的事件」[610]。所有發生的人、事或物，就如此地匯聚成一個事件。它同時也是一個戲碼（theatrical programme）與一場遊戲。我個人認為，這就是為什麼一個人在地球物質世界最重要的事是照顧自己、關心自己的身體與心理（心靈、精神）健康。然後允許自己行有餘力時，可以自然、自發地照顧和關心他人。這時因為人類天生就是愛自己、尊重自己，同時也具有「利他」的本性與本能，而願意提供協助，或是與他人分享自己所有擁有的事物[611]。如果一個人一心一意只想著「犧牲自己、照亮他人」，完全不顧自己存在的本質、意義和價值，這不僅不符合人類的天

---

607 見（美國）珍・羅伯茲（Jane Roberts）著，王季慶譯：《個人實相的本質》（*"The Nature of Personal Reality"*），頁 150、516。

608 見（美國）珍・羅伯茲（Jane Roberts）著，王季慶譯：《個人與群體事件的本質》（*"The Individual and the Nature of Mass Events"*），頁 277。

609 見（美國）珍・羅伯茲（Jane Roberts）著，彭君蓉譯：《早期課 2》（*"The Early Sessions Book 2"*），頁 117。

610 見（美國）珍・羅伯茲（Jane Roberts）著，王季慶譯：《個人實相的本質》（*"The Nature of Personal Reality"*），頁 15。

611 見（美國）珍・羅伯茲（Jane Roberts）著，王季慶譯：《未知的實相・卷二》（*"The "Unknown" Reality Volume Two"*），頁 779-780。

性、本能，還容易造成精神上或實質上的「同歸於盡」。放眼人類歷史，其實它提供了一個簡單的思考題：究竟是每個人都先培養關心、照顧自己的能力，同時也相信他人有此能力，那麼他所處的家庭、社會、國家等環境自然會安定、有活力；還是必須先將意識的焦點放在關心、照顧他人，如此群體生活才有幸福美滿的可能。

人類一生所處的環境、遇見的他人，無一不是由個人的精神活動所創造與吸引而來。即使是看似與生活毫無相干或不可能發生在現實世界裡的恐怖戲劇，賽斯說它們「可不是一個巧合」。它們源自於有些科學精英厭惡必須向政府、政客伸手要錢，「於是建立起一種錯誤的全能感（sense of comparative omnipotence）」；加上科學精英們對非精英者的輕視，因此「創造出普通人無法瞭解其運作的一個世界」。恐怖戲劇的創作其實是對此的制衡，「因為人們的集體心智能夠做出某種共同的聲明，而那些聲明被聽見了」[612]。至於現實生活中所上演各式各樣的戲碼（事件），創造者及參與者可以選擇迷醉其中，認為這就是自己的遭遇、命運，而他只能勉強接受，我稱此為「沉浸式的體驗」。他也可以在察覺情況不對或身心不適後，勇敢選擇在意識、精神上暫時抽離或後退一步，想想為什麼自己會有如此境遇、是誰創造這一切，及整體過程有哪些可能的意義、目的，我稱這種作法為「覺察式的體驗」[613]。這兩種體驗必然都會出現在個人於地球世界的生命旅程裡，因為生命的源頭——一切萬有、存有需要體驗意識的無限可能性。然而在沉浸與覺察之間也必須保持某種平衡，好讓意識、精神得以在其中保持彈性和紀律，並且獲得領會、了悟。在二者的更迭過程中，個人還可以感受到自己保有一股持續朝向更新的創造的積極意圖，而不會因為一時的挫折或不如人意而放棄自己[614]，而這種意圖正是創造的恆常

[612] 見（美國）珍．羅伯茲（Jane Roberts）著，王季慶譯：《個人與群體事件的本質》（“*The Individual and the Nature of Mass Events*”），頁 314。

[613] 也有學者或哲學家形容此為由迷失到回歸的過程。見（美國）史蒂芬．鮑地安（Stephan Bodian）著，易之新譯：《當下覺醒》（“*Wake Up Now: A Guide to the Journey of Spiritual Awakening*”）（臺北：心靈工坊文化公司，2023 年），頁 46-52。

[614] 自我放棄往往源於一個人對自己的精神活動處於陌生、疏離的狀態。當他內心形成某項創造的意圖

動力。

在現代教育裡，有些教育者會感歎學子缺乏耐心與恆心，甚至不願意主動積極參與群體活動。其實，「感歎」正是一種「同情」而非「同理」（empathy）的表現。同情的作法往往帶有單方面意志的堅持，不容許被同情者自然、自發地表達；而且比較難以從學子口中獲得他們內心真正的想法、意念和信念，更遑論可以進行世代對話或盡快找到問題根源、解決之道。以《賽斯書》的觀點而言，這些現象很可能源於人類展長期以來過度重視競爭與追求創造的結果（例如：成績、薪資、社會地位等），忽視了人類的本質是合作，而價值完成體現於創造的過程。人類不斷在進化中，每一個新世代的個體與群體都有異於其他世代的特質，傳統以威權、恫嚇、道德框架，或不信任學子具有辨識和創造能力等的教育方式，是否仍能符合新世代的需求，值得教育者深思。

賽斯說，人類的社會「經常給人相反的暗示：『每一天在各方面，我愈來愈糟，而世界也是如此』」，而且還有「尋求災禍的冥想，有會邀來個人與集體悲劇的信念」[615]。他明確地對讀者說，「我告訴過你們，如果不喜歡你們世界的情況，你們必須改變的是你們本身，個別地和集體地。這是改變能生效的唯一方法」。這個「你們」指涉的對象是所有人類，沒有一個人是例外，包括與《賽斯書》有所接觸的人。想要改變自己所處環境與現狀，唯有從自己做起，而不是要求他人配合自己不變的堅持與標準，否則相互情緒勒索、精神操控的戲碼就會無止境地「演」、「玩」下去。一位能「同理」自己、真正善待自己、愛自己的人，不會主動去批判、評價外境或他人，無論外境或他人處於什麼狀況。

賽斯提到一個「非常迷人的暗示」供讀者參考：「每一天在各方面，我都

而在心靈實相建構的階段，只要稍有挫折或不盡如己意的情況發生時，自我（ego）就會輕易選擇支持迴避挑戰的想法和信念。以現今流行用語而言，可稱之為「心態崩了」。這類精神習慣與創造容易促使個人經常做出放棄某件事物的言行表達；又或是在群體中表現出消極抵制或積極破壞的行為。以現今流行用語而言，可稱之為「放推」。

615 見（美國）珍・羅伯茲（Jane Roberts）著，王季慶譯：《個人與群體事件的本質》（“*The Individual and the Nature of Mass Events*”），頁 280。

會變得愈來愈好」。這是由被譽為「自我暗示之父」的法國心理學家埃米爾·庫埃（Emile Coue）所提出的一句暗示用語[616]。他的理念在當時的歐洲頗受歡迎，在美國卻非如此[617]。賽斯強調，這句話聽起來像是「有點太過樂觀而令人愉快的廢話」，可是它「絕不是虛張聲勢，因為它可以並的確成為新信念環繞著它而聚集的一個架構」[618]。

無法選擇相信這個暗示的人，基本上也是無法相信自己天性的人。他容易將意識、精神的焦點放在外境及他人，創造的力度和幅度可能遲緩和限縮，即使基於強烈的情感強度而功成名就，其精神活動仍是朝著扭曲、負面的方向發展。因為他憑藉的大多是自我（ego）的狂熱、偏執與容易導致迷失的激情。由於他相信世界不可能往好的方向改變，唯有懲罰、暴力才可能抵擋與避免更壞的發展，消滅壞人或戰爭似乎就成了唯一的選擇及方法。他的潛意識表層（個人潛意識）存放著太多對世界失望、對生命無感的信念，不時任由「人工的罪感」（artifical guilt）利用記憶把個人投射至未來[619]。他的自我並不想理會內我的提醒，去正視自己的信念群及其所推動出的種種情緒；他的言行很容易因為一時的激情而把自己帶向自我毀滅。戰爭就是實例之一。賽斯說，「戰爭基本是集體自殺（mass suicide）的例子」。參與者的基本信念大致不離「相信宇宙是不安全的、自己是不可信賴的，而陌生人是永遠有敵意的」；「人類是具侵略性而好戰的」，個人「必須在自己被毀之前先下手為強」[620]。於是，「目的可以使手段合理化」的信念就很容易被做為發動戰爭的藉口。發動戰爭者無非

[616] 見（法國）埃米爾·庫埃（Emile Coue）著，李妍編譯：《心理暗示力》（*"Psychological Suggestion"*）（北京：九州出版社，2015 年），頁 49。

[617] 見（美國）珍·羅伯茲（Jane Roberts）著，王季慶譯：《個人與群體事件的本質》（*"The Individual and the Nature of Mass Events"*），頁 286。

[618] 見（美國）珍·羅伯茲（Jane Roberts）著，王季慶譯：《個人與群體事件的本質》（*"The Individual and the Nature of Mass Events"*），頁 280。

[619] 見（美國）珍·羅伯茲（Jane Roberts）著，王季慶譯：《個人實相的本質》（*"The Nature of Personal Reality"*），頁 234-235。

[620] 見（美國）珍·羅伯茲（Jane Roberts）著，王季慶譯：《個人與群體事件的本質》（*"The Individual and the Nature of Mass Events"*），頁 281。

都是在投射「自己對抗自己」，而將這一類的精神活動向外推送成實質事件，創造出具體的物質實相。

綜上所述，一個人想在集體之中尋求個體的「自我實現」，並且保持意識的清明，還是要以瞭解、照顧自己著手，而這項議題又以理解何謂「自己」開始[621]。《賽斯書》解釋「自己」是「一群細胞形成一個器官。一群『自己』形成一個靈魂」，一群靈魂組成一個存有及其生命；「靈魂組成了存有的生命，而存有卻比靈魂『更多』」[622]。每個人的身體屬於「現世的結構」，當下所處轉世的物質性存在，並由許多細胞組成。「每個細胞都有『自己的記憶』（self-memory）」，「有著更廣大的次元」，再加上它們「顯然是同時存在的」，所以不妨想像一個人「有很多個生命以同樣的方式存在著」，只不過，他「不是有很多個細胞，而是有很多個『自己』」。這些自己也都同時存在[623]。

雖然個人在當下無法覺知有很多個「自己」同時存在，可是他的意識及存有（靈魂）在它們所居的次元裡，十分覺察此事。他身體內的「每個細胞在內身的空間和界限內有其自己的位置」，因此在他存有之內的「每個『自己』也覺察到他自己的『時間』和活動空間」。他平日的生活經驗就是如此地與其他所有的「自己」、所屬的存有「連在一起」，所以「存有比靈魂『更多』」[624]。至於他的意識則「實質地寄託在細胞的知覺上」，在他之內「擁有『意識』創造性參與的所有那些潛能」。他的身體形式雖然與細胞相連，可是他「對實相的意念和經驗與任何細胞的意念和經驗有很大的不同」，存有及意識覺察到的卻是比他「還要大很多的活動次元」[625]。有鑑於此，認識自己與瞭解自己的工

---

621 這種狀態就近似於現今流行用語——「人間清醒」。

622 此處存有與靈魂分而為二，因此「靈魂」可以指內我、全我。

623 見（美國）珍・羅伯茲（Jane Roberts）著，王季慶譯：《個人實相的本質》（*"The Nature of Personal Reality"*），頁 241-245。

624 此即《賽斯書》的「完形」概念，即個體、部分的總合，永遠大於整體、全部。無論家庭、社會或其他各種團體、組織與關係的「存在」，都適用於這項原理。一旦個體、部分只追求「等於」或只被允許「小於」整體、全部，這個存在就容易瓦解、崩潰。

625 見（美國）珍・羅伯茲（Jane Roberts）著，王季慶譯：《個人實相的本質》（*"The Nature of Personal Reality"*），頁 241-244。

夫是永無止境的[626]。任何人只要能理解、接納這項原理，將意識、精神的焦點回歸到先行關注整體的自己，自然就不會花費不必要的時間、精力去批判或評價他人，更不致時時關注他人的不足與缺陷。容易對他人言行感到不滿而大力責備，或是專注於找尋他人弊端、瑕疵的人，通常是想要藉此強化自己的信心和力量，證明自己是對的、好的、善的。不過，這一類的創造經常因為能量反饋而造成難以想像的反效果，必須特別小心留意。

自我覺察的能力雖然可以幫助自己免於在精神活動中迷失方向，一不留意也有扭曲、誤用的可能。一位擁有這項能力的人如果依舊習慣於以自己的經驗去審視、評價他人，試圖操控他人的精神活動；又或是需要讓很多人看到他具備這項能力才有存活感、價值感，那麼這份能力反而可能為他在存有、靈魂之間，設下厚重的限制與障礙。有時，他以為有所連結的與存有、靈魂，其實是調皮、狡猾的自我（ego）所假扮。賽斯說，當一個人「**覺察到存有和靈魂的存在時，就可以有意識地汲取它們較大的能量、了解和力量**」[627]。「覺察」意謂著不需要看到存有和靈魂的實體形象，或是一定要求它們必須閃入他的腦海、出現在夢中，只要相信彼此之間存在著緊密的連結，並且運用「意願」的力量，建立起相關的信念即可。真正的連結源自於思想和能量，而不一定要訴諸物質性的實體或形式。

賽斯說，每個人「**不是有很多個細胞，而是有很多個『自己』（selves）**」[628]。許多不同類型的自己，例如：轉世的自己[629]、內在自己與外在自己[630]、自

---

626 見洪燕梅：〈論漢簡《老子》「自智者明」與《賽斯書》之信念覺察〉，（臺北：《第十二屆漢代文學與思想國際學術研討會論文集》，政治大學中國文學系，2022 年），頁 157-184。

627 見（美國）珍・羅伯茲（Jane Roberts）著，王季慶譯：《個人實相的本質》（*“The Nature of Personal Reality”*），頁 245。

628 見（美國）珍・羅伯茲（Jane Roberts）著，王季慶譯：《個人實相的本質》（*“The Nature of Personal Reality”*），頁 241。

629 見（美國）珍・羅伯茲（Jane Roberts）著，王季慶譯：《靈魂永生》（*“Seth Speaks: The Eternal Validity of the Soul”*），頁 131。

630 見（美國）珍・羅伯茲（Jane Roberts）著，洪志美、張黛眉、梁瑞安譯：《早期課 1》（*“The Early Sessions Book 1”*），頁 45-46。

己與非自己[631]、做夢的自己[632]、代表的自己（front man）、更裡面（deeper）的自己、個人的自己、核心（core）的自己[633]、對等自己（counterpart）、睡時自己與醒時自己[634]、半清醒狀態（semi-waking）的自己、肉身的自己與非物質的自己[635]、直覺的自己[636]、有意識的自己[637]、看不見（unseen）的自己、物質取向的自己[638]、不同能力和不同層面的自己[639]、擴展的自己[640]、無意識的自己[641]、更大的自己（多重次元的自己）[642]、物質的自己等，他都予以詳細解說。

不過賽斯還是申明，「**這種分法是武斷的**」，「**以一種好像分開的方式來說，只是為了方便**」，只是用來讓讀者明白的簡化方法，而且瞭解這種作法的

---

631 見（美國）珍・羅伯茲（Jane Roberts）著，彭君蓉譯：《早期課 2》（"*The Early Sessions Book 2*"），頁 189。

632 見（美國）珍・羅伯茲（Jane Roberts）著，陳秋萍譯：《早期課 3》（"*The Early Sessions Book 3*"），頁 22。

633 見（美國）珍・羅伯茲（Jane Roberts）著，梁瑞安譯：《早期課 4》（"*The Early Sessions Book 4*"），頁 182、241、417、271、517。

634 見（美國）珍・羅伯茲（Jane Roberts）著，梁瑞安譯：《早期課 4》（"*The Early Sessions Book 4*"），頁 311、422。

635 見（美國）珍・羅伯茲（Jane Roberts）著，梁瑞安譯：《早期課 4》（"*The Early Sessions Book 4*"），頁 440、442。

636 見（美國）珍・羅伯茲（Jane Roberts）著，梁瑞安譯：《早期課 4》（"*The Early Sessions Book 4*"），頁 533。

637 見（美國）珍・羅伯茲（Jane Roberts）著，梁瑞安譯：《早期課 4》（"*The Early Sessions Book 4*"），頁 515；（美國）珍・羅伯茲（Jane Roberts）著，謝欣頤譯：《早期課 5》（"*The Early Sessions Book 5*"），頁 45。

638 見（美國）珍・羅伯茲（Jane Roberts）著，謝欣頤譯：《早期課 5》（"*The Early Sessions Book 5*"），頁 44、45。

639 見（美國）珍・羅伯茲（Jane Roberts）著，謝欣頤譯：《早期課 5》（"*The Early Sessions Book 5*"），頁 46。

640 見（美國）珍・羅伯茲（Jane Roberts）著，王季慶譯：《個人實相的本質》（"*The Nature of Personal Reality*"），頁 22-23。

641 見（美國）珍・羅伯茲（Jane Roberts）著，王季慶譯：《個人實相的本質》（"*The Nature of Personal Reality*"），頁 243-244。

642 見（美國）珍・羅伯茲（Jane Roberts）著，王季慶譯：《個人實相的本質》（"*The Nature of Personal Reality*"），頁 624-625。

用意很重要[643]。此外，賽斯以極為肯定的語氣說道，這些「自己」「永不會被消滅」，與它們相關的意識「不會像燭火般被熄滅」，即使進入某些人聲稱的「涅槃」狀態也一樣[644]。從平行宇宙、轉世的觀念而言，有更多的「自己」同時存在於其他層面或次元，因此「自己並不是個具體的東西，自己沒有界線，自己也沒有受到限制」[645]。

二、焦孟不離的思想與情感建構出人類的精神實相

針對「精神」的本質，賽斯說，每個人都經由自己的「情感、思想與精神活動而創造實相」[646]，所以「每一個精神性行動」都是自己要負責的一個實相。順著這個理路推敲，當一個人批判、評價他的所聞，某種程度而言也是在批判、評價某個自己、某個人格面向；他所害怕、畏懼的人、事或物，也必然先發生、形成於內心，然後才向外投射、具體化與物質化。賽斯舉例說明，一個人只要相信有魔鬼的存在，他就會「真的為自己創造了一個魔鬼，並且那些相信他的人們也將繼續創造他」[647]。

人類的每個思想、每種情感都有電位（electric potential）及電磁變化，所以它們才能夠經過簡單的變換而轉譯為各種影像。這些影像包括物質性的實體，還有非物質性的「夢影像」（dream images）、「幽靈」（apparitions）等。這

---

643 見（美國）珍・羅伯茲（Jane Roberts）著，謝欣頤譯：《早期課5》（*"The Early Sessions Book 5"*），頁46。

644 見（美國）珍・羅伯茲（Jane Roberts）著，王季慶譯：《個人實相的本質》（*"The Nature of Personal Reality"*），頁241。

645 見（美國）珍・羅伯茲（Jane Roberts）著，梁瑞安譯：《早期課4》（*"The Early Sessions Book 4"*），頁146。

646 見（美國）珍・羅伯茲（Jane Roberts）著，王季慶譯：《靈魂永生》（*"Seth Speaks: The Eternal Validity of the Soul"*），頁337。

647 在某課程的第一堂課裡，我請教同學對於「意識創造實相」這句話的理解。有位同學回答：「心裡有的，才會在外面看到。」這句淺顯易懂但喻義深遠的說法，令我印象十分深刻。之後在某些特定的狀況或事件裡，這句話總會自動浮現上來。或許這也是我對《賽斯書》中有關「自己對抗自己」、「害怕自己的人」等議題特別感到興趣的原因之一。它同時也推動了我在相關經驗裡，有更多的覺察與省思。

兩大類型的影像之間其實「幾乎沒有差別」，而這些影像「跟思想和情感之間的差異則又更小」。由思想與情感組合而成的精神活動，對於人類肉體組織（physical organism）的變化有著直接影響[648]。此外，實體物質必須「在這個實相之內才能存在」，所以每個人在每一世死亡後，的確無法「帶走」任何物質性的身體或其他物件。不過，死者生前用以創造實體物質的思想與情感，以及透過精神活動所造就的經驗、學習、領悟等，都會隨著他的意識、內我一起回到全我之內[649]，並且成為可供其他轉世之用的知識、智慧等。賽斯認為，如果一個人願意接受不只有「當下的自己」存在的說法，認知還有更多外在感官所無法感知到的自己，存在於他所「不知覺的其他實相系統裡」，而且這些自己「也有其確實性」[650]，那麼他也就能夠理解何謂「廣闊的現在」(spacious present)[651]。所有的自己不僅同時存在，還持續相互影響著。這項觀念足以使他即使偶有孤單寂寥之感，但是他終將明白這些感受只是生活的佐料、生命的點綴，因為感受會引領他重回到瞭解自己、認識自己的精神之旅。

(一)每個思想與情感都會如實反映在現實生活之中。

人類居處的環境、實相，是「意識向外推擠而形成的各種形式的精神性創

[648] 見（美國）珍・羅伯茲（Jane Roberts）著，梁瑞安譯：《早期課 4》（*"The Early Sessions Book 4"*），頁 504。

[649] 此即前文曾經提及全我的本質、功能之一，它可以做為所有轉世者心智的補給站、資料庫、心靈庫存等。

[650] 見（美國）珍・羅伯茲（Jane Roberts）著，王季慶譯：《靈魂永生》（*"Seth Speaks: The Eternal Validity of the Soul"*），頁 295。

[651] 「廣闊的現在」屬於平行宇宙概念，也是《賽斯書》「內在宇宙法則」之一。賽斯說，人類所處的宇宙位居「所有的宇宙」之內。它「既自發又耐久」，「同時存在又涵納所有的過去和所有的現在以及所有的未來」。所以當談到「意識擴展」時，「擴展」一詞的實質意義不是建立在時間或空間的概念上，「而在於價值完成」（見〔美國〕珍・羅伯茲〔Jane Roberts〕著，陳秋萍譯：《早期課 3》〔*"The Early Sessions Book 3"*〕，頁 99）。從賽斯這項說法可以再進一步推論，人類科學家有關「（物質）宇宙加速膨脹」（accelerating expansion of the universe）的主張，是基於人類外在感官所造成的扭曲、幻覺。事實上宇宙只是如人類意識般，呈現一種非空間性及非時間性的「擴展」狀態。人類所處的宇宙並不會因為不斷地擴展而爆炸、毀滅，這類揣測只是人類持續累積的恐懼、絕望等負向精神活動的投射而已。

造」[652]，因此，一個人是否熟悉自己的思想、情感，並與之平等、和諧共處，十分重要。「精神」即指個人所有的思想與情感，而且二者密不可分。

《賽斯書》中談論到的「思想」大致上涵蓋了一個人的想法、意念及信念。它們都具有電磁性並產生化學作用，直接影響人類身體與心理的表達。賽斯說，一個人「**自己抱持的想法**」會造出他這個人，而他的「**每個思想確實都會反映在人類組織的實體物質上**」[653]。所以，當一個人決心要照顧好身體與心理的健康時，不妨就從熟悉自己的「想法」開始。最自然的狀態是允許它維持自發的本質，並且保持活力與彈性。如此一來，他就很容易體驗到如賽斯說，當遇到問題或挑戰時，其實他自己有意識的想法就會給他絕佳的線索[654]。

人類從出生後，思想就開始受到撫養者的影響。賽斯認為孩子「**會拿自己對現實的解釋**」與撫養者的想法、信念相互比較。撫養者「**比他大又壯，而又能滿足他那麼多的需要，那他自然會試圖使他的體驗與他們的期望及信念一致**」[655]。如果他成年後「**有著極悲觀的天性，沉溺於會有潛在災難的想法和感覺**」，自然就是源自於原生家庭的影響。一旦他沒有適時對這個成長歷程有所覺悟，那麼「**這些想法將被十分忠實地複製成經驗**」[656]。於是，怨天尤人將成為他的生活常態；把自己的經驗與感受怪罪給家庭、社會、國家與他人，成為他看似唯一可以選擇的情緒出口。這麼做不僅徒勞無益，反而容易使自己養成訕笑、嘲諷、詈罵等精神習慣，然後當下的情緒宣洩與事後的罪惡感開始不斷交織發生。當這種心理經驗累積到一定程度，他對痛苦、悲傷的感受會更為具體，而

---

[652] 見（美國）珍・羅伯茲（Jane Roberts）著，王季慶譯：《靈魂永生》（"*Seth Speaks: The Eternal Validity of the Soul*"），頁 61。

[653] 見（美國）珍・羅伯茲（Jane Roberts）著，梁瑞安譯：《早期課 4》（"*The Early Sessions Book 4*"），頁 140。

[654] 見（美國）珍・羅伯茲（Jane Roberts）著，王季慶譯：《個人實相的本質》（"*The Nature of Personal Reality*"），頁 29。

[655] 見（美國）珍・羅伯茲（Jane Roberts）著，王季慶譯：《個人實相的本質》（"*The Nature of Personal Reality*"），頁 94。

[656] 見（美國）珍・羅伯茲（Jane Roberts）著，王季慶譯：《個人實相的本質》（"*The Nature of Personal Reality*"），頁 95。

無力感就在這整個過程中，默默地堆積厚植。

一個人若無法覺知一切外境與他人都源於自己的投射和創造，很容易在面對突如其來的事件時，陷入精神狂亂之中。賽斯形容這種狀況是思想「沒頭沒腦的亂竄」，並且試圖去壓抑每一個進入腦海的負面念頭。賽斯建議一旦發生這類現象時，不妨問一問自己，為什麼如此相信自己「最微細的『負面』想法的巨大破壞力」。這類自我提問（self-questioning）的做法，也是創造讓自己遇見「另一個自己」或「清明的自己」的方法之一[657]。即使對話並沒有為自己帶來期待的成效，至少已經為個人開啟了認識「廣闊的現在」的一道門；它同時這也是引導自己「向內看」的主動做法，而不再是一定要依賴他人的力量或扶持才能做到的自我覺察。擴大對「自己」的認知、擁有自我覺察的能力，都有助於減少或避免創造出「心靈雪崩」（psychic avalanches）的機會[658]。現代心理學家對於自我對話也十分重視，認為它是提升自癒力的方法之一[659]。

除了自我對話之外，賽斯還建議讀者可以像是在與自己的想法玩遊戲一樣，去「追蹤自己思想」。例如當一個人發現自己在生活中最大的困難、阻礙是「太敏感」，找到這個想法後，也許他得到的回應是：「但這是真的呀，我的確是如此。我本來就是對小事情有很大的情緒反應」、「我這種多愁善感其實還滿不錯的，它使我卓爾不群」、「這個世界配不上我」等，賽斯提醒，這些都是有礙個人發展的「限制性的信念」[660]。如果他找到這些想法之後，並沒有適時覺悟，讓自己產生不一樣的感受，或是反而更加敏感與悲觀，那麼此人就必須認真、切實地去改變自己的信念。感覺、情緒會指引他找到其他適合的新信念，

---

[657] 見（美國）珍・羅伯茲（Jane Roberts）著，王季慶譯：《個人實相的本質》（*"The Nature of Personal Reality"*），頁 326-327。

[658] 見（美國）珍・羅伯茲（Jane Roberts）著，彭君蓉譯：《早期課 2》（*The Early Sessions Book 2*），頁 101。

[659] 見（英國）艾美・布魯納（Emmy Brunner）著，戴榕儀譯：《內心對話的力量：遠離自我批判，提升心靈自癒力的 11 種練習》（*"Find Your True Voice: Stop Listening to Your Inner Critic, Heal Your Trauma and Live a Life Full of Joy"*）（臺北：時報文化出版公司，2022 年），頁 15-31。

[660] 見（美國）珍・羅伯茲（Jane Roberts）著，王季慶譯：《個人實相的本質》（*"The Nature of Personal Reality"*），頁 64。

而落實信念的改變之後，才有可能真正改變他的外境與他人。

賽斯強調，每個人的觀念都是自己的，這些觀念不該成為控制個人的工具，而個人絕有權力決定要接受哪一些觀念。其實這段話本身就可以視為一項有益個人的信念，或用以取代舊有「個人沒有能力改變不適合自己發展的想法或意念」的信念[661]。意願加上新的行動，就能如賽斯所說的，把那些不適合自己的想法、意念給「**丟出去**」。賽斯說，它們會自然消失，不必為它們操心。重點只有在於自己是否願意在生活中實際運用新的信念，持續練習，直到它成為新的建設性思想。把意志力放在新的信念，並且搭配自我暗示、自我催眠的天生能力，直到它成為新的精神習慣。這並不表示要時刻去檢視新的信念，否則反而會顯露出對它的信心不足。當一個人願意選擇將信心放在「相信自己有能力改變自己」，想像有個強大且清明的自己，始終支持著自己對生命的調整與改變，而且沒有任何的批判與評價，那麼新實相創造所需的情感強度就會自然、自發地增加。賽斯說，「**一個情感或思想或心象的強度，是決定其隨後的實質具體化的重要因素**」[662]。相關議題可以參考電影「榮譽團隊」（*"Honor Society"*，2022；中譯「優等生社團」；IMDb: tt16491324）。

(二)生活品質決定於個人是否容許情感能量自發性地向外流動。

人類之所以需要關懷、熟悉自己的精神活動，主要是因為它的作用就在於創造人類居處的環境、實相，決定會吸引到哪些人來到身邊。如果一個人真的在乎他的生活品質，想要擁有創造它們的能力，就必須選擇相信自己絕對有能力「**改變自己的思想形式（form of thoughts）**」[663]。當思想改變，情感當然也就

---

[661] 見（美國）珍・羅伯茲（Jane Roberts）著，王季慶譯：《個人實相的本質》（*"The Nature of Personal Reality"*），頁 83。

[662] 見（美國）珍・羅伯茲（Jane Roberts）著，王季慶譯：《靈魂永生》（*"Seth Speaks: The Eternal Validity of the Soul"*），頁 95。

[663] 見（美國）珍・羅伯茲（Jane Roberts）著，梁瑞安譯：《早期課 4》（*"The Early Sessions Book 4"*），頁 481。

隨之改變，一如賽斯所說，「信念引發了情感」[664]。

情感是構成精神的要素之一，屬於精神活動的一部分。《賽斯書》談到有關情緒或感覺時，原則上都屬於它的範圍。至於情緒與感覺，二者基本上也是關係密切，所以賽斯說「情緒和感覺其實是一樣的，因此，任何定義都包括兩者」[665]。那麼單就情感來談論它們形成的架構時，大致上包括：情感能量（emotional energy）[666]、電磁實相、化學實相[667]、預期等。有關預期，賽斯說每個人「眼中所見與心中所感」，全是「自己預期會看到和會感覺的東西」[668]。

至於情感的本質，大致有以下數項：

1.情感協助內在感官，用以連結自我（ego）與內我。個人的情感「在一層層的潛意識裡變化」。一開始是「人格的各個部分」，屬於「力場」（force field），然後再被轉化「變為內在感官的連結物」。人類可以透過直覺與情緒覺察（賽斯稱之為「情感路徑」的旅行），從內我那裡帶回訊息，因此它是「內在感官的外在延伸」[669]。

2.人類做為「一個有形體的生物」，想像與情感是人類「擁有最最濃縮的能量」[670]。

3.情感「很容易從一個轉化成另一個」。賽斯說，「例如恨（hate）裡的能量

---

[664] 見（美國）珍・羅伯茲（Jane Roberts）著，王季慶譯：《個人實相的本質》（“*The Nature of Personal Reality*”），頁 530。

[665] 見（美國）珍・羅伯茲（Jane Roberts）著，洪志美、張黛眉、梁瑞安譯：《早期課 1》（“*The Early Sessions Book 1*”），頁 150。

[666] 見（美國）珍・羅伯茲（Jane Roberts）著，彭君蓉譯：《早期課 2》（“*The Early Sessions Book 2*”），頁 181。

[667] 見（美國）珍・羅伯茲（Jane Roberts）著，梁瑞安譯：《早期課 4》（“*The Early Sessions Book 4*”），頁 479。

[668] 見（美國）珍・羅伯茲（Jane Roberts）著，王季慶譯：《個人實相的本質》（“*The Nature of Personal Reality*”），頁 xxvi。

[669] 見（美國）珍・羅伯茲（Jane Roberts）著，彭君蓉譯：《早期課 2》（“*The Early Sessions Book 2*”），頁 94。

[670] 見（美國）珍・羅伯茲（Jane Roberts）著，王季慶譯：《個人實相的本質》（“*The Nature of Personal Reality*”），頁 150。

可以在愛裡被利用」。當一個人覺察到自己心中有恨意時，選擇不予以否認，而是「用關心來面對，攻擊性就可以被轉化成建設性攻擊性」。如果他一向害怕自己的負向情緒，習慣性地採取迴避、壓抑等方式去漠視「恨」的存在，那麼他「在意識上會忘記這個攻擊性」，然後恨的能量將累積起來，直到它在一個「稱之為無監督（unsupervised）的建構中爆發開來」[671]。所謂「爆發」，具體的表現可能是吵鬧、肢體衝突或嚴重的生命侵犯。這一類情況無論在熟識者或陌生人之間，經常在上演，事後再被以「突發狀況」或「一時情緒失控」做為藉口或解釋的理由。事實上以《賽斯書》的觀點而言，這世上沒有任何一個事件發生在所有參與者的「預期」之外。換言之，沒有所有參與者在心靈、潛意識上的默許、約定，什麼事件都不會發生。既然如此，也沒有任何一個事件是當事人所無法面對、處理的。

4.「情感本身就是一個自動訊號」，它會在「共享的經驗中，把意識與潛意識聯合在一起」。例如，一個人「喜悅及其自發的表達」對於人格的訓練十分重要。它「將會一直為人格帶更多的力量和彈性」，「使自我（ego）更有彈性、更不恐懼、面對逆境更不怨天尤人」。它「也會為潛意識帶來深入又持久的滿足」，所創造出的喜悅遠比自己所感知到的還要多。我個人認為賽斯所說的「自發的表達」很重要，它相對於刻意的表達。有些人認為藉由大量的物質滿足可以獲得喜悅的感受，卻忽略這種感受可能只是一種情緒的誤認，更別說它難以持久的事實。這是一種刻意的創造、外在的刺激，久而久之還可能會使一個人的情感缺乏彈，失去如賽斯所說的「內在的確信以及紀律」。賽斯還提到潛意識中的個人潛意識，即潛意識表層，它「很喜歡操縱運動中的肉體纖維」[672]。就我個人的研究與實驗心得，藉由運動所引發的各種情感反應，的確有助於揭開被自我（ego）刻意遮掩的精神活動，而去覺察到自己內心深處真實的情緒和信念；又或是從中發現自己真正的

---

[671] 見（美國）珍・羅伯茲（Jane Roberts）著，彭君蓉譯：《早期課 2》（"*The Early Sessions Book 2*"），頁 449。

[672] 見（美國）珍・羅伯茲（Jane Roberts）著，梁瑞安譯：《早期課 4》（"*The Early Sessions Book 4*"），頁 34-35。

潛能、興趣或理想，近似於現代「體智能」（Kinesthetic intelligence；又譯「動覺智能」）的探索與研究。

5.情感中的恐懼促使自我（ego）阻擋「情感的自由表達」，這是大多數人類之所以「覺得情感實在很可怕」而不斷壓抑它的主要原因。但是情感絕對無法被壓抑，因為賽斯說「情感就是行動」。一個人如果堅信自己是「情緒穩定」的，並且極力塑造出如此的形象，就很有可能是他的自我「幻想出來的穩定性」，而且自我會一直想辦法維持這種穩定性。如此一來，他也將自己的人格困限、囚禁在「抗拒」之中而無法自然、自發地發展。這正是賽斯所謂的「自己對抗自己」。許多人相當害怕被貼上「情緒化」的標籤，因而養成壓抑、否認情感的精神習慣。事實上，這種壓制、否定情感的作為反而容易危及人格的表達，對精神造成重大傷害。賽斯說，當「情感受到否定時」，它「才具有爆炸性或對人格造成危險」，真正駭人的「猛爆攻擊、怒吼咆哮、身心疾病，以及各種不幸的遭遇」才會因應而生。他建議讀者勇敢地對自己的情感保持開放、開明的態度，「容許情感流動」，並且認真地為自己建立一套專屬於自己、既不傷害自己也不傷害他人的流動方式，這將是個人「以對整體系統最具建設性的方式來落實行動」。一個沒有受到困限、囚禁的人格，「實際上容許很大的穩定性存在」[673]。

以上有關《賽斯書》對情感本質的分析及如何與之相處的建議，也是現代心理學研究中相當普遍的研究方向[674]。有些心理學研究十分強調科學方法，然而賽斯說，如果人類只相信科學方法，就不會承認自己「有過心理經驗，因為它不占空間，而且獨立存在於時間之外」。當一個人漠視自己的心理驗、與內我連結，而只願意接受所謂的科學，將面臨精神活動混亂、失控的考驗。情感經由「在一層層的潛意識裡變化」，一開始是在人格的各個部分、屬於個人的

---

673 見（美國）珍・羅伯茲（Jane Roberts）著，梁瑞安譯：《早期課 4》（"*The Early Sessions Book 4*"），頁 121-122。

674 《賽斯書》有一套專門處理情緒的流程及建議。詳見洪燕梅：《心靈動力視角的《老子》與《賽斯書》》第三章第二節。

力場，「然後被轉化，變為內在感官的連結物，連結外在自我和內我」[675]。因此，想要成為一位內外平衡、不流於「情緒化」且「情商高」的人[676]，不僅不能試圖控制、壓抑或否認自己的情感，反而要允許它自由流動，然後覺察工夫才有觀察的對象、施展的機會。

(三)所有外境及他人都是個人精神活動的投射。

當一個人的精神活動與能量都已經準備充分，精神實相也已經明確建立，這時，只要情感強度到達一定的程度，就會向外投射出物質實相，創造出外在感官所能感知到的一切人、事或物。賽斯說，一個人投射出他的「念頭、感受和期盼，然後再感知它們是為『外境』」。當他以為是他人或他物在觀察他時，其實是他由「投射物的那個角度在觀察自己」[677]。換言之，外境和他人就是個人的一面鏡子，每個人都可以從鏡子裡看到自己外在與內心的真實狀態，差別只在於個人是否覺知到這項原理。從這種說法就不難理解，一個人對外境或他人所有的批判、指責，其實都源自於他對部分自己（或「其他的自己」）的感受或看法而已。如果他的意圖、作為只專注於改變外境或他人，即使有所成效，其效果不僅無法持久，同時也很難為自己帶來由衷的喜悅、滿足。在「意識創造實相」的原則裡，所有的改變都必須由己而他、由內而外。

夢中的狀態也是個人精神狀態的向外投射。賽斯說，「夢影像是從人格往外投射出去的，同樣地，思想也是如此，人格與人格之間所有影響力的擴展也都一樣」[678]。「投射」一詞一開始使用於精神分析學領域，類似的概念在科學、

---

675 見（美國）珍・羅伯茲（Jane Roberts）著，彭君蓉譯：《早期課 2》（“*The Early Sessions Book 2*”），頁 94-95。

676 「情商」即「情緒智慧商數」（emotional Intelligence / emotional intelligence quotient；EI / EQ），簡稱「情緒商數」、「情商」。

677 見（美國）珍・羅伯茲（Jane Roberts）著，王季慶譯：《個人實相的本質》（“The Nature of Personal Reality”），頁 7。

678 見（美國）珍・羅伯茲（Jane Roberts）著，梁瑞安譯：《早期課 4》（“*The Early Sessions Book 4*”），頁 479。

光學（optics）領域中稱為「投影」。《賽斯書》所說的投射原理與十七世紀發明的光學幻燈機（magic lantern）、現代相當普遍的數位投影機（digital projector），原理十分類似。幻燈機是由一張一張幻燈片的製作（拍攝或手繪的圖像），加上換片機構、變換鏡頭的操縱，讓螢幕上產生播放的視覺效果，整體運作趨近於人類實相創造的實際狀況。投影機則進化至可以將電腦或攝影器材中的圖像或影片，直接連續性地投射至螢幕播放，這近似人類外在感官對物質實相的感知狀況。

從存有、片段體人格與意識的立場來說，人類的一生或許更像是最新問世的「浮空投影」（holographic projection；又稱「全息投影」）。它們都是觀眾，對於人類自編、自導、自演的戲劇與遊戲總是看得津津有味，並且透過人類在戲中的體驗而獲取更多、更大的學習和領悟。浮空投影可說已經擺脫螢幕、頭戴顯示裝置（head-mounted / helmet-mounted display）及其限制感的投影方式[679]。以上各項科技研發，一開始都只見於所謂的「科幻電影」，被認為「純屬虛構」，最終卻成為人類生活中的流行物品。以《賽斯書》的觀點而言，這些發明其實都先見於「夢」中，以意念建構的方式被創造成心靈實相，然後才向推送、創造為物質實相。相關議題可以參考電影「特斯拉」（“*Tesla: Master of Lightning*”，2000；中譯「特斯拉：閃電的主人」；IMDb: tt0272884）、「關鍵報告」（“*Minority Report*”，2002；中譯「少數派報告」，港譯「未來報告」；IMDb: tt0181689）、「阿凡達」（“*Avatar*”，2009；IMDb: tt0499549）等。

存有、片段體人格對於人類的創造，是先有意念建構與意念形狀（idea shape），再投射成為一個看似堅固的物質身體。賽斯建議讀者從這個角度思考，就不難發現每個人的身體都是「蔚為奇觀的架構」。它表面上看起來「和任何其他物質結構一樣的堅實」，但只要「抽絲剝繭往裡探究的時候，就越明顯地看出在身體內，能量採取了個別的形狀（以器官、細胞、分子、原子、電子的形式），每一層都比上一層更不實質，每一層都以神祕的形態組合而形成物質」。

---

[679] 就人類而言，或許可以說每個人都是一部配備投影功能、自帶發電（精神）系統的大型電腦，而整體信念就是軟體、程式。

身體內的原子、分子、粒子快速移動，且有不間斷的「各種大大小小的活動與騷動」。這中間還包括各種化學交互作用及各種基本的交換。賽斯說，如果沒有這種交換，人類「所謂的『生命』根本就不可能存在」。當交換完成，投射作用就開始形成，「它必須從『所謂的你』之內向外排到『看來似乎不是你』的外界空間中去才行」，所以「實際上，一部分的『你』不斷地離開你的身體，與外界的自然元素相混在一起」[680]。《賽斯書》對於物質的創造過程描述得十分詳盡，其範圍之寬廣、內容之詳盡，足以成為一門科學學問，而且現代科學研究似乎已經有一部分正是朝著書中相關的敘述前進。

為了保持人類身體的運作及存在，存有「長久保持它的意念形狀」，賽斯說它「有點像物理基因和藍圖，只不過是在不同的具體化層面」[681]。身體的「標準備配」大致上可分為有形與無形兩大部分。有形的部分指外在感官，以及它可以感知的對象；無形的部分則頗為繁多，例如前文談到的心智、自由意志、自然的罪惡感（natural guilt）[682]、良心（conscience）、反省的一刻（moment of reflection）[683]、理性、自發性等。無論有形或無形，都是存有的投射，而投射是存有的潛力。它為了各種不同的目的而創造出各類不同的「形相」。一個人的「主要身分感」是源於自己的身體，可是這個身體其實只是他所屬存有眾多形相創造之一。賽斯說，在此人看來，他「只有一種形相（form）」，也就是他當下「感知到的肉體」，但其實還有他所「不知覺的形相」存在。這些形相有一部源於他自己的創造，主要是因為「形相是能量集中的結果，它的模式來自有鮮明指向的情感上或心靈上的概念影像（idea images）」或心念影像（thought-

---

[680] 見（美國）珍・羅伯茲（Jane Roberts）著，王季慶譯：《個人實相的本質》（"*The Nature of Personal Reality*"），頁 36。

[681] 見（美國）珍・羅伯茲（Jane Roberts）著，洪志美、張黛眉、梁瑞安譯：《早期課 1》（"*The Early Sessions Book 1*"），頁 182-183。

[682] 它相對於「人工的罪惡感」。見（美國）珍・羅伯茲（Jane Roberts）著，王季慶譯：《個人實相的本質》（"*The Nature of Personal Reality*"），頁 234-235。

[683] 見（美國）珍・羅伯茲（Jane Roberts）著，王季慶譯：《個人實相的本質》（"*The Nature of Personal Reality*"），頁 235。

image），但「強度是最重要的」[684]。相關議題可以參考電影「噪反」（"*Chaos Walking*"，2021）。

存有創造出人類的身體，目的只是為了去感知、體驗地球世界的所有存在。身體是意識學習時所使用的重要工具，因此它應該是中立、中性的。它也具有意識，所以才能在人類意識暫時離開（例如：做夢、出神）時，仍然可以維持呼吸、生存。不過許多人的自我（ego）逐漸忘記身體的本質及自己與身體的關係，於是將一些與自然、自發之道相違的思想、觀念等加諸於身體。有時為它貼上各種標籤、強加許多限制，或是為了迎合群體意識而給予各式人工化的修飾、包裝與侵入性的改變。殊不知決定身體形相及其變化的力量，是人類的精神活動和心靈結構[685]，而部分現代心理學研究也正朝向這類說法前進[686]。

(四)傳統精神分析是一場躲迷藏的遊戲。

《賽斯書》對於人類整體存在及生命模式的解說，十分詳盡；對於人性、心智等屬於心理學、精神分析學範疇的剖析也極為深入。賽斯曾經提出他對人類傳統心理學、精神分析學的看法，其中當然也涉及到著名學者（奧地利）佛洛伊德（Sigmund Freud，1856～1939）[687]與（瑞士）榮格[688]。

賽斯認為傳統的精神分析（或「心理分析」）「只不過是一場躲迷藏的遊

---

[684] 見（美國）珍・羅伯茲（Jane Roberts）著，王季慶譯：《靈魂永生》（"*Seth Speaks: The Eternal Validity of the Soul*"），頁 122-135。，

[685] 人類發展到某種程度，其實是身體與心靈互為創造。見（美國）珍・羅伯茲（Jane Roberts）著，彭君蓉譯：《早期課 2》（"*The Early Sessions Book 2*"），頁 527；（美國）珍・羅伯茲（Jane Roberts）著，王季慶譯：《個人實相的本質》（"*The Nature of Personal Reality*"），頁 44。

[686] 見（美國）麥斯威爾・馬爾茲（Maxwell Maltz）著，張家瑞譯：《改造生命的自我形象整容術：整形醫師驚人發現——心靈容貌決定你的人生》（"*Psycho-Cybernetics*"）（臺北：柿子文化公司，2017年），頁 57-72。

[687] 見（美國）珍・羅伯茲（Jane Roberts）著，陳秋萍譯：《早期課 3》（"*The Early Sessions Book 3*"），頁 224；（美國）珍・羅伯茲（Jane Roberts）著，彭君蓉譯：《早期課 2》（"*The Early Sessions Book 2*"），頁 526、527。

[688] 見（美國）珍・羅伯茲（Jane Roberts）著，彭君蓉譯：《早期課 2》（"*The Early Sessions Book 2*"），頁 521、626。

戲」。主要原因是在分析過程中，分析者允許個案「不斷地放棄對自己行為與處境的責任，而只把事情發生的根本原因指派給自己心靈的某一個區域」。不過這是因為當時似乎只有榮格對於「心靈」有研究的興趣，而大多數心理學家，包括佛洛伊德視它為某個藏有人類「過去」、往事的神祕黑暗森林。再者當時的專家學者還沒有「意識心」、覺知功能的概念，無法啟動它的協助，賽斯認為這樣反而會不斷在尋找事件原因的「途中設下偽裝。於是，遊戲就一直玩了下去」。想要讓精神分析發揮實質作用，就要「在這個自欺的遊戲中有所醒悟」，然後下定決心、改變信念[689]。相關議題可以參考電影「命運化妝師」（"*Make Up*"，2011；IMDb: tt1854552）、「危險療程」（"*A Dangerous Method*"，2011）、「窺笑」（"*The Woman in the Window*"，2021；中譯「窗裡的女人」，港譯「窺密」；IMDb: tt6111574）、「微笑」（"*Smile*"，2022；中譯「危笑」，港譯「魅笑」；IMDb: tt15474916）等。

魯柏平時喜歡閱讀榮格的作品，對此賽斯頗為關心，尤其是有關「欲力」的概念。佛洛伊德使用這個辭彙時，通常與性欲望、性胃口（appetite）或性衝動（sex impulse）有關，並且指涉所有與身體感官的本能、興奮狀態，以及這些狀態的動力或力量。他認為有一些無法自制、強迫性衝動源自於本我（id）的欲望。它大致上等同於人類獲得性滿足的驅力（drive），有時也延伸為人類對於各種形式的身體感官享樂的尋求[690]。賽斯的說法則明顯不同。他認為佛洛伊德、榮格的著作裡都「發生了扭曲」。他說，「欲力不是源自於個人這一世人格的潛意識。而是源自於存有和內我的能量」。它透過內在感官而被引導向外，還要經過「個人潛意識心（individual subconscious mind）比較深的層次，然後再到外面或說個人的層次」。如果缺乏這一層認識，再加上不瞭解欲力最主要的本質是合作、一種「有機體之間在生物上的相互依存與合作」，就很可能對性

---

[689] 見（美國）珍・羅伯茲（Jane Roberts）著，王季慶譯：《個人實相的本質》（"*The Nature of Personal Reality*"），頁 54。

[690] 見（美國）伊莉莎白・歐青克羅斯（Elizabeth L. Auchincloss）著，陳登義譯：《精神分析的心智模型：從佛洛伊德的時代說起》（"*The Psychoanalytic Model of the Mind*"）（臺北：心靈工坊文化公司，2020 年），頁 202-208。

觀念產生扭曲的認知[691]，然後對性觀念及身體貼上各式各樣的標籤、道德批判。有些人甚至對「性」及「身體」感到羞恥，卻又難以抗拒它的「誘惑」，因此即使連心理、精神專業人士都可能無法避免捲入這種精神的暗流或漩渦。相關議題可以參考電影「危險療程」（*"A Dangerous Method"*，2011）。

事實上賽斯對於「欲力」的詮釋已經超越「性」的範圍，而是指向所有涉及創造的「欲望」。賽斯說，地球上的所有物質實相都是由人類的「精神狀態創造出來的」，而且是「內在欲望和思想分毫不差的複製品」[692]。一個人想要學會操縱、改變自己的物質環境或命運，就必須由「欲望」和「預期」開始。不過，「欲望可能長成預期」，但不能沒有預期，而「個體性的核心」就是個人的預期[693]。賽斯甚至談到如何在物質世界裡，擁有心靈操縱（psychic manipulation）的能力。這份能力必須來自「情緒上的推動」、「有意識地覺察潛意識的物質操縱」，然後「變成一種習慣」，於是「只要某些條件符合，往往可以和有意識的欲望合成一氣，隨心所欲」[694]。這種實驗永遠只能用在自己身上而不能利用它去操控他人，否則就容易形成心智、認知的扭曲，最後能量終將反饋到自己身上，創造出許多不必要的災難或阻礙[695]。相關議題可以參考電影「煤氣燈下」（*"Gaslight"*，1944；港譯「恨鎖瓊樓」；IMDb: tt0036855）、

---

691 見（美國）珍・羅伯茲（Jane Roberts）著，彭君蓉譯：《早期課2》（*"The Early Sessions Book 2"*），頁521-524。

692 見（美國）珍・羅伯茲（Jane Roberts）著，王季慶譯：《靈魂永生》（*"Seth Speaks: The Eternal Validity of the Soul"*），頁25。

693 見（美國）珍・羅伯茲（Jane Roberts）著，彭君蓉譯：《早期課2》（*"The Early Sessions Book 2"*），頁447-457。

694 見（美國）珍・羅伯茲（Jane Roberts）著，彭君蓉譯：《早期課2》（*"The Early Sessions Book 2"*），頁494-500。

695 能量反饋的概念不等於某些宗教或信仰所談論的「業報」、「善有善報，惡有惡報」等，具有不可變性、封閉性、限制創造力的因果法則議題。《賽斯書》將人類一切的精神活動與實際作為都回歸至能量運作的原理與影響，而且具有可變性、開放性、創造性。見（美國）珍・羅伯茲（Jane Roberts）著，王季慶譯：《個人實相的本質》（*"The Nature of Personal Reality"*），頁199、557；（美國）珍・羅伯茲（Jane Roberts）著，王季慶譯：《個人與群體事件的本質》（*"The Individual and the Nature of Mass Events"*），頁147、197。

「寄上生流」（“*기생충 /Parasite*”，2019；中譯「寄生蟲」，港譯「上流寄生族」；IMDb: tt6751668）、「靈魂急轉彎」（“*Soul*”，2020）、「操控」（“*Every Breath You Take*”，2021；中譯「你的每一次呼吸」；IMDb: tt2231874）、「脫稿玩家」（“*Free Guy*”，2021）等。

基於人類走向競爭的生活模式，許多人已經養成想要操縱他人精神活動與外在言行的習性，然後為雙方關係創造出愈來愈多的混亂與衝突。這一類的意圖與作為完全無視於人類自由意志的本質，明顯違反自然、自發的本能。當一個人選擇如此生活的態度與目標，只會使他與自己的心靈、與他人的連結都愈加疏離，而且需要更多的包裝、修飾來維持表面的關係。一位精神分析者如果無法理解實相創造的原理及其深度，就很容易在分析個案時被「同情」所左右，並且對自己的精神投射無所覺察、覺知。賽斯提到，「**每一個意識，除了物質結構或物質形式，還擁有一個心理結構**」。這個結構「**存在於外在感官感知不到的另一個視角之內的一個深度和實度之中**」，而且人類可以在這裡找到存有。所謂「深度和實度」，即「心理實度」（psychological solidities），想要瞭解這個部分，可以持續就事件做深入的自我覺察，理解自己「**試圖投射這些心理結構到物質實相中**」的目的，認知到這些物質實相可以「**被知道、領會、操縱，並且可在一定程度上像物質一樣被掌握控**」[696]，以及生命的目的之一是學習如何掌握、操縱自己的意識和精神活動，而非掌握、操縱他人。

有些人會為自己無法控制「下半身」（即「性衝動」）而感到苦惱，壓抑或刻意迴避問題的作法反而容易創造出許多不必要的身心問題或相關事件。其實這項議題涉及到自己與「身體」的關係，同時也與個人掌握、操縱自己的意識和精神活動的能力有關。賽斯說，人類身體的「**細胞結構不斷改變**」，但是「**在任何一個特定時刻的身體，是由那豐富可能性活動之庫藏裡形成的能量之大塊聚合物**」，所以其實「**身體並不像平常所想的那麼穩定**」[697]。身體是人類

[696] 見（美國）珍・羅伯茲（Jane Roberts）著，彭君蓉譯：《早期課 2》（“*The Early Sessions Book 2*”），頁 436-443。

[697] 見（美國）珍・羅伯茲（Jane Roberts）著，王季慶譯：《未知的實相・卷一》（“*The “Unknown” Reality Volume One*”），頁 33。

「最切身的環境」，所有的體型、具體個人環境都是一個人「思想、情感、詮釋的物質具體化」，所以每個人的長相、健康都「不是出生時就無所選擇地強加」在他身上的，而是自己「栽培」的成果，都必須由自己負責[698]。

身體自成一個系統，人類透過它「匯集經驗」[699]。它「七年就完全改變一次，隨著每次呼吸而不斷地改變」，因為組合成它的「原子、分子不斷在死亡、更新」，還有「荷爾蒙（hormonal）在一種不斷運動與改變的狀況」[700]。一個人的身體之所以知道如何行、住、坐、臥，賽斯說，「那知識是天生固有，並且被付諸行動的」。如果他願意選擇相信自己的身體，那麼身體也會自然、自發地「知道如何治療自己、如何利用養分、如何去更換組織」，去運作天生具備的平衡與療癒系統[701]。

賽斯說，身體的「建構是由內而外，內我試圖建構一個與自己的自我意象一致的身體形象」，因此一旦發生任何建構上的錯誤，錯誤的源頭「並非來自內我，而是來自個人潛意識或自我」[702]。如果一個人選擇相信自己的身體天生就是神聖的、有智慧的，他自然就會信任身體的本質、生存機制，相信自己有能力透過精神活動與內在紀律去操縱它，並與它保持合作關係。他不需要藉助外來的道德規範、美醜標準、群體意識等，額外為它加上各種的限制、壓抑。如此真正尊重自己身體本質與存在的人，自然不會創造出侵犯、傷害他人身體的事件，這當然也包括體罰在內。當然，這裡還要特別留意自己與精神活動的

---

698 見（美國）珍・羅伯茲（Jane Roberts）著，王季慶譯：《靈魂永生》（*"Seth Speaks: The Eternal Validity of the Soul"*），頁 58-59。

699 見（美國）珍・羅伯茲（Jane Roberts）著，謝欣頤譯：《早期課 5》（*"The Early Sessions Book 5"*），頁 44。

700 見（美國）珍・羅伯茲（Jane Roberts）著，王季慶譯：《靈魂永生》（*"Seth Speaks: The Eternal Validity of the Soul"*），頁 62。「荷爾蒙」在《賽斯書》其他專著又譯為「賀爾蒙」。見（美國）珍・羅伯茲（Jane Roberts）著，王季慶譯：《個人與群體事件的本質》（*"The Individual and the Nature of Mass Events"*），頁 301。

701 見（美國）珍・羅伯茲（Jane Roberts）著，王季慶譯：《未知的實相・卷二》（*"The "Unknown" Reality Volume Two"*），頁 786。

702 見（美國）珍・羅伯茲（Jane Roberts）著，梁瑞安譯：《早期課 4》（*"The Early Sessions Book 4"*），頁 115。

關係。個人所有的思想和情感都是自己的「親生子」，而非「繼生子」[703]，賽斯說，「你絕不是『你的觀念』，更不是『你的思想』。你是那個去體會這些觀念與思想的『我』」[704]。如此一來，個人既能夠透過身體盡情地享受物質世界的種種存在，包括與「性」相關的活動，也不致於有「管不住下半身」的問題，而總是困限於罪惡感或羞恥感（sense of shame）之中。

三、人類的意識在虛擬實境中演出與遊戲

就《賽斯書》的觀點而言，對人類容易造成危險的不是性本能，而是沒有覺察自己思想、情感的能力；可畏的不是性衝動、性行為，而是對自己的精神活動、矛盾衝突的信念毫不自覺。賽斯說，就生物學（Biology）而言，「性別取向（sexual orientation）是為了綿延種族而選擇的方法」，「沒有任何特定的心理特性附著於那生物機能」[705]，所以女性不能為人父，男性不能生育[706]。然而賽斯強調，「性本身並不一定導向性交，它可導向不會製造小孩的行為」[707]，而且「性自由並不涉及一種強制性的亂交」[708]，年輕人因為「把性活動與愛和奉獻分開」、「將之程式化」，才會「與異性的遇合如果不導向床鋪，就會被迫感覺到不自然」[709]。

---

703 見（美國）珍・羅伯茲（Jane Roberts）著，王季慶譯：《個人實相的本質》（*The Nature of Personal Reality*），頁 263、306。

704 見（美國）珍・羅伯茲（Jane Roberts）著，王季慶譯：《個人實相的本質》（*The Nature of Personal Reality*），頁 48。

705 見（美國）珍・羅伯茲（Jane Roberts），王季慶譯：《心靈的本質》（“*The Nature of the Psyche*”），頁 92。

706 見（美國）珍・羅伯茲（Jane Roberts），王季慶譯：《心靈的本質》（“*The Nature of the Psyche*”），頁 94。

707 見（美國）珍・羅伯茲（Jane Roberts），王季慶譯：《心靈的本質》（“*The Nature of the Psyche*”），頁 105。

708 見（美國）珍・羅伯茲（Jane Roberts），王季慶譯：《心靈的本質》（“*The Nature of the Psyche*”），頁 153。

709 見（美國）珍・羅伯茲（Jane Roberts），王季慶譯：《心靈的本質》（“*The Nature of the Psyche*”），頁 153。

人與人的相互吸引就是基於信念、情緒所產生的心電感應、化學、電磁等作用。如果個人對此不夠瞭解，再加上無法控制的精神投射，一段複雜、糾葛的情感關係就此開展。以愛情為例，有些人一開始是將內在那些內在理想的自己或對美好未來的期待，投射到對方身上，所以才會有瘋狂愛上對方、不可自拔、無私奉獻等情景發生。這種關係一開始往往被定義或詮釋為詩意浪漫或纏綿悱惻，愛的本質比較趨向於本體、心靈的層面。一旦關係確認後，有些人開始不自覺地將內在那些討厭的自己或對未來的無知、恐懼，投射到對方身上，因此才會開始有看不順眼、想要改變對方等情事產生。如果雙方都採取迴避、被動反應的方式因應。此時，愛的本質轉而趨向人格、自我（ego）的層面，久而久之就可能以分離或悲劇收場。總結整個過程，人類對情感的體驗，大抵不離「本體的愛」與「人格的愛」；對唯美關係的經驗，經常擺盪在「本體的浪漫」、「心靈的浪漫」與「人格的浪漫」、「物質的浪漫」之間。

人類的情感關係中，有一部分被允許可以發生性行為，然而對本體而言，性反應、性行為既是身體本能之一，也純粹是「不只住在一種次元中」的意識[710]，藉著推進思想與情感而進入三度空間的物質性體驗。本體、潛意識不以好壞、對錯、美惡去區辨這個反應與行為，但也不致於忽略人類自訂相關的戲劇和遊戲規範，而指使身體做出有違世間倫常的行動。它將所有的自主權利賦予人類人格，讓人類人格擁有絕對的選擇權和決定權。因此，賽斯分別從性與內在經驗（inner experience）的聯繫，以及心靈及其與性別認同（sexual identity）的關係，認為由於人類「對性的扭曲概念，阻止了許多人與內在經驗達成密切的聯繫」[711]。

---

710 見（美國）珍・羅伯茲（Jane Roberts）著，王季慶譯：《靈魂永生》（*"Seth Speaks: The Eternal Validity of the Soul"*），頁 24。賽斯所說的「次元」與人類對「次元」的界定，不盡相同，尤其是「第五次元」（賽斯所處的實相）。不過為了配合人類的認知，他通常以「三次元空間實相」、「三度空間」指稱人類居處的地方。見（美國）珍・羅伯茲（Jane Roberts）著，洪志美、張黛眉、梁瑞安譯：《早期課 1》（*"The Early Sessions Book 1"*），頁 127；（美國）珍・羅伯茲（Jane Roberts）著，陳秋萍譯：《早期課 3》（*"The Early Sessions Book 3"*），頁 164；（美國）珍・羅伯茲（Jane Roberts）著，王季慶譯：《靈魂永生》（*"Seth Speaks: The Eternal Validity of the Soul"*），頁 76。

711 見（美國）珍・羅伯茲（Jane Roberts），王季慶譯：《心靈的本質》（*"The Nature of the Psyche"*），

(一)人類的意識藉著推進思想與情感而進入三度空間生活。

賽斯認為，絕大多數人類一直對居處的環境、世界有一個誤解，即他們與環境、世界密不可分。當他們出生後，就註定要被困在這個物質的有限圈籠裡，直到他「不得不」死亡。然而事實是，人類是片段體人格、意識反覆進入它們所創造、投射的肉身，並且搭配「**內我獨自又集體地放出它的心靈能量，形成觸鬚而合生為形體**」的結果，所以才會需要睡眠與醒時的設計。它們並非一直「黏著」在肉身之上，所以完全沒有被囚禁在物質環境、實相的可能。賽斯說，只有人類的直覺知道身體是由人格、意識所投射、創造而成的。大多數人類把身體稱為「自己」，卻完全不知道他們其實「**獨立於它之外**」。事實上，個人是藉著推進他的「**思想與情感成為物質——突破進入三度空間的生活**」，然後創造了更大的環境及他所知的物質世界[712]。

想像一位熱衷於電玩的「角色玩家」，他即使花費再多心力投入虛擬世界的角色扮演與遊戲，卻總有需要進食與下線休息的時候。這種補充能量、體力的動作，與意識需要人類睡眠、讓自我（ego）暫時停止運作，以求回到內我那裡補充能量的概念是一致的。當然，他也可以選擇完全不顧補充體力的需求而持續「掛機」，將注意力完全放在虛擬遊戲的勝負成績之中，直到自己「油盡燈枯」，無法再回到這個遊戲之中。這種自我毀滅（self-destruction）的作法的確也可以在人類現實生活中發生。當一個人的自我（ego）選擇這麼做時，它將拒絕與內我合作，然後導致精神活動失控、狂亂。它會不顧內在的渴望，強迫自己專注於外在的工作或為他人犧牲奉獻，直到肉身不堪負荷而死亡為止。

適當的睡眠、休息，可以使一個人的意識保持清明，透過身體向外看出去的世間萬物也可以更為具體、清晰。這個原理就如同人類發明的投影設備。如果想讓投影設備可以將影像清晰地投射在螢幕或特定地方，設備的解析規格、解析度（resolution）數據、色彩、對比等都是重要條件。這些條件都會影響畫

頁 91。

712 見（美國）珍・羅伯茲（Jane Roberts）著，王季慶譯：《靈魂永生》（*“Seth Speaks: The Eternal Validity of the Soul”*），頁 59-60。

面品質，而且都需要「電磁」的推動，人類意識的投射也是如此。賽斯說，人類之所以可以看見自己所投射出的實質物體，是因為「**每一情感與思想都有其自己的電磁性實相，完全獨一無二**」。再加上它們天生可以依照個人不同的強度、其他情感與思想的結合，於是由意識「**調準到特定頻率**」，再透過大腦「**把生命力轉化為物質環境的偽裝模式**」[713]，物體才因此被看見[714]。換言之，大腦可比喻為意識的投影機，而人類整體創造、投射的概念就類似於現今流行的「元宇宙」（metaverse）概念。

(二)意識「騎」在脈動之上及之內而形成人類的身體。

「求生存」既是一切萬有、存有所有創造的初衷，也是人類意識的本質之一。賽斯說，「**沒有意識可以把自己帶向毀滅，它只能終止體驗行動的某一部分而已。這一點相當重要**」[715]。會將一個人帶向毀滅、非自然死亡的，只有他僵化的自我（ego）與混亂失控的精神活動。自然的死亡不是毀滅。它是一個人生前自訂的生命行程之一。在自己選擇的時間、地點裡，「**把身體還諸大地**」，然後人格、意識會自然地再形成另一個[716]，除非它們選擇邁向「更大的實相」，轉向不同於地球物質世界的實相繼續發展與擴展，就像賽斯與魯柏、約瑟夫婦一樣。

《賽斯書》形容宇宙所有實相共同的本質是「**原始能量完形跨坐在所有實相之上，或存在我們講過的無數實相之中**」[717]。人類居處的地球世界，本身即

---

713 見（美國）珍・羅伯茲（Jane Roberts）著，彭君蓉譯：《早期課2》（“*The Early Sessions Book 2*”），頁253。

714 見（美國）珍・羅伯茲（Jane Roberts）著，王季慶譯：《靈魂永生》（“*Seth Speaks: The Eternal Validity of the Soul*”），頁59。

715 見（美國）珍・羅伯茲（Jane Roberts）著，梁瑞安譯：《早期課4》（“*The Early Sessions Book 4*”），頁20。

716 見（美國）珍・羅伯茲（Jane Roberts）著，王季慶譯：《個人實相的本質》（“*The Nature of Personal Reality*”），頁191。

717 見（美國）珍・羅伯茲（Jane Roberts）著，陳秋萍譯：《早期課3》（“*The Early Sessions Book 3*”），頁108。

是所有宇宙、所有實相中的一種。所有宇宙中存在著無限的實相，而且都與地球物質實相「一樣栩栩如生」。賽斯說，「實相是能量與注意力聚焦的結果」[718]，而每個實相都有它專屬的「特定偽裝感知器」（peculiar sets of camouflage perceptors）、偽裝配備（camouflage equipment），地球也不例外。因此，不同實相的居民無法看見其他實相的存在與實際樣貌[719]。

賽斯指出，最接近人類的場域或層面是「夢世界」（dream world）、「夢實相」。它是人類「自身存在的一個自然結果」，是人類的創造與投射，而且它的存在與人類的存在一樣永恆[720]。不過，無論是哪一種實相，都是意識創造、投射的結果。整體而言，意識是「騎」在「脈動之上及之內，而形成自己身分的組織」[721]。「脈動」（pulsation）或「波動」（fluctuation）是原子、分子運動的狀態或結果，意識就是憑藉著這些脈動或波動而投射出物質實體，包括「自己身分的組織」，即人類的身體[722]。這裡就可以理解，為什麼人類的精神活動不可能永遠保持穩定、平衡，而經由精神活動創造出來的物質更是無法永恆的存在[723]。意識「不常由平衡造成，反而是由精妙的『不平衡』造成，而在某程度，覺察所以能集中，正是這種不平衡所引起的興奮狀態的結果」[724]。可想而知，一個人如果一心想在現實生活中，將自己型塑為言行非常穩定、情緒始終

718 見（美國）珍・羅伯茲（Jane Roberts）著，梁瑞安譯：《早期課4》（“*The Early Sessions Book 4*”），頁6。

719 見（美國）珍・羅伯茲（Jane Roberts）著，陳秋萍譯：《早期課3》（“*The Early Sessions Book 3*”），頁110。

720 見（美國）珍・羅伯茲（Jane Roberts）著，陳秋萍譯：《早期課3》（“*The Early Sessions Book 3*”），頁111。

721 見（美國）珍・羅伯茲（Jane Roberts）著，王季慶譯：《未知的實相・卷一》（“*The “Unknown” Reality Volume One*”），頁33。

722 見（美國）珍・羅伯茲（Jane Roberts）著，王季慶譯：《靈魂永生》（“*Seth Speaks: The Eternal Validity of the Soul*”），頁329-333。

723 見（美國）珍・羅伯茲（Jane Roberts）著，王季慶譯：《靈魂永生》（“*Seth Speaks: The Eternal Validity of the Soul*”），頁591。

724 見（美國）珍・羅伯茲（Jane Roberts）著，王季慶譯：《靈魂永生》（“*Seth Speaks: The Eternal Validity of the Soul*”），頁610。

平穩、個性永遠不變等「優良」或「神聖」形象，反而容易為自己的生命表達及意識創造設下許多不必要的障礙；同時也可能淡化與生俱來的個人性、獨特性。

賽斯不只一次使用「騎」（riding）或「跨坐」（straddling）字來形容意識、精神活動二者與身體的關係。除了前文提到意識騎在脈動之上及之內而形成人類身體的部分，他還說「就身體而言，當思想發生的時候，身體內有化學的反應產生，而記憶就騎在那個化學反應的平順流動上」[725]；他「不是像騎在馬背上行經異域的人那樣用肉體在旅行」，對他而言，「旅行只和焦點的改變有關」[726]。賽斯認為「騎馬是一件很簡單的事」[727]，所以人類的意識應該能夠輕鬆、容易地與它自己創造出的身體合作無間。不過，就大多數人類始終害怕疾病和死亡、將身體視為羞恥的來源等狀況觀察，與身體相處似乎不是一件如賽斯所說般輕鬆、容易的事。

賽斯說馬匹「喜歡牠們對人類世界的貢獻，牠們了解牠們的馭者，遠比牠們的馭者了解牠們要多得多」[728]。這讓我聯想到許多可以從《賽斯書》延伸而出的馬術原理。例如，騎手想要享受騎乘的樂趣，體驗到與其他族類互動時的熱情、喜悅與滿足，就需要尋求與馬匹在意識上合作而非競爭；騎乘的感受應該是喜悅、好奇而非恐懼、受制。如果騎手一心只想征服、操控馬匹，那麼所得到很可能只是短暫的激情與快感。就某種程度而言，騎乘的馬匹源自於騎手的創造、投射，因此騎乘的過程也可以適度反映出騎手對其他族類的觀感、騎手與「其他的自己」的關係，還可以覺察到騎手個人潛意識層（即「潛意識表

---

725 見（美國）珍・羅伯茲（Jane Roberts）著，王季慶譯：《個人實相的本質》（“*The Nature of Personal Reality*”），頁 520。

726 見（美國）珍・羅伯茲（Jane Roberts）著，梁瑞安譯：《早期課 4》（“*The Early Sessions Book 4*”），頁 33。

727 見（美國）珍・羅伯茲（Jane Roberts）著，梁瑞安譯：《早期課 8》（“*The Early Sessions Book 8*”），頁 20。

728 見（美國）珍・羅伯茲（Jane Roberts）著，王季慶譯：《夢、進化與價值完成（卷一）》（“*Dreams, “Evolution,” and Value Fulfillment, Volume one*”）（臺北：賽斯文化公司，2016 年），頁 16-17。

層」）裡的實際狀態。就我目前的研究與觀察而言，馬術活動對於個人的身心平衡（動態平衡〔dynamic equilibrium〕）、信念覺察、人格整合等，都有一定程度的助益和效果。

就《賽斯書》的觀點而言，創造者與創造物之間的關係是允許各自保有個體性、獨特性，雙方應尋求尊重、合作與整合，一切萬有、存有對待它們的創造物——人類，即是如此。一旦創造者自認為對其創造物擁有存廢生死的絕對權力，而試圖去操控或溶解他的創造物，往往容易造成悲傷的戲劇結局或「不好玩」的遊戲感受。這項觀點也很容易在人類與動物的互動過程之中，獲得理解和體悟。就我個人的研究和觀察，對動物有排斥感或是對動物有強烈操控欲望的人，在身心發展中似乎較認同於自我（ego），而比較難以面對自己的心靈或精神活動。他的意識、精神活動極度專注於外在環境與他人，對「其他的自己」也相當陌生，因此一旦遇到較大的、切身的難局和阻礙（例如情感問題），情緒反應大多十分激烈。至於他與身體的真實關係，一如他們對動物的見解，所以容易將一些相關的信念投射到自己的身體上，而對相貌、疾病頗有恐懼感[729]。現代人逐漸相信透過與動物接觸可以達到某些療癒效果，就是因為在過程中有助於個人改善自己的心智發展、精神活動、心理經驗等。這些肉眼看不見卻實際在運作的心靈狀態，就是如此的神奇存在。相關議題可以參考電影「奔騰人生」（“*Secretariat*”，2010；中譯「一代驕馬」；IMDb: tt1028576）、「黑神駒」（“*Black Beauty*”，2020；IMDb: tt8484160）、「真愛無韁 3」（“*3 Flicka: Country Pride*”，2012；中譯「弗莉卡 3」；IMDb: tt2039339）、「龍馬精神」（“*Ride On*”，2023；IMDb: tt15430628）。

（三）「感覺」是意識認知自己的一種方法。

一個人想要深入瞭解自己身體，或是想要貼近、瞭解動物，通常外在感官與自我（ego）所提供的訊息，容易流於片面、武斷。「感覺」才是涉入這方面

---

[729] 見（美國）珍・羅伯茲（Jane Roberts）著，王季慶譯：《靈界的訊息》（“*The Seth Material*”），頁 192。

議題的重要方法和溝通管道，而感覺正是「意識認知自己的一種方法」[730]。賽斯說，「肉體有潛力感知廣義而言的刺激」，例如不只耳朵可以聽見聲音，「透過身體延伸出的任何部分，都有可以聽見聲音的能力」[731]。當人類面對各種外在狀況時，身體會自然分泌腎上腺素（adrenalin）以應付外在的變化，所以「當腎上腺素分泌到血液中去的時候」，個人「會受到刺激而準備好有所行動」[732]。「感覺」的本質是自然、自發的，並且與潛意識、自我、人格等的發展，關係密切。大多數人幼時被允許自然、自發地表達感覺，雖然這種作為通常被成人定義成「情緒化」，或形容為「翻臉像翻書」，殊不知這反而是情感流動、意識保持清明、維持健康、觀察事件本質等的重要因素。有時候小孩們的情緒化也有「演給大人看」的目的，因為他們也是大人們的投射和創造。他們經常透過言行以傳達某些訊息給大人們，提醒大人們留意自己的身心狀況，例如：壓抑、自我欺騙、負向情緒的累積等。當然，大人們如何因應小孩們的感覺及相關言行，也適度反映出他們平日是如何對待不同的自己；同情或同理、迴避或面對、教導或引導、壓制或講理等，都各自會帶來不同的成效與影響。換言之，觀察一位大人與小孩的互動關係，可以得知這位成人平時如何看待與處理自己的人格發展議題。

人類發明二元性的學習方式後，它原有的自發性開始受阻，而通常做為內在自我與外在自我（即自我〔ego〕）溝通平台的「感覺」，會被自我所選擇的信念，及信念所推動出的情緒所取代，使得人類進入另一種非自然、非自發性的體驗。二元思想造就大多數人類喜歡、習慣於接受自己認為美好、正確的感覺，害怕、抗拒不美好、錯誤的感覺。這類美與惡、好與壞、對與錯的區分，正是自我最擅長的技藝。這種思維方式最直接的影響就是讓個人無法看入事件

---

730 見（美國）珍・羅伯茲（Jane Roberts）著，王季慶譯：《靈界的訊息》（"*The Seth Material*"），頁 193。

731 見（美國）珍・羅伯茲（Jane Roberts）著，梁瑞安譯：《早期課 4》（"*The Early Sessions Book 4*"），頁 48。

732 見（美國）珍・羅伯茲（Jane Roberts）著，王季慶譯：《個人實相的本質》（"*The Nature of Personal Reality*"），頁 36。

的本質，而只想選擇以最為快速、方便、簡單的方法去定義事件，以及其中的人和物，並且迴避、掩飾或曲解他對件事及相關人和物的真實感受。然而，真實的感受不會因為刻意的作為而消失或毀滅，它們只會被擠壓到個人潛意識層（潛意識表層），照實地存放、累積於其中。到了某種程度，它們會自動外顯為身心疾患，現代心理學中所探討的「陽光型抑鬱」（sunshine depression）正是其中之一；或是創造出「不美好」的個人事件（例如小規模的鄰居衝突、行車糾紛等）或群體事件（例如疫情、戰爭等）。相關議題可以參考電影「記憶傳承人：極樂謊言」（“*The Giver*”，2014；中譯「記憶傳授人」，港譯「未來叛變」；IMDb: tt0435651）、「童年的終結」（“*Childhood's End*”，2015；IMDb: tt4146128）、「誰先愛上他的」（“*Dear EX*”，2018；IMDb: tt8443704）、「婚姻故事」（“*Marriage Story*”，2019；IMDb: tt7653254）、「戈弗雷」（“*The Right One* / Godfrey”，2021；IMDb: tt6820128）、「你傷害了我」（“*You Hurt My Feelings*”，2023；IMDb: tt15771916）。

意識對於所有感覺永遠保持開放、涵納的態度，只有自我才會選擇性地接受某些感覺。賽斯明確指出，意識的本質的基本部分是「對於痛苦的刺激也予以接受」、「對痛苦的刺激都予以默許」。他還指出「行動」本身不會分辨「快意、痛苦或快樂的刺激」，它反而「以肯定的態度接受所有的刺激」。「分辨要很久之後才會出現，並且是在另一個層面〔這裡賽斯是把人格當作由能量或行動所組成〕」。會將刺激區分為可接受或不可接受的是「自我」（ego），而且總是「在行動之間作選擇」[733]。

一般人所謂的情緒反應，其實是身體的反應；負向情緒不會使身體感到不舒服，而是身體接收到信念及情緒的訊號後，產生如人類所定義的正向或負向反應。然而一般所謂的正向、負向，其實是很主觀的。例如有些人對於被拒絕會感到十分不適，情緒明顯起伏；有些人則毫不以為意，甚至理解拒絕者的立

---

733 見（美國）珍・羅伯茲（Jane Roberts）著，王季慶譯：《靈界的訊息》（“*The Seth Material*”），頁 193；（美國）珍・羅伯茲（Jane Roberts）著，梁瑞安譯：《早期課 4》（“*The Early Sessions Book 4*”），頁 167。

場和考量[734]。所以，一個人的「意識心」在接收感覺的過程之中，扮演著重要的角色。賽斯說，「情緒總是會改變身體的化學平衡及體內荷爾蒙的量」，但是只有當個人「拒絕去面對意識心時，才有危險」[735]。賽斯建議讀者選擇坦誠面對所有的感覺，不對它加上任何的批判、評價，而且關心身體的反應，積極找到讓身體感到不舒適的各種信念。當這些信念被正視且改變後，「身體也會停止對這種壓力起反應，而幾乎是立刻，外在的情況就會隨之改變」[736]。

當一個人的意識心「變得愈來愈覺知自己對事件發展的影響時，會受到很大的益處，它就不再害怕情感或身體、把它們當作具威脅性或不可預料了，而感覺到自己捲入一個更大的統一裡」[737]。現代心理學常見探討個人如何從較低的情商轉變至較高的情商、從被動反應（passive response）轉變至主動反應的議題，這些轉變的背後都必定有此人信念的調整或改變。一旦個人的信念調整或改變之後，由它所推動而出的情緒樣貌當然也就不同。當此人能夠隨時掌握自己情緒與身體的感覺，對自己的信任也必然隨之深化，力量感將自然、自發地提升[738]。總之，現代心理學愈來愈強調想要改變外境或他人，必得先由改變自

[734] 不喜歡被拒絕的人，通常處於「同情」自己與他人的精神習慣之中。他擁有的相關信念群裡，可能有很多是後天習得，接收自他人的觀點（即「向內投射」〔introjection〕），例如「被拒絕是壞事」、「被拒絕表示自己不夠好、不夠討人喜歡」、「被拒絕是丟臉、沒面子的事」等，因此容易因為被拒絕而產生負向的情緒反應。認為被拒絕是稀鬆平常之事的人，通常處於「同理」自己與他人的精神習慣之中。他擁有的相關信念群裡，可能有很多是保有本性、符合人類本質的觀點，例如「無論被拒絕或被接受，都是中性的事件」、「無論被拒絕或被接受，都不影響我存在的意義和價值」、「被拒絕時，正好可以查驗我對自己的支持、愛自己的程度，觀察我對同理、尊重他人的實踐」等，也因此，他不會因為被拒絕而產生不適的情緒反應。

[735] 見（美國）珍・羅伯茲（Jane Roberts）著，王季慶譯：《個人實相的本質》（*"The Nature of Personal Reality"*），頁 330。

[736] 見（美國）珍・羅伯茲（Jane Roberts）著，王季慶譯：《個人實相的本質》（*"The Nature of Personal Reality"*），頁 319。

[737] 見（美國）珍・羅伯茲（Jane Roberts）著，王季慶譯：《個人實相的本質》（*"The Nature of Personal Reality"*），頁 328。

[738] 相關的實務練習可以從生活中，個人容易感到害怕或尬尷的事件或人際關係中著手。以我個人的實驗及經驗而言，這一類練習有兩項原則：一是不能勉強自己一定要去做，甚至是一定要得到具體或「好的」成果，否則很容易引起自我更大的抗拒，造成身心更多的不適感。二是外境或他人也許不會真的如賽斯所說「隨之改變」，畢竟精神習慣改變的時程因人而異，還要考量到他人也有個人性與獨

己做起，積極去改變外境或他人反而容易造成反效果，而這項觀念早在約六十年前的《賽斯書》裡，就已是整體論述的主軸。

賽斯提醒讀者，「思想是身體的細胞，信念是身體的器官」[739]，而且每個人的真實想法、感受都不可能被永久掩蓋、修飾，在任何的人際關係裡，「所有的信念都會為對方知悉，不只是透過相當無意識的身體語言，而且是心電感應式的」。因此，人類擅長的隱匿、欺瞞，往往只是自我（ego）的自以為與表面上的矇蔽而已。一個人的自我如果一直試圖與天性、本能對抗，那麼他就很難在生活中順利地進行各種創造；又或是即使創造出自我認為的美好或成功，到頭來卻發現這些感覺竟是如此短暫。賽斯說，人類「永遠會試圖把自己的意念和外在經驗連起來」、「內在自己擁有的能力都會被用來將信念的形象具體化，不管它們應該是什麼」。到最後人類會發現，就連誠實也是天性、本能之一。然後，「『適當的』情緒會被發動」，把存在於個人「意識心內的身體的狀況帶出來」[740]。這個「適當的」可能是說溜嘴、情緒失控、言語或肢體的衝突，又或是處事不順、疾病等。

賽斯建議讀者改變信念之餘，也積極提示有關情緒的創造力。他說，沒有任何情緒會將個人帶到一個死胡同，因為「情緒永遠在動，且永遠會導入另一種情緒」，當它被允許自然、自發地流動而非失序投射時，將改變個人「整個身體的情況，而那個情緒互換是應該要被有意識接受的」。情緒的基本功能、任務，就在於永遠把個人「導向對信念的一個了解」，前提是不能對它「加以

特性，必須尊重他人的意圖和選擇，否則就容易扭曲為向外的操控。整體而言，盡量提醒自己是以輕鬆、遊戲的心情去面對自己需要或渴望的改變，允許它自然、自發地發生，將專注力放在過程而非成果。如此一來，當外境真的改變時，往往會在當下感受到驚喜、愉悅、清新等情緒，或是進入到一種真實的恩寵（state of grace）、明覺（illumination）等狀態。這種感受與狀態，與藉由物質（例如：菸、酒、藥物等）所獲得的，絕不相同（見〔美國〕珍・羅伯茲〔Jane Roberts〕著，王季慶譯：《個人實相的本質》〔“*The Nature of Personal Reality*” 〕，頁 251-252）。事實上，透過《賽斯書》覺察工夫的自我（self）訓練，到達某種程度時，許多成癮行為也可能自然、自發地自行消失。

[739] 見（美國）珍・羅伯茲（Jane Roberts）著，王季慶譯：《個人實相的本質》（“*The Nature of Personal Reality*”），頁 324。

[740] 見（美國）珍・羅伯茲（Jane Roberts）著，王季慶譯：《個人實相的本質》（“*The Nature of Personal Reality*”），頁 319。

阻礙」[741]。總之，意識對感覺的容受程度是極其開放且不設限的，可以說，人生的順遂或不順遂都是它「需要」的體驗，而它就在其中實踐「生命即表達」的概念。個人的學習如果只追求順利的、好的、優的，終將走向完美主義（perfectionism）或成為狂熱分子（fanatics），對個人或群體反而容易造成破壞或傷害。當個人覺知到完美與狂熱傾向已經為自己帶來不適的影響，同時也有改變的意願時，不妨參考賽斯所提供的核心信念：「**意識是有能力的、它的概念是中肯的，而我自己的信念影響並形成我的身體和經驗**」[742]，並參考相關領域專家學者的主張[743]，透過「改變」的工夫，持續去創造生命旅程中令自己感到喜悅、驚奇的風景。

(四)意識不是日漸「長大」而是在不同實相中移動與體驗。

當個人的意識決定選擇進入地球世界並參與戲劇演出或虛擬遊戲之後，如果他想要在其中保持一種有益於身心發展的覺知狀態，那麼他必須瞭解：劇本或遊戲程式都早已經由自己編寫完成[744]，他的任務是去演出劇本內容或在虛擬

---

[741] 見（美國）珍・羅伯茲（Jane Roberts）著，王季慶譯：《個人實相的本質》（"*The Nature of Personal Reality*"），頁 321。

[742] 見（美國）珍・羅伯茲（Jane Roberts）著，王季慶譯：《個人實相的本質》（"*The Nature of Personal Reality*"），頁 330。

[743] 見尹依依：《焦慮是你的隱性天賦：倫敦大學心理諮商博士帶你看清負面情緒的強大力量》（臺北：圓神出版公司，2021 年），頁 16-157；（美國）愛思特・希克斯、傑瑞・希克斯（Esther and Jerry Hicks）著，丘羽先、謝明憲譯：《情緒的驚人力量》（"*The Astonishing Power of Emotions：Let Your Feelings Be Your Guide*"）（臺北：遠見天下文化出版公司，2021 年），頁 36-53；（美國）吉姆・保羅（Jim Paul）、布南登・莫尼漢（Brendan Moynihan）著，陳重亨譯：《一個操盤手的虧損自白：長銷 30 年的獲利經典》（"*What I Learned Losing a Million Dollars*"）（臺北：今周刊出版公司，2022 年），頁 113-173；（墨西哥）小米蓋爾・魯伊茲（don Miguel Ruiz Jr.）著，李明芝譯：《覺察真我：自由自在地活著，不再是夢想！》（"*The Mastery of Self: A Toltec Guide to Personal Freedom*"）（臺中：一中心公司，2017 年），頁 146-157。

[744] 就「意識創造實相」的觀點而言，電影劇本其實可以分為「精神性的劇本」與「物質性的劇本」。前者是以感覺、想像的形式呈現，後者則以語言文字的形式呈現；前者先行完成之後，才可能投射、創造出後者。因此，許多聲稱無劇本的電影，其實仍有「精神性劇本」的存在，否則就無法創造出可供外在感官感知的作品。相關議題可以參考電影「喋血雙雄」（"*The Killer / Bloodshed of Two Heroes*"，1989；IMDb: tt0097202）、「菠蘿蜜」（"*Boluomi*"，2019；IMDb: tt11071788）、「讓他們說吧」

遊戲之中接受不同層級的關卡挑戰。他將在其中體驗到各種感受、情緒，可是內心清楚這一切都「不是真實的」；無論扮演什麼角色或遊戲的成績如何，都不影響他的「真實身分」。他不能帶走戲劇裡或遊戲中任何物質性的東西，卻無法拒絕從中獲得許多精神性的體驗與心得。如果不是如此，他就會處於一種無明的狀態，即所謂的「入戲太深」或「渾然忘我」。其實，個人的意識居處地球物質世界時，其狀態究竟是覺知、了悟或無明、忘我，道理也是一樣的。

意識與人類身體最大的不同是它不受時間、空間的限制，所以它總是可以在地球物質世界裡，完全自由地瞬間移動。當一個人腦海裡突然出現過去某個人、事或物的影像，或是有意地想像未來自己可以成為什麼樣的人、擁有什麼樣的生活環境，這一些看似不在眼前的「東西」，卻可能帶給他具體的感受。這就是意識的本質、能力之一。身體則不然。它是被意識投射、具體化的創造物，雖然人類的外在感官感知它是實體，但這只是原子、分子、粒子等不斷穿梭、活動，再加上能量、脈動、頻率等作用所造成的感知扭曲[745]。賽斯說，身體表面上「就和任何其他物質結構一樣的堅實」，看起來是具體化、固體化的存在[746]，但隨著一個人「思想不斷變動的步調而有重要的化學與電磁方面的改變」[747]，以及「強烈集中的能量」、「對準頻率」等作用，它實際上「不是一個有持續性的東西」，而是「一明一暗地閃爍著」[748]。其他物質實體的創造原理也都是如此。

人類身體實質上是連續性投射的結果，所以本質上它根本不是恆常固化的

（*"Let Them All Talk"*，2020；IMDb: tt10808832）、「東成西就」（*"East Meets West"*，2011；IMDb: tt2091885）等。

[745] 見（美國）珍・羅伯茲（Jane Roberts）著，王季慶譯：《靈魂永生》（*"Seth Speaks: The Eternal Validity of the Soul"*），頁 51。

[746] 見（美國）珍・羅伯茲（Jane Roberts）著，王季慶譯：《個人實相的本質》（*"The Nature of Personal Reality"*），頁 36。

[747] 見（美國）珍・羅伯茲（Jane Roberts）著，王季慶譯：《靈魂永生》（*"Seth Speaks: The Eternal Validity of the Soul"*），頁 26。

[748] 見（美國）珍・羅伯茲（Jane Roberts）著，王季慶譯：《靈魂永生》（*"Seth Speaks: The Eternal Validity of the Soul"*），頁 124-125。

物體。從出生開始，看似它一天一天地「長大」且具有連續性，但其實這只是線性時間中，外在感官的扭曲與幻覺。事實上，身體的變化是「意識」移動在不同實相之間的結果，而這些實相是同時地被創造與存在。換言之，一個人由出生到死亡，他所有不同年齡層、每時每刻的經歷，都是在一瞬間就被同時創造出來的，而且其中還包含了各種的可能性。這也是為什麼賽斯在形容人類身體與心智變化時，較少使用「成長」或「長大」而較常使用「發展」或「擴展」等詞語。這個觀念也可以使現今流行的「逆齡」、「身體回春」、「去老還童」等現象，更為合理、可行。當然，這些現象的背後，必定有相關強而有力的信念及精神活動予以支持和創造。

賽斯明確指出，一個人所有的轉世及每一世「基本上它們全都同時存在」[749]，而且「都以同樣有效的形式同時存在著」。個人之所以無法看見自己的其他轉世，是因為意識「沒有向那些頻率對準而已」[750]。轉世中的每一個實相，都是由此人的「思想、情緒、信念所化成的具體畫面（picture）」[751]，而他所知的世界就是一幅由「自己的期盼所顯現出來的畫（picture）」[752]。這裡所說「畫」、「畫面」的概念，可以借用早期電影及現代動畫的製作方式加以理解。

電影拍攝手法中，無論動畫或一般攝錄，它們最基本的單位都是「畫面」，而且是同時存在、非線性時間（non-linear time）的產物。它們可以被感受為連續性的影片及線性時間（linear time）的存在，是透過「視覺暫留」（persistence of vision）原理與「光」（light）的作用所形成。電影從畫面變成連續性的影片，是機器連續投影、播放後的效果；而人類之所以能由原本的畫面感知到影像式

---

749 見（美國）珍・羅伯茲（Jane Roberts）著，王季慶譯：《靈魂永生》（*"Seth Speaks: The Eternal Validity of the Soul"*），頁 68。

750 見（美國）珍・羅伯茲（Jane Roberts）著，王季慶譯：《靈魂永生》（*"Seth Speaks: The Eternal Validity of the Soul"*），頁 128。

751 見（美國）珍・羅伯茲（Jane Roberts）著，王季慶譯：《個人實相的本質》（*"The Nature of Personal Reality"*），頁 36。

752 見（美國）珍・羅伯茲（Jane Roberts）著，王季慶譯：《個人實相的本質》（*"The Nature of Personal Reality"*），頁 xxvi。

的外境，則是經由「自我」（ego）、心理結構的作用而形成。

賽斯說，「自我是自己體驗時間連續性（continuity）的那一部分，對它來說，經驗是一連串的刺激和回應，一個接著一個下去」，而且「任何行動的同時性本質在這裡都是以慢動作被經驗，就像小孩必須先學走才能跑一樣」[753]。此外，「持續感是個人將心理結構建構成物質建構的特有方式」[754]。換言之，一般所謂時間的先後（before-and-after）、事件的因果（cause-and-effect）經驗，都是大腦、自我的功能和運作，然而潛意識的認知卻是一切都在當下發生。

賽斯說，人類所認知到的幾千年歷史，「會被經歷為，好比說」，「時間的一秒，而其中發生的事則只被感知為一個『當下片刻』」[755]。時間、空間是人類為自己設立的學習、遊戲規則，在非物質宇宙裡它根本不存在。人生宛如一部電影、動畫片，所有預設的畫面經過肉眼無法辨識的速度播放出來。與此相關論點還有：個人「目前的情況及所有它的物理現象」，就好像是由「自己內部向外投射出來的一部連續放映的電影」，強迫自己「只看到那些變換位置後的影像。它們看來那麼真實」，使自己發現「處於不斷對它們反應的地位」[756]；個人「就是自己活生生的畫像」，「把自己心目中所以為的自己投射出去成了血肉之軀」[757]等。從意識的角度而言，其實每個人每時每刻都在觀看自編、自導、主演的電影而未必自知。這也足以說明，為什麼一個人對外在人、事或物的所有讚美或責難，其實都與他自己內在的精神活動，以及他如何看待自己有關。

---

753 潛意識則沒有這類限制。見（美國）珍・羅伯茲（Jane Roberts）著，梁瑞安譯：《早期課 4》（*"The Early Sessions Book 4"*），頁 21。

754 見（美國）珍・羅伯茲（Jane Roberts）著，彭君蓉譯：《早期課 2》（*"The Early Sessions Book 2"*），頁 443。

755 見（美國）珍・羅伯茲（Jane Roberts）著，王季慶譯：《靈魂永生》（*"Seth Speaks: The Eternal Validity of the Soul"*），頁 329-333。

756 見（美國）珍・羅伯茲（Jane Roberts）著，王季慶譯：《靈魂永生》（*"Seth Speaks: The Eternal Validity of the Soul"*），頁 196。

757 見（美國）珍・羅伯茲（Jane Roberts）著，王季慶譯：《個人實相的本質》（*"The Nature of Personal Reality"*），頁 7。

上述《賽斯書》有關人類如何存在與世界如何運作的論述，對大多數人而言可能是顛覆性的說法，或許一時之間很難接受，也無法想像或體會其中實質的運作。不過，「難」只是一種信念、說法的選擇，端看讀者是否願意嘗試改變視角與觀點而已。

賽斯所提供一種以「完全不同的方式體驗物質實相」的方法，事實上已經陸續見於現代相關的科學研究。他鼓勵讀者理解人類之所以可以在物質世界感知到連續感，是基於自我（ego）感知方式與心理結構，再加上「自身在時間中移動而得的熟悉感」所造成「『時間順序』的結果」。他還建議可以選擇改以「聯想的過程」、「直覺性聯想」來獲得連續感；將過去與現在的物體透過「聯想性的聯繫而得以合理化」，因為「環境本身並非一個獨立於外的東西，而是感知模式的結果，這些是由心理的結構所決定」。賽斯舉例說明，一個人想要在同一時間看到他父親一生所偏愛的八張椅子，那麼他可以借由聯想的方式，「在同一刻看到所有這些椅子」[758]。

賽斯建議人類體驗物質世界的方式，近似於電影的「非線性剪輯」（nonlinear editing）。這種剪輯方式將原本線性的故事和影片，透過剪輯工具將不同時間段的影片內容全部銜接在一起。銜接的內容可以是不同時間發生但議題類似的事件，或同一空間但不同時間發生的事件[759]。因此，如果將這種體驗方式再擴大運用到生命的其他面向，個人的意識、人格或許會有更多意料之外的收穫與擴展。相關議題可以參考電影「忍無可忍」（“*Intolerance: Love's Struggle Throughout the Ages*”，1916；中譯「黨同伐異」，港譯「不可思議」；tt0006864）、「穆荷蘭大道」（“*Mulholland Dr.*”，2001；中譯「穆赫蘭道」，港譯「失憶大道」；IMDb: tt0166924）、「火線交錯」（“*Babel*”，2006；中譯「通天塔」，港譯「巴別塔」；IMDb: tt0449467）、「不能說的秘密」（“*Secret*”，2007；IMDb: tt1037850）等。

---

[758] 見（美國）珍・羅伯茲（Jane Roberts）著，王季慶譯：《靈魂永生》（“*Seth Speaks: The Eternal Validity of the Soul*”），頁 39。

[759] 見李祐寧：《如何拍攝電影》（第三版）（臺北：商周出版公司，2010 年），頁 27。

四、所有的「自己」同時存在且相互影響

存有的片段體人格伴隨著意識，投射、創造出物質世界中的人類。當人類形成「對自己的意識」、「自我」（ego）之後，就常以「我」或「自己」來指稱它的存在。事實上，若不是存有、人格、意識的生命力、活力，這些「我」、「自己」將立即消失。「自己」既然「不是個具體的東西」，賽斯認為也不必因此「自覺渺小」或是為自己的本體「感到害怕」。人類「不只是一個訊息，在通過一個超我（superself）的廣大界域」，還受有造物主的「恩寵」，而「受恩寵的感覺是在情感上」，對自己在「存在裡的地位和權利天生本有的感激，認可其必要、目的和自由」，並且體認到「自己」沒有界線，也沒有受到限制[760]。人類擁有存在的必要性與完全的自由，一切的目的都指向協助意識的擴展、人格的發展。

(一)人格擁有完全的自決力及自由意志。

人類人格的最初源頭是一切萬有（造物主）。一切萬有透過與存有（靈魂）的協力合作，讓存有分裂、創造出不同的片段體人格，並成為人類人格的本體。賽斯說，人格在進入（投射）地球世界之前，它的「主要特質就已經由人格自己決定了」[761]。此處的「人格」可能即賽斯所說的「支配人格」（dominant personality）[762]。人格會「生產它們自己的心靈以及種種物質建構」[763]，過程中還要「透過內我」，不過，「用來建構它的這個材料，也包含它特有的意識」

---

[760] 見（美國）珍・羅伯茲（Jane Roberts）著，梁瑞安譯：《早期課 4》（“*The Early Sessions Book 4*”），頁 146；（美國）珍・羅伯茲（Jane Roberts）著，王季慶譯：《個人實相的本質》（“*The Nature of Personal Reality*”），頁 242。

[761] 見（美國）珍・羅伯茲（Jane Roberts）著，彭君蓉譯：《早期課 2》（“*The Early Sessions Book 2*”），頁 118。

[762] 見（美國）珍・羅伯茲（Jane Roberts）著，洪志美、張黛眉、梁瑞安譯：《早期課 1》（“*The Early Sessions Book 1*”），頁 175。《賽斯書》其他部分或譯為「主宰人格」；也作「目前的人格」、「主要人格」、「主人格」等。

[763] 見（美國）珍・羅伯茲（Jane Roberts）著，陳秋萍譯：《早期課 3》（“*The Early Sessions Book 3*”），頁 15。

[764]。意識是人格創造的「種子」。在它之中潛伏整體存有的力量，而且「常常會孕育出果實」。它「的確包含了整體的種子」，但是「不可能包含整體」[765]。

人類人格的形成還需要「能量完形」及「意念」。賽斯說，人格「由能量完形構成，因此人格所創造的夢可以當成是變動中人格的一部分」。人類所做的「夢」是「人格由他的外在情境形塑而成」，而夢有助於人格的「內在或心靈環境」[766]。在意念方面，意念對人格的「影響及成效，在心理層面上，呈現出『心理人格驅動力』（psychological personality thrust）」。它是「最小的心理單位，代表最小限度的個體心靈成分」，賽斯稱它為「最基本的『人格積木』（physical fulfillment）」。意念同時也是「心理能量進入物質場域的第一塊墊腳石」，是物質建構「所需的最小心理預期」。它是一種「自我推進（self-propelled）、自我延續（self-perpetuating）的心理能量單位」。當它「在物質層面將它自己物質化，又即刻撤回」，只因為人類特有的「時間感」，才會使它看起來像是擁有「耐久持續的外觀」[767]。

存有既然賦予由它而生的人格完全的自由，就不可能再去指示人格一定要達成什麼目標，否則它會成為如人類所說的裡外不一、自打嘴巴、自相矛盾等的存在。賽斯明確地說，「沒有任何既定人格（given personality）非要抵達不可的終點，也沒有一個人格為了存有必須達成的目標」。存有給予人格各種所需的配備、能力與保護機制，最多「只有能量希望或可能希望在顯現它自己的各種存在層面而已」。「唯一的內建指令」（built-in of course）是「價值完成」，且天生具有強迫作用[768]。但即使如此，存有無法搶走人格的自由意志，也「完

---

[764] 見（美國）珍・羅伯茲（Jane Roberts）著，陳秋萍譯：《早期課3》（*"The Early Sessions Book 3"*），頁161-162。

[765] 見（美國）珍・羅伯茲（Jane Roberts）著，洪志美、張黛眉、梁瑞安譯：《早期課1》（*"The Early Sessions Book 1"*），頁111。

[766] 見（美國）珍・羅伯茲（Jane Roberts）著，梁瑞安譯：《早期課4》（*"The Early Sessions Book 4"*），頁270。

[767] 見（美國）珍・羅伯茲（Jane Roberts）著，彭君蓉譯：《早期課2》（*"The Early Sessions Book 2"*），頁477。

[768] 「價值完成」是指個人的意識、精神活動專注於自己的創造過程，藉以尋求創造力的發揮、潛能的被

全沒有能力改變人格」所做的任何選擇，即使它事前就知道人格的決定[769]。

存有面對自己創造物、「親生子」的態度和原則，值得人類在對待自己創造物、親生子時，審慎參酌。不僅是親子關係，賽斯還提到了老師與學生、組織團體與成員等，都應該認真檢視關係的內涵是否已經背離「天意」，而一直沉溺在操控與被操控的戲碼與遊戲裡，無法自拔。人類人格就如同它所屬的片段體人格一樣，擁有自決力（power of self determination）、自由意志，然後「自己打天下」。所以當一個人說他「無法做自己」或「處境艱難」時，都只是自我（ego）選擇我行我素而拒絕與內我連結的下場與悲嚎。事實上，他的自決力、自由意志根本沒有被剝奪，因為做決定的永遠是自己，正如同人格之於存有般。賽斯說，有時候存有不喜歡人格所做出的決定，但是它不會出手阻止，也「可能不會幫忙」。總之，它不會也無法干預「人格選擇採行的方向」，它大多時候只能「袖手旁觀」而已[770]。

(二)人格處於「變為」的狀態且不斷衍生出新的人格。

片段體人格投射進入地球物質世界之後，基於「行動之內永遠還有行動」、「三個兩難之局」（詳見第二章第一節）、「在物質世界所彙集的經驗，就會被內我或星光本體編織成型」、「依據它的潛能而改變、擴展及成長」等因素，會持續衍生、形成新的人格[771]。這也是人格的本質之一。其中所謂的「經驗」，

發掘。至於創造的成果，則允許它自然、自發地形成，而且不以成果來定義自己存在的意義和價值。反之，當一個人選擇專注於追求他人所要求的創造成果，尋求如何被他人認同、讚賞時，通常就容易被他的自我（ego）帶向生命旅程的歧路，而且內心深處經常會感到迷茫、無力和孤寂。

769 見（美國）珍・羅伯茲（Jane Roberts）著，陳秋萍譯：《早期課 3》（*"The Early Sessions Book 3"*），頁 102-103。

770 見（美國）珍・羅伯茲（Jane Roberts）著，陳秋萍譯：《早期課 3》（*"The Early Sessions Book 3"*），頁 103-104。

771 見（美國）珍・羅伯茲（Jane Roberts）著，梁瑞安譯：《早期課 4》（*"The Early Sessions Book 4"*），頁 20；（美國）珍・羅伯茲（Jane Roberts）著，謝欣頤譯：《早期課 5》（*"The Early Sessions Book 5"*），頁 44；見（美國）珍・羅伯茲（Jane Roberts）著，洪志美、張黛眉、梁瑞安譯：《早期課 1》（*"The Early Sessions Book 1"*），頁 175。

來自人類種族、歷史、文化、國家、社會、性別等的影響[772]。賽斯說，一個人的「**各種人格之間以牆分隔，牆的數目也代表著轉世的次數**」。「牆」有時候「**只有一道，但有時候是有很多道**」；有時候人類「**可以穿越這堵牆看出去**」。不過對整體人格（片段體人格）而言，「**牆並不存在，只有『合一』**」[773]。

人格的發展是無止無盡的[774]。它和創造它的存有一樣，永遠處於「變為」的狀態。它「**不管在什麼狀況下，都不是一種固定或靜止不動的結構**」[775]，「**但又保留個體性、耐久性**」[776]。這裡還存在著一個令人較為意外的因素，賽斯說，人格不只不斷在改變，而且不常是按照個人預期的方式，「**事實上，多半是以不可預料的方式**」[777]。據此推測，當一個人自豪於他的「性格穩定」時，可能更需要覺察自己是否早已過於壓抑、固執、追求完美、自我情緒勒索等而不自知，或是怯於表達真實的自己，因而形成「強迫型人格」（obsessive–compulsive personality）[778]。

賽斯分析缺乏認知或無法接受人格持續改變說法的人，會堅持把注意力聚焦在他「**自己行為裡點點滴滴的相似點；而在上面建立起一個理論，說，『自己』幻構出來一個模式而遵循它**」，但其實這只是他「**置換在它上面的模式**」，

---

772 見（美國）杜安・舒爾茨（Duane P. Schultz）、西德尼・艾倫・舒爾茨（Sydney Ellen Schultz）著，危芷芬譯：《人格心理學》（“*Theories of Personality 11/E*”），頁 1-38。

773 見（美國）珍・羅伯茲（Jane Roberts）著，洪志美、張黛眉、梁瑞安譯：《早期課 1》（“*The Early Sessions Book 1*”），頁 55。

774 見（美國）珍・羅伯茲（Jane Roberts）著，彭君蓉譯：《早期課 2》（“*The Early Sessions Book 2*”），頁 146。

775 見（美國）珍・羅伯茲（Jane Roberts）著，梁瑞安譯：《早期課 4》（“*The Early Sessions Book 4*”），頁 175。

776 見（美國）珍・羅伯茲（Jane Roberts）著，梁瑞安譯：《早期課 4》（“*The Early Sessions Book 4*”），頁 163。

777 見（美國）珍・羅伯茲（Jane Roberts）著，王季慶譯：《靈魂永生》（“*Seth Speaks: The Eternal Validity of the Soul*”），頁 105-106。

778 見（法國）佛朗索瓦・勒洛爾（François Lelord）、克里斯托夫・安德烈（Christophe André）著，歐瑜譯：《突破關係困境的「人格心理學」》（“*COMMENT GÉRER LES PERSONNALITÉS DIFFICILES*”）（新北：一起來出版，2018 年），頁 101-120。

這個置換過的模式阻止他看到「真實的自己」。賽斯這項分析或許近似於現今所謂的「人設」（人物設定）。這一類人容易把自己對人格本質扭曲的看法與做法，投射到他們「對靈魂實相的觀念上」[779]。

人格有它自己的邏輯性，再加上被賦予強大的創造力，導致它進入地球物質世界後的創造，既可能是建設性的，也可能「轉往破壞的方向」[780]。因此，個人自我（self）的覺察工夫、人格訓練（personality training）相形之下就更為重要。人格比存有更瞭解它所處的層面、環境，因此存有允許它完全獨立，完成它「在每一方面之內的操縱」。「它透過各個不同的存在，解決個人的問題」，任何的目的都是連續的，而且「沒有任何目的被強加在任何人格身上」。以人格擁有的配備、內建能力和保護機制而言，照道理說，沒有任何問題是人格無法解決的。賽斯肯定地說，可以阻礙一個人發展的只有他自己的態度而已[781]。

賽斯認為人類至今都還沒有「了解人格真正潛能」[782]。只要人類願意發揮人格的潛能，讓人格可以到達「高度發展的利用能量和其強度的知識」，它就可以「變成一個獨立的存有」[783]，而「一旦人格成為一個本體，便保有那種個體性」[784]。人格的目標和優勢可以透過與內我的連結而深入瞭解，如果個人只想等著別人來帶領自己找到它們，就難以發揮人格的潛能。賽斯指出，內我對它們「的確有整套的構想」；個人一生所有問題的答案就存放在內我那裡，「內

---

[779] 見（美國）珍・羅伯茲（Jane Roberts）著，王季慶譯：《靈魂永生》（"*Seth Speaks: The Eternal Validity of the Soul*"），頁 105-106。

[780] 見（美國）珍・羅伯茲（Jane Roberts）著，梁瑞安譯：《早期課 4》（"*The Early Sessions Book 4*"），頁 174；（美國）珍・羅伯茲（Jane Roberts）著，洪志美、張黛眉、梁瑞安譯：《早期課 1》（"*The Early Sessions Book 1*"），頁 100。

[781] 見（美國）珍・羅伯茲（Jane Roberts）著，彭君蓉譯：《早期課 2》（"*The Early Sessions Book 2*"），頁 193。

[782] 見（美國）珍・羅伯茲（Jane Roberts）著，王季慶譯：《靈魂永生》（"*Seth Speaks: The Eternal Validity of the Soul*"），頁 9。

[783] 見（美國）珍・羅伯茲（Jane Roberts）著，王季慶譯：《靈界的訊息》（"*The Seth Material*"），頁 285。

[784] 見（美國）珍・羅伯茲（Jane Roberts）著，彭君蓉譯：《早期課 2》（"*The Early Sessions Book 2*"），頁 250。

我就是尋求答案的所在之處」[785]。

至於人格與自我（ego）的關係也是十分密切的。賽斯說，一個人所有的選擇都是自我做出的決定，而「沒有了選擇，就沒有人格」。它「究竟是歡欣鼓舞、勝利成功，還是疾病纏身、多災多難」，就看它能否善用從行動中做選擇的能力[786]。它「就是專門貫注在某個既定行動場域或次元的那一部分人格」，換言之，「自我」可以被視為是人格的一部分。人格和自我的本質都是「由是否可以選擇行動或選擇刺激的能力所形成」[787]，而且都「無法分辨不同類別的經驗」。這些經驗當然包括夢中的經驗，每個人都會受到夢中的行動「所形塑與改變」[788]。總之，賽斯強調，「只有了解物質和非物質自己之間的連結，和在其中運作的溝通系統」，人類人格系統的「真正本質才能被了解」[789]。

賽斯曾經為人，也在地球物質世界裡輪迴。他提到自己希望擁有的人格是「同時兼具理性與直覺」、「容許它自己必然的自發行為與內在自由」、「有基本穩定度」、「在信仰上和能力上」具有彈性[790]、「相當務實」、「機伶（sly）」[791]等。至於自我（ego），他希望它「能平衡得很好，很建康、很強壯」[792]。然

[785] 見（美國）珍・羅伯茲（Jane Roberts）著，梁瑞安譯：《早期課 4》（"*The Early Sessions Book 4*"），頁 140。

[786] 見（美國）珍・羅伯茲（Jane Roberts）著，梁瑞安譯：《早期課 4》（"*The Early Sessions Book 4*"），頁 172。

[787] 見（美國）珍・羅伯茲（Jane Roberts）著，梁瑞安譯：《早期課 4》（"*The Early Sessions Book 4*"），頁 177。

[788] 見（美國）珍・羅伯茲（Jane Roberts）著，梁瑞安譯：《早期課 4》（"*The Early Sessions Book 4*"），頁 479。

[789] 見（美國）珍・羅伯茲（Jane Roberts）著，梁瑞安譯：《早期課 4》（"*The Early Sessions Book 4*"），頁 179；（美國）珍・羅伯茲（Jane Roberts）著，謝欣頤譯：《早期課 5》（"*The Early Sessions Book 5*"），頁 44。

[790] 見（美國）珍・羅伯茲（Jane Roberts）著，梁瑞安譯：《早期課 4》（"*The Early Sessions Book 4*"），頁 235-236。

[791] 見（美國）珍・羅伯茲（Jane Roberts）著，梁瑞安譯：《早期課 4》（"*The Early Sessions Book 4*"），頁 244。

[792] 見（美國）珍・羅伯茲（Jane Roberts）著，梁瑞安譯：《早期課 4》（"*The Early Sessions Book 4*"），頁 235-236。

而這一些期望獲得的人格特質，都必須置於「人的問題及人際關係」之中，不斷地在生活中實驗與自我訓練。因此，賽斯說他所傳送到地球的訊息裡，永遠不會避開這些實驗與訓練，「資料本身一定要導向這樣的關係」。一旦個人擁如此的基礎，就可以「提升對精神活動的信任和理解」[793]，也擁有了成功創造的條件。這些條件有「對自己的觀念放大」，擴展才能及可能性；有耐性[794]；凡事開始的時候小心謹慎，之後再以預期、信心取代它[795]；擁有接收、轉譯內在資料的能力，以及「操縱能量物質，並在物質場域建構它的能力」[796]等。

(三)人類人格本身是一種行動完形。

人格由行動與能量組合而成。《賽斯書》中提到有關人格的專有名詞種類多樣，除了本章第一節提到的部分，還有原始人格（original personality）[797]、多重次元人格[798]、正常／非正常的人格、夢中的人格[799]、先前人格（previous personalities）、平衡的人格、整體人格[800]、今生人格與全世人格[801]、更高次元

---

[793] 見（美國）珍・羅伯茲（Jane Roberts）著，梁瑞安譯：《早期課4》（“*The Early Sessions Book 4*”），頁266。

[794] 見（美國）珍・羅伯茲（Jane Roberts）著，彭君蓉譯：《早期課2》（“*The Early Sessions Book 2*”），頁281。

[795] 見（美國）珍・羅伯茲（Jane Roberts）著，彭君蓉譯：《早期課2》（“*The Early Sessions Book 2*”），頁396。

[796] 見（美國）珍・羅伯茲（Jane Roberts）著，彭君蓉譯：《早期課2》（“*The Early Sessions Book 2*”），頁364。

[797] 見（美國）珍・羅伯茲（Jane Roberts）著，王季慶譯：《靈界的訊息》（“*The Seth Material*”），頁194。

[798] 見（美國）珍・羅伯茲（Jane Roberts）著，洪志美、張黛眉、梁瑞安譯：《早期課1》（“*The Early Sessions Book 1*”），頁164。

[799] 見（美國）珍・羅伯茲（Jane Roberts）著，梁瑞安譯：《早期課4》（“*The Early Sessions Book 4*”），頁35-36、274。

[800] 見（美國）珍・羅伯茲（Jane Roberts）著，梁瑞安譯：《早期課4》（“*The Early Sessions Book 4*”），頁38、122、126。

[801] 見（美國）珍・羅伯茲（Jane Roberts）著，彭君蓉譯：《早期課2》（“*The Early Sessions Book 2*”），頁508。

的人格[802]、存活（survived）下來的人格[803]等。賽斯說，「人格本身是一種行動完形」。他花了很多時間在討論「行動的各個不同面向」，而「在內我裡面，就有一種對整體人格目標和意圖的濃縮理解」。這些理解都「確實就在人格本身的結構之內，包括心靈和物質上」。所以，當一個人的自我（ego）願意傾聽內我的聲音，「將它的能量向外引導出來」，如此不僅有助於人格的整合，還可以「實現整體人格的基本目標」，對「整體完形架構帶來助益」[804]。

人格來到地球物質世界的主要目的就在於得到經驗。賽斯說，人格「一定要體驗它已經被投射的特定層次上的存在」。就某種程度而言，「自殺也是一種經驗」。這個法則與體驗源於人類「自由意志對價值完成的需求」，它是內建的本能，也是自由意志「唯一的不利之處」。但是賽斯強調，沒有任何嬰兒、小孩會選擇自殺，「那是不可能的」。只有人類在居處的物質層面之內「完全物質化並且熟悉環境之後」，自殺才可能運作[805]。每個人都有本體、內我，它們的本質永遠都是充滿愛、智慧、慈悲、創造力和神通（psychic abilities）。意識心做為內我的一部分，平日就是負責擔任它與自我（ego）的溝通平臺，所以它「並不會不理意識心而讓它不知所措，也不會把意識心與自己存在的本源隔絕」[806]。可是只要個人長期任由自我（ego）、大腦專斷獨行，就很容易為自己創造出不必要的阻礙、困境，如果再加上自我強力拒絕、屏蔽來自意識心、內我的訊息，就很有可能選擇自殺做為解決之道。

一個人會任由自我選擇走上絕路，絕非一時一刻所造成。整體事件必然有

---

802 見（美國）珍・羅伯茲（Jane Roberts）著，陳秋萍譯：《早期課3》（“*The Early Sessions Book 3*”），頁163。

803 見（美國）珍・羅伯茲（Jane Roberts）著，梁瑞安譯：《早期課4》（“*The Early Sessions Book 4*”），頁425。

804 見（美國）珍・羅伯茲（Jane Roberts）著，梁瑞安譯：《早期課4》（“*The Early Sessions Book 4*”），頁162-163。

805 見（美國）珍・羅伯茲（Jane Roberts）著，陳秋萍譯：《早期課3》（“*The Early Sessions Book 3*”），頁102-103。

806 見（美國）珍・羅伯茲（Jane Roberts）著，王季慶譯：《個人實相的本質》（“*The Nature of Personal Reality*”），頁132。

著特定的精神習慣所支持，而無法承受痛苦所帶來的身體感受即是其中之一。賽斯說，自我會選擇抗拒痛苦，但人格根本不顧自我的抗拒，它會接受任何阻礙性的行動。人類人格原本即存在著一種所謂的「團結系統」(unifying system)，「人格在任何特定時候」，以「團結原則」成群行動。「當行動被允許無阻地流動時，這些原則通常相當順暢地改變」。即使是疾病，「如果人格的舊團結系統損壞了，疾病可以被用為一種暫代性的緊急措施」，目的在於維持人格的完整性、保護疾患整個心理系統的完整、避開災禍等。疾病還可以指出患者「內在心靈問題的存在」，直到一個新的、具建設的人格團結原則取代舊有的團結原則。賽斯這番論述並非在鼓勵讀者利用疾病做為逃避的藉口，他只是提供一個新的視角，擴大人類對於物質層面現象的認知與瞭解。事實上他並不贊成疾患在目的達成之後，還任由疾病「滯留不去」。他對疾病的心理動力分析讓「疾病可以是一種『健康的』反應」，而且明指疾病「永遠牽涉到人格的問題」，點出「為什麼人格不顧『自我』對痛的抗拒，而會接受像疾病這樣一種阻礙性的行動」[807]。

人類之所以會為自己創造出痛苦、疾病，通常最初是沿著一條由自我懷疑（self-doubt）、自我否定，到自我譴責（(self-blame）的精神途徑發展。例如：當一個人經常在腦海浮現「我是一個差勁的人」、「我覺得自己很失敗」的信念、內在聲音與自我形象（self-image），他的性格就容易表現為喜歡迎合他人或社會要求，總是想著如何達到他人或社會的標準，但是這些要求、標準卻不屬於他內在真實欲望和預期。賽斯認為這一類個人的信念、內在聲音與自我形象都是「情緒化的聲明」，「應該如是去接受，但不要當它是一個事實」，因為「情感作為情緒有其存在的價值，卻不一定是關於事實的聲明」[808]。抗拒、厭惡只會拖延現象存在的時間；真誠地承認、接受它們，改變就會自然、自發地開始。畢竟人類投生在地球物質世界的主要目的是學習與體驗，而不是被批

---

[807] 見（美國）珍・羅伯茲（Jane Roberts）著，王季慶譯：《靈界的訊息》（*"The Seth Material"*），頁 194-195。

[808] 見（美國）珍・羅伯茲（Jane Roberts）著，王季慶譯：《個人實相的本質》（*"The Nature of Personal Reality"*），頁 327。

判、被評價，更何況「我覺得自己是一個差勁的……」、「我覺得我是一個失敗者」這兩句話實質上就是自我批判、自我評價，然後才引來他人的批判與評價。換句話說，一個人被他人或群體施以批判、評價，往往都是他意識、精神活動的投射與吸引。他必然對所處環境、世界感到十分的不安與恐懼，內心滿布痛苦、挫折之類的心理經驗。擁有這類性格與心理經驗的人，通常不允許自己「做自己」、對自己情緒勒索（emotional blackmail），還會型塑出「討好者」（people pleaser / placator）的人格面向。到了某種程度，他也會將這種自我對待投射到他人身上，而不允許他人「做自己」、對他人情緒勒索，尤其是對待他身旁較為親密的人們。

一個人一生中所有的行動、所經歷的事件，沒有一項是獨立存在的。行動與行動、事件與事件之間，總是環環相扣、緊密相聯。這就是《賽斯書》完形的概念之一。當一個人意識到自己被情緒勒索、不被允許「做自己」，而且因此感到痛苦、煎熬時，或許正是「覺醒」的重要契機。藉由完形概念與自我覺察、自我分析工夫，他可以一步步開始親近、熟悉自己的思想和情感；在對思想和情感抽絲剝繭的過程裡，體驗到自我療癒的精義，進而感受到學習操縱自己精神活動的樂趣。人與人的相遇、共處，源於相互之間的精神吸引、心電感應與潛意識的默許。例如，一位自認是差勁、不夠好的人，自然就會吸引來指正、教訓他的人；深信「社會充滿欺善怕惡之人、不公不義之事」或「人生是苦」的人，通常就會吸引來對他無理取鬧或壓榨勞力的人。然而這些被吸引前來的人，無非也是自己人格某個面向的映射，如何藉由對方的言行認出一個有待被整合的「自己」，就成為可以將原本是件「壞事」扭轉為「好事」的重要轉折。一旦整合成功，個人不僅會感知到「更大的自己」，同時也體現了《賽斯書》的完形思想。

(四)人類有責任掌理自己的「人格銀行」。

現代心理學、精神分析學對於人格的研究，已經深入到論及人格的分裂與整合，還有有關人格各個不同面向（或「面具」）之間的辨識與協調[809]。這些不同的人格面向往往是以二元性、雙重性的方式存在，例如：一位看似喜歡社交，他的性格之中就會存在著一個害怕人群的自己[810]；有愛說話的性格，就相對會有偏好沉默的自己；有努力認真的性格，就會有偏好慵懶、邋遢，甚至是放棄人生的自己[811]等。當一個人得意地向他人宣稱：「我就是一個……的人」，通常他也等於承認有另外一個自己是相反的，但是他自認把那些形象不好、只會拖累自己且不能曝光的自己們藏得很好，或是早已禁錮在深沉暗黑的「心牢」裡。至於這樣的做法能不能行得通，會對生活與整體人格有哪些影響，不僅是《賽斯書》探索的重點，現代學者已經開始深入研究[812]。

人類人格的本質之一是多元性與多樣性。基於人格的這項特質，加上個人可以隨時從中提用適當的特性，因此賽斯稱之為「人格銀行」（banks of personalities）[813]。人格是「**整體意識採取各種形式，但未必需要總是在一個形式之內**」，所以有些人格是沒有形體的存在[814]。它們可能只出現在夢中，有些則藏身在個人的精神活動裡而不被表達出來。這些無形的人格「**沿著不同的方向進化**」，心理結構也不同[815]。有形的人格則是透過人類的身體在地球物質世界盡情地體驗，一開始都是以沉浸、迷醉的方式進行，如此才能充分地經驗這個世界。只不過這種體驗方式很容易將個人的身心狀態導向失衡。

---

[809] 見黃國勝：《隱藏的人格面具》，頁 23-63。

[810] 害怕人群的人，現今通常被稱之為「社恐」，即「社交恐懼症」（Social anxiety disorder）。

[811] 偏好慵懶生活的人，現今通常被形容為「躺平」（goblin mode / slobbing out）。

[812] 見黃國勝：《隱藏的人格面具》，頁 137-154。

[813] 見（美國）珍・羅伯茲（Jane Roberts）著，王季慶譯：《靈魂永生》（*"Seth Speaks: The Eternal Validity of the Soul"*），頁 9。

[814] 賽斯認為，能量在形成意念、人格的過程中，可以「穿過物質域域到外在感官不再能感知到它的地方」。其中有「很大數量的能量，穿越過物質場域」，以至於人類完全沒有察覺到它，同時也無法在物質層面被駕馭。這個概念就是現代科學家所探討的「熵」（entropy）。見（美國）珍・羅伯茲（Jane Roberts）著，彭君蓉譯：《早期課 2》（*"The Early Sessions Book 2"*），頁 477-478。

[815] 見（美國）珍・羅伯茲（Jane Roberts）著，王季慶譯：《靈魂永生》（*"Seth Speaks: The Eternal Validity of the Soul"*），頁 34。

一旦個人因為某些覺知而從沉浸之中「醒」來，他的體驗方式就立即由沉浸式轉為覺察式，任何的領會、了悟都足以擴展他的意識。然而過度的覺察也可能影響創造力的發揮程度，有失意識進入物質世界的意義。以《賽斯書》的觀點而言，人類生活的理想狀態是既能沉浸體驗，也能覺察體驗，在失衡與平衡之間精妙地切換、學習。如果長期處於一種失衡的狀態，就可能進入所謂「入戲太深」或「忘形無情」的境界。

一個人之所以入戲太深[816]，原因大致是深受二元思想的影響，對外境或他人總是充滿批判、評價的精神習慣；缺乏意識、精神創造實相的概念，以致於太過將自己與組成生活經驗的具體事件連接在一起；還有對自己的思想、期待或渴望不夠認識，而思想、期待、渴望等，都是創造實相的要素[817]。以《賽斯書》意識投射、實相創造的角度而言，物質世界的確只是一個幻覺，但賽斯強調，這種「澈悟」不能長久存在。如果一個人每天活在「這世界是個幻覺」的信念之中，他將「不會經驗到感官資料」[818]，人格進入地球物質世界的目的也就消失了。因此，個人在現實生活中無論處於入戲或忘我的狀態，都一樣重要，也都是珍貴的體驗，但是不能只取其一成為生活的主軸。或許這正是《賽斯書》並未推薦以靜坐冥想做為實務訓練方法的原因之一。

這世界沒有任何人可以取代自己在物質世界裡「體驗」的這項責任。一個人全心投入物質生活、沉浸體驗，只要不選擇迴避自己的想法、信念、感覺、感受等精神活動，到了某種程度，自然就會形成覺察能力，並且體認到所有的學習終將跨越種族（膚色）、性別、年齡、智商、社會地位等，而回歸人性的反省與人格的改變；覺知所有人類自設的競爭關係、二元思想，都只是為了擴展學習的範疇與獲得更大的領悟，而非天生即該如此。相關議題可以參考電影

---

816 「入戲太深」一詞現今已經成為流行的詞語。不過經常可以發現有些人一方面高舉這項意識覺醒的辭彙，另一方面卻仍在言行之中充斥著二元性的思維與批判，形成一幅有趣的畫面。

817 見（美國）珍・羅伯茲（Jane Roberts）著，王季慶譯：《個人實相的本質》（*"The Nature of Personal Reality"*），頁 xxi。

818 見（美國）珍・羅伯茲（Jane Roberts）著，王季慶譯：《靈界的訊息》（*"The Seth Material"*），頁 109-110。

「傻瓜入獄記」（“*Take the Money and Run*”，1969；IMDb: tt0065063）、「桂花巷」（“*Osmanthus Alley*”，1987；IMDb: tt0093125）、「賽德克・巴萊」（“*Warriors of the Rainbow: Seediq Bale*”，2012；tt4164468）、「實習大叔」（“*The Internship*”，2013；港譯「翻生求職黨」，新加坡譯「挨踢實習生」；IMDb: tt2234155）、「關鍵少數」（“*Hidden Figures*”，2016；中譯「隱藏人物」，港譯「NASA 無名英雌」；IMDb: tt4846340）、「徘徊年代」（“*Days Before the Millenium*”，2021；IMDb: tt15446628）、「蒂爾」（“*Till*”，2022；IMDb: tt4960748）、「埋葬」（“*The Burial*”，2023；IMDb: tt5648882）等。

從一切萬有、存有創造人類的角度而言，即使一個人被他人批判、評價為「爛」、「渣」、「廢」、「不入流」等，看似毫無存在的意義與價值，然而這些評價都只是人類自我（ego）可能的發展與作為，完全不影響他在宇宙中存在的合理性與合法性。他人的批判、評價僅是就有限的所見所聞而形成，同時也源自於他人精神活動、信念、情感等的投射與創造。此外，這世上沒有一個人能夠真正完全瞭解自己，更何況是他人。即使人與人之間有所謂的心電感應，然而對於不想接收心電訊息的他人，任何人都有能力啟動心靈自動保護機制而予以隔絕、排除。

再從生命本即神聖的立場而言，任何人都沒有權利去評判或定義他人存在的意義與價值，只因為每個人的生命都同樣來自一切萬有（造物主），以及各自所屬存有（靈魂）的創造。每個人在地球世界的主要責任是認識自己，瞭解所有存放在人格銀行裡的自己，並且允許它們表達與發揮創造力。他人只是前來陪伴自己演戲與遊戲，如果少了相互尊重、一起合作學習的心態，只會拖延、攪亂自己在地球世界的生命旅程而已。

第四章　生命的難局與挑戰

第一節　生命的劇種與主題

人類的學習不是只在特定一個實相中進行。人格、意識必須進入不同的實相、經歷多樣化的角色扮演、收集多元化的經驗，透過如此的輪迴轉世而有階段性的完成。賽斯以極為肯定的語氣對讀者說，「不管你相信或不相信你會轉世，你就是會轉世」[819]。而且，無論是目前正在轉世之中，或是正準備結束輪迴（即最後一世）而前往其他次元、實相以繼續「旅程」的人們，都在「維護生命和意識上」有重要的使命[820]。賽斯說，每個人在「所有轉世的存在中」，一直在擴展自己的意識、意念、感知和價值觀。在每一世裡都有出生前就由自己設計好的各種限制，只要出生後持續地挑戰、學習，「掙脫了自設的限制」、「脫離狹窄的觀念與教條時」，「精神上便有了成長」。至於學習的速度、要經過幾世才能掙脫教條的限制，完全看自己的選擇和決定，沒有任何人，包括所屬的存有（靈魂），可以插手干預或加以改變[821]。

就整體輪迴轉世而言，它大致上可以區分為較大實相的轉世劇（reincarnation drama）與特定主題，以及較小實相的時代劇（particular period piece / period drama）與較小主題。

---

[819] 見（美國）珍・羅伯茲（Jane Roberts）著，王季慶譯：《靈界的訊息》（“*The Seth Material*”），頁 167。

[820] 見（美國）珍・羅伯茲（Jane Roberts）著，王季慶譯：《靈界的訊息》（“*The Seth Material*”），頁 179。

[821] 見（美國）珍・羅伯茲（Jane Roberts）著，王季慶譯：《靈魂永生》（“*Seth Speaks: The Eternal Validity of the Soul*”），頁 240。

一、較大實相的轉世劇與特定主題

所謂「轉世劇」是指同時存在的所有轉世，也是不同的自己正在「同時上演的戲」[822]。絕大部分篤信轉世的人，他的轉世概念是建立在線性觀念之中，因此唯有結束一個轉世才能進入另一個轉世（未來世），並且有當世、過去世與未來世的區別。就《賽斯書》而言，一個人的所有轉世都同時存在，就像一部電視可以同時具備好幾個頻道和節目，而意識的焦點就是頻道切換的關鍵[823]。

（一）所有的轉世及轉世的自己都同時存在。

人類的存有（靈魂）為了它的學習和擴展而讓人格在不同的實相之中體驗，並藉此獲得經驗[824]。這些不同的實相都是瞬間創造完成，且同時存在。每個實相之中都有一個「轉世的自己」[825]，賽斯說它們在其他的歷史時代「都以同樣有效的形式同時存在著」[826]。至於它們是否會碰面、認出對方，賽斯給出的答案是「也許會，也許不會」[827]。無論轉世的自己在它所處的實相之中是歡喜或哀傷，人格、存有都一樣得到經驗。存有沒有二元性的思維。對它而言，一切只有得、沒有失。賽斯說，「若是沒有各種轉世經驗，存有也無法擴展」[828]。

---

822 見（美國）珍・羅伯茲（Jane Roberts）著，王季慶譯：《靈魂永生》（“*Seth Speaks: The Eternal Validity of the Soul*”），頁 67。

823 見（美國）珍・羅伯茲（Jane Roberts）著，王季慶譯：《未知的實相・卷二》（“*The “Unknown” Reality Volume Two*”），頁 363-370。

824 見（美國）珍・羅伯茲（Jane Roberts）著，王季慶譯：《靈魂永生》（“*Seth Speaks: The Eternal Validity of the Soul*”），頁 102。

825 見（美國）珍・羅伯茲（Jane Roberts）著，洪志美、張黛眉、梁瑞安譯：《早期課 1》（“*The Early Sessions Book 1*”），頁 78；（美國）珍・羅伯茲（Jane Roberts）著，王季慶譯：《靈魂永生》（“*Seth Speaks: The Eternal Validity of the Soul*”），頁 131。

826 見（美國）珍・羅伯茲（Jane Roberts）著，王季慶譯：《靈魂永生》（“*Seth Speaks: The Eternal Validity of the Soul*”），頁 128。

827 見（美國）珍・羅伯茲（Jane Roberts）著，王季慶譯：《靈魂永生》（“*Seth Speaks: The Eternal Validity of the Soul*”），頁 522。

828 見（美國）珍・羅伯茲（Jane Roberts）著，洪志美、張黛眉、梁瑞安譯：《早期課 1》（“*The Early Sessions Book 1*”），頁 175。

賽斯分析轉世的狀態是「存在於一種氣候之中」，他稱之為「值氣候」（value climate）[829]。賽斯將人類心理實相的值氣候比喻為海洋，當一個人「向內看」，探索自己的意識、精神等活動，甚至是閱讀《賽斯書》時，就會「有小小的程度也跳入這個值氣候之海」。當個人潛入這個海洋時，賽斯建議「要把肉身留在岸邊」。這時，肉身（偽裝模式）「可以比喻成陽光和陰影投射在起伏不已的波浪上的模式」。於是，「值擴展（value expansion）就變成轉世、進化、成長」[830]。有過海洋潛水經驗的人或許更容易理解賽斯在這方面的比喻，進而領會潛水運動與精神分析學的巧妙結合[831]。

在進入每一世之前，每個人都預先選擇父母與自訂一生的際遇，選擇想要體驗的疾病、出生和死亡的境況[832]，決定輪迴的時間[833]，並且學習如何「將能量和意念轉成經驗」[834]。人不會輪迴成為動物，賽斯形容這種說法只是「故事」[835]。投胎前，每個人都已經自行擬定「生命藍圖」，擁有許多符合藍圖所需的配備及能力，以及各個轉世所累積的內在知識。這些知識都存放在潛意識之中，因此地球世界的物理時間「對潛意識來說基本上毫無意義」，人類的時間觀念都只是幻相、錯覺。每個人的內我都可以自由支配這些知識，隨時提供自我（ego）選擇、採用。至於人類死亡後暫時回歸轉世之間的全我，對它來說，「組成它

---

829 夢世界、心智、實相宇宙也都是如此地存在。見（美國）珍・羅伯茲（Jane Roberts）著，彭君蓉譯：《早期課 2》（“*The Early Sessions Book 2*”），頁 21-22。

830 見（美國）珍・羅伯茲（Jane Roberts）著，彭君蓉譯：《早期課 2》（“*The Early Sessions Book 2*”），頁 31-33，

831 見盧志彬、單瑜、黃世明、崔秀倩：《舞動在山海間的懸念：運動與精神分析》（高雄：Utopie 無境文化公司，2020 年），頁 103-126。

832 見（美國）珍・羅伯茲（Jane Roberts）著，王季慶譯：《靈界的訊息》（“*The Seth Material*”），頁 153。

833 見（美國）珍・羅伯茲（Jane Roberts）著，王季慶譯：《靈界的訊息》（“*The Seth Material*”），頁 166。

834 見（美國）珍・羅伯茲（Jane Roberts）著，王季慶譯：《靈界的訊息》（“*The Seth Material*”），頁 141。

835 見（美國）珍・羅伯茲（Jane Roberts）著，王季慶譯：《個人與群體事件的本質》（“*The Individual and the Nature of Mass Events*”），頁 298。

的所有人格都同時存在」；它在所處的次元裡，同時經驗對人類而言看似未來或過去的人格。

人格在每一世之中，只有自我（ego）、個人潛意識層（潛意識表層）「採納了新的特性」，其餘不同轉世的「經驗、身分和知識」都保留在「『我』的其他層面」[836]。一個人心智模型中唯一被囿限於物質世界的就是自我。只有它「會淹沒在時間當中」。賽斯形容它的處境是「從這一刻邁向下一刻，就像一個人從一個水坑走到另一個水坑一樣」，「只有它這麼慢吞吞地探索同時的行動，一小塊一小塊、一小口一小口地感知」物質世界的一切。不過相對於全我、內我而言，這只是短暫的囚禁而已[837]。

賽斯認為人類轉世的本質和目的使得「本來無意義的悲劇變得有意義」，而且「給本似混亂和不公平的情況一個內在的組織」。這些人類眼中的悲劇、混亂、不公不義，都不是為了「前世的『犯罪』而今生『受罰』」。任何的狀況、處境都有它存在的意義與價值，人類需要學習的就是如何在當下獲得體驗、啟示與改變，至於所涉及的轉世因素反而不是最優先需要知道的[838]。雖然前世的關係的確會發生作用，但是每個人都擁有超越它的能力，關鍵就在於每個當下的表達與選擇[839]。

賽斯曾經就一對夫婦小孩早夭的案例做出解釋。他說，孩子「選擇了他的病」。孩子在物質實相中短暫地出生與逗留，是為了啟迪它的父母，為父母示現「可能性」，並且引領父母「向內看」。孩子想給予父母一個推動力，加上它本身也不想再陷入愛情的輪迴，所以沒有選擇長成一位青年。對父母而言，

---

[836] 見（美國）珍・羅伯茲（Jane Roberts）著，王季慶譯：《靈界的訊息》（“*The Seth Material*”），頁 179。

[837] 見（美國）珍・羅伯茲（Jane Roberts）著，梁瑞安譯：《早期課 4》（“*The Early Sessions Book 4*”），頁 18-19。

[838] 見（美國）珍・羅伯茲（Jane Roberts）著，王季慶譯：《靈界的訊息》（“*The Seth Material*”），頁 153-154。

[839] 見（美國）珍・羅伯茲（Jane Roberts）著，王季慶譯：《靈界的訊息》（“*The Seth Material*”），頁 156。

孩子是一道「光」，死亡並不會使光熄滅，他希望可以藉此引領父母展開內在的朝聖之旅[840]。

（二）與轉世相關的答案都在每個人的內心裡。

許多對轉世感到好奇的人，可能會嘗試各種外在的方式，包括向他人求助以找尋解答。賽斯強調，答案就在讀者自己的內心，也「沒有命定這回事」。每個人會以自己的因素而選擇回到地球物質世界，例如：「對紅塵有太多牽掛」、「太沒耐心」、「還沒學夠」等，而且還有「可能回來得太快」。無論如何，一切「總是由個人決定的」。因此，「除了與一個人此生的全盤發展有直接關聯外」，賽斯很少給予「賽斯課」在場見證或聽課者轉世資料[841]。至於為賽斯傳送、轉譯資料的魯柏，他不像見證者、聽課者希望多得到一些轉世資料，反而經常刻意「擋住」（blocking）與自己或丈夫約瑟有關的轉世資料，有時候還阻止得特別用力[842]。

賽斯看出有些人類雖然相信輪迴轉世，卻可能誤用了這個內在宇宙法則。他說一個人即使知道自己的轉世背景，卻不知道當下他「真正天性」的話，那麼這份知曉是無效的。例如，當他遇到不友善的人或生活發生困境時，他會說「這是因我前生所做的事」，這種一味地使「目前的環境合理化」的意圖是轉世的誤用和扭曲，會讓他錯失在生命旅程中發展與求知的機會。賽斯建議的作法是當下立即關心自己在其中的心情、反應；然後思索自己為什麼會創造如此的實相，其中隱含哪些意義或有什麼需要的學習的地方。如此一來，自然可以運用內在本自具足的能力去調整性格、改變自己，他人或外境也會隨之產生變

---

[840] 見（美國）珍・羅伯茲（Jane Roberts）著，王季慶譯：《靈界的訊息》（"*The Seth Material*"），頁 144-150。

[841] 見（美國）珍・羅伯茲（Jane Roberts）著，王季慶譯：《靈界的訊息》（"*The Seth Material*"），頁 166。

[842] 見（美國）珍・羅伯茲（Jane Roberts）著，彭君蓉譯：《早期課 2》（"*The Early Sessions Book 2*"），頁 221、418、550；（美國）珍・羅伯茲（Jane Roberts）著，陳秋萍譯：《早期課 3》（"*The Early Sessions Book 3*"），頁 36。

化[843]。

轉世經驗暗示著每個人當下的「人際關係、心態與經驗」，「都有一個內在的邏輯」[844]。即使一個人不知道自己究竟有哪些轉世經驗，只要他能勇敢面對生活中來自人際關係的阻礙或困境，掌握、瞭解自己的精神活動，審視各種經驗並從中獲得理解、領會，這麼做一樣是在處理或解決轉世的議題。許多人就是在這些所謂的生命關卡之中，了解與學到必要的責任感，或是將心靈能力用在正確的目的上[845]。

《賽斯書》主張一個人格所有的轉世同時存在，人格在其中移動、體驗並從中獲得經驗及學習；賽斯還運用了幾個類比的方法解釋轉世經驗，這可說是首創調和「轉世」與「同時性」二種概念的學說。但是「其他的轉世學說大半把時間順序視為當然」，認為輪迴轉世是線性時空中發展的因果關係、「作為懲罰而必須償付的業報」。賽斯說，這是「意識心以直線方式」所做創造性、扭曲式的詮釋。賽斯也曾經以線性時空的概念解釋一個人的因果，他說這種分析方式目的只是為了「實用目的」而「使某些要點清楚而極為簡化」。「過去的經驗並不引致現在的經驗」，一個人的每個當下都「正在形成過去、現在與未來——同時進行」，不過這個概念必須藉由全我的視角才能清楚、明白。「『全我』知道它所有自我的所有經驗，既然一個『本體』形成了他們，他們之間一定有相似之處和共同的特性」，但並非所有的習性、交往關係都有前世影響[846]。

---

843 見（美國）珍・羅伯茲（Jane Roberts）著，王季慶譯：《靈魂永生》（"*Seth Speaks: The Eternal Validity of the Soul*"），頁 252、255。

844 見（美國）珍・羅伯茲（Jane Roberts）著，王季慶譯：《靈魂永生》（"*Seth Speaks: The Eternal Validity of the Soul*"），頁 252-253。

845 見（美國）珍・羅伯茲（Jane Roberts）著，王季慶譯：《靈界的訊息》（"*The Seth Material*"），頁 167。

846 見（美國）珍・羅伯茲（Jane Roberts）著，王季慶譯：《靈界的訊息》（"*The Seth Material*"），頁 170-175、248；（美國）珍・羅伯茲（Jane Roberts）著，王季慶譯：《個人實相的本質》（"*The Nature of Personal Reality*"），頁 237。

（三）轉世的目的在於意識的學習與擴展。

《賽斯書》主張「改變」是所有宇宙共同的法則，運用在人類轉世的經驗與釋讀上也是一致的，所以賽斯說，「並沒有意識會有相同的經驗或給它同樣的詮釋，因此每個人各自以自己的方式利用轉世的機會」[847]。綜觀《賽斯書》論述有關轉世目的的內容，主軸就是人格、意識的學習與擴展。如果再深入觀察人類的經驗和詮釋，大致有以下數項：

1.每個人在他的累世輪迴之中，創造自己的環境，並且「有一連串強烈的連續目的」。所有由他而投射的物質建構，都在「呼應內在的心理目的」[848]。

2.每個人的本體都有「隱藏的能力與知識」。出生後，藉由不斷汲取這些能力、知識運用於生活之中，然後超越自己「這一世人格的限制」。所以個人不是只有「這一世的人格」，而是「所有人格的總和」[849]。如果他有熟悉的群體生活，那可能意謂著「大家的問題差不多」。如果他認為這些關係根本就是糾葛、糾纏，賽斯說，「前世糾葛之網有時是有益的」[850]。換言之，如果一個人一味地只想要擺脫與某些人的糾葛，卻不思從中體驗、學習與改變，這些糾葛或許反而會更加拉扯、緊繃，然後任由恐懼、悲觀的預期帶著自己體驗到所謂的「墨菲定律」（Murphy's law；又稱「組織病象之墨菲定律」）[851]；其中既有情感吸引力的運作，也有思想、信念的力量[852]。又或是

---

[847] 見（美國）珍・羅伯茲（Jane Roberts）著，王季慶譯：《靈魂永生》（"*Seth Speaks: The Eternal Validity of the Soul*"），頁 252。

[848] 見（美國）珍・羅伯茲（Jane Roberts）著，彭君蓉譯：《早期課 2》（"*The Early Sessions Book 2*"），頁 305。

[849] 見（美國）珍・羅伯茲（Jane Roberts）著，彭君蓉譯：《早期課 2》（"*The Early Sessions Book 2*"），頁 53。

[850] 見（美國）珍・羅伯茲（Jane Roberts）著，彭君蓉譯：《早期課 2》（"*The Early Sessions Book 2*"），頁 56。

[851] 見張文成：《墨菲定律：如果有可能出錯，那就一定會出錯！》，頁 32-35。

[852] 見（美國）布魯斯・立普頓（Bruce H. Lipton）著，傅馨芳譯：《信念的力量：基因以外的生命奧祕（十週年增訂紀念版）》（"*The Biology of Belief 〔10th Anniversary Edition〕*"）（臺北：張老師文化公司，2016 年），頁 183-240。

他選擇斷然離開、切割關係，並且告訴自己「下一個人（群體）會更好」，可是類似的關係或群體又會再度發生，形成現代心理學所稱的「迴路」（loop）或惡性循環（vicious circle）。當然，整個過程中也會型塑出所謂的「迴避型人格」（avoidant personality）[853]。迴避將導致焦慮（anxiety），二者習習相關。相關議題可以參考以原生家庭或愛情為題材的電影。

3.一個人所需要的紀律，會在累世的學習中逐漸達成；他的興趣也會在某一世「凝聚成更為一致的目的」[854]。

4.當一個人領悟到他當下就在創造自己的形象，「在其他時候創造別人的形象」，並以這項原理做為生活的基礎、生命的基調，那麼輪迴轉世的概念就「達成它的正常效力」。擁有如此思想基礎的人也意謂著他瞭解一項道理：「潛意識的特定層面」是他「今生這個人格與全世人格之間的連結」。這同時也說明他已經接受轉世輪迴的理論[855]。

5.當一個人有「一些好的思想被啟動時」，這些好的思想「將會由他轉世的人格裡吸引類似的經驗」[856]。這項原理立基於每一個人在各個轉世中，先行「選擇了他自己的能力以及人生的挑戰」。等到他出生後，在每個當下，他都有「無限的機會去汲取存有的能量，以及存有其他部分的了解與力量」[857]。我個人認為這種機會的顯現必須落實於生活中各項行動中的實驗與實踐，意願、選擇及決心是不可或缺的三項要素。依賴他人的教導或指引雖

---

[853] 見（法國）佛朗索瓦・勒洛爾（François Lelord）、克里斯托夫・安德烈（Christophe André）著，歐瑜譯：《突破關係困境的「人格心理學」》（"*COMMENT GÉRER LES PERSONNALITÉS DIFFICILES*"），頁 263-286。

[854] 見（美國）珍・羅伯茲（Jane Roberts）著，彭君蓉譯：《早期課 2》（"*The Early Sessions Book 2*"），頁 419。

[855] 見（美國）珍・羅伯茲（Jane Roberts）著，彭君蓉譯：《早期課 2》（"*The Early Sessions Book 2*"），頁 508。

[856] 見（美國）珍・羅伯茲（Jane Roberts）著，王季慶譯：《個人實相的本質》（"*The Nature of Personal Reality*"），頁 198-199。

[857] 見（美國）珍・羅伯茲（Jane Roberts）著，王季慶譯：《個人實相的本質》（"*The Nature of Personal Reality*"），頁 560。

然有助於這種機會的形成與能力的發掘，但仍需留意其中可能形成的精神扭曲或被操控的風險。因為，這世上沒有任何人比自己更清楚投生到地球物質世界的目的及挑戰，也沒有任何人比自己更親近自己所屬的存有（靈魂）。

6.所有轉世的自己，或是「過去生生世世中彼此相識的人」，都可能藉由「夢」來互動、溝通。賽斯稱這種夢為「完形的夢」、「根源夢」（gestalt type of dream, a root dream）[858]。

7.輪迴轉世是為了「業（karma）的化解」。賽斯在《靈魂永生‧第十二章》專門談到了轉世中的人際關係，身旁的親友、熟識的人為什麼會聚在一起，不喜歡的人為什麼總是無法遠離或消失殆盡[859]。之所以會有這些情況，賽斯明確地說，是因為「物以類聚」，以及大多數人都「一直在與善惡的概念打仗」（二元性思想的影響）。他說，如果一個人「在心中形成了一個罪惡感」，那這個罪惡感對他而言「就是個實相」，他「必須去解決它」。它會使他討厭自己，甚至恨自己，而「恨一種惡的人只會創造出另一種惡來」。接著他會再把內心這些惡與恨向外投射，於是放眼世界總是有那麼多擺脫不了的壞人、壞事、壞經驗。如果這些心理經驗、精神實相都沒有被正視、解決，相關的人與議題就很有可能在其他轉世中再次相遇與存在，甚至組合成家庭。前文即已提及，每個原生家庭所有成員投胎之前，就已經共同商議、建立默契，大家決定「在另一生中形成家屬關係，然後再以新的方式解決他們的舊問題」。因此，賽斯認為「必須把家庭視為心靈活動的完形」。不過，這裡所說的「完形」，絕非傳統所倡導的「家和萬事興」、「家醜不可外揚」等觀念，只是一昧地求同排異、壓抑自己的情緒、操控他人思想等。這麼做最終不僅無法幸福圓滿，反而可能創造更多的猜忌、混亂與新的議題。賽斯明確指出：「愛永遠牽涉到自由」，「『恨』會局限你、把你

---

858 見（美國）珍‧羅伯茲（Jane Roberts）著，王季慶譯：《靈魂永生》（“*Seth Speaks: The Eternal Validity of the Soul*”），頁 248。

859 見（美國）珍‧羅伯茲（Jane Roberts）著，王季慶譯：《靈魂永生》（“*Seth Speaks: The Eternal Validity of the Soul*”），頁 239-257。

的感知弄狹窄」，而「只有恨本身才是毀滅者」。一個人因為害怕「恨」而不予以理會，反而容易創造出更多「由愛生恨」的事件。賽斯提醒讀者，別讓「恨」在意識上被忘掉，盡快勇敢面對它，它將會把自己帶回到「愛」之中[860]。當一個家庭容許所有成員都能坦誠表達自己的各種情感，說出「真心話」，而且都能給予同理（與「同情」不同）、接納，則所有成員的意識、意念、感知和價值觀都會隨之擴展。賽斯說，「真正快樂的一生是深深令人滿足的，應該會包含了自發的智慧與心靈的喜悅」[861]。以我個人的經驗來說，這種「滿足」是以精神活動而非物質生活為優先。當一個家庭或家族成員都可以做到毫無批判、評價地相互接納與支持，在這種狀態、情境下，物質的生活或品質自然就會自然、自發地被創造，而不是藉由它們來提高地位、提升自尊；任何生活上曾經有過的衝突或恨意，也能自然地被理解、被化解。每位成員所感受到「心靈之愛」的滿足，就是這個家或家族至大且無形的凝聚力，而對於不願意參與的成員，也能給予由衷的同理和祝福。

8.人際關係中的糾紛、衝突的確可以發掘某些源自轉世的遠因[862]，不過糾紛、衝突的化解最好先以當世的處理為主。所有與自己發生糾紛、衝突的他人，無非都是「可能的自己」的投射，唯有同理、接納這些「自己」，才是根本解決之道。如果專注於如何對這些人討好或對抗、順從或攻擊，就可能形成「效果不大的外在操縱」，在每個問題裡看到困難被個人化[863]；或是對某人、家庭做出過度的補償[864]。賽斯提醒讀者，每個人都可以逐漸了悟到自

---

[860] 見（美國）珍・羅伯茲（Jane Roberts）著，彭君蓉譯：《早期課 2》（*“The Early Sessions Book 2”*），頁 449-450。

[861] 見（美國）珍・羅伯茲（Jane Roberts）著，王季慶譯：《靈魂永生》（*“Seth Speaks: The Eternal Validity of the Soul”*），頁 253。

[862] 見（美國）珍・羅伯茲（Jane Roberts）著，彭君蓉譯：《早期課 2》（*“The Early Sessions Book 2”*），頁 56；（美國）珍・羅伯茲（Jane Roberts）著，陳秋萍譯：《早期課 3》（*“The Early Sessions Book 3”*），頁 38。

[863] 見（美國）珍・羅伯茲（Jane Roberts）著，王季慶譯：《個人實相的本質》（*“The Nature of Personal Reality”*），頁 491-492。

[864] 見（美國）珍・羅伯茲（Jane Roberts）著，陳秋萍譯：《早期課 3》（*“The Early Sessions Book 3”*），

己「在心靈和物質上全都是一切萬有的一部分」，所以當一個人傷害他人時，其實他傷害的是自己，就如同戰爭遲早會讓人類明白，當個人「殺了另一個人，基本上結果是」他在殺自己。所以如果他日後有心面對、化解這份傷害，理應由對待自己的方式做起；盡可能去覺察其他「可能的自己」，或可說是「不同的人格面向」，並且認真地解讀、分析他平日是如何對待這些個「自己」[865]。之後，無論對自己或對他人，賽斯都強調「不必永遠帶著這樣的傷疤」。這項原理適用於完美主義者（perfectionist）、更生人（ex-convicts / ex-offenders /former inmates）、難以忍受自己犯錯者等，它也是化解「業」的重要概念。賽斯說，當「業的化解」到某種程度時，時間一到，「在潛意識上一定要忘記我們侵害過的地方」[866]。他還提供了一項相關的內在宇宙法則及核心信念：「所有的存在都是有福的，惡並不存在於其中」，以供讀者參考[867]。願意選擇相信這項法則、信念的人，或許也能使意識不再被「惡」、「錯」等負面觀念所困限、阻礙，而讓意識的擴展更為自由、開放和流暢，因此早日完成地球世界的學習而進化到其他系統實相。

9.每個人轉世的次數、方式、方法、議題等，不盡相同，但是「沒有一個人的實相是與另一個人完全相同的，卻有大體的分組」[868]。這些都由「內我」決定。至於「業」的審判者，並非存有、一切萬有或某位宇宙的主宰者，而是自己。賽斯說，「個人才是審判者」。每一次的轉世都是旅行，一趟內在朝

頁 35。

[865] 許多專家學者偏好對人格的發展與不同的人格面向加以分類。我個人認為如此的作法的確有助於爬梳、側寫人格的發展軌跡與發掘不同的人格面向。不過，對人格過度的分類或強調它共有幾種類型，容易限制對「可能的自己」的覺察和理解，畢竟人格的本質之一為始終處於「變為」的狀態，而且有些「自己」並未具體化，不顯現於物質世界。

[866] 見（美國）珍・羅伯茲（Jane Roberts）著，陳秋萍譯：《早期課 3》（"*The Early Sessions Book 3*"），頁 35；（美國）珍・羅伯茲（Jane Roberts）著，王季慶譯：《靈魂永生》（"*Seth Speaks: The Eternal Validity of the Soul*"），頁 250。

[867] 見（美國）珍・羅伯茲（Jane Roberts）著，王季慶譯：《靈魂永生》（"*Seth Speaks: The Eternal Validity of the Soul*"），頁 227。

[868] 譯者認為「像極了戲劇演出之種種前置作業」。見（美國）珍・羅伯茲（Jane Roberts）著，王季慶譯：《靈魂永生》（"*Seth Speaks: The Eternal Validity of the Soul*"），頁 226。

聖之旅。地球物質世界只是一面鏡子，在投射中映照出每個人內心多元、多樣的形象。雖然轉世看似一個極大的「框架」，把人類套在其中學習、發展，然而賽斯強調，「時間並不是關閉的——它是開放的」。個人只要能突破傳統線性時空的感受，理解到所有環境改變的操控者就是自己，別無他人，那麼即使轉世議題具有某種約束、限制的性質，任何人都可以憑藉「意識創造實相」的基本概念去突破這些約束、限制[869]。我認為這項原理就好像當一位學生選擇以面對、接納的態度去完成他的功課，那麼他不僅很快也很容易就可以完成，在感覺上或多或少還可以得到比完成功課之前更多精神上的成就感與滿足感。這些感受實質上早已帶領他自己超越了功課對他的約束、限制。反之，如果他選擇的態度是抗拒、排斥，那麼功課對他而言不僅是約束、限制，還會帶給他難以理解的煩躁與痛苦。賽斯曾說，當一個人願意選擇沉靜下來，觀察他的四周環境及所有人際關係，然後決定以開放、接納、體驗、學習、改變等態度去面對這一切，那麼他在當下會立即展現出個人的「威力」，而這份威力不僅會自動向其他的轉世擴散，更會引領他以行動開展的方式去處理轉世議題[870]。這時，他實質上早已超越了「轉世」對他的影響，而成為一場尋求成為「更大的自己」的運動。或許這也像是如賽斯對讀者所說的，「體現成為你多重的人生」[871]。

有些宗教、哲學主張，一個人必須在地球世界學習達到一種所謂「圓滿」的境界，才能結束輪迴，進而成為神佛或進入其他實相。可是，對於「圓滿」的定義或解釋總是眾說紛紜，也沒有一位神佛聖賢的說法能夠成為所有人類唯一信服的標準。《賽斯書》對於結束輪迴的看法則不屬於「圓滿取向」。賽斯

---

[869] 見（美國）珍・羅伯茲（Jane Roberts）著，王季慶譯：《靈魂永生》（*"Seth Speaks: The Eternal Validity of the Soul"*），頁 82-83。

[870] 見（美國）珍・羅伯茲（Jane Roberts）著，王季慶譯：《個人實相的本質》（*"The Nature of Personal Reality"*），頁 453。

[871] 見（美國）珍・羅伯茲（Jane Roberts）著，王季慶譯：《個人實相的本質》（*"The Nature of Personal Reality"*），頁 238。

明白指出，只有人類人格會想要追求圓滿，本體根本沒有這方面的需求。他說，「有些人格在物質環境中不能發展得很好，但卻在別的實相中成就自己」[872]，或是「更善用他的才能」[873]。每個人對於每一世輪迴內容的規畫，以及何時結束輪迴，他的人格、意識完全可以自行決定[874]。如果一個人選擇相信這項內在宇宙法則與信念，那麼他就可以更深地感受到他「自己存在的本質原為『一切萬有』的一部分」[875]。何時才能抵達輪迴的終點並非人類輪迴轉世的重點，因為生命的焦點在於「學習」，而學習沒有真正的結束或終點；生命正是如此永恆、永續地發展下去。換言之，當一個人存活在地球世界的時候，實際上並沒有受到任何外境或他人所限制與操控。如果他有這些感受，必然是自我（ego）與信念上的選擇所造成的結果，而與這些感受相關的任何精神活動，才是他最需要給予關注、關懷的生命議題。

（四）「中間層面」是轉世之間的休息補給站。

每一個人整體的輪迴轉世與每一世的生活，都不是固定不變的；過去與未來「不停地在改變」，當下的自己則「開始進入各種可能性領域」。然而，「在這一切當中都存在一種秩序」。賽斯說，這種秩序是內我必須學習的部分，而個人可以「憑直覺得知，不過一定要加以理解」[876]，並且從中「收穫自己的回報」[877]。賽斯甚至認為，「有些人格比我本身遠遠更為進展；有些人格運作的

---

872 見（美國）珍・羅伯茲（Jane Roberts）著，王季慶譯：《靈界的訊息》（“*The Seth Material*”），頁 179。

873 見（美國）珍・羅伯茲（Jane Roberts）著，王季慶譯：《靈界的訊息》（“*The Seth Material*”），頁 150。

874 見（美國）珍・羅伯茲（Jane Roberts）著，王季慶譯：《靈魂永生》（“*Seth Speaks: The Eternal Validity of the Soul*”），頁 235。

875 見（美國）珍・羅伯茲（Jane Roberts）著，王季慶譯：《靈魂永生》（“*Seth Speaks: The Eternal Validity of the Soul*”），頁 236。

876 見（美國）珍・羅伯茲（Jane Roberts）著，呂紹暉譯：《早期課 9》（“*The Early Sessions Book 9*”），頁 34。

877 見（美國）珍・羅伯茲（Jane Roberts）著，王季慶譯：《靈魂永生》（“*Seth Speaks: The Eternal Validity*

環境連我都覺得極為陌生」，但無論每個人學習的狀況如何，所有的個人特質、經驗都會被自己在死忘後全部帶走，沒有一個會遺落。當一個人的意識在某一世選擇永遠離開他的肉身（即死亡）時，他會回到全我的層面，並且「回顧此世和他世的生活，並把它們視為整體」。然後在其他「共存的諸多可能宇宙中」，觀看自己扮演過的各種角色與表現，並且「從這一切當中汲取借鏡」[878]。當然，這個部分也可以視為人格、意識處於休息、充電與消除疲勞的階段。賽斯以「留有餘地」來形容這個部分[879]。

《賽斯書》描述一個人在等待下一個轉世之前，會暫時停留在過渡的區域。由於他仍然持續在創造與體驗實相[880]，所以現代學者的研究才會發現，每位瀕死經驗者的經歷、體驗不盡相同。當然其中也可能有一些共同點[881]。依《賽斯書》的說法，一個人死亡後，他的人格、意識會回到「中間層面」（midplane），這裡是等待下一次轉世之前，意識暫時居處的地方[882]。

當人格、意識處於中間層面時，它以「靈體」(astral body；又稱「星光體」) 的方式存在。靈體是藉由「人類人格未被物質顯現的那部分」及內在感官所形成。它的組成架構還包括「組織囊」（tissue capsule），同時也是靈體的本質。它是由電磁成分所組成，但不是實體。賽斯指出，「簡單的說，它就是看不見的自己」[883]，也「可以比擬為包覆肉體的外層皮膚」。它的本質是一種「場的

of the Soul"），頁 248。

[878] 見（美國）珍・羅伯茲（Jane Roberts）著，呂紹暉譯：《早期課 9》（"*The Early Sessions Book 9*"），頁 34-35。

[879] 見（美國）珍・羅伯茲（Jane Roberts）著，王季慶譯：《靈魂永生》（"*Seth Speaks: The Eternal Validity of the Soul*"），頁 68、72。

[880] 見（美國）珍・羅伯茲（Jane Roberts）著，王季慶譯：《靈魂永生・第十一章》（"*Seth Speaks: The Eternal Validity of the Soul*"），頁 207-237。

[881] 見（美國）雷蒙・穆迪（Raymond A. Moody）著，林宏濤譯：《死後的世界》（"*Life After Life*"），頁 51-139。

[882] 見（美國）珍・羅伯茲（Jane Roberts）著，梁瑞安譯：《早期課 4》（"*The Early Sessions Book 4*"），頁 367。

[883] 見（美國）珍・羅伯茲（Jane Roberts）著，謝欣頤譯：《早期課 5》（"*The Early Sessions Book 5*"），頁 44。

界限」、「能量場的界限」，用以「把全我能量控制好免得滲漏出來，以保護內在自我」[884]。

賽斯說，「所有的意識都有它自己的星光本體」。當一個人還活著的時候（肉身的自己），靈體本身就處於投射的狀態。「靈體投射（astral projection）常常在睡眠中發生」，而自我（ego）「通常並不覺知這樣的投射」。除非自我與內我之間有更多的溝通，它「才更有機會明白發生了什麼」。這個看不見的自己在死後偶爾會被其他活著的人「瞥見」（seen on occasion）。它生前是仰賴身體匯集經驗，但是經驗並非物質性的，所以死後「這些在物質世界所彙集的經驗，就會被內我或星光本體編織成型」。因此，星光本體可說「是整個人格更完整的代表，它的能力也是更廣大」，而內在自我（inner ego）是它的指揮者。當一個人還活著時，在睡眠中他是以「星光的形象」（astral image）存在。這個形象擁有完全的自由，運用著它本有的心電感應、預知能力去四處「遊蕩」（wander）、旅行，所以它可以瞬間移動，悠遊於不同的歷史時空之中。在這些過程中，它醒時狀態的自我（ego）對它毫無約束力。只要還沒有結束一世的輪迴，「它總是會回歸肉體」[885]。

個人死亡之後，如果輪迴還沒結束，他的人格、意識必會處於中間層面，主要作用是讓「潛意識知識轉移到人格——意識（personality-consciousness）」[886]，並且「被允許在一段中立又相對被動的時期調適他們自己」[887]。如果這個人格還是非常「關注實際事物」，放不下生前的狀態[888]，通常會嘗試與生者「通

---

884 見（美國）珍・羅伯茲（Jane Roberts）著，洪志美、張黛眉、梁瑞安譯：《早期課 1》（"*The Early Sessions Book 1*"），頁 543；（美國）珍・羅伯茲（Jane Roberts）著，陳秋萍譯：《早期課 3》（"*The Early Sessions Book 3*"），頁 14。

885 見（美國）珍・羅伯茲（Jane Roberts）著，謝欣頤譯：《早期課 5》（"*The Early Sessions Book 5*"），頁 45-46。

886 這種過程也適用於一般人的出神狀態。見（美國）珍・羅伯茲（Jane Roberts）著，洪志美、張黛眉、梁瑞安譯：《早期課 1》（"*The Early Sessions Book 1*"），頁 500。

887 見（美國）珍・羅伯茲（Jane Roberts）著，陳秋萍譯：《早期課 3》（"*The Early Sessions Book 3*"），頁 155。

888 見（美國）珍・羅伯茲（Jane Roberts）著，梁瑞安譯：《早期課 4》（"*The Early Sessions Book 4*"），

訊」（communication）。賽斯分析這類狀況主要是因為個人死亡後，他的「物質形象不會立即消失」。其他還有很多原因，大致上與肉體本身的建構方式、組成分子（原子、分子等）仍擁有某種程度的「意識和生命力」，或與「有一部分被其他那些觀看它的人維持著」等有關[889]。有些死者的親友，甚至是素昧平生的人，基於對於死者的關懷、不捨、評價等而與其形成情感上的連結，某種程度也會影響到死者後續生命旅程的規畫，並且擴及他人格、意識的學習與發展。

有些人聲稱可以「涉入中間層面與物質層面溝通」，即傳統與所謂靈媒、通靈者等相關的事件。《賽斯書》曾經談論到這類事件，賽斯分析這類人需要具備的條件，包括：高度直覺天賦而且內在感官高度開發；不能心懷恐懼；具有紀律；他的自我（ego）願意卸下防衛，允許他有完全的自由；瞭解求問者與死者生前的狀況，以免因為生者的否認而使死者產生抗拒，或「在某些限制之內，可能會帶給那些離開物質場域的人格難題」，同時還要具備化解死者抗拒死亡，及減輕死者難題的能力。賽斯強調，不是只有「在物質場域打交道的人格才是活的」，這個觀念限制性太強了。如果一個人擁有與非物質世界人格溝通的能力，而且符合賽斯所描述的能力和條件，那他將透過發展自己的能力，「可以得到不可計量的收穫」[890]。

《賽斯書》之所以不避諱談論靈媒、通靈議題，主要是因為它強調每個人的內我天生就具有「神通」（psychic matters / psychic abilities）的本質與能力，賽斯得以與他的傳訊者魯柏取得溝通管道，並且留下龐大的文字資料，也是基於魯柏具備這種天生能力而形成。遺憾的是這種能力往往被少數人扭曲、誤用，創造出許多宗教或信仰的亂象，因此在人類主流文化中經常被視為「怪力亂神」。導致扭曲、誤用的發生主要是因為大多數人不相信這類能力是每個人都擁有、

頁 367。

[889] 見（美國）珍・羅伯茲（Jane Roberts）著，陳秋萍譯：《早期課 3》（"*The Early Sessions Book 3*"），頁 160。

[890] 見（美國）珍・羅伯茲（Jane Roberts）著，陳秋萍譯：《早期課 3》（"*The Early Sessions Book 3*"），頁 155-157。

天生具備，及有些人試圖以此能力操控外境或他人。

賽斯強調，「許多人一直在尋找可以信賴、並且向之求助的某個彷彿很遙遠的靈性『內我』」，同時，卻一直不相信內我就是與自己「有如此親密接觸的熟悉『自己』，並在自己那些部分之間建立起不必要的分隔」[891]。據此，只要個人未能認出自己內在的那位神聖存在（內我）、真正的智慧導航者，並且學習與之緊密連結，那麼地球世界之中，群體的狂熱崇拜、強權的偏執領導就不會停止發生。

曾經有位牧師詢問賽斯，人類死亡、意識離開身體之後，會前往何處。賽斯直接而簡潔地回答：「你到你想去的地方」[892]。死者將滙集、整合生前所有的記憶、經驗，無論其中有哪些符合理想、哪些與理想違逆，都不會被遺落。然後他將持續在中間層面學習與發展，並為下一世的轉世準備。賽斯指出，理想的生前經驗包括：設身處地為他人著想（即「換位思考」）、觀察他人個性中的優點、改正自己的人格、培養解決自己的問題的能力、夢境的療癒、體驗存有所設的挑戰、表達存有的個體性和獨特性等。這些有益人格、意識擴展的智慧，也都將成為人格發展為新的存有的重要元素。但是，只要死者未能領悟到是他創造自己的實相，他就無法結束在地球世界的輪迴，然後「回來，再一次學習操縱，一而再地」。他將在轉世中「學怎樣明智地處理自己的意識」，「教自己一直到學會為止」，包括學會如何領導、指導「所有的自己」[893]，即人格整合。

當一個人面臨死亡之際，內我會急欲擺脫已經耗盡的身體，任何的掙扎、抗拒都是基於他自我（ego）的無知與恐懼。由於肉體嵌於「非肉體的身體」之內，因此給予臨終者離去的自由，讓他瞭解沒有必要留在生者的身旁，是極為

---

[891] 見（美國）珍・羅伯茲（Jane Roberts）著，王季慶譯：《個人與群體事件的本質》（“*The Individual and the Nature of Mass Events*”），頁 473-474。

[892] 見（美國）珍・羅伯茲（Jane Roberts）著，王季慶譯：《靈界的訊息》（“*The Seth Material*”），頁 165。

[893] 見（美國）珍・羅伯茲（Jane Roberts）著，王季慶譯：《靈界的訊息》（“*The Seth Material*”），頁 158-159。

重要的態度與作為。賽斯說，個人死亡前，會先行在新的實相裡做記憶重整、歸位[894]。死亡後，可能會有「嚮導」前來協助死者，而死者可以選擇是否要重新經驗生前的事件。也可能會有「老師」來協助死者學習，「這樣一位老師必須要同時教導所謂一個本體的各個不同部分」[895]。等到死者學習到某種程度之後，「訓練期便開始」，輪到他「去幫助別人，給別人力量」。無論生前或死後，都是先教會自己如何明智地處理自己的意識，然後才具備引導他人學習的能力[896]。

賽斯說，當個人來到最後一次轉世、最後一次的肉體生活時，「那這選擇時間就多少會更為複雜了」。他必須選擇認同「目前的自我（ego）」，還是十分透澈地了解自己的基本本體、存在的內核比自己「所有轉世人格的總和還要廣大」；他還要選擇只認同於某些轉世人格，還是認知到所有轉世人格（人格的不同面向、所有不同的自己）之間「並沒有競爭。從來也沒有任何真正的分段（divisions），只是看起來似乎有分段」，而他只是在其中「扮演形形色色的角色，發展不同的能力、學著以新而多樣的方式創造」。無論如何，他將完全理解所有的轉世人格繼續在發展，它們的本體就是當世的本體，因此他擁有「所有前生的全部知識」。他十分清楚所有相關的資料、經驗和能力都在手邊，而不是遙遠的未來或來世[897]；接受並理解一項內在宇宙法則，即所有轉世是同時存在，而輪迴是同時發生的[898]。有鑑於此，我個人認為或許每個人都可以運用

---

894 見（美國）珍・羅伯茲（Jane Roberts）著，王季慶譯：《靈界的訊息》（“*The Seth Material*”），頁 163-166。

895 見（美國）珍・羅伯茲（Jane Roberts）著，王季慶譯：《靈魂永生》（“*Seth Speaks: The Eternal Validity of the Soul*”），頁 232。

896 見（美國）珍・羅伯茲（Jane Roberts）著，王季慶譯：《靈界的訊息》（“*The Seth Material*”），頁 166。

897 見（美國）珍・羅伯茲（Jane Roberts）著，王季慶譯：《靈魂永生》（“*Seth Speaks: The Eternal Validity of the Soul*”），頁 231-232。

898 這些都可以視為被一個人有意識地認知的「內在資訊」。賽斯說，「那麼此人格的所有部分在他死時就熟知它〔內在資訊〕了」。他不會選擇再次「被捲回另一次塵世生活裡去」，「有意識的感知到『思想的實相』是物質背後的創新者。於是這樣一個人在死亡那一刻便能了解種種幻覺的本質，而了了分明的進入下一個存在層面」。見（美國）珍・羅伯茲（Jane Roberts）著，王季慶譯：《靈魂永生》

自己的內在知識、智慧，去研究、建立一套有關與所有轉世的自己的溝通方式與學習模式，具體的作法則是可以如賽斯所說的，透過想像力或是對自己夢境的研究。

二、較小實相的時代劇與較小主題

《賽斯書》中談論的轉世都「並非漫無目的」。「每一齣戲裡都有一個全面的主題」，而每個人在戲裡「似乎都在努力解決一個較大問題的一小部分，而整齣戲則是為解決那較大的問題」[899]。然而賽斯強調，一個人即使知道自己所有的轉世背景，卻不清楚自己的「真正天性」，那麼這份知曉是沒有用的[900]。輪迴的主要目的就是要在所有轉世劇與時代劇之中，自訂問題、挑戰問題，然後在解決的過程中發揮自己天生的智慧、能力，以使意識獲得擴展，進而發揮天生「利他」的本性。

既然所有轉世的問題、議題都由自己訂立，一個人如果真心想要瞭解自己轉世的目的，就理當親自去探索、發掘，而不是總想依賴聖主明君或高賢哲人的教導或指正。他人的協助或許是一份重要助力或輔佐，但是如果自己連「我有能力尋求、理解自己轉世的目的」的基本自我（self）信任與核心信念都無法建立，那麼，由外而來的助力與答案不僅容易扭曲自己的認知與理想，更容易讓自己的心理經驗與精神活動受到他人的擺布與操控。

（一）輪迴時代劇就是一齣「問題劇」。

每個人從出生後就開始了解決問題的學習，這是因為在每齣時代劇裡，「對個人與全體而言，都設定了不同的難題」[901]。賽斯說，解決問題的方法除了早

（*"Seth Speaks: The Eternal Validity of the Soul"*），頁 420。

[899] 見（美國）珍・羅伯茲（Jane Roberts）著，王季慶譯：《靈魂永生》（*"Seth Speaks: The Eternal Validity of the Soul"*），頁 70-71。

[900] 見（美國）珍・羅伯茲（Jane Roberts）著，王季慶譯：《靈魂永生》（*"Seth Speaks: The Eternal Validity of the Soul"*），頁 255。

[901] 見（美國）珍・羅伯茲（Jane Roberts）著，王季慶譯：《靈魂永生》（*"Seth Speaks: The Eternal Validity*

已儲放在自己的天生潛能之外，也有機會在「夢實相」這個「**心靈環境更大的架構裡**」找到。在這種心靈環境中，沒有物質建構的迫切需要，所以每個人都可以在這個完全自由的環境之中，先行「**測試自己創造的強度和方法**」。等到醒後，夢中實驗的結果及決定就會以「靈感」的方式而被做夢的人所汲取，然後成為創造的泉源。這是「**人格處理問題的一種主要方法**」，也是「夢」極為重要的功能。相關議題可以參考電影「8½」（“*8½*”，1963；中譯「八部半」；IMDb: tt0056801）、「王牌冤家」（“*Eternal Sunshine of the Spotless Mind*”，2004；中譯「暖暖內含光」；IMDb: tt0338013）、「盜夢偵探」（“*パプリカ / Paprika* ”，2006；中譯「紅辣椒」；IMDb: tt0851578）、「全面啟動」（“*Inception*”，2010）、「有一天」（“*One Day*”，2010；IMDb: tt1616203）、「特斯拉」（“*Tesla*”，2020；IMDb: tt5259822）等。

賽斯特別提到英國戲劇家莎士比亞（William Shakespeare，1564～1616），認為他正是從夢境中獲得問題的靈感，並且訴諸於文學創造，成為他作品「**幾世紀以來歷久不衰的原因**」[902]。現代學者也提出類似說法，主張莎士比亞擅長在作品中突顯人類各式各樣的問題，而且不為讀者提供解決問題的方法。學者將莎士比亞所展現的這一類文學技巧與創作，稱之為「問題劇」（drama of problem）[903]。就賽斯的視角而言，人類的每一個轉世也都可以視為「問題劇」。每個人在這些戲劇裡學習、發展與擴展，賽斯說，無論是在轉世輪迴之中或是結束時，每個人的成就並不一樣。每個角色在群體意識的評價裡，例如好壞、成敗、地位高低、貧富、聰愚等，並不重要，重要的是個人如何詮釋角色、解決問題，然後將角色發揮得淋漓盡致。

賽斯特別提到某些人的特質是願意選擇信任他自己一手創造的地球物質世

of the Soul”），頁 69。

[902] 見（美國）珍・羅伯茲（Jane Roberts）著，梁瑞安譯：《早期課 4》（“*The Early Sessions Book 4*”），頁 373。

[903] 「問題劇」又稱「社會問題劇」（drama of social problem）。盛行於 19 世紀中葉的歐洲。見林于湘：〈在場的問題，缺席的答案：重探莎士比亞「問題劇」〉（臺北：《戲劇研究》，2013 年 7 月第 12 期，頁 33-88）。

界，並發現「人生」就是表達、發展的極佳舞臺，「**他們有技巧以具體的方式表達自己，把內在感覺忠實地客觀化**」。還有一些在物質世界活得很健旺的「**堅韌的靈魂**」，或許他們較難適應其他非物質的活動區域，然而「**在所有這些區域，深刻的心靈上或情感上的情況永遠不會被否定**」[904]。換言之，追求靈性學習或研讀《賽斯書》的人，他們的生命、靈魂並未比沒有這麼做的人更高尚可貴。這個重要的概念涉及到賽斯所說的人類在物質實相整體架構中的角色問題，即「**人類必須學會尊重個人的價值**」[905]。每個人都需要尊重自己與他人存在的意義和價值，無論自己與他人的存活方式、生命價值觀等，有多大的差距。人類面對大自然界其他物類的態度，也理應如此。

「求生存」既是一切萬有、存有創造的本質之一，也是萬事萬物的本能，但是這並不意味著個體可以凌駕其他個體或群體。在關心自己的倖存與面對他人的存在之間，需要有一種平衡。如果個人意識到有改變的而求，那麼改變的對象永遠是自己，而非外境或他人。任何想要改變他人或外境的欲望、預期，都只會為自己創造出不必要的麻煩、困境或負面影響。不過話說回來，一旦個人真的因為認知扭曲、偏誤而有如此的創造，也不必沉浸於氣餒、無力之中。對人格、意識而言，這些個「走錯路」、「做錯事」也可能是所屬存有需要的體驗與學習。重要的是始終保持「**對生命力本質的信賴，並且有信心，相信經驗的所有成分都被利用去達到更大的善**」[906]。那麼，個人終將體悟到每一世的輪迴、學習都「只有得，沒有失」，而這正是潛意識、存有的基本認知。

（二）每一部時代劇都是個人自編、自導、自演且感人至深的大戲。

人類的輪迴轉世戲劇都是問題劇，而問題指向目的。個人在生活中所有關

---

[904] 見（美國）珍・羅伯茲（Jane Roberts）著，王季慶譯：《靈魂永生》（*"Seth Speaks: The Eternal Validity of the Soul"*），頁 255。

[905] 見（美國）珍・羅伯茲（Jane Roberts）著，王季慶譯：《靈魂永生》（*"Seth Speaks: The Eternal Validity of the Soul"*），頁 250。

[906] 見（美國）珍・羅伯茲（Jane Roberts）著，王季慶譯：《靈魂永生》（*"Seth Speaks: The Eternal Validity of the Soul"*），頁 247。

係、事件所發生的問題，都有其輪迴轉世上的目的。《賽斯書》所論述的輪迴轉世議題，既有個人的個別目的，也有群體的集體目的。個別的目的因人而異，有「特定角色的問題、挑戰、希望與憂傷」、「所有的喜怒哀樂」。無論問題為何，都是自己的創造。每個人都在每一世創作出一齣專屬於自己的，「感人至深」的時代戲[907]。在集體的目的方面，賽斯說是「使內在知識完美，使它盡可能忠實地向外具體化到這世界」[908]。我個人認為這裡所說的「完美」，必須並非指人類二元性思想中，只要求好的、優的、美的、善的，而擠斥壞的、劣的、醜的、惡的等的完美概念。它是立基於「完形」概念之中的完美，同理、涵納所有二元性的概念，否則就容易與賽斯談論完美主義者容易成為偏執狂的議題，相互混淆。

當一個人決定投生到地球物質世界之前，靈體的狀態大致為精神振奮、具有創造性喜悅地遊戲、幽默而不輕浮、恰如其分地認真、隨興自然的遊戲感等；它將一生視為神聖的喜劇、意識機動的遊戲、負責的遊戲[909]、學習「把某一思想轉譯為最多的形相，而以之自娛」的遊戲[910]等。整體而言，它將一世的戲劇演出與遊戲視為一趟生命旅程，在旅途中學習「變成有意識的創造者」[911]。它在旅途中接受挑戰、追求目的，但是也不排斥偶有發展出的「意外旁枝」，並且也將這旁支視為邁向生命目的過程中重要的學習。它明白在為建設自己而行動的同時，它也「正在為別人劈荊斬棘地做開路先鋒」。它在旅途中所有的表達、創造，無論好壞對錯，都是「用精神的路標」給其他「任何來者留下信息」

---

907 見（美國）珍・羅伯茲（Jane Roberts）著，王季慶譯：《靈魂永生》（*"Seth Speaks: The Eternal Validity of the Soul"*），頁 66-67。

908 見（美國）珍・羅伯茲（Jane Roberts）著，王季慶譯：《靈魂永生》（*"Seth Speaks: The Eternal Validity of the Soul"*），頁 254。

909 見（美國）珍・羅伯茲（Jane Roberts）著，王季慶譯：《靈魂永生》（*"Seth Speaks: The Eternal Validity of the Soul"*），頁 45-47。

910 見（美國）珍・羅伯茲（Jane Roberts）著，王季慶譯：《靈魂永生》（*"Seth Speaks: The Eternal Validity of the Soul"*），頁 61。

911 見（美國）珍・羅伯茲（Jane Roberts）著，王季慶譯：《個人實相的本質》（*"The Nature of Personal Reality"*），頁 370。

[912]。換言之，任何人無論生前的成就大或小、正向或負向、名聲遠播或默默無聞，都在精神上為後人做出了貢獻。而且，存有、意識不會對這個「貢獻」有任何的區分或評價，只有人類人格、自我（ego）才會有如此的需求。

每個人投生地球世界後，即成為自己轉世時代劇、生命大戲的主角，並成為他人轉世時代劇、生命大戲的配角。賽斯說，個人在某一個自己選擇的時代背景裡，「和每個其他的參與者創造了道具、布景與主題」。戲中還定下一些基本假設，例如：線性的時間與空間限制、假設有個不知道是誰創造的客觀世界存在、自己是被束縛在身體（皮囊）之內等。然後自己「編寫、製作並演出整齣戲」。自己既是每一個戲碼的主角，同時也參與他人的戲碼，並成為他人劇本的配角。在二人以上的群體戲上演之前，也會有所有參與演出者的君子協定、同意基本假設[913]。

賽斯使用「戲劇」來比喻人生，而且他說所有的戲其實都是「極為即興的事」[914]。有劇本，但也處於「變為」的狀態，所以「總是由個人決定的，沒有命定這回事」[915]。有戲碼，但「沒有排演」[916]。一齣即興而沒有排演的戲對大多數的演員而言，是壓力極大之事，更何況戲的主軸是「解決問題」。然而賽斯說，所有人類在物質世界出現的問題，其實早已經先在「夢架構」（dream framework）中獲得「解決、答案和解決之道」，然後它們才緊接著在做夢者醒後「轉化為物質實相」[917]。

---

[912] 見（美國）珍・羅伯茲（Jane Roberts）著，王季慶譯：《靈魂永生》（"*Seth Speaks: The Eternal Validity of the Soul*"），頁 46-47。

[913] 見（美國）珍・羅伯茲（Jane Roberts）著，王季慶譯：《靈魂永生》（"*Seth Speaks: The Eternal Validity of the Soul*"），頁 66-69。

[914] 見（美國）珍・羅伯茲（Jane Roberts）著，王季慶譯：《靈魂永生》（"*Seth Speaks: The Eternal Validity of the Soul*"），頁 70。

[915] （美國）珍・羅伯茲（Jane Roberts）著，王季慶譯：《靈界的訊息》（"*The Seth Material*"），頁 166。

[916] 見（美國）珍・羅伯茲（Jane Roberts）著，王季慶譯：《靈魂永生》（"*Seth Speaks: The Eternal Validity of the Soul*"），頁 70。

[917] 見（美國）珍・羅伯茲（Jane Roberts）著，梁瑞安譯：《早期課 4》（"*The Early Sessions Book 4*"），

在夢裡所排演的戲，賽斯稱之為「夢戲劇」（dream drama）。它「是由許多的線（threads）編織而成，人格的所有層面都提供了部分的素材」，擁有自我（self）構造、織物（fabric）的能力。它讓人格的問題劇先在夢境中「演出各種不同的可能性，這些可能性都能當成實相來體驗」。然後人格再從中選擇最有效的一齣戲劇，讓它「在物質實相中反應出來」，這也使得「自我（ego）有能力解決迫在眉睫的問題」[918]。由此看來，一位擁有解決問題能力的人，不是因為他的自我聰明機伶或大腦智商高，而是他人格與心智相互信任、合作的成果。此外，他擁有開明、彈性的自我，以致能夠接收由內而來的智慧訊息。即使他沒有意識到這些內外能力的合作、運作，卻總是有源源不絕的靈感以供他解決問題之用。這也可以說明為什麼一個人解決問題的能力，通常與他的學歷、智商沒有絕對的關係，但是大多與他的直覺力有關。

夢戲劇的概念可以使人理解為什麼人類「無法中止夢活動（dream activities），它自己也永不會停止」[919]。賽斯說，「夢裡的每件事物都是一種象徵，由自己的所有層面以數學方式來轉譯」，它的運算過程比人類「實質電腦（physical computers）能處理的更複雜」[920]。想要解讀其中的「象徵符號，及它們所代表的個人意義」，還需要「習於用自己的意識心去檢視它們」[921]。這些解夢的知識與技巧對一般人而言，是極大的挑戰，導致夢與解夢在華人傳統文化中較少受到重視。即使有華人出土文獻的《嶽麓書院藏秦簡・占夢書》[922]、

頁 423。

918 見（美國）珍・羅伯茲（Jane Roberts）著，梁瑞安譯：《早期課 4》（“*The Early Sessions Book 4*”），頁 424。

919 見（美國）珍・羅伯茲（Jane Roberts）著，梁瑞安譯：《早期課 4》（“*The Early Sessions Book 4*”），頁 517。

920 見（美國）珍・羅伯茲（Jane Roberts）著，梁瑞安譯：《早期課 4》（“*The Early Sessions Book 4*”），頁 423。

921 見（美國）珍・羅伯茲（Jane Roberts）著，王季慶譯：《個人實相的本質》（“*The Nature of Personal Reality*”），頁 289。

922 見洪燕梅：〈文獻訓詁與文化研究導入方法——以《嶽麓書院藏秦簡・占夢書》為例〉（臺南：「第十二屆中國訓詁學學術研討會」，2015 年 5 月 15 日）。

傳世文獻的《周公解夢》等公式般的解夢著作；在西方傳統精神分析學中，則有少數如佛洛伊德、榮格的相關研究與著作[923]，相關研究至今仍是較具神祕性、較少受到重視的學術領域。夢的本質極具個人性，而且涉及個人的心智、精神活動，因此賽斯極力建議魯柏、約瑟夫婦記錄夢的內容，並且自行分析、解讀與研究[924]。他說，這麼做將促進自己的內在發展，也會讓自己比較容易在外在世界走出自己的路[925]。

個人如果在醒時狀態遇到一些難解的問題，賽斯建議不妨向自己的夢「要求對任何問題的解答」，它就會給予，不過前提是「必須信任自己」，而學著詮釋自己的夢[926]。至於求問的方式很簡單，「睡前能給予適當的暗示，那麼夢境的確能以較有效的方式」為個人的利益來工作。由於夢會同時處理一個人許多不同部分的現實狀況，因此它還可以「在自己的不同部分之間扮演溝通者的角色」，以及「傳遞過去和未來的相關訊息」，「然後自己就會特別利用夢戲劇，改善人格的整體情況」[927]。

賽斯說，「沒有毫無意義的夢，沒有毫無目的的夢」，所有夢的意義涵蓋了人格所有的層面[928]。夢境對個人提供的助益，可說極為廣泛及重要，而個人

---

923 見（奧地利）西格蒙德・佛洛伊德（Sigmund Freud）著，孫名之譯：《夢的解析》（"*The Interpretation of Dreams*"）（新北：左岸文化公司，2012 年）；（美國）詹姆斯・霍爾博士（James A. Hall, M.D.）著，廖婉如譯：《榮格解夢書：夢的理論與解析》（"*Jungian dream interpretation： a handbook of theory and practice*"）（臺北：心靈工坊文化公司，2011 年）。

924 見（美國）珍・羅伯茲（Jane Roberts）著，彭君蓉譯：《早期課 2》（"*The Early Sessions Book 2*"），頁 538；（美國）珍・羅伯茲（Jane Roberts）著，陳秋萍譯：《早期課 3》（"*The Early Sessions Book 3*"），頁 21、57、125。

925 見（美國）珍・羅伯茲（Jane Roberts）著，陳秋萍譯：《早期課 3》（"*The Early Sessions Book 3*"），頁 18。

926 見（美國）珍・羅伯茲（Jane Roberts）著，王季慶譯：《個人實相的本質》（"*The Nature of Personal Reality*"），頁 594。

927 見（美國）珍・羅伯茲（Jane Roberts）著，梁瑞安譯：《早期課 4》（"*The Early Sessions Book 4*"），頁 424-425。

928 見（美國）珍・羅伯茲（Jane Roberts）著，梁瑞安譯：《早期課 4》（"*The Early Sessions Book 4*"），頁 423。

在夢中一時無法解決的問題與挑戰，絕對不會在醒時狀態上演。換言之，每個人在醒時狀態所面臨的各種事件，必定有它的解決之道；即使事件被暫時擱置，有時也是當下適宜的解決方法，重點在於是否願意勇敢面對事件而不採取迴避的態度。不過，由於個人在醒時生活中，自我（ego）才是信念的抉擇者，所以要不要面對問題的挑戰、接受夢中的實驗結果，總是它說了算。因此即使個人在夢中已經取得問題的解決方法，自我卻未必「如實演出」，反而可能一意孤行，採取它自認為最好的解決方式。以家庭關係為例，許多家庭的成員總是將談話的注意力、焦點放在物質性的存在，如學業成績、工作業績、薪資、物品、社會時事、親友狀況等，卻較少觸及對這些物質存在的想法、信念、感受、情緒等的溝通和交流。造成這種狀況的因素很多，主要有傳統「孝順」、「家和萬事興」、「家醜不外場」等信念的影響。久而久之，不僅個人害怕面對自己的精神活動，整體家庭結構也可能經常創造出許多不必要的挑戰。所有物質性的存在必然立基於精神性的建構，如果家庭成員在精神上缺少真實的「共識」，而只有虛假的「應和」，這個家庭任何的集體創造都可能只是華而不實的物質存在，而且往往不堪一擊。夢是潛意識的活動，夢境所提供的解決之道必然真實的「表達」，表達的內容就涵蓋在想法、信念、感受、情緒等之中。所以，當一個家庭不容許不同的聲音（信念），無法坐下來心平氣和地交換想法，拒絕成員如實表達感受、情緒，就意味著這個家庭的成員都只能以緊戴人格面具、充滿防衛意識的「自我」示人，而難以真「心」相待。

「關係」本身是物質性的存在。一個人如果只將注意力聚焦在關係的表面維繫或只在意它的得失，而不願正視真正建構出它的精神活動、心靈實相，就很可能會在各種關係之中，經常創造出令自己感到不適的重複模式（迴路）。現代心理學、精神分析學之所以日漸盛行，或許就與人類已經將「只願意關注物質的追逐、害怕面對自己的心理經驗與精神活動，而偏好操控外境及他人」的現象，發展到了極致。就《賽斯書》「意識、精神創造實相」的觀念而言，這世界沒有一個事件或一齣悲劇是「意外」。然而這並非絕境，夢永遠會為個人提供學習、改變的機會。它總是藉由各式各樣的戲劇實驗，提醒個人要兼顧心靈探索與物質的追求，勇敢面對自己的心理經驗與精神活動，並學習覺察與操縱自己的思想與情感。如此一來，所有的認知、創造的扭曲都可以自然、自發地隨之調整、療癒，然後覺知整個過程正是生命「更大的挑戰」，同時也是一項由生命正途走向叉路的寶貴經驗。相關議題可以參考電影「心靈捕手」（*"Good Will Hunting"*，1997；港譯「驕陽似我」；IMDb: tt0119217）、「高年級實習生」（*"The Intern"*，2015；中譯「實習生」、港譯「見習冇限耆」；IMDb: tt2361509）、「誰先愛上他的」（*"Dear EX"*，2018）、「婚姻故事」（*"Marriage Story"*，2019）、「你傷害了我」（*"You Hurt My Feelings"*，2023）、「人生萬萬想不到」（*"Shortcomings"*，2023；中譯「不足之處」，港譯「世上最爛的男人」；IMDb: tt14483774）、「學爸」（*"Papa"*，2023；IMDb: tt17500430）。

（三）每個人都創造並演出「宇宙激情劇」。

賽斯將人類的轉世劇、時代劇形容為一齣「宇宙激情劇」（cosmic passion plays）[929]，「**基本上它們全都同時存在**」。有些參與演出者仍然捲入極其複雜的「激情劇研習會」（reincarnational existences），「**發覺自己很難看破它們**」[930]。大多數人看戲時，喜歡關注主角本身優異的條件，以及他在社會或時代背景中的突出表現，並且投以欽羡之情，甚至引發模仿欲望。然而賽斯強調，「戲」本身是一個人如何將「**直覺性的真理**」實現為他所要的表達形式，讓他的創造力能夠產生「**龐然與全面性的效果**」。戲的目的在於「**喚醒潛藏在每個演員之內的能力，並做為行為的典範**」；每個人在每齣戲裡的挑戰也許不同，但是所有意識的共同目的就在於此[931]。因此，戲是人格、意識進步的來源，它與人類

929 見（美國）珍・羅伯茲（Jane Roberts）著，王季慶譯：《靈魂永生》（*"Seth Speaks: The Eternal Validity of the Soul"*），頁 71。

930 見（美國）珍・羅伯茲（Jane Roberts）著，王季慶譯：《靈魂永生》（*"Seth Speaks: The Eternal Validity of the Soul"*），頁 68。

931 見（美國）珍・羅伯茲（Jane Roberts）著，王季慶譯：《靈魂永生》（*"Seth Speaks: The Eternal Validity of the Soul"*），頁 70。

的「心靈或精神的焦點有關」，而且所有的戲都完全不同。

每個人、每位演員在戲中創造出來的環境，遠比他們知道的要多[932]。一位演員想要把戲演好，將角色發揮得暢達詳盡，他意識的主要焦點必得放在自己身上，留意自己如何投入劇本中的情節，如何詮釋劇本中的角色，接著重點才是他與外境、他人的互動關係。如果他一味地先將注意力放在外境與他人身上，而擔心自己的演出無法迎合編劇、導演的期待、演出效果比其他演員差，可想而知，他的整體表現會是如何。同理，一個人在生活中的自處、與他人的互動如果不是以自己為主體，然後才顧及他人的存在，而總是在乎自己的表現是否符合重要他人（significant other）的期待，他人對自己的印象、感受如何，那麼即使他的生活一度有令他感到激動、滿意之處，卻很可能難以讓這份激動、滿意長久維持，而且還可能總有不斷出現的難局、挑戰令他感到煩心。順此發展，他將一心只求凡事順風順水，擁有他人的認同、愛戴，卻始終害怕「回頭」多多認識、關懷自己，更遑論瞭解自己的起心動念。這一類人的性格通常害怕獨處（無法與自己相處），容易感受到空虛、寂寞，並因此陷入精神性（迴避、操控他人、防衛等）與物質性（藥物、菸、酒、性、網路、購物、食物、賭博、手機等）的成癮（addiction）行為。

賽斯說，沒有任何演員「被棄置於一個自己所創造卻遺忘了的戲裡」，因為每一個人「都有一個內在的指導原則」。任何演出所需的知識、資料，都可以透過內在感官、直覺向這個「內在的指導原則」索取。這就是為什麼觀察、關懷自己的演出，需要優先於在乎他人的演出，還要建立與其他演員採取合作而非競爭的心態，劇本才能夠被充分演繹且整體精采地演出。「戲」本身是中立、中性的，但也是一個框架、限制。一個人無論是否瞭解他在戲中的稱呼、地位是什麼，他都在扮演重要的角色。如果他沒有這份對戲的本質的覺知，以及對他的角色的領悟，那麼他參與劇劇演出的意義和目的就很難被完全實現[933]。

---

[932] 見（美國）珍・羅伯茲（Jane Roberts）著，王季慶譯：《靈魂永生》（*“Seth Speaks: The Eternal Validity of the Soul”*），頁 72。

[933] 見（美國）珍・羅伯茲（Jane Roberts）著，王季慶譯：《靈魂永生》（*“Seth Speaks: The Eternal Validity of the Soul”*），頁 72-74。

賽斯強調，時代劇中的演員必須認真對待劇本角色的詮釋與演出，除了它攸關人格、意識的學習和進化之外，還有一項根本的原因：賽斯對讀者明確地說，「你寫劇本」。每個人在每一世中的背景、環境、原生家庭、父母，以及所有被體驗到的「任何童年事件」，都源於自己的選擇與創造。由於「有意識的自己把這些全忘了」，一旦「劇本中出現了悲劇、困難或挑戰」，它就開始怨天尤人、自怨自艾，然後接著體驗到各種的恐懼感與無力感。這些看似由外境或他人加諸於自己的困境和遭遇，唯有他自己願意選擇演出新的劇本、創造出新的體驗，才有改變的可能。與此同時，他會開始步入「在有意識的層面負起真正的創造責任」的體驗[934]，生命旅程將因此再次開展出一番新的風景。

（四）每個人都在自己的童年發展與經驗之中「插了一手」。

當一個人自認為童年經驗並不美好時，就許多心理學、精神分析學學者的研究而言，這對他個性的影響甚為深遠。這段經驗很可能衍生出被定義為「負向」的精神活動與心理經驗，並衍生出許多令人感到不適的感受、情緒，例如：空虛感（sense of emptiness）、罪惡感、羞恥感、反依賴（counter dependent）、不切實際的自我評價（self-assessment）、虧待自己而把同情心留給別人、針對自己的憤怒與自責、極力想隱藏真實情感、無力滋養自己（self nourishment）與他人、缺乏自我紀律、害怕並掩飾或否認情緒、無法覺察及調節自己的情緒、試圖藉由言行讓他人的感覺變好或變壞、無法理解自己的言行等，於是迴避、討好者、受害者（victim）、自戀（narcissism）、自大（inflated self-esteem）等類型的性格油然而生[935]。通常擁有這些精神習慣與心理經驗的人，在關係之中

---

934 見（美國）珍・羅伯茲（Jane Roberts）著，王季慶譯：《靈魂永生》（*“Seth Speaks: The Eternal Validity of the Soul”*），頁 82-84。

935 見（瑞士）愛麗絲・米勒（Alice Miller）著，袁海嬰譯：《幸福童年的祕密》（*“Das Drama des begabten Kindes”*）（臺北：心靈工坊文化公司，2014 年），頁 31-50；（美國）鍾妮斯・韋伯（Jonice Webb）著，張佳棻譯：《童年情感忽視：為何我們總是渴望親密，卻又難以承受？》（*“Running on Empty: Overcome Your Childhood Emotional Neglect”*）（臺北：橡實文化公司，2018 年），頁 113-155；（日本）石原加受子著，駱香雅譯：《在乎別人，是對自己的情緒暴力：「自我中心」心理學，教你不再因迎合而痛苦、孤獨》（*“感情はコントロールしなくていい「ネガティブな気持ち」を味方にする*

大多需要濃烈的情感形式，以便從中獲得存在感、價值感。當然，現代人熱衷的情緒勒索[936]、煤氣燈操縱（本書又簡稱「操控」）[937]、PUA[938]、「魔人」系列等話題，大致上也與當事人童年的發展與經驗脫離不了干係。

一般而言，情緒勒索、煤氣燈操縱與 PUA 三者有「關係」上的差異。前二者通常發生在親密關係之中，例如親子、伴侶等；PUA 則發生在雙方關係較為普通，且等級地位頗有差距的關係之中，例如上司與屬員、推銷者與被推銷者等。不過三者有時候也有合併發生的現象，其中又以情緒勒索與操控為主軸[939]。依《賽斯書》中有關實相創造、能量反饋、轉世目的等學理的角度觀察，三者都屬於效果不大的物質性操控，並且操控者終將會基於能量反饋原理而面對到

方法"）（臺北：方言文化公司，2021 年），頁 20-48；（美國）馬克・布雷克特（Marc Brackett）著，朱靜女譯：《情緒解鎖：讓感受自由，釋放關係、學習與自在生活的能量》（"*Permission to Feel: Unlocking the Power of Emotions to Help Our Kids, Ourselves, and Our Society Thrive*"）（臺北：天下雜誌公司，2021 年），頁 214-242。

[936] 見（美國）蘇珊・佛沃（Susan Forward）、唐娜・費瑟（Donna Frazier）著，杜玉蓉譯：《情緒勒索：遇到利用恐懼、責任與罪惡感控制你的人，該怎麼辦？》（*Emotional Blackmail: When the People in Your Life Use Fear, Obligation, and Guilt to Manipulate You*）（臺北：究竟出版公司，2019 年），頁 45-216。

[937] 見電影「煤氣燈下」（"*Gaslight*"，1944；港譯「恨鎖瓊樓」；IMDb: tt0036855）；（美國）艾米・馬洛一麥柯心理師（Amy Marlow-MaCoy, LPC）著，朱崇旻譯：《煤氣燈操縱：辨識人際中最暗黑的操控術，走出精神控制與內疚，重建自信與自尊》（"*The Gaslighting Recovery Workbook: Healing from Emotional Abuse*"）（臺北：麥田出版公司，2022 年），頁 9-33。

[938] 見（美國）尼爾・史特勞斯（Neil Strauss）著，貓學步譯：《把妹達人 1：從宅男到型男之路（2023 新版）》（"*The Game: Penetrating the Secret Society of Pickup Artists*"）（臺北：大辣出版公司，2023 年）。

[939] 就我個人的經驗與觀察，一般而言，操控者會先積極表現想要瞭解、關懷被操控者，藉由許多積極、正向的信念或迎合被操控者喜好的事物，做為雙方溝通、交流的媒介，用以增加親密感，並拉近雙方關係。等到確認被操控者逐漸對操控者打開心防，甚至有依賴性的言行表現，操控者即可能開始挾著身分地位的優勢，不斷檢視被操控者的言行。有時，操控者會以快速或較為激烈的言行來指出被操控者的缺失或弱點，致使被操控者一時驚慌失措，無法發揮推理、辨識的能力，而對操控者的指正、責備予以全盤接收。某些具有情緒暴力（emotional abuse；又譯「情緒虐待」）傾向的操控者也可能以喜怒無常的表達方式，試圖降低遭到被操控者抵抗或反撲的可能性。值得留意的是，有些操控者礙於身分地位或社會形象，因此不會直接在言行上表達「你是錯的，只有我說的才是對的」、「我不允許你在我面前做自己」等的意志與觀念，而選擇以宛轉的「潛臺詞」（subtext）方式呈現，例如：冷嘲熱諷、褒己貶人、話說一半等。

類似的挑戰與學習。想要擺脫這類的創造與體驗，自我心靈解讀、自我覺察的工夫是不可少的。當個人解讀、覺察到了某種程度，即可在他人的言行或事件之中，開始瞥見「偏好扮演操控者的自己」的身影。這時，是否想要進一步瞭解、同理、接納這個自己，將之整合入整體人格，又是另一個學習與改變的重要契機。

通常深陷情緒勒索與操控的人，容易伴隨某種物質成癮的行為。這是精神成癮的外顯具體化，成癮者想要藉由物質轉移對某些不適的感受的注意力，以求舒緩個人潛意識層積累的負向情緒。這種作法通常只會發生短暫的成效，因此成癮者才會需要維持對成癮物質的依賴。賽斯曾說，人類創造物質世界的目的之一是「**為了要透過身體來享受、來表達、來運用自己**」[940]，因此「享受物質」本身並不是一件壞事、錯事，重點在於是否過度與濫用。個人在運用物質的過程裡，大致上有「品」（淺嘗、品味）與「酗」（渴求、依賴）的差別。至於運用物質到什麼程度才算是「品」或「酗」、享受或成癮，個人如何由「品」陷入「酗」的境地，以及如何從「酗」之中戒斷或恢復為「品」的狀態，除了有專家學者所提供的研究與建議之外，自己應該是最清楚的人[941]。相關議題可以參考電影「逍遙騎士」（“*Easy Rider*”，1969；港譯「迷幻車手」；IMDb: tt0064276）、「阿甘正傳」（“Forrest Gump”，1994）、「楚門的世界」（“*The Truman Show*”，1998；港譯「真人 Show」；IMDb: tt0120382）、「銘謝吸煙」（“*Thank You for Smoking*”，2005；中譯「感謝你抽菸」，港譯「吸菸無罪」；IMDb: tt0427944）、「八月心風暴」（“*August: Osage County*”，2013；中譯「八月：奧色治郡」，港譯「一個葬禮四個失禮」；IMDb: tt1322269）、「靈魂急轉彎」（“*Soul*”，2020）等。

情緒勒索與操控其實早已深入地球世界的各個生活層面。現今專家學者對於這類議題的討論度頗高，社會大眾則經常會在事件之中發現這類現象，或許

---

940 見（美國）珍・羅伯茲（Jane Roberts）著，王季慶譯：《個人實相的本質》（“*The Nature of Personal Reality*”），頁 44。

941 見（美國）尼爾・史特勞斯（Neil Strauss）著，貓學步譯：《把妹達人 1：從宅男到型男之路（2023 新版）》（“*The Game: Penetrating the Secret Society of Pickup Artists*”），頁 504、560。

某方面也反映出人們開始願意正視這種精神習慣，而隱含著人性、靈性上，自然、自發的覺醒。然而如果想要真正改善這種狀況，讓事件中的所有人獲得心靈的解脫、人格的改變，不再「輪迴」其中，現代心理科學研究主張從身體機制，例如腦神經功能著手，並且認知到它們是一種學習障礙[942]；《賽斯書》則主張從身、心、靈整體的概念出發，瞭解到生命建構最基本的原理是：每個人的世界就是由自己一手所創，以及每個人「**有完全的自由去創造自己的經驗**」[943]。

如果一個人自認為成癮行為與童年的發展與經驗有關，那麼不妨進一步去理解自己其實在「**童年環境的發展進程裡**」，都「**插了一手**」；原生家庭中的父母、手足或與其他成員，都是自己的選擇，而且有其重要的意義和目的。當然，這並不意味著每個人都「**理應受到那些際遇的支配**」，重點可以放在個人選擇以什麼態度看待自己的童年環境，接受哪些對童年經驗的定義或詮釋，是否有哪些相關的信念需要強化或修改。賽斯強調，每個人安排了自己一生所需的挑戰，目的是為了「**克服它**」；訂定了自己想要的目標，用意在於「**達成它**」；布置出各式各樣的經驗架構，為的是「**讓自己能藉著它成長、了解及完成某些能力**」。這一切都是每個人投胎、出生之前就已經知曉、明白的了[944]。

此外，「事件」的本質之一就是如學者所說的「一個巴掌拍不響」[945]。那些發生在自己周遭的事件，就意識、靈魂的層面而言，所有參與者無一不是想要藉由與他人共同的演出或遊戲，而達到合作創造、共同學習的目的。只是在自我（ego）的層面上，未必大家都能認出或意識到這一點。對於個人的生命劇

---

[942] 見（美國）珍・羅伯茲（Jane Roberts）著，王季慶譯：《個人實相的本質》（“*The Nature of Personal Reality*”），頁 22。

[943] 見（美國）瑪亞・莎拉維茲（Maia Szalavitz）著，鄭谷苑譯：《成癮與大腦》（“*Unbroken Brain*”）（臺北：遠流出版公司，2018 年），頁 63-74、371-406。

[944] 見（美國）珍・羅伯茲（Jane Roberts）著，王季慶譯：《個人實相的本質》（“*The Nature of Personal Reality*”），頁 49。

[945] 見（美國）蘇珊・佛沃（Susan Forward）、唐娜・費瑟（Donna Frazier）著，杜玉蓉譯：《情緒勒索：遇到利用恐懼、責任與罪惡感控制你的人，該怎麼辦？》（“*Emotional Blackmail: When the People in Your Life Use Fear, Obligation, and Guilt to Manipulate You*”），頁 180-216。

本來說，其他參與演出的人無一不是他映照的鏡子，用以協助他認出眾多不同的「自己」。因此，對於情緒勒索、PUA 或其他負向心理經驗的戲碼已經感到疲累、想要從中解脫的人而言，不妨參考《賽斯書》所提供的相關資料，開始將意識焦點轉向自己，在整體生活之中，撥出一部分時間用以探索自己的精神活動、心理經驗、轉世目的、生命劇本、多次元人格等，並建立一套專屬於自己的理解模式。或許，這一切早已寫在自己投胎前研擬的生命藍圖之中，只等著自我（ego）接受，並且願意向內我、潛意識敞開大門、汲取相關訊息，開始腳踏實地與內我、潛意識合作，共同創造出自己的理想。

賽斯說，每個人「畫」自己的藍圖，自己規畫要來地球物質世界體驗什麼，原則上要與誰相遇，但是「每一個轉世的自己」出生後，一開始「在意識上並沒有覺察到這個藍圖的存在」[946]。可是總有些人莫名地堅持自己熱愛的事物，無懼於原生家庭、婚姻、社會或其他因素挑戰，這些都不妨視為個人接受內心的指引而順著生命藍圖前行的實例。至於這個藍圖是「原版」或「修訂版」，只有個人的內心最為清楚。相關議題可以參考電影「命運規劃局」（“*The Adjustment Bureau*”，2011；港譯「天網逆緣」；IMDb: tt1385826）、「火辣奇多的誕生」（“*Flamin' Hot*”，2023；中譯「熱辣奇多的誕生」；IMDb: tt8105234）等。

個人是否需要覺知生命藍圖的存在及內容，什麼時候才能覺知，端看自己，尤其是自我（ego）的意願與選擇。當一個人選擇沉迷於「角色的問題、挑戰、希望與憂傷」，就會「被迫全神貫注於戲裡的活動」[947]，自然就對自己的生命規畫一無所知。不過，這種「入戲太深」的狀態也許是意識需要的沉浸體驗，只是體驗的程度不能過深、時間不能過久，否則整體存在就可能會被導向失衡，而創造出更多不必要的難局與挑戰。所以，擁有基本對自己精神活動的認識及自我覺察的能力，是個人居處地球物質世界極為重要之事。可惜傳統至今的教

---

946 見（美國）珍・羅伯茲（Jane Roberts）著，洪志美、張黛眉、梁瑞安譯：《早期課 1》（“*The Early Sessions Book 1*”），頁 78-79。

947 見（美國）珍・羅伯茲（Jane Roberts）著，王季慶譯：《靈魂永生》（“*Seth Speaks: The Eternal Validity of the Soul*”），頁 66-69。

育內容裡，大多忽視這項議題，而持續標榜積極「向外看」及培養競爭、比較的性格。當一個人擁有這些能力，就能經常保持意識清明，處於覺察體驗的狀態，同時還具備面對難局、挑戰的勇氣。當時機成熟時，他就有可能憶起自己轉世的戲劇和目的，體會到如賽斯所說的，「生命與意識的所有層面都是一體的，都充滿了萬分的樂趣和喜悅」[948]。總之，以我個人目前對《賽斯書》的理解，理想的物質生活狀態是沉浸體驗與覺察體驗二者兼具，因為它們都屬於學習的過程。然後當個人的意識選擇離開一世（死亡）之前，或決定結束地球物質世界的輪迴時，都能夠在意識上保持清明、在人格上「整合為一個心理個體（psychological unit）、一個有效率的精神完形（psychic gestalt）」[949]，以協助自己在進化的旅程裡，持續地學習與創造。

三、做「人格的自己」以展現創造力的多樣化

本單元的標題是借用現代心理學家（美國）阿瑪斯（A. H. Almass）在其「鑽石途徑」研究主題之中，對於本體與人格的詮釋和見解[950]。在他相關的論述內容裡，對「做自己」的議題有深入探討[951]，並且大致可區分為做本體的自己與做人格的自己。《賽斯書》對此也有大篇幅的闡述，主要是涉及人格如何在物質世界之中實踐「表達」，並且認為這即是一切萬有、存有創造人類的主要目

---

[948] 見（美國）珍・羅伯茲（Jane Roberts）著，梁瑞安譯：《早期課 4》（"*The Early Sessions Book 4*"），頁 316。

[949] 見（美國）珍・羅伯茲（Jane Roberts）著，梁瑞安譯：《早期課 4》（"*The Early Sessions Book 4*"），頁 159。

[950] 見（美國）阿瑪斯（A. H. Almass）著，胡因夢譯：《鑽石途徑 I：現代心理學與靈修的整合》（"*Elements of the real in man*"）（新北：心靈工坊文化公司，2004 年）；（美國）阿瑪斯（A. H. Almass）著，胡因夢譯：《鑽石途徑 II：存在與自由》（"*Diamond Heart Book Two：The Freedom To Be*"）（新北：心靈工坊文化公司，2004 年）；（美國）阿瑪斯（A. H. Almass）著，胡因夢譯：《鑽石途徑 III：探索真相的火焰》（"*Diamond Heart Book Three: Being and the Meaning of Life*"）（新北：心靈工坊文化公司，2005 年）；（美國）阿瑪斯（A. H. Almass）著，胡因夢譯：《鑽石途徑 IV：無可摧毀的純真》（"*Diamond Heart, Book Four: Indestructible Innocence*"）（新北：心靈工坊文化公司，2009 年）。

[951] 見（美國）阿瑪斯（A. H. Almass）著，胡因夢譯：《鑽石途徑 II：存在與自由》（"*Diamond Heart Book Two：The Freedom To Be*"），頁 239-262。

的。不過，《賽斯書》談論的人格還區分為存有分裂形成的「片段體人格」，以及由片段體人格所裂解、投射出的「人類人格」，而阿瑪斯及其他心理學、精神分析學所探討的人格，僅是針對後者的部分。

在本書第二章第一節曾經談論到本體與人格的不同。存有是「片段體人格」的本體，而「人類人格」的本體則包含了存有、片段體人格與內我。這三者都不具有固化的形體，人類的外在感官無法具體感知到它們的存在，所以賽斯才會說，人類人格是本體可以在三度空間（物質世界）的存在中實現的部分，而「人格可能被環境所塑造，但本體**利用**這些經驗，卻不會攪得亂七八糟」[952]。當片段體人格透過人類人格的學習、發展到某種程度時，它也可以成為存有、更大的本體，同時「保有那種個體性」[953]，就如同賽斯自述他的存在模式是「僅只是一個『以能量為體性的人格』，不再具體化為物質形象」[954]。

人類人格與本體密不可分。在它不斷學習、整合的過程裡，因為有本體的存在與能量、生命力的支持，它才能維持本質並發揮潛力無窮的創造力。不過，它的創造可能是符合理想的，也可能一不留意就將理想導向扭曲。以人類偏好的二元性思想、二分法思考來說，就是人格既可以創造出美好的生活，也無法避免面對醜惡世界的主因。然而無論好或壞、善或惡、美或醜、優或劣、有意義或沒價值的創造，都是人格得以發展出多元化與多樣化的面向、形成許多不同的自己，以及整體人格得以從獲得更新、擴展的重要憑藉。然而本體並不會以二元性思想、二分法思考去批判、評價人類人格的發展與擴展，這項道理與當初它創造人格的立場是一致的。

賽斯說，當片段體人格基於「三個兩難之局」而將它的意念建構「往外投射進入其他感知場域或片刻點」時，就已經誕生新的人格。然而「人格本身就

---

[952] 見（美國）珍・羅伯茲（Jane Roberts）著，王季慶譯：《靈界的訊息》（“*The Seth Material*”），頁 239。

[953] 見（美國）珍・羅伯茲（Jane Roberts）著，彭君蓉譯：《早期課 2》（“*The Early Sessions Book 2*”），頁 250。

[954] 見（美國）珍・羅伯茲（Jane Roberts）著，王季慶譯：《靈界的訊息》（“*The Seth Material*”），頁 241。

是由行動組成，而且持續不斷變化」[955]，加上「行動之內永遠還有行動」，會有更多的新人格被創造出來，「就這樣周而復始不斷循環」[956]。這些新人格（即人類人格）在進入地球層面之前，「一個人格的主要特質就已經由人格自己決定了」[957]，而片段體人格（創造者）絕對不會批判、評價由它所創造的新人格（創造物），它總是保持中性、觀察、學習的態度來看待自己的創造成果。

人格進入地球物質實相之後，即開始發展出多元、多樣的面向。這些人格面向（自己）有的處於地球物質世界中，可以藉由身體、言行表達出來；有些則只存在於例如夢中、不同轉世等，無法以外在感官感知的層面。因此，賽斯在談到有關人格的訓練、整合時，特別強調「不能只單獨只考慮人格，而必須同時考慮到它與行動的關係，以及它與它所屬實相裡全部面向的關係」[958]。當一個人瞭解到他的人格在地球世界不會只有單一人格面向（學者或稱之為「面具」）之後，就可以更有意識地面對生命的難局與挑戰，例如他如何在眾多人格面向之間周旋、切換；如何看待多層次、多次元的自己；如何訓練、整合它們以表達出他所屬本體（存有、片段體人格、內我）的本質暨創造力；或是面對他人時，究竟是在做「人格的自己」，還是「本體的自己」。

其實，有些人即使不知道或沒有特別關注這些議題，還是可以在生活作息之中，表達出他們所屬本體的特質，而處於做本體的自己的狀態。這是因為人類本身就具有自然、自發的療癒系統與平衡系統，還有就是不同人格面向之間的矛盾、衝突現象，都在可控範圍之內。不過當矛盾、衝突加劇、過於嚴重，並發展為如賽斯所說的亂七八糟、紀律崩散等狀況，那麼不僅療癒系統與平衡

---

[955] 見（美國）珍・羅伯茲（Jane Roberts）著，梁瑞安譯：《早期課4》（*"The Early Sessions Book 4"*），頁35、172。

[956] 見（美國）珍・羅伯茲（Jane Roberts）著，梁瑞安譯：《早期課4》（*"The Early Sessions Book 4"*），頁20。

[957] 見（美國）珍・羅伯茲（Jane Roberts）著，彭君蓉譯：《早期課2》（*"The Early Sessions Book 2"*），頁118。

[958] 見（美國）珍・羅伯茲（Jane Roberts）著，梁瑞安譯：《早期課4》（*"The Early Sessions Book 4"*），頁186。

系統難以正常運行，甚至還會創造出身心疾患或其他不必要的難局與挑戰，導致深陷於做人格的自己而無法自拔。依《賽斯書》的觀點而言，做人格的自己是個人意識、人格學習與發展的必要過程，以便從各種體驗之中獲得重要的體會、領悟與明覺。當人格於轉世趨於尾聲時，自然會朝向做本體的自己發展，屆時所有人類人格的體會、領悟與明覺將使本體獲得更大的能力，進而創造出「更大的本體」。

（一）明辨私人與眾人共享的實相及思想與情感的交會點。

人類人格的學習除了表達自己之外，還有透過與他人、群體的關係，包括私人與眾人共享的實相、思想與情感的交會點，用以映照出自己更深、更廣的自己，並檢視自己在物質世界學習的成效。外境、他人就像一面明鏡，透過這面鏡子的協助，個人可以突破視覺感官的限制，看見更多面向、更深層次的自己。賽斯說，個人所有的外在環境、際遇、關係等，無一不是他意識、精神活動的創造，而且「除了被意識所創造的實相之外，沒有客觀實相的存在」[959]。這種說法近似於現代心理學中的「庫里肖夫效應」（Kuleshov effect）[960]。如果一個人沒有這項創造原理的概念，而是認定一切早在他出生前就已經被環境、他人所決定、都是外來加諸在他身上的既定事實，那麼他就很難在整體環境、關係與群體之中保有選擇自主、意識清明的能力。基於他對依附（attachment）、認同等的需求，他大部分的精力將花費在追尋如何迎合他人與群體的要求、標準，最終使得自己的個人性、獨特性逐漸淹沒在群體意識之中，生命中心感也將因此逐漸模糊。

每個人既各自創造自己的實相（世界）和事件，也都以自己的方式去詮釋它們，但是在參與共構這些實相、事件的他人之間，也會形成某種共識、交會處。當一個人對於群體共識、實相交會處有所覺知，同時也能護持自己生命的

---

959 見（美國）珍・羅伯茲（Jane Roberts）著，王季慶譯：《靈魂永生》（*"Seth Speaks: The Eternal Validity of the Soul"*），頁 24。

960 見張文成：《墨菲定律：如果有可能出錯，那就一定會出錯！》，頁 26-29。

模式及立場，就不致陷入精神錯亂，導致自己「**很難分辨一個私人和眾人共享的實相**」。不過賽斯特別指出，通常精神錯亂、無法分辨這項原理的人「**非常具創意與想像力**」，還會「**試圖把自己的私人象徵強加於世界，或試圖形成一個完全私人的世界**」。他們「**對人際關係是多疑而處處提防的**」[961]。依現代心理學、精神分析學的角度而言，較難分辨這類交會點的人大多具有極度自我中心、自戀、完美主義等性格。

依我個人的經驗及觀察，結合情緒勒索與 PUA 特質的人，在這方面的表現尤為強烈、明顯。這一類人或許可以在擅長的專業領域裡展現高度能力，可是由於他們內心總是害怕、恐懼成為某種人，或是對無法達到的其他目標充滿懊惱、無力，因而形成許多討厭的「自己」卻不自覺。一旦他們達成某些目標或得到更高成就，就容易引起那些長期被打壓、囚禁的「自己們」現身、擾動，而可能創造出一些窘境，例如昔日他人眼中的優點竟然變成缺點，或是被他人形容為「不小心露出本性」、「缺乏與他人溝通、互動能力」、「德不配位」等。這種由自己創造的心理經驗與精神實相，近似現代心理學上所稱的「彼得原理」（Peter principle）[962]。

事實上，一個人的實相「**必然被其他人分享，也必然被其他人的實相所影響**」[963]；他的世界觀也不可避免地被他的文化、國家語言或其他人的世界觀所影響[964]。這是因為人與人之間是以人類「**稱之為情感或感覺的東西**」相互連結[965]，而且在心平氣和（unresentfully）、合理範圍內的容忍等前提下，「**就會透過互動獲得心靈能量**」，並從中獲得實際經驗。想要在人際互動過程中，讓雙

961 見（美國）珍・羅伯茲（Jane Roberts）著，王季慶譯：《個人與群體事件的本質》（*"The Individual and the Nature of Mass Events"*），頁 277。

962 見張文成：《墨菲定律：如果有可能出錯，那就一定會出錯！》，頁 248-251。

963 見（美國）珍・羅伯茲（Jane Roberts）著，王季慶譯：《個人與群體事件的本質》（*"The Individual and the Nature of Mass Events"*），頁 277。

964 見（美國）珍・羅伯茲（Jane Roberts）著，王季慶譯：《未知的實相・卷二》（*"The "Unknown" Reality Volume Two"*），頁 517。

965 見（美國）珍・羅伯茲（Jane Roberts）著，洪志美、張黛眉、梁瑞安譯：《早期課 1》（*"The Early Sessions Book 1"*），頁 130。

方變得更強大，以和善的態度與他人打交道是不可少的。賽斯說這個舉動本身就能讓自己「在許多方面運用自己的能力」，擴大自己的「同情心、體貼及耐心；在這麼做的同時」，自己會變得更強大，更能與其他人類夥伴相處，「對大家都有好處」。相反的，如果是關係是建立在較脆弱的人格依賴較強壯的人格，「這種情形導致可用的能量耗竭」。當原本支撐自己獨立自主生活的能量被抽走後，「那麼這個慣於依賴能量的人會感到困惑、不平、被拋棄，但卻不知道緣由」[966]。

現代心理學、精神分析學研究指出，有些表面強壯、獨立的人，其實是因為他幼兒時期的撫養者本身就有童年情感忽視、情感疏離的依戀經驗[967]。一旦撫養者沒有自覺，就很容易將這份缺憾投射到被撫養者身上。造成的結果可能是基於他自己的同情心泛濫而導致被撫養者對他產生過度依賴；抑或是他對被撫養者施以不合理的獨立訓練，致使被撫養者創造出「反依賴」（counter-dependence）的性格。具有反依賴人格面向的人，通常表面上擁有獨立自主的形象；實際上一旦遇到被他認定是可以依靠的人時，他就會逐步將精神活動的焦點、生活的重心移放至對方身上。這一類人無法做到自我揭露（self-disclosure）、真實表達自己；無法確定對自我的感覺與做出承諾，所以不擅長輕鬆地與他人相處或協商。他們選擇壓抑情緒、迴避感覺，因此他們經常在學業或事業之中孤軍奮戰，最後導致身心俱疲[968]。如此的成長背景與精神習慣也容易衍生出結合情緒勒索與 PUA 的性格，致使這一類人偏好在人際互動之中，展現出強勢的領導或教導作為。對於他人的想法或意見，即使表面上展現出包容或兼聽的態度，事實上卻沒有任何真心想要參考或採納的意圖[969]。

---

966 見（美國）珍・羅伯茲（Jane Roberts）著，梁瑞安譯：《早期課 4》（*"The Early Sessions Book 4"*），頁 376-378。

967 見（美國）鍾妮斯・韋伯（Jonice Webb）著，張佳棻譯：《童年情感忽視：為何我們總是渴望親密，卻又難以承受？》（*"Running on Empty: Overcome Your Childhood Emotional Neglect"*），頁 37-110。

968 見（日本）岡田尊司著，邱香凝譯：《孤獨的冷漠：逃避型依戀障礙的分析與修復》（*"回避型愛着障害：絆が稀薄な人たち"*）（臺北：聯合文學出版公司，2017 年），頁 30-32。

969 見（美國）克莉絲汀・諾瑟普（Christiane Northrup）著，劉凡恩譯：《遠離能量吸血鬼：人際病態關

就我個人的經驗與研究而言，無論操控者或被操控者想要從中覺醒並改變自己這類的性格，可以從自我覺察及重新認識親密關係兩方面著手。然後嘗試引導自我（ego）逐步理解，如果沒有吸引力及心電感應的運作，這一切都不會發生；雙方的相遇必然有共同的學習議題需要面對與處理，而糾結在對與錯之間只會為自己的學習與能力，創造出更多不必要的阻礙和困境。只要自我願意在過程中培養出耐心、決心與平常心的能力，它與內我之間的屏障就可以一一拆解，阻礙和困境將因為二者的攜手合作而逐漸轉化為助力和順境。

賽斯對提供夫妻相處之道時曾說，人與人之間建立親密關係的主要目的在於協助對方面對「外在困境出現」，並「汲取更多建設性的能量」。這種狀況在雙方內心是否具有親密感時，「有著無法估量的差異」。所以，維繫親密關係的條件包括：「溝通必須永遠保持清楚」，溝通的內容則精神活動為主[970]；溝通時，個人的「心靈強度極為重要」，它會體現於雙方真實做到地位平等、相互尊重，而且讓溝通變得輕鬆順暢；學習建立自己的防護，分寸、分際有其必要性，它們既可以保護雙方，也允許保有各自的個人性、獨特性（即「做自己」）；「把自己照顧得很好」，留意是否為了尋求對方的認同而自我情緒勒索，勉強自己做不喜歡做的事、說不想說的話等[971]。當雙方關係能夠具備上述條件，即能擁有緊密的連結，相互之間就「有可能達到一個心靈完形」[972]。

賽斯曾說，有時候「關係結束倒是好事一樁」[973]。基於每個人都天生擁有

係的原型》（"*Dodging Energy Vampires: An Empath's Guide to Evading Relationships That Drain You and Restoring Your Health and Power*"）（臺北：橡實文化公司，2019 年），頁 13-84；張家齊：《失控的愛：為什麼我們愈相愛，愈受傷？觸摸那些心底被忽略的失控感，走向真正親密的未來》（臺北：天下雜誌公司，2022 年），頁 23-229。

[970] 見（美國）珍・羅伯茲（Jane Roberts）著，彭君蓉譯：《早期課 2》（"*The Early Sessions Book 2*"），頁 244-245。

[971] 見（美國）珍・羅伯茲（Jane Roberts）著，彭君蓉譯：《早期課 2》（"*The Early Sessions Book 2*"），頁 366-367。

[972] 見（美國）珍・羅伯茲（Jane Roberts）著，彭君蓉譯：《早期課 2》（"*The Early Sessions Book 2*"），頁 396。

[973] 見（美國）珍・羅伯茲（Jane Roberts）著，彭君蓉譯：《早期課 2》（"*The Early Sessions Book 2*"），頁 245。

自由意志，加上意識、精神始終處於「變為」的狀態，因此「關係」的連結與維繫是無法勉強獲得的。如果只是為了外在形象而勉強「維持」關係，雙方缺少情感連結、「走入」關係的意願，則這份關係必然建立在威脅、恐懼的基礎上[974]。人類習慣於將關係分類，因此有了親情、友情、愛情、好的或壞的、有益或有害等不同類別與層級的不同。然而如果個人無法覺知到任何關係的本質是「合作」而非「競爭」、「尊重」而非「操控」、「友善相待」而非「暴力以對」，那麼常見的關係糾紛、情感衝突、聚合無常等事件只會持續發生，並且形成一種看似無法突破且困限自己發展的迴路。相關議題可以參考電影「真情電波」（“*Radio*”，2003；IMDb: tt0316465）、「愛的針鋒相對」（“*Squared Love Everlasting*”，2023；中譯「愛的平方：天長地久」；IMDb: tt28496500）、「絕對公平」（“*Fair Play*”，2023；IMDb: tt16304446）等。

《賽斯書》為人類關係的建立與連結，提供不少理論和推演。它認為所有關係的建立必須先以建設自己、療癒自己為出發點。在這個方面的具體建議例如：認出「人生是戲」及其目的；瞭解「責任」的重要性[975]，認知所有的生活與環境都是自己的責任[976]；學會建設性地利用創造力與直覺的能力[977]；學習感知「遊戲」的創造性喜悅[978]；理解轉世時代劇的目的，體認自己所屬的存有「**具有完全的表達自由**」，自己有能力在每個當下都與它們「合一」[979]；有意識地

[974] 見（美國）珍・羅伯茲（Jane Roberts）著，彭君蓉譯：《早期課2》（“*The Early Sessions Book 2*”），頁391。

[975] 見（美國）珍・羅伯茲（Jane Roberts）著，王季慶譯：《靈魂永生》（“*Seth Speaks: The Eternal Validity of the Soul*”），頁9。

[976] 見（美國）珍・羅伯茲（Jane Roberts）著，王季慶譯：《靈魂永生》（“*Seth Speaks: The Eternal Validity of the Soul*”），頁82。

[977] 見（美國）珍・羅伯茲（Jane Roberts）著，王季慶譯：《靈魂永生》（“*Seth Speaks: The Eternal Validity of the Soul*”），頁10。

[978] 見（美國）珍・羅伯茲（Jane Roberts）著，王季慶譯：《靈魂永生》（“*Seth Speaks: The Eternal Validity of the Soul*”），頁47。

[979] 見（美國）珍・羅伯茲（Jane Roberts）著，王季慶譯：《靈魂永生》（“*Seth Speaks: The Eternal Validity of the Soul*”），頁75。

從事對自我（ego）的訓練[980]；學習與他人做「共同的創造者」，如果經歷過與自己「所愛及所恨的人緊縛在一起」，就學習如何「放鬆、放掉，化解那恨」，甚至「學著創造性地運用恨，來把它轉向更高的目的，最後把它轉變成愛」[981]；體認「關係」是物質性的「偽裝實相」，建立關係的最終目的是要超越它們[982]，然後回歸各自意識、人格的學習和擴展，並且將所有的習得帶回給自己生命的源頭，即一切萬有、存有。

人際關係的具體顯現就在於私人與眾人共享的實相，及思想與情感的交會點。在這兩個或兩個以上獨立個體的交集之處，如果個體未能覺知到保持獨立自主、允許精神交流及自然、自發的重要性，就可能形成不必要的操控。關係最終導向扭曲、破壞、裂解等方向的發展，大多與此有關。賽斯說，有些人在實踐生命的目的、使命與創造性努力的過程中，意外地成為「別人劈荊斬棘地做開路先鋒」[983]，就是因為他們能夠專注在建設自己、療癒自己，進而自然、自發地發揮了「利他」的本能。但是，有些人在尚未立穩生命的腳步、充分瞭解自己的意識、精神活動，就刻意地想要成為他人的開路先鋒。最後不僅可能一事無成，還為自己的生命旅程創造出許多不必要的叉路。賽斯還指出，有些完全明白「人生是戲」道理的人格，它們明知自己只是「角色」，而「自願扮演某個角色，以便引導其他的人邁向必須的了解與發展」[984]，額外成為他人的「說法者」[985]。但是有些人可能誤以為自己已經完全理解這些道理，在尚未覺

---

[980] 見（美國）珍・羅伯茲（Jane Roberts）著，王季慶譯：《靈界的訊息》（"*The Seth Material*"），頁 351。

[981] 見（美國）珍・羅伯茲（Jane Roberts）著，王季慶譯：《靈魂永生》（"*Seth Speaks: The Eternal Validity of the Soul*"），頁 77。

[982] 見（美國）珍・羅伯茲（Jane Roberts）著，王季慶譯：《靈魂永生》（"*Seth Speaks: The Eternal Validity of the Soul*"），頁 77-79。

[983] 見（美國）珍・羅伯茲（Jane Roberts）著，王季慶譯：《靈魂永生》（"*Seth Speaks: The Eternal Validity of the Soul*"），頁 46。

[984] 見（美國）珍・羅伯茲（Jane Roberts）著，王季慶譯：《靈魂永生》（"*Seth Speaks: The Eternal Validity of the Soul*"），頁 76-77。

[985] 魯柏、約瑟夫婦本身就是賽斯所認證的「說法者」。見（美國）珍・羅伯茲（Jane Roberts）著，王

知自己生命藍圖、內在欲望、內在資訊等的情況下，就急著想要成為他人的引路人、引導者，因此不僅經常「自打嘴巴」，還會深化試圖操控他人的習性，以致創造出更大、更多的難局與逆境。

雖然賽斯將個人的生命比喻為內在朝聖之旅，鼓勵讀者「向內看」，但是他並未否定「向外看」的重要性。外境與他人一樣都是一面鏡子，個人可以藉由「**檢查外在的環境**」、與他人的關係而習知自己內在的情形；一旦缺乏這項概念，就容易形成過度「自我中心」，而處於內、外失衡的狀態[986]。當一個人全神貫注於外在環境、追求關係的建立而不思與自己的精神活動親近，這種狀態會導致個人沉迷於「**角色的問題、挑戰、希望與憂傷**」，對轉世時代劇的本質一無所知，而且「**被迫全神貫注於戲裡的活動**」[987]。在這一類意識忘我、「入戲太深」的沉浸體驗裡，他更不可能理解所有物質生活、人際關係的成敗都是自己的創造，必須由自己負責，而總是將責任推給外境與他人。不過，每個人天生就具有覺知、領悟的種子，只要意願、內在動力充足，任何時候、地點都可以是孕育種子的契機。當然，如果人類願意在教育內容之中加入「同理」與「同情」的學習與明辨，或許種子會盡早發芽，並且讓心靈中的天賦更容易被釋放與運用[988]，影響所及，將不僅止於個人實相的創造，而是擴大至個人與群體、國與國之間的關係發展。

（二）在人際關係及相關事件之中學習區辨同情與同理。

既然人與人的互動是各自創造的實相與精神活動的交會，能否尊重雙方物質實相與精神活動領域的個體性、獨特性，就必然成為關係的品質的基本條件。

季慶譯：《靈魂永生》（*"Seth Speaks: The Eternal Validity of the Soul"*），頁 341-357、414-424。

986 見（美國）珍・羅伯茲（Jane Roberts）著，王季慶譯：《靈魂永生》（*"Seth Speaks: The Eternal Validity of the Soul"*），頁 252。

987 見（美國）珍・羅伯茲（Jane Roberts）著，王季慶譯：《靈魂永生》（*"Seth Speaks: The Eternal Validity of the Soul"*），頁 66-69。

988 見（美國）珍・羅伯茲（Jane Roberts）著，王季慶譯：《靈界的訊息》（*"The Seth Material"*），頁 167-168。

每一個關係都可以視為一個較大的事件，而每次的實相、精神活動交會則可以視為構成較大事件中的各個較小事件。

所有事件都是中性的，所有參與者都有權選擇想以二元性思想去定義事件為好或壞，或是跳脫二元性思想而選擇看進事件的本質，以便從中獲得學習和領悟。這些觀念深深影響著關係的深淺，以及維繫時間的長短。賽斯說，每一個人一生中所創造的事件，無論大小，彼此都是環環相扣，沒有一個事件可以獨立存在，因為「行動之內永遠有行動」[989]，「在我所說的『內在層面』上，所有發生的事件和物體都是彼此相連的」，「其中的一個動作或改變就會影響另一個」。[990]。

綜觀《賽斯書》談論到有關事件的創造，大致上包括以下數項：

1.所有發生在個人物質實相之中的事件，都源自於他的內我運用它自己的能量「由自己內在經驗造出一個物質的副本」，以便讓自我（ego）「能在其中扮演它的角色，演出一個內在自我所寫的劇本」[991]。

2.地球世界有各式各樣性質的事件被個人或群體創造而成，例如「實質事件」（physical events）、「自然事件」、「感官事件」、「身體事件」（body events）、「某些聯繫世界的事件」、「精神事件」[992]等。

3.事件的目的和作用往往因人而異，有時表面上看起來是「壞事」，事實上卻極富意義和價值。例如許多人對生活感到不滿足，感覺自己具有很大的勇氣卻從來沒有機會運用；又或是缺乏一種「英雄式」的插曲，以便刺激自己「到達一個更完全的了解狀態」。於是，無意識的自己可能選擇去創造出

989 見（美國）珍・羅伯茲（Jane Roberts）著，梁瑞安譯：《早期課4》（*“The Early Sessions Book 4”*），頁4。

990 見（美國）珍・羅伯茲（Jane Roberts）著，王季慶譯：《個人實相的本質》（*“The Nature of Personal Reality”*），頁150。

991 見（美國）珍・羅伯茲（Jane Roberts）著，王季慶譯：《靈界的訊息》（*“The Seth Material”*），頁351。

992 見（美國）珍・羅伯茲（Jane Roberts）著，王季慶譯：《個人與群體事件的本質》（*“The Individual and the Nature of Mass Events”*），頁276-279。

一個危機，以便「激勵起心與靈魂所有最偉大的成分，因此它們必須努力去了解、去感知、去獲勝」。賽斯認為這一類的危機反而比沒有更好，因為創造危機的人至少不會浪費天賦，而能夠以對他自己「最重要的任何方式去做到那些」，並且「學會更多，而且更滿足」[993]。就我個人的經驗與研究，《賽斯書》這項觀念有助於人類對於「壞事」的重新認知與從中獲益。不過，當事人能否堅信、參透自己就是事件的創造者，而不將責任推給外境或他人，不選擇怨天尤人，這一點至關重要。

4.事件的形成是基於個人內在的感知發動了外在感知。當一個人經歷實際的事件時，他是「對一長『串』『內在理解』的尾巴變得有所知覺而已」。賽斯說，所有外在事件都是「『內在結構』的對等『外在結構』，而內在結構則全是由內在聲音及看不見的光組合而交織成的電磁模式」[994]。換言之，當一個人感受到「有事發生」時，其實在此之前，他的意識早已先於心靈實相經歷此一事件。緊接著，此一事件被投射為物質實相、外在具體化，他的外在感官才經歷、體驗到事件的發生。這就是為什麼《賽斯書》主張，每個人眼前所發生的大小事件都是一齣自編、自導、自演的戲劇與遊戲。「看戲」之外，最重要的是認出戲的本質與目的。此外，只要一個人還活著，他所面臨的大小事件，無一不是經過潛意識的默許而發生，也沒有一件事無法面對與處理。不相信自己具備處事能力的人，是基於他自己長期的性格培養與自我（ego）所做的信念選擇，再持續以這一類信念自我暗示、自我催眠的結果。通常這一類人會積極尋求依賴的對象，並吸引許多以具體行動「愛」他們、仗義「助」他們的人來到身邊。殊不知這種愛與助可能源於「同情」而非「同理」，反而限制、弱化了他們的能力。這種性格與實相的改變，必須等到他們願意改變信念，自我也願意選擇新的信念，再加上一段時間的自我暗示、自我催眠，才可能真正實現。

---

[993] 見（美國）珍・羅伯茲（Jane Roberts）著，王季慶譯：《個人實相的本質》（"*The Nature of Personal Reality*"），頁 347。

[994] 見（美國）珍・羅伯茲（Jane Roberts）著，王季慶譯：《個人實相的本質》（"*The Nature of Personal Reality*"），頁 149。

5.所有「可能的事件被帶入實現，是藉由利用身體的神經系統而透過意志或有意識信念的某種強度來達到的」[995]。賽斯說，人類之所以可以藉由記憶將「過去」的事件瞬間帶入當下、目前，然後再一次去經驗它，其影像甚至栩栩如生，是因為肉體結構天生的機制容許它這麼做。加上神經細胞突觸（nerve cell synapse）之間正常的間隔，容許以一個不同的方式被躍過所導致[996]。不過，基於想像力、當下的信念與情緒等因素摻入，再次經驗的過去事件早已不是完全一樣的事件。這類現象現代心理學、精神分析學稱之「曼德拉效應」（Mandela effect），專指某種集體記憶與「史實」之間的矛盾、衝突現象。不過現代有些學者的主張與《賽斯書》的解說頗為不同[997]。

6.事件是先有個人的「想法」（心靈的意圖），然後「滋生出情緒感受與想像，而觸發內在的模式」。之後再「透過信念、情緒與想像，由內在實相被推送到外在實相裡」。每個人的想像與情感是他「擁有最最濃縮的能量」，而他的思想與信念「也能轉變別人的內部環境」[998]。

7.所有的事件都建立於「共構」（co-construction）關係之上[999]。賽斯說，「不管你知道與否，你是個無意識的共同創造者」[1000]。

上述內容中，又以情感的部分最為關鍵。賽斯說，情感是將思想由內在實相「向外推送，穿透無形界與有形界之間的障礙，進入『客觀的』世界——這

---

995 見（美國）珍・羅伯茲（Jane Roberts）著，王季慶譯：《個人實相的本質》（“*The Nature of Personal Reality*”），頁 418。

996 見（美國）珍・羅伯茲（Jane Roberts）著，王季慶譯：《個人實相的本質》（“*The Nature of Personal Reality*”），頁 422。

997 見葛躍輝：〈記憶的解構重置與記憶碎片組合——精神現象學視角下曼德拉效應的實質〉（廣東：《新經濟，New Economy》，2019 年 08 期，頁 31-34）。

998 見（美國）珍・羅伯茲（Jane Roberts）著，王季慶譯：《個人實相的本質》（“*The Nature of Personal Reality*”），頁 150。

999 見黃啟團：《別人怎麼對你，都是你教的》（臺北：寶瓶文化事業公司，2021 年），頁 156-224。

1000 見（美國）珍・羅伯茲（Jane Roberts）著，王季慶譯：《靈魂永生》（“*Seth Speaks: The Eternal Validity of the Soul*”），頁 36。

可不是小事一樁」，所以情感的運作可說是每個人「經常在重複的了不起的事」[1001]。由此可知，想要擁有掌握、處理與解決事件的能力，首要之務就是熟悉自己的精神活動，由熟悉自己的信念與情緒反應著手。熟悉它們的目的不是方便壓抑、迴避它們，而是在事件的當下能夠自我掃瞄身體以辨識出它們，讓它們能自然、自發地流動、表達，並對它們做出順勢的疏導、操縱。如此一來將有助於個人面對事件，並對事件及其中的人或物做出適當、合宜的反應。

當一個人熟悉自己思想與情感的活動，同時也允許它們處於「變為」的狀態，那麼他當然就有更多實踐同理心的可能。賽斯說，同理心是人類的本能，性質是「切身之感」。它屬於內在感官的第一種感官[1002]，「是一個外在的具體化，非常表淺」[1003]。所謂切身之感，大致上是運用個人的想像力與情感動力，假設自己處在他人地位或情況中，會有哪些精神上的反應，並且藉由這種方法來瞭解他人。這種做法現代心理學又稱之為「換位思考」。

在換位思考的過程中，一旦帶入個人的想法、信念、感受、經驗等，就可能形成「錯誤共識性偏誤」（false bonsensus bias），而讓換位思考變成「以己度人」[1004]。想要避免這種狀況發生，或許可以先行明辨「同理」與「同情」的實質內涵，並參考相關學理的解說以區辨二者的差異。就心理學、精神分析學的觀點而言，個人在發揮同理心、陪伴他人的過程之中，大致有以下數項表現：視對方為生命旅程中的同伴；在意被同理者的感受，允許被同理者當下流動情緒；無條件地在精神上支持、接納對方，但未必等於「同意」對方的言行；以具體行動表達支持而極少使用話語；專心聆聽且有意識地保持觀察的態度，不因投射泛濫而對被同理者的言行產生任何的批判、評價。

[1001] 見（美國）珍・羅伯茲（Jane Roberts）著，王季慶譯：《個人實相的本質》（*"The Nature of Personal Reality"*），頁 151。

[1002] 見（美國）珍・羅伯茲（Jane Roberts）著，洪志美、張黛眉、梁瑞安譯：《早期課 1》（*"The Early Sessions Book 1"*），頁 265。

[1003] 見（美國）珍・羅伯茲（Jane Roberts）著，洪志美、張黛眉、梁瑞安譯：《早期課 1》（*"The Early Sessions Book 1"*），頁 307。

[1004] 見張文成：《墨菲定律：如果有可能出錯，那就一定會出錯！》，頁 133-135。

至於「同情」則大多表現為與同理相反的態度，例如：視對方為需要被教導、指正的對象；毫不在意被同情者的感受，試圖快速消弭被同情者當下的情緒反應[1005]；有條件地在精神或物質上支持、肯定對方，有時也在言行上表現出強烈的同意或反對；大多以言語表達支持，並且急欲將自己的想法、信念灌輸給被同情者，一旦對方明顯表達困惑或抗拒時，就可能採取更為激烈的言行表達或切割關係的兩極化反應；只有表面上的「聽」而不想專注聆聽，通常同時間內心只想著要如何教導、指導對方，並且帶有濃厚的批判、評價等[1006]。

同理與同情是一個人對待外境及他人時，兩種不同的基本心態與表達方式。現今大多數人在各種關係之中，往往採用同情心而非同理心對待他人，即使是親子、伴侶等較為親密的關係也是如此。有時還會混淆二者。當一個人責罵他人「你怎麼這麼沒有同理心？」時，其實他本人正在運用同情心而不自知。而且，他的指責表面上是用以對待他人，卻很可能正好反映出他內心對某個偏好同情他人的自己，又或是某個長期被他人如此對待的自己，感到十分無奈或厭惡。此外，他可能對外在環境與人際關係相當不信任，甚至經常感到威脅、恐懼，一旦與他人相處就不自覺啟動強度較大的防衛機轉（defense mechanism）。由於他選擇將天生的信心能力運用在「不相信自己」，這種自我對待的信念與模式會不自覺地投射至外境與他人，致使他不相信外境與他人有能力改變自己，而必須有他的介入、指導或操控。有了這些思想基礎，他在各種人際關係之中就容易秉持競爭的心態，而不輕易表達內心真實的想法和感受。即使他的自我

[1005] 偏好同情他人者，經常在安慰他人之時，想要使用「沒事」、「好了」、「沒關係」等詞語去「接住」對方的情緒。現代心理學、精神分析學普遍認為這種作法對於穩定被同情者的情緒，乃至身心健康、處事方式等，都毫無助益，而且往往適得其反。

[1006] 見（美國）賈斯汀・巴瑞索（Justin Bariso）著，吳書榆譯：《可以柔軟，不代表你必須一再退讓：讓情緒成為你的後盾，不再委屈自己的 EQ 練習》（"*EQ Applied: The Real-World Guide to Emotional Intelligence*"）（臺北：時報文化出版公司，2020 年），頁 109-140；（美國）歐文・亞隆（Irvin D. Yalom）著，易之新譯：《生命的禮物：給心理治療師的 85 則備忘錄（全新修訂版）》（"*The Gift of Therapy : An Open Letter to a New Generation of Therapists and Their Patients*"）（臺北：心靈工坊文化公司，2021 年），頁 66-71、74-78；RSA：〈同理心的力量〉：https://www.youtube.com/watch?v=1Evwgu369Jw&list=PL3gPqyyeKPB_lsHoef_Ro2eqATbpmCOrR&index=19。

（ego）、大腦能夠運用禮貌、讚美、贈予等各種物質性的方式維持人際關係，卻很難避免內心經常浮現孤單、空虛、無力等感覺。當然，他自認為付出的「愛」，往往是人格、情緒的愛，而非本體、心靈之愛。

根據學者研究指出，童年時期擁有撫養者同理心對待、引導的人，成年後容易發展出與自己相處的能力，並且更具有創造力。他與原生家庭的關係將是友善而輕鬆自在，同時也會將這種心理經驗用以對待外境和他人[1007]。反之，童年時期被撫養者以同情心對待、教導的人，較難具備自我對話、自我關懷（self-compassion）與自我挑戰的能力，與原生家庭的關係容易充滿各式各樣的困境、限制。但是依《賽斯書》的觀點而言，這並不意味此人就是不幸的，成年後必然總是處於無能為力的狀態。會如此推想、理解的人，通常也具有「我無法選擇父母與家庭」的信念、同情自己遭遇的習性，導致內在滋生愈來愈多的無力感與不自然的攻擊性。想要改變這種狀態，必須重新設定對投生地球世界與原生家庭的認知，明白這一切都是人格為自己訂立的挑戰與生命議題；家庭與成員的關係建立是為了共同學習，藉由各自的創造力來突破難局與困境。換言之，這是靈魂的默契、意識的默許。如果他願意將相關信念修改為「我選擇自己的父母與家庭，並從中獲得學習、接受挑戰的機會」，將有助於發揮他的潛能，並且經常以喜悅、輕鬆、自在的心態去運用他的創造力。

同情心泛濫可說是人類主要的「壓力源」（source of stress），而情緒勒索、PUA、冷暴力（cold violence / emotional abuse）[1008]等現今常見的事件，甚至可

1007 見（美國）布萊恩・李托（Brian R. Little）著，蔡孟璇譯：《探索人格潛能，看見更真實的自己》（“*Me, Myself, and Us： The Science of Personality and the Art of Well-Being*”）（臺北：天下雜誌公司，2021 年），頁 167-222；（日本）松村亞里著，劉淳譯：《養出自我效能高的孩子》（“*子どもの自己効力感を育む本*”）（新北：世茂出版公司，2022 年），頁 17-45。

1008 見（法國）瑪麗法蘭絲・伊里戈揚（Marie-France Hirigoyen）著，顧淑馨譯：《冷暴力：揭開日常生活中精神虐待的真相》（“*La harcèlement moral. La violence perverse au qutidien*”）（臺北：商周出版公司，2020 年），頁 31-39。以我個人的經驗與觀察而言，當一個人自認遭受他人「冷暴力」時，成為「受害者」，意謂著他暫時很難親近自己的精神活動，不願意面對自己的思想和情感，因此不妨先行尋求心理、精神相關專業人士的協助，以利自己流動情緒，並覺知相關的信念群。當心情已有平復的可能時，再覺察、解讀自己是否其實早已具有精神暴力傾向或實質作為，而且還不自覺地認同它，運用在對待自己的方式，例如自我情緒勒索、自我譴責、自我唾棄等。具有受害者情結的人如果沒有

以視為是它的極大化現象。想要改善這一類的精神活動與心理經驗，可以先從如《賽斯書》所說的，將之視為自設的生命議題和挑戰，並且從自我對待做起。冒然「跳」過這個階段，就開始強迫自己追隨時代思潮，要求自己做個有同理心的人，說不定反而會為自己創造更多不必要的矛盾與衝突。

以我個人的經驗與觀察而言，上述狀況也可能發生在研讀《賽斯書》及實務練習的過程之中。《賽斯書》的核心信念是「意識創造實相」，然而研讀者在生活中從事實務練習時，選擇將注意力焦點放在「意識」、「創造」或「實相」這三個層面，所獲得的感受和學習效果可能大有不同。「意識」是生命的根源，「創造」是意識的行動，而「實相」則是前二者結合後的成果。就賽斯談到的內在紀律及創造過程的有序性（ordering）原則而言，我個人認為需要將將大部分的注意力焦點放在意識、精神活動，其餘的部分放在創造過程的觀察與調整。至於實相的部分則可以讓它自然、自發地展現出來。如果所創造的實相並不符合當初的欲望、預期，不妨將之視為擴展能力的挑戰，然後再次回到意識、精神活動的調整或改變。因為如果一個人無法先行熟悉自己的意識、精神活動，具備關懷、整合及操縱它們的能力，而是急著想要藉由「創造」來認識自己的意識，或證明自己擁有操縱它們的能力，往往會得到事與願違的效果。在這種情況下所創造出來的實相，有時反而映照出自己內在思想與情感的混亂，還有依賴物質、渴求被他人認同和吹捧的心態[1009]。

「利他」是每個人的天生本能，而運用本能的理想方式是讓它自然、自發地發揮、創造；還有，照顧好自己就對地球世界做出重大的貢獻。魯柏、約瑟

及時自我覺察、自我心靈解讀，日後往往容易將相關的精神活動、心理經驗投射至他人身上，無意間也變成了加害者。換言之，一個人如果沒有自我（self）精神虐待的傾向或實質作為，是否會吸引來偏好精神虐待他人的人，是值得深思的問題。此外，《賽斯書》認為暴力性格並非造成精神或肢體暴力事件的主因，長期積累的無力感才是。賽斯曾說，如果一個人「同意暴力即力量」，那麼他就會「以很大的報復心去懲罰罪犯」，因為他「將把人生視為權力鬥爭，而將精神貫注在暴力行為上」。見（美國）珍・羅伯茲（Jane Roberts）著，王季慶譯：《個人實相的本質》（“*The Nature of Personal Reality*”），頁 506-509。

[1009] 見（美國）杜安・舒爾茨（Duane P. Schultz）、西德尼・艾倫・舒爾茨（Sydney Ellen Schultz）著，危芷芬譯：《人格心理學》（“*Theories of Personality 11/E*”）（臺北：新加坡商聖智學習亞洲私人公司台灣分公司，2020 年），頁 151-174。

夫婦在為賽斯傳送、轉譯訊息的過程中，一度積極思忖如何以這些訊息幫助他人，賽斯也曾經提供他們相關的建議與提升能力的方法。不過賽斯特別提醒他們，過度努力、刻意去幫助他人，很可能「在心理上變成一個自我犧牲的儀式」[1010]，而這正是同情心泛濫的表現之一，不可不慎。賽斯提醒他們先專注在幫助自己「意識的演進」[1011]，因為「意識喜歡找問題，尋求答案」，而迴避問題「本身也成為了『問題』」[1012]。另外賽斯還發現魯柏目前才在「學習不斥責、不糾纏他自己的潛意識」的階段，而「這一切全都涉及行動之內的行動」。

就《賽斯書》有關助人議題的論述內容觀察，一個人對他人提供真實、有效的幫助，涉及了人類心靈「偉大的合作」。這類行為可以是自然、自發地被創造出來，而不必自我（ego）在這方面的擔憂與操心，何況人類天生就配備了「利他」、「良知」、「善的意圖」等功能[1013]。賽斯認為魯柏、約瑟夫婦願意全心全力協助賽斯「將資料公諸於世」，這項行為的本身就是對人類的一大幫助，因為願意接受這些資料的人將可以「了解自己，了解人性，以便能瞭解反映他內在實相的這個世界」[1014]。賽斯還曾經列舉他無法面對、提供協助的是哪一類的人。他對夫婦倆不諱言地說：「對於太容易受騙或疑心病太重的人，我們沒有必要處理。中庸的人對我們會很有幫助」；「易受騙的人對我們的傷害會比疑心病太重的人還大」，而「面對這樣的可能性我會<u>膽怯</u>（quail）」[1015]。

[1010] 見（美國）珍・羅伯茲（Jane Roberts）著，陳秋萍譯：《早期課 3》（“*The Early Sessions Book 3*”），頁 48。

[1011] 見（美國）珍・羅伯茲（Jane Roberts）著，王季慶譯：《個人實相的本質》（“*The Nature of Personal Reality*”），頁 513。

[1012] 見（美國）珍・羅伯茲（Jane Roberts）著，王季慶譯：《個人與群體事件的本質》（“*The Individual and the Nature of Mass Events*”），頁 297。

[1013] 見（美國）珍・羅伯茲（Jane Roberts）著，王季慶譯：《靈魂永生》（“*Seth Speaks: The Eternal Validity of the Soul*”），頁 72-73。

[1014] 見（美國）珍・羅伯茲（Jane Roberts）著，彭君蓉譯：《早期課 2》（“*The Early Sessions Book 2*”），頁 525。

[1015] 見（美國）珍・羅伯茲（Jane Roberts）著，梁瑞安譯：《早期課 4》（“*The Early Sessions Book 4*”），頁 226。

一個人在物質世界能夠做到真實的表達、盡情地演出他的生命劇本，或許本身也是一種對他人的幫助。以較為口語的說法是：「我演給你們看，希望你們獲得啟發、領悟。」就觀眾而言，只要他願意在看他人演戲的過裡，發揮同理心，保持覺察能力，多少都可以從中獲得心靈的觸動、意志的激勵等效果。不過如果觀眾一心想的是：「我要學劇中某個人物……的作為」，「我討厭電影劇情的……的部分」，事後又不深入探究自己為什麼想要模仿、複製他人，或是為什麼會討厭特定的人、事或物，就錯失了「看戲」的意義和價值，而選擇讓自己沉浸在投射泛濫的境地。

（三）所有成癮行為的第一要件就是逃避感覺。

本書第三章第二節曾經探討過，《賽斯書》主張「感覺」是意識認知自己的一種方法。順著這條理路而行，那麼逃避感覺就很可能與自己的意識存在感相行漸遠。這時，自我（ego）即便不顧一切地向前衝，帶著它自認為的信心與力量去追求各式各樣的功成名就，可是它非常清楚這份信心與力量是虛而不實的。沒有本體感的支持，它只能依靠物質的追逐來轉移這份失落與空洞的感受，而這種狀態、現象正是常見的人格面向。有些人雖然標榜「做自己」，卻忽略了去熟悉建構出「自己」的意識與精神；將專注力、意志力放在創造物質，而不瞭解意識與精神才是創造物質的根源。這一類的做自己可以稱之為做「人格的自己」，通常個人離不開對物質的依賴，進而成癮。

成癮行為大致可以區分為精神成癮與物質成癮，而且是先有前者，才有後者。前者最常見的實例是如賽斯所說，個人「**不去面對困難——它們實際上是挑戰——的習慣，可以變成一種『癮』**」。這類慣性的言行會導致個人在某個地方所生成的無力感「**被移轉到其他地方**」[1016]。久而久之，這種精神習慣就發展為現代心理學、精神分析學所說的迴避、拖延、內耗等精神成癮，然後再向外投射、具體化為各種的物質成癮行為。個人的生命型式與生活態度將可能大

[1016] 見（美國）珍・羅伯茲（Jane Roberts）著，王季慶譯：《個人實相的本質》（*"The Nature of Personal Reality"*），頁497。

部分只停留在「求生存」的階段，至於「求發展」、「求改變」與「求創造」的動力將會大幅降低。

成癮行為或許可以視為意識在地球世界中的一項重要體驗，不過一旦沉迷其中而不適時覺醒，對於意識的學習與擴展將是一道重大障礙。以我個人的經驗與觀察而言，透過閱讀、整理與研究《賽斯書》資料，再加上生活中的實務訓練，許多精神與物質上的成癮行為的確可能逐漸自行消失。這個過程首要的挑戰是「意願」，正如賽斯建議讀者對待生命的態度時，「**一定要有一種意願、一種默許、一種欲望**」[1017]。它可以視為是一種精神上的宣示及儀式。接下來的具體行動就是開始學習認識、接受、吸納（assimilated）自己各式各樣的感覺、感受，無論它們是來自對事件的回憶、聯想，或是接觸外境、他人後的反應。「意願」需要被尊重與善待，所以不過千萬不要以強迫的方式，要求自己從事這一類的實務練習，否則很容易深化自我情緒勒索的精神習慣，同時也可能反而強化物質成癮行為。所有的改變如果不是建立在溫柔對待自己、疼惜自己的基礎上[1018]，就很有可能被恐懼、悲傷、氣憤、痛苦等感受，帶向更為扭曲不堪的人際關係與實相創造。

一個人一旦建立起某種「癮」，可能也喻示著他形成了一個新的人格面向、新的自己。同樣的，當他的內在開始升起動力，願意選擇面對、改變這個癮的當下，另一個新的人格面向、可能的自己即初具形象，只等著意志力引領個人走向這個自己所存在的實相。於是這三種「自己」（成癮之前的自己、成癮的自己、不再成癮的自己）平日如何互動、相處，其實是一件既特殊又很值得觀察、研究的個案。如果他的自我（ego）並不排斥，也不妨視將之視為一齣精采

1017 見（美國）珍・羅伯茲（Jane Roberts）著，王季慶譯：《靈魂永生》（"*Seth Speaks: The Eternal Validity of the Soul*"），頁 522。

1018 見（美國）賈斯汀・巴瑞索（Justin Bariso）著，吳書榆譯：《可以柔軟，不代表你必須一再退讓：讓情緒成為你的後盾，不再委屈自己的 EQ 練習》（"*EQ Applied: The Real-World Guide to Emotional Intelligence*"），頁 166-193；（美國）克莉絲汀・娜芙（Kristin Neff）、克里斯多弗・葛摩（Christopher Germer）著，李玉信譯：《自我疼惜的 51 個練習：運用正念，找回對生命的熱情、接受不完美和無條件愛人》（"*The Mindful Self-Compassion Workbook A Proven Way to Accept Yourself, Build Inner Strength, and Thrive*"）（臺北：張老師文化公司，2022 年），頁 19-59。

的戲碼、一項有趣的實驗遊戲，並且將覺察的過程與心得一一記錄下來，以做為自我（self）人格訓練、整合的參考資料。在改變成癮行為過程中最大的挑戰，不是如何讓某個自己不要現形、那個自己取得主導地位，而是它們消失又現形的反覆過程裡。具體而言，就是一位成癮者在戒斷（withdrawal）過程中，經驗會體驗到的性格變化與行為改易無常。如果他能夠充分相信自己，盡量保持意識心的清明，將可以感知到這三個自己經常在爭奪人格的主導權，如何演出相互競爭、愛恨糾葛、恩怨情仇的戲碼；而「本體的自己」在其中又是如何做為三方的調停者，最終將它們整合成為最親密的「家人」們。

以「家人」來形容上述三個「自己」最終的理想關係與相處狀態，是就我個人的實驗與經驗而言。《賽斯書》與許多現代心理學、精神分析學曾經建議個人如何將自己打造為「理想型父母」，而這一類型的父母也是絕大多數人渴望擁有的撫養者。以他們對待、引導孩子的方式和心態來說，無疑就是在做「本體的自己」，展現出他們本體的真實樣貌。因此，真正能夠讓成癮經驗成為意識進化的動力而非阻力，是在戒斷過程之中看到「本體的自己」，而不是發展出另一個不斷強力指責自己成癮的自己，並且試圖以暴力方式去壓抑或殺死成癮的自己[1019]。

賽斯說，有些人習慣於「經常檢查『過去』以發現『現在』出了什麼毛病」，「許許多多令人不滿的情況，就歸因於個人在他們人生不同的階段開始感到害

1019 許多擁有「嫉惡如仇」性格的人，渴望且執著於消滅所有「壞人」，認為這樣的世界才是完美且值得居住的地方。他們大致上也相信自己某些個引發罪惡感的想法是惡劣的本性，定義某些個「自己」是壞人，甚至需要被「處死」。唯有如此他們才能認定自己是品格高尚、完美無瑕，而且值得活下去的人。如果個人沒有及時體悟、改變性格，一旦受到外來強烈的質疑、指責或批判時，就可能成為結束自己生命的最後「助力」。許多國家的自殺率之所以節節上升，根本的問題可能就在於這一類的精神活動與心理經驗，而不是物質生活。賽斯說，「自殺者結束自己的生命，也許是因為除了按照自己選擇的非常特定條件外，他拒絕生存下去」。當自殺者的意識（星光體）回到中間層面後，並不會受到如人類許多宗教信仰或哲學所主張的「遇到一種特別的、幾乎是報復性的命運」。不過，他將繼續投生地球世界、輪迴轉世。賽斯認為，「如果一個人殺了他自己，相信這個行為將永遠消滅他的意識，那麼這錯誤的想法可能會嚴重阻礙他的進展，因為罪惡感會使他的處境更為惡化」，所以自殺者「自然需要重新學習」。賽斯還特別強調，有些活著的人「選擇了拒絕經驗，他們肉體雖仍活著，也和自殺了沒有兩樣」。見（美國）珍・羅伯茲（Jane Roberts）著，王季慶譯：《靈魂永生》（*“Seth Speaks: The Eternal Validity of the Soul”*），頁 223-224。

怕，懷疑他們自己，而開始集中於負面的觀點」。這種否定、害怕「自己」的景況，是因為一個人記憶中的過去事件，很少與昔日的親身經歷完全一樣，一旦他「**透過對目前的不滿**」去重新組構過去的事件，結果反而加強了他現在、當下的問題[1020]，於是形成（現在的）自己與（過去的）自己較量、比較或競爭的現象。

有些人為了當下的某些成就與他人的認同，會有一種「相較於過去的自己，我更喜歡現在的自己」的想法。他語句中未曾出現的真實想法與情緒，可能是「過去的我真糟糕、不值得一提」、「真想把過去的自己像電腦檔案一樣，徹底刪除、格式化」等。不同人格面向之間的矛盾、衝突（一般以「人格分裂」視之）就可能在這類自己與自己交戰的精神活動裡，悄悄地被放大、加深。正如賽斯所說，一些個人化的難局，例如疾病、酗酒等，如果突然好了，那他就必須去面對這些先前被忽略挑戰，千萬不要以為眼下「沒事了」就是整體的安好。不去面對過往被忽略、未被安置的挑戰，時日一旦長久，再大的成就都無法令他感到滿足，因為那些過往的自己可能會實質影響到他當下內心真正的想法，例如「我根本配不上目前的身分地位和頭銜」、「我其實不夠好，有一天我會被別人揭穿」等。學者或稱這類現象為「冒牌者症候群」（impostor syndrome / impostor phenomenon / fraud syndrome；又稱「冒名頂替現象」、「騙子症候群」）[1021]。

總之，一個人想要與自己所有的人格面向、所有的自己成為「摯友」或「親密家人」，就必須選擇不再抗拒它們的身影、聲音或引發的感覺，不與之拉扯，而是選擇面對、同理與接納它們。這麼做還可以讓他所感到厭惡、排斥的自己，轉化成為生命創造、發展過程的助力。以「成癮的自己」為例，對人際關係的恐懼，或是害怕面對真實的自己，都是促使個人創造出成癮行為的重要因素，

1020 見（美國）珍・羅伯茲（Jane Roberts）著，王季慶譯：《個人實相的本質》（*"The Nature of Personal Reality"*），頁 448。

1021 見（英國）潔薩米・希伯德（Jessamy Hibberd）著，陳松筠譯：《冒牌者症候群：面對肯定、讚賞與幸福，為什麼總是覺得「我不配」？》（*"The Imposter Cure: Escape the mind-trap of imposter syndrome"*）（臺北：商周出版公司，2022 年），頁 47-66。

然後行為本身再為個人引發更多不適的感覺。許多成癮者就是如此循環反覆，深陷其中。賽斯說，感覺的自發性幾乎都會自動帶給個人「**更大的自由，促進身心健康，進而維持良好的平衡**」[1022]。因此，勇敢面對、接納自己的感覺是挑戰成癮行為的重要起手式。以此做為開端，鼓勵自己持續實踐自我（self）人格整合訓練，人際關係將不再只有「戰」或「逃」可以選擇，而且終將有在其中展現「做本體的自己」的機會。

（四）從事件之中培養操縱精神活動的能力。

人類不斷經由自己的意識與精神活動，創造出繁複多樣的大小事件。有些事件令人感到愉悅、滿足，有些則令人反感、厭惡，避之唯恐不及。這兩大類看似效果相反、水火不容的事件，其實對生活的建構是相輔相成的。一個人如果未能建立看入事件本質的習慣，理解自己究竟是以哪些信念、情緒創造出它們，那麼就有可能讓原本自認為美好的事件無法維持長久，甚至轉向不美好的方向發展，而成為令創造者感到失敗、挫折的事件。這種劇情正如同歷久不衰的「顛峰墜落」戲碼。較令人矚目的劇本內容是個人經由努力不懈、突破困境，終於榮登眾人所欽羨的地位或生活狀態。無奈好景不常，一段時日之後竟發生被自己或他人「推落」寶座，或是生活走向衰敗的事件。

一個人想要攀登顛峰而不是縱走高原，如果他憑藉的是追求卓然不群、特立突出的激情與狂熱，那麼這類情感的強度的確很容易把自己快速成功地推向頂顛。如果再加上驅使他向上的動力是與他人或群體的競爭，而不是自我挑戰，就要特別留意這類人格面向所帶來的負向作用。他想獲得可能是他人或群體的支持、讚美或膜拜，所以需要大量精神上的「投射認同」（projective identification）與眾人的期待、掌聲，可是他物質性的身體可能早已疲累不堪或傷痕累累[1023]。他將無法理解何謂自我認同（self-identification），同時也難以施展「拒絕投射

[1022] 見（美國）珍・羅伯茲（Jane Roberts）著，梁瑞安譯：《早期課 4》（“*The Early Sessions Book 4*”），頁 25。

[1023] 見周慕姿：《過度努力》（臺北：寶瓶文化公司，2021 年），頁 41-45。

認同」的能力；他比較難以想像為自己而活的樣貌，並且在有需要的時候可以輕鬆且勇敢地向外境或他人說「不」。這一類人通常也會如賽斯所說的，相信當今是「靈性與（或）物質正在走下坡」、「所有那些好不容易才贏得的成熟屬性慢慢消失」、「推理功能就像是從心智的思考性手中流失的沙粒」等的時代。他們推崇青春而貶抑老年，只想扮演其中一種角色而極力抗拒另一種。於是，「從那個顛峰起，除了走下坡之外，就沒有更進一步的旅程」[1024]。這種發展造成了他們在抵達顛峰之際，還沒充分體驗創造所帶來的感受及從中獲取的學習、覺知，就已經開始想像、害怕可能即將到來的墜落。這類意念建構和情緒能量只要到達某種強度，就會「心想事成」地創造出他們所「期待」的墜落。

在大自然界裡，顛峰總是空氣稀薄的地帶，對於個人如何在抵達時仍維持精神活動與思考能力的清晰、可控，則是一項重大的考驗。現實生活中類似的創造，道理也是一樣。個人在全力以赴、追求傲人成就的過程裡，總有一些既存的人格面向、某些個「自己」需要被掩蓋，例如：退縮、自卑、討好、暴力、無力、迴避、懶散等令他感到痛苦的性格，而這些性格通常與童年經驗有關。這時，他可能需要憑藉龐大的「物質」，例如：菸、酒、性、金錢、名聲等，以繼續壓制內在的痛苦人格，避免它們「趁機現身搗亂」，同時也用以緩解創造前、後所激起的情緒與狂熱。

每個人都有需要面對、處理的人格面向、某些個自己。它們不會因為主人格或自我（ego）的囚禁、壓制而消失無踪。生命的源頭賦予了它們「表達」的天生權利，所以它們不會永遠甘於如此地被對待。它們總是躲在陰暗的角落，伺機而動。一旦個人沾沾自喜於功成名就、欲望獲得滿足且精神鬆懈之際，它們就可能趁隙而出，悄悄地誘導個人創造出一些破壞性的行動與事件。這些行動與事件，可能連創造者本身在事後也覺得莫名其妙，所以只好將事由、責任盡可能推給外境、他人或「不明、神祕的力量」[1025]。不過，它們的目的並非想

1024 見（美國）珍・羅伯茲（Jane Roberts）著，王季慶譯：《個人實相的本質》（*"The Nature of Personal Reality"*），頁385-386。

1025 有些人以「鬼遮眼」形容這類事件的創造者，心理學則稱之為「注意力錯覺」（illusion of attention）、「不注意視盲」（inattentional blindness）或「注意力瞬盲」（attentional blink）。見（日本）情報文

要報復或與同歸於盡，而是想要「表達」，包括被主導人格看見、被接受與被釋放。過往，它們被貼上一層又一層的「標籤」[1026]，所以只好選擇暫時性的「緘默」[1027]。然而它們並不會因此持續沉睡在意識的海底，因為它們會呼吸、會汲取能量與自行發展。由於它們的本質是多數人所害怕的「痛苦」，當個人因事件而身陷這類感覺或情緒時，其實正是對它們的餵養與滋補[1028]。這些事件看似「意外」、無法被控制，但事實上真正會失控的永遠只有創造事件的精神活動，也就是個人失去對他自己思想與情感的操縱能力。相關議題可以參考電影「籃板：山羊傳奇」（*"Rebound: The Legend of Earl 'The Goat' Manigault"*，1996；IMDb: tt0117450）、「必勝球探」（*"Hustle"*，2022；港譯「籃兒當搏盡」；IMDb: tt8009428）、「馬克・卡文迪什：永不停歇」（*"Mark Cavendish: Never Enough"*，2023；IMDb: tt28290216）等。

依《賽斯書》的觀點而言，每個人每天都活在「如心所願」之中，並且吸引所有自願前來配合演出的他人。建構出生活的大小事件，沒有一項是意外，

化研究所（山崎紗紀子、宮代こずゑ、菊池由希子）著，高橋昌一郎監修，許郁文譯：《圖解認知偏誤！避開99%思考陷阱》（*"情報を正しく選択するための認知バイアス事典"*，頁 156-159。

1026 見周慕姿：《情緒勒索》（臺北：寶瓶文化公司，2017 年），頁 84-102、119-135；周慕姿：《過度努力》，頁 87-119。

1027 見（美國）安卓雅・布蘭特（Andrea Brandt）著，祁怡瑋譯：《你不爽，為什麼不明說？：腹黑、酸言、擺爛，好人面具下的「被動式攻擊」》（*"8 Keys to Eliminating Passive-Aggressiveness"*）（臺北：橡實文化公司，2021 年），頁 78-81；（英國）卡爾・薩頓（Carl Sutton）、雪莉兒・弗雷斯特（Cheryl Forrester）著，黃晶晶譯：《為什麼孩子不說話？：選擇性緘默症，一種選擇不了的沉默焦慮》（*"SELECTIVE MUTISM IN OUR OWN WORDS: Experiences in Childhood and Adulthood"*）（臺北：寶瓶文化公司，2021 年），頁 24-52。

1028 （加拿大）艾克哈特・托勒（Eckhart Tolle）著，梁永安譯：《當下的力量：通往靈性開悟的指引》（*"The Power of Now: A Guide to Spiritual Enlightenment"*）（臺北：橡實文化公司，2023 年），頁 57-71；（加拿大）艾克哈特・托勒（Eckhart Tolle）著，張德芬譯：《修練當下的力量》（*"Practicing the Power of Now: Essential Teachings, Meditations, and Exercises from The Power of Now"*）（臺北：方智出版公司，2023 年），頁 85-99；（加拿大）艾克哈特・托勒（Eckhart Tolle）著，劉永毅譯：《當下的覺醒：你到底是誰？啟動意識的更高層次》（*"Stillness Speaks"*）（臺北：橡實文化公司，2023 年），頁 183-201；（加拿大）艾克哈特・托勒（Eckhart Tolle）著，張德芬譯：《一個新世界：喚醒內在的力量》（*"A New Earth: Awakening to Your Life's Purpose"*）（臺北：方智出版公司，2015 年），頁 137-182。

即使這些事件表面上看起來並不符合自己的期待。所謂「自己的期待」，無非是自我（ego）、大腦的想法、欲望，而不是個人潛意識的真實內涵。畢竟沒有整體心智的默許與同意，任何一部生命劇本都無法在地球物質世界成功上演。許多人對自己的表現感到不滿意，甚至懊惱、自責而深處痛苦之中，主要原因就在於無法理解一切事件都是自己的創造，事件中的難局、問題都有其存在的目的。一旦個人選擇將難局、問題都推給外境或他人的阻礙、影響，反而只會加深事件的惡化與個人的無力感。

賽斯所提供的首要解決之道就是面對、接納自己的感覺、情緒。唯有如此才有可能進一步瞭解自己的想法、意念等，最終自我才可能願意選擇相信所有與自己相關的事件都源於自己的創造，並且開始學習如何去操縱自己的精神活動。賽斯說，如果「事件沒有被吸納，實際上它在每方面都陷入絕境，孤立於整個自我（ego）的接受之外」[1029]。當一個人可以做到吸納事件，自我也不再選擇孤立於整體心智之外，他就能在覺察層面上，做到同理自己與其他生靈[1030]。在此同時，他獲得了心靈中那個最具獨特性、最具能力且不可侵犯的區域——「力量的心靈領土」的所有支援[1031]。

賽斯告訴讀者，一般而言，人類進入地球物質世界就是為了「擴展意識，學習經由有意識的思想來指揮的創造方法」[1032]，即學習如何操縱自己的情感和思想。情感和思想「有自己的結構，一般來說，操縱這些結構的方式，與操縱物體的方式相同」[1033]。所有外在的物質都是由個人的精神活動所創造、投射而

1029 見（美國）珍．羅伯茲（Jane Roberts）著，梁瑞安譯：《早期課 4》（*"The Early Sessions Book 4"*），頁 75。

1030 見（美國）珍．羅伯茲（Jane Roberts）著，王季慶譯：《個人實相的本質》（*"The Nature of Personal Reality"*），頁 215-218。

1031 見（美國）珍．羅伯茲（Jane Roberts）著，王季慶譯：《個人實相的本質》（*"The Nature of Personal Reality"*），496-497。

1032 見（美國）珍．羅伯茲（Jane Roberts）著，王季慶譯：《個人實相的本質》（*"The Nature of Personal Reality"*），頁 220。

1033 見（美國）珍．羅伯茲（Jane Roberts）著，梁瑞安譯：《早期課 4》（*"The Early Sessions Book 4"*），頁 63。

成，因此當個人不喜歡外境或他人時，最直接、有效的方法就是改變自己的思想（想法、意念、信念），而不是專注於如何改變外境或他人。只有思想可以釋放自己，而「**對外在情況本身的操縱**」根本無濟於事[1034]。舉例來說，一個人學習某項運動時，他的信念決定學習時的心情、情緒反應；而他身體配合度的高低、學習的過程是否順利，則深受信念與自我（ego）的影響。一般而言，性格偏向積極、樂觀、開朗、自信的人，學習的速度較快；反之，偏向消極、悲觀、抑鬱、自餒的人，則較為緩慢，而且容易選擇中途放棄。如果後者願意建立一項觀念，即藉由外境可以映照出自己可能具有迴避難局、害怕挑戰等的心態與精神習慣，並適時發掘有待改變的信念群。當不適宜的信念被一一找出並逐次修改，自我也願意選擇新的信念之後，不僅可以改善學習速度緩慢的困境，還可以適時改變人格、整合不同的人格面向。最後，在有意識地發現到外境或他人已經改善的那一刻，個人將體驗到自我（self）操縱精神活動的威力與樂趣。

個人潛意識層與自我（ego）最為接近，關係密切，而在每個項運動學習的當下就是由自我做出信念的選擇。通常個人在學習過程中，他的基本信念是「我相信自己有能力可以輕鬆地學會這項運動」、「這項運動對我來說是輕鬆有趣的」與「我不相信自己有能力可以學會這項運動」、「我沒有運動細胞，這項運動對我來說是艱難苦澀的」。換句話說，一個人究竟有沒有學習的細胞，是由他的自我說了算。賽斯曾經提到，「**個人潛意識，很喜歡操縱運動中的肉體纖維**」[1035]，而個人潛意識層正是儲放所有信念、情緒的地方。這個區域如果收存過多矛盾、衝突的信念，以及被壓抑、囚禁的負向情緒，個人的學習、身體健康乃至於生活中的大小事件，似乎就很難經常如己所願、心想事成。

當個人從事自我覺察或尋求心理、精神專業人士協助時，過程主要就是在整理自己的信念，以及流動、釋放由信念所推動的種種情緒。有一部分心理學、精神分析學、生命哲學、身心靈等的學理主張，個人必須強力監督自我（ego），

1034 見（美國）珍・羅伯茲（Jane Roberts）著，王季慶譯：《個人實相的本質》（“*The Nature of Personal Reality*”），頁 458-459。

1035 見（美國）珍・羅伯茲（Jane Roberts）著，梁瑞安譯：《早期課 4》（“*The Early Sessions Book 4*”），頁 34。

甚至以貶抑、不信任的態度看待它的存在。不過《賽斯書》認為自我是心智不可或缺的一部分，任何人只要與自己天生的配備、能力作對，無疑都是在自找麻煩。換言之，賽斯主張以平等的角度看待自我，而不強加各種道德標準在它身上，即使他認為自我有時「**不夠有意識**」[1036]（自我覺知、覺察的能力不足），但只要個人平常多自覺性地加以訓練，它仍然可以在事件的創造過程裡，發揮重要、積極的作用。至於如何強化它的功能，茲列舉數項於下：

1.認知它的形成是由「**一個人的個性中各種不同的部分組成**」，所以它有綜合的特性，「**卻又以單一的模式去行動**」，並且是「**最直接與世界打交道的那個部分**」[1037]。「理性」是它的一部分[1038]。因此，它必須有意識地傾聽由意識心、內我所提供的訊息，並且願意參考「理性」的分析。一旦它被過度縱容、獨斷獨行，個人的精神活動將容易隨之扭曲，實相的創造就可能因此變得窒礙難行或混亂不堪。此外，真正的理性是結合邏輯（外在的、物質性的、二分法思考的）與非邏輯（內在的、潛意識的、整體思考的）的分析、判斷，而非只追求符合群體意識、社會規範的標準。

2.它天生具有擴展性。可是只要個人誤認為它的本質是抑制性（restrictive），就會形成它「**常常充任一個水壩，來擋住其他的感知**」[1039]。因此不妨善用它的本質，訓練它認知自己是意識心的旁枝，主要任務是發揮向外汲取知識、收集訊息的功能，然後將評估實相的工作留給意識心[1040]。只要它謹守本分，單純保持這項功能而不要任意介入、干預心智其他部分的運作，就不會創造出不必要的難局與挑戰。

[1036] 見（美國）珍・羅伯茲（Jane Roberts）著，王季慶譯：《靈界的訊息》（*The Seth Material*），頁 351。

[1037] 見（美國）珍・羅伯茲（Jane Roberts）著，王季慶譯：《個人實相的本質》（“*The Nature of Personal Reality*”），頁 23。

[1038] 見（美國）珍・羅伯茲（Jane Roberts）著，梁瑞安譯：《早期課 4》（“*The Early Sessions Book 4*”），頁 533。

[1039] 見（美國）珍・羅伯茲（Jane Roberts）著，王季慶譯：《靈魂永生》（“*Seth Speaks: The Eternal Validity of the Soul*”），頁 135。

[1040] 見（美國）珍・羅伯茲（Jane Roberts）著，王季慶譯：《個人實相的本質》（“*The Nature of Personal Reality*”），頁 50-51。

3.它「恆處變化中」[1041]，而且「原是不斷地在變，死而復生」，就好像「組成細胞的東西本身不斷改變，細胞卻仍然一直保留著它的本色」[1042]。因此，培養它具備能屈能伸的彈性，使個人可以在自發與紀律之間，保有一種微妙的平衡，益顯重要[1043]。

4.由於它的功能就是向外聚焦、汲取物質世界的訊息，因此也有很大的可能會被困限在物質世界的小小角落，而不願意轉向內在去接觸心靈，並且承認除了物質世界之外，還有其它非物質性次元的存在和真實性。如果它強迫自己收下許多他人或群體不適宜的信念，並以此做為創造事件的選擇與意向，就可能使它成為「善妒的神，只顧自己的利益」。不過，幸好它不是天生如此頑固，畢竟它也有強烈的學習心、好奇心，這些本質都可以使它經由個人的訓練之後，發揮極大的價值[1044]。

5.它「的確想了解與詮釋物質實相，並與它發生關係」，同時也想幫助個人「在物質存在中生存下去」。這份動力如果扭曲為與內在對立，就會違反它的自然傾向[1045]。因此，必須讓它知曉與內在合作的模式及重要性，也要讓它明白，內在心靈永遠會提供它力量感、安全感，以及它所需的任何知識、智慧。換言之，讓它理解自己永遠有一個可以「回家」投靠的對象，這對象即是本體，是「力量的心靈領土」。

6.自我具有「樹立防禦工具」的本質，即所謂「防衛機轉」。但是對於不必要的防衛，就需要藉由個人「直覺的瞭解」，以打破抗拒外境、他人或事件的

1041 見（美國）珍・羅伯茲（Jane Roberts）著，王季慶譯：《個人實相的本質》（*"The Nature of Personal Reality"*），頁 23。

1042 見（美國）珍・羅伯茲（Jane Roberts）著，王季慶譯：《個人實相的本質》（*"The Nature of Personal Reality"*），頁 8-9。

1043 見（美國）珍・羅伯茲（Jane Roberts）著，彭君蓉譯：《早期課 2》（*The Early Sessions Book 2*），頁 199、251。

1044 見（美國）珍・羅伯茲（Jane Roberts）著，王季慶譯：《靈魂永生》（*"Seth Speaks: The Eternal Validity of the Soul"*），頁 18。

1045 見（美國）珍・羅伯茲（Jane Roberts）著，王季慶譯：《靈魂永生》（*"Seth Speaks: The Eternal Validity of the Soul"*），頁 135。

僵局[1046]。如此一來，它才能盡情發揮身為「全我致力於維持物質操縱的那個部分」的功能[1047]。

一個人若有心對自我從事如上述的訓練，同時也能身體力行、持續不懈，內在天生的喜悅經常會自然浮現，且被個人所感知。賽斯說，「喜悅的表達也會使自我更有彈性、更不恐懼、面對逆境更不怨天尤人」[1048]。或許這種自我訓練、自我幫助，才是現今人類最為迫切需要的「善的循環」，因為唯有能夠自助的人，才能真正幫助別人且不致剝奪受助者的能力、信心與尊嚴。一個人一旦只想關懷、照顧、愛他人，卻總是忽略自己的身心需求；致力於尋求改變外境或他人，而不思自己是否有需要調整或改變的人格，就容易形成如賽斯所說「效果不大的外在操縱」。這一類人通常不知何謂操縱自己的精神活動，而一心只想控制或改變外在的人、事或物。如此的創造模式很容易引發無力感、罪惡感的滋長，一旦不自覺地向外強烈投射[1049]，就容易形成愈來愈失控的「惡的循環」。

賽斯曾經對讀者說，「人生即你最親密的藝術作品」，各種人際關係、事件都是創造性的延伸[1050]。如果個人感到不滿意，隨時都可以改善[1051]。改善的方法是針對自己「有意識的想法與期盼的性質」、透過自己的思想「而送到自己

1046 見（美國）珍・羅伯茲（Jane Roberts）著，陳秋萍譯：《早期課 3》（“*The Early Sessions Book 3*”），頁 87。

1047 見（美國）珍・羅伯茲（Jane Roberts）著，陳秋萍譯：《早期課 3》（“*The Early Sessions Book 3*”），頁 138。

1048 見（美國）珍・羅伯茲（Jane Roberts）著，梁瑞安譯：《早期課 4》（“*The Early Sessions Book 4*”），頁 34。

1049 見（美國）珍・羅伯茲（Jane Roberts）著，王季慶譯：《個人實相的本質》（“*The Nature of Personal Reality*”），頁 506-507。

1050 見（美國）珍・羅伯茲（Jane Roberts）著，王季慶譯：《個人實相的本質》（“*The Nature of Personal Reality*”），頁 247-248。

1051 見（美國）珍・羅伯茲（Jane Roberts）著，王季慶譯：《個人實相的本質》（“*The Nature of Personal Reality*”），頁 xxv。

身體、朋友或是生活中相關的人的各種訊息」[1052]，覺察其中所隱含的信念與情緒，並逐一改變信念。所以改變的焦點、重心都在於精神活動；是自己究竟「想」了什麼，而不是「做」了什麼。「想」是信念、情緒與想像力的結合，包容涵育了「創造」所需的心態、意圖與期望，它會為個人立即創造出精神實相，完全符合「想」字本身「心」與「相」二大部件的組合結構。當一個人願意遵循本體的性質，有意識地建構自己的心相、培養操縱自己精神活動的能力，以及「經常用這些精神性的工具」時，賽斯認為此人「就會在發展和完成自己獨特天賦上，變得越熟練」，並因此獲得重大成就[1053]。

四、做「本體的自己」以表達厚實的心靈之愛

人類人格與本體（意識、全我、內我、片段體人格、存有、一切萬有等）關係密切，但由於自我（ego）擁有朝向專擅獨行發展的能力，使得人格有可能隨著在地球實相的成長而對這份連結感逐漸疏離、陌生。再加上自我的任務為專注於以二元性思想為主的物質世界，因此更容易造成個人與本體的分裂感、分割感，而對外境及他人有強烈的依賴需求。一個人如果在意識上沒有感知到本體的存在，在意識上「沒有感知全我」，就會經常以「我」做為陳述語句的主詞[1054]。所以，當他說著「我如何如何」時，稍不留意就會陷入過度的自我中心、完美主義或角色框架（framing of role）。此時，唯有當他開始選擇相信自己的身分感（sense of identity）、延續感（sense of identity continuity），並且不再依賴自我[1055]，正視它所需要的訓練與改變，他才可能打開與本體有意識地連

1052 見（美國）珍・羅伯茲（Jane Roberts）著，王季慶譯：《個人實相的本質》（*"The Nature of Personal Reality"*），頁 xxii。

1053 見（美國）珍・羅伯茲（Jane Roberts）著，王季慶譯：《個人實相的本質》（*"The Nature of Personal Reality"*），頁 203。

1054 見（美國）珍・羅伯茲（Jane Roberts）著，陳秋萍譯：《早期課 3》（*"The Early Sessions Book 3"*），頁 441-442。

1055 見（美國）珍・羅伯茲（Jane Roberts）著，王季慶譯：《靈魂永生》（*"Seth Speaks: The Eternal Validity of the Soul"*），頁 18。

結的大門。

（一）自我（ego）對世間各種的扭曲、批判都是本體所需的體驗。

當一個人的自我（ego）開始被告知必須追求「真、善、美」，而它也收下相關信念時，所有相對的「假、惡、醜」實相就同時被創造與存在。這些由二元對立思想所創造的實相，等著他依循著每個當下的精神活動、自我對信念的選擇而進入，然後逐一沉浸式地體驗。除非在生命發展過程裡，他改變了相關信念，否則他大部分的能量、活力都將花費在維持他是「真、善、美」的形象，並且可能拖延、迴避或隱瞞對「假、惡、醜」的體驗。具體的生活細節像是他會緊守「做事不順利就表示自己很倒楣、不夠幸運」、「生活順風順水才是正常的、有福氣的人」、「與每個人都能和氣相處、沒有得到他人負面的批評，才能證明自己是好人、善人、優秀的人」、「只有仰賴外境、他人或神明的賜予，自己才能獲得平安美滿、優質自由的生活」等強烈二元概念的信念；或是不願意讓他人知道自己任何負向的想法、處境或遭遇，而是積極建立陽光、開朗、樂觀等完美的外在形象等。這些拖延、迴避或隱瞞的精神活動只會不斷為自己添增害怕、恐懼等情緒，等到他「不得不」進入「假、惡、醜」等實相的體驗時，這些實相卻已被負向能量所滋養、擴大。

本書在行文之中，有時會以正向／負向、正面／負面等二元概念來形容精神、能量等的運作情況，只是為了方便敘述與效益上的區辨。事實上，精神、能量等非物質性的存在並沒有這類本質，本體也是如此，而每個人的身體、「物質的自己」，以及外在感官所能感知到的所有物質，正是由這些無形的存在所創造、投射而成[1056]。賽斯說，一個人的身體形象是由內而外的創造，他的內我

[1056] 當這項觀念發展至某種程度時，個人或許可以體悟到原來無論身體或心智，都是精神。缺乏如此領會的人，通常容易讓意識過度聚焦於外在的生活，無法視生活為創造而過度認真，最終導致個人對自己的身體狀況或世界事件感到無能為力。賽斯認為魯柏、約瑟夫婦雖然接收了他傳送的第一手資料，卻未能善加利用，反而因此過度專注於世界的弊病，在意讀者的批評或想為他們負起責任，而這些其實都無助於他們的身心健康與意識擴展。見 Jane Roberts: *"The Personal Sessions: Book Four of The Deleted Seth Material"*（New York: New Awareness Network Inc., 2004），頁 204-208。

永遠在「**試圖建構一個與自己的自我意象一致的身體形象**」[1057]。如果他缺乏這一類認知，也不願意面對內在真實的自己（即「自我意象」），或是一味迎合群體意識、社會標準，那麼他的自我（ego）就會開始試圖積極介入、干預內在實相的創造，而不顧個人潛意識層中那些長期被壓制、拘禁或討厭的「自己」們的感受與真實面貌。相關的手法可能是透過言語舉止的包裝、修飾，或藉助侵入性的身體外貌改造方式以求達到目的。以《賽斯書》的說法，它並沒有惡意，它只是以片面、偏頗的想法與強勢的作為，企圖掩飾或改變那些不被看見的扭曲性格或負面的自己。它尚未瞭解這種「偽裝中的偽裝」作法，只會為整體自己帶來更大的麻煩而已。

賽斯提到，有些人意識到自己陷入如上述內外矛盾、衝突的窘境，為求快速的開悟、解脫，於是積極利用藥物的幫助，期望物質性的催化劑「**能帶來身體、心靈和靈性的明覺（illumination）**」，並獲得「**內心平靜的境界**」。賽斯強調，這種行為無疑是與「**人為的、勉強的方法打交道**」，一點也不自然、自發[1058]，就如過度的冥想、瑜珈等活動也是如此。採納這些方法的人可能是想要快點脫離或「跳過」負面的體驗，以便進入他自認為的永恆光明。賽斯強調，這種作法是不可能如願的。從物理概念就可以知道，只有白光而沒有其他顏色、只有空間而毫無障礙的狀態，都會使人因為失去「參考點」（reference point）而產生「空間定向障礙」（spatial disorientation；又稱「空間迷向」），更何況是精神概念上的「永恆」、「完美」。此外，愈是極力想要擺脫的對象，愈是承認它的存在及對自己的影響，反而滋養了此對象。當一個人感覺不到自己的「**喜樂愉悅、內在圓滿及潛能發展**」，理想的作法是要先承認這項感受而不再予以否認，然後研究如何同理、接納它，接下來才有可能讓它自然、自發地由阻力轉化為助力。藉助外在物質性的方法以尋求精神的解脫、人格的茁壯成長，不僅不切實際，賽斯還直言，這些「**膚淺表象的作為**」，根本就騙不了充滿智

[1057] 見（美國）珍・羅伯茲（Jane Roberts）著，梁瑞安譯：《早期課4》（“*The Early Sessions Book 4*”），頁115。

[1058] 見（美國）珍・羅伯茲（Jane Roberts）著，王季慶譯：《個人實相的本質》（“The Nature of Personal Reality”），頁251。

慧、能力的內我[1059]。

只想要擁有光明卻害怕體驗黑暗的思想與行動，也是一種完美主義，而追求極度的完美稍不留意就會讓個人陷入更大的迷茫與困惑。想要改變這種狀況，還是需要仰賴行動，而不是依賴物質或空思妄想。賽斯直言，「**真正的冥想就是行動**」[1060]，因為本體始終希望與人類人格合作與創造，無論是人格所認知的正面或負面的事件，本體都能觀察其本質而從中獲取寶貴的體驗。一位處於身、心、靈平衡狀態的人就是建立在如此自我與內我、人格與本體的合作狀態，而且不排斥失衡，因為他相信自己天生擁有自然的療癒與平衡系統。許多擁有強大天賦的創造者、藝術家就是缺少這方面的觀念，而讓自我（ego）沉醉在「眾人皆醉我獨醒」、「懷才不遇」、「人不招嫉是庸才」等悲愴的信念與精神活動裡[1061]，再加上平日忽略於培養面對、處理外在環境的能力，導致才華無法在地球世界之中盡情地施展；又或是施展之後，並沒有讓自己在情感或物質上獲得預期的滿足。相關議題可以參考電影「花落花開」（"*Séraphine*"，2008；IMDb: tt1048171）、「華爾街之狼」（"The Wolf of Wall Street"，2013）、「82年生的金智英」（"*82 년생 김지영*"，2019；IMDb: tt11052808）、「居禮夫人：放射永恆」（"*Radioactive*"，2019；中譯「放射性物質」，港譯「居禮夫人：一代科研傳奇」；IMDb: tt6017756）等。

一個人的信念推動出情緒，而情緒本身是中性的。當身體接收情緒的刺激之後，他才開始產生各種的感覺、反應。賽斯說，人類的心智「**本來的目的就是為著要清楚地感知物質環境**」，然後它對環境所下的判斷再發動「**身體的機構，帶來適當的反應**」[1062]。例如，當一個人認為「做為一名普通的上班族是不

[1059] 見（美國）珍・羅伯茲（Jane Roberts）著，梁瑞安譯：《早期課4》（"*The Early Sessions Book 4*"），頁326。

[1060] 見（美國）珍・羅伯茲（Jane Roberts）著，王季慶譯：《個人與群體事件的本質》（"*The Individual and the Nature of Mass Events*"），頁403。

[1061] 見（美國）珍・羅伯茲（Jane Roberts）著，王季慶譯：《個人實相的本質》（"*The Nature of Personal Reality*"），頁xxiii。

[1062] 見（美國）珍・羅伯茲（Jane Roberts）著，王季慶譯：《個人實相的本質》（"*The Nature of Personal

值得自傲的」，這樣的負面信念將會使他專注於工作績效與升遷，過度努力的結果是他容易在工作之中情緒有較大的起伏，而較難從中獲得創造的滿足感。此外，只要績效或升遷稍有不如己意，就會「生出強烈沮喪與消沉的感覺」[1063]。由於人類運用二分法思考為情緒貼上各式各樣的標籤，造就大多數人只喜歡追求「舒適的」，害怕、排斥「不舒適的」。

然而無論舒適或不舒適，其實都是標籤化（labeling）之後才有的結果。兒童還未接受二分法思考與相關信念之前，他們較能「做本體的自己」，做任何事情都專注於當下的學習與創造，而沒有成果好壞的區別與壓力。如果事情沒有達到他們的預期，有些兒童可能選擇繼續嘗試；有些即使有情緒上的反應，卻總是單純且直接。當情緒被允許即時流動，就不容易形成暴烈式的情緒海嘯，更不會造就壓抑、堆積的問題。成人無法理解這種情緒的本質，經常以「幼稚」、「情緒化」、「反覆無常」、「翻臉跟翻書一樣」等詞語來形容兒童的情緒反應。殊不知他們正透過情緒為持有這些觀念的成人展示何謂「情感自然而不斷變化的狀態」，以及如何扮演（也可以說是「恢復成」）一位活潑多樣而非死板僵化的人。賽斯說，人類的每一個情緒「都是在能量與活動的自然流動裡導入另外一個——豐富而多彩多姿，給意識的性質帶來了變化」[1064]。因此，個人唯有認真檢視、修改信念之中強烈的二元性，不再對情緒動輒貼上標籤，才能真實感受到與本體的連結感，並且允許自己透過各種「表達」去擴展本體。

大多數人喜歡將事件的體驗嚴格區分為好的或壞的，正面的或負面的，而且總是期待只獲得好的、正面的，抗拒、排擠壞的、負面的。不過依《賽斯書》的觀點而言，其實這些都是本體所需要的。人類人格經常不顧一切去追求的功成名就、財富權勢，對本體而言只是體驗的一種，它們也不比身敗名裂、平凡普通更為優質。只要個人勇於面對、接納各式各樣的挑戰和體驗，而且對事件

Reality”），頁 105。

[1063] 見（美國）珍・羅伯茲（Jane Roberts）著，王季慶譯：《個人實相的本質》（“*The Nature of Personal Reality*”），頁 104。

[1064] 見（美國）珍・羅伯茲（Jane Roberts）著，王季慶譯：《個人實相的本質》（“*The Nature of Personal Reality*”），頁 600。

之中哪些部分有益於人格的學習、意識的發展具備辨識的能力，就已經充分發揮人格、意識與本體的本質，並擴展它們的品質而「價值完成」[1065]。賽斯說，人類「**體驗的行動之所以是一個接著一個的事件，原因並不是出於行動本身的性質**」，而是人類「**自己的結構和感知的本質**」。只要個人不選擇迴避感知行動、事件，而是直接進入它們，「**這本身是就是價值完成的一種形式**」。順著如此的思路和體驗，就可以輕鬆感知到自己「**正鑽進（perceiving）一個行動，在它之內繼續創造行動中的行動**」[1066]。之後，個人對於生活中自己的每個起心動念、信念的選擇，乃至於行動的意圖、目的將愈來愈容易有所覺知，而「**選擇的行為，以及做選擇的能力，代表著本體的本質**」[1067]。

許多成人開始感受到對自己的陌生，並歷經許多負向事件的考驗之後，只要他內建的療癒、平衡系統未受到嚴重限制或損害，加上允許自己獨處、培養覺察自己精神活動的能力，通常內在會自發性地將自己導向身心獲得療癒，以便回歸健康、喜悅等的自然狀態，及由生命的沉浸體驗回歸覺察體驗。這也是為什麼人類在工作之餘，需要擁有休息的時間與休閒活動的空間。本體沒有二分法思考，但是它十分清楚什麼狀態才符合人類的本質與需求；它不排斥透過人類人格、身體去體驗各式各樣的負面、黑暗經驗，可是它絕對不會希望人類一直處於如此的體驗（迴路），而是期待看到人類可以發揮更大的潛能，從負向事件之中獲得體會、領悟，然後走回自訂生命藍圖的正途之中，完成階段性的理想。就我個人的經驗與觀察而言，這條由覺察到沉浸，再由沉浸回歸覺察的生命體驗之旅，沿途的物質性風景其實都是個人精神性的創造。無論由一開始兒時專注於觀察、學習的覺察狀態，進入到成人專注於工作、操控外境與他人的迷醉生活，還是意識到自己不能再如此發展下去，而極思清醒、找回觀察

1065 見（美國）珍・羅伯茲（Jane Roberts）著，王季慶譯：《個人實相的本質》（"*The Nature of Personal Reality*"），頁 253-254。

1066 見（美國）珍・羅伯茲（Jane Roberts）著，梁瑞安譯：《早期課 4》（"*The Early Sessions Book 4*"），頁 10。

1067 見（美國）珍・羅伯茲（Jane Roberts）著，梁瑞安譯：《早期課 4》（"*The Early Sessions Book 4*"），頁 169。

與覺察能力，都必須經歷信念的改變與深化這些信念所需的催眠、暗示階段。所有改變過程的掙扎與痛苦、改變之後的沉醉或清醒，乃至於中途可能面臨的反覆、放棄或堅持不懈，這些才是讓自己的生命劇本展現出多元、精采特質的關鍵因素。至於昔日欽羨、追求的頭銜、地位、財富等，都只是增添熱鬧氣氛的道具，而非劇情的主軸。

個人在事件中的學習、體驗與改變的過程裡，還有一項極具挑戰性的關卡，即每當面臨良心、良知的考驗時，可能會遇見曾經犯錯或未符合他人、社會要求的「不夠好的自己」、「不善良的自己」。這些「自己」如果未能被有效地整合、吸納入整體人格，就容易在關鍵時刻影響個人做出適宜的選擇和決定。前文提到某些人希望藉助藥物以求快速開悟的例子，也與這一類的精神活動有關。賽斯說，當一個人「相信『自己』（self）必須棄其『自我』（ego），而象徵地恐去，以使那『內我』（inner）可獲自由」，他就有可能積極向外尋求可供「一勞永逸地觸及並征服良心（conscience）」[1068]的方法，以求迴避、擺脫「我不夠好」、「我做過壞事」、「我曾經是壞人」、「我傷害過別人」、「我是罪人」等的想法和意念。然而良心、良知是人類天生具備的能力，任何違背天性本能的操控與作為，都只會使當下的自己更為扭曲，更不可能成功地將自己提升至「更高」的境界。所謂「更高」就意謂著自己正在與自己競爭，而發動競爭者正是「害怕自己」的自己。

當一個以指責的口吻對他人說「你做事要憑良心！」、「你到底有沒有良心！」之時，此人口中的「良心」究竟從何而來，實質內容有哪些，它的標準為何？相信這些問題都是此人毫不在意，更不會想要深入研究的議題。賽斯說，人類口中的良心「常常是由外而來的是非感」[1069]。換言之，當一個人要求他人反觀自己的良心時，其實他真正想要表達的可能只是自己的是非標準，而沒有任何想要與對方從事精神上溝通或交流的意願；他站在自己個人的實相裡，而

[1068] 見（美國）珍・羅伯茲（Jane Roberts）著，王季慶譯：《個人實相的本質》（“*The Nature of Personal Reality*”），頁 251-252。

[1069] 見（美國）珍・羅伯茲（Jane Roberts）著，王季慶譯：《個人實相的本質》（“*The Nature of Personal Reality*”），頁 369。

選擇完全無視、忽略與他人實相的交會處。但凡一個人在如此情況下對他人所做的質疑或指責，大抵不離如榮格所說的「投射泛濫」[1070]。他不僅大多時候專注於做「人格的自己」，而且不經意間顯露出他平日如何以嚴厲、苛刻的態度對待自己，特別是當他看到那個「沒良心的自己」或其他扭曲的自己之時。

「人格的自己」經常展現於個人扭曲、批判的精神活動之中，但是這並不會壓制或消弭整體人格覺知、覺醒的能力。只要個人願意效法本體直視每個事件的本質，而非以二元性思想、二分法思考去扭曲、批判事件，覺知、覺醒的狀態隨時都可能發生。不過，即使個人無此意願而只想沉迷於扭曲、批判之中，他的本體依舊會扮演好一位「看戲者」的角色，以它的「愛」去支持著個人所有的改變、同理個人所有的表達，而且不帶任何的批判或表彰、嘲諷或讚美。本體可以說是個人最真實和理想的「血緣父母」、最親密有力的「血緣家人」，而個人則是它「一個顯示——一個獨立並永遠確實的部分」。能夠體驗、領悟這項道理，自然可以在地球世界盡情創造，實踐發揮潛能的生命目的[1071]。

（二）藉由體驗「人格的愛」以感知、創造本體「更大的愛」。

當愈來愈多未成年人不再服膺父母師長的權威而標榜「做自己」，伴侶不再支持貞潔忠誠而選擇一夜情（one-night stand；ONS）或合則聚、不合則散，群眾不再信任努力踏實而是推崇快速致富或名聲顯揚，這些異世代文化強烈衝擊了許多人的「三觀」（世界觀、價值觀、人生觀），有時還會引發世風日下、人心不古的感歎。不過，從精神活動的角度而言，顯然這種感歎是同情而非同理，是批判、評價而非接納，是個人內在無力感的投射而非意識清明的覺察。這些既不允許自己體驗相關事件，更不容許他人如此「做自己」的意念與立場，源自於個人對「愛」的認知、定義或詮釋。

[1070] 見（英國）羅布・普瑞斯（Rob Preece）著，廖世德譯：《榮格與密宗的 29 個「覺」》（*"The Wisdom of Imperfection"*）（新北：人本自然文化公司，2008 年），頁 192-213。

[1071] 見（美國）珍・羅伯茲（Jane Roberts）著，王季慶譯：《靈魂永生》（*"Seth Speaks: The Eternal Validity of the Soul"*），頁 20、100。

《賽斯書》認為人類對「愛」的需要是自然的，也是天性之一[1072]。人類生下來就具有愛心、慈悲心，並對自己與外在世界感到好奇。賽斯指出，這些「**屬性也屬於自然律**」，是「**天生具有對自己的善之固有認識**」，也是內在知識的一種[1073]。因此，人類天生「**有去尋找意義、尋求愛、尋找合作性冒險之傾向**」[1074]。然而時至今日，人類所需要、追求的「愛」不僅沒有讓所有人恆處於和樂安康的世界裡，反而經常可以見聞衝突、暴戾的事件。當然，每個人對於這種實相的感受，或近或遠。有些人認為它只存在於新聞媒體之中，只發生在世界的某些角落，但是對自己生命的存在及世界的未來依舊保持信心和樂觀。有些人則反之，天天緊盯著新聞媒體的報導，深怕這種事件會發生在自己身上，然後對自己生命的存在及世界的未來充滿不信任和悲觀。以《賽斯書》的觀點而論，二者沒有對錯的問題，純粹就是個人精神上的選擇與實相創造。不過，這些選擇將深深影響他對「愛」的認知與體驗，以及意識、人格的學習與發展。整體而言，對生命與世界始終保持信心和樂觀者較能體悟到「本體的愛」，最終得以協助本體，共同創造出「更大的愛」；對生命與世界充滿不信任和悲觀者是人格接受二元思想之後的結果，致使他對愛的認知與感受經常擺盪於愛與恨、喜歡與厭惡、接納與抗拒等之間，因而沉浸於對立、濃烈的「人格的愛」、「情緒的愛」之中。

本書將「本體的愛」與「人格的愛」、「情緒的愛」對舉，也屬於二元性的作法，目的是為了方便敘述、容易區辨。事實上，當人格發展到一定程度且與本體「合一」時，這種敘述和區辨都不再被需要；個人會自然回歸原始、單純的感覺能力，「愛」將被感知、覺知，表達時也不再依賴語言文字的方式。

《賽斯書》認為愛是「**被自然攻擊性的所有成分推進，<u>是</u>充滿了力量的**」

[1072] 見（美國）珍・羅伯茲（Jane Roberts）著，王季慶譯：《個人與群體事件的本質》（“*The Individual and the Nature of Mass Events*”），頁 397。

[1073] 見（美國）珍・羅伯茲（Jane Roberts）著，王季慶譯：《個人與群體事件的本質》（“*The Individual and the Nature of Mass Events*”），頁 415。

[1074] 見（美國）珍・羅伯茲（Jane Roberts）著，王季慶譯：《個人與群體事件的本質》（“*The Individual and the Nature of Mass Events*”），頁 432。

[1075]。賽斯強調，此處「攻擊性」的精義與人類「認為的暴力（physical violence）毫不相關，卻是一種力量，『愛』藉之以不朽，並被創造更新」[1076]，它是真實表達內在思想與情感的過程。人類所認知的攻擊性是指以武力、語言、文字等具有暴力性質的方式，傷害自己或他人，它在《賽斯書》中被稱為「人工的攻擊性」。這一類人通常具有強烈的二元思想與善惡分別，以致自然攻擊性在他們的認知裡會被扭曲為「愛顯得軟弱，而暴力卻強壯」；在他們的觀念裡，「『魔鬼』變成一個有力的邪惡人物」、「恨被視為比愛要有效率得多」。這些感覺會喚起「人工的罪惡感」（artificial guilts）。一旦他們害怕、不敢面內在的攻擊性，而且隱藏起這些恐懼，就「常常帶來心理上的暴亂及身體症狀的爆發」。然而選擇公然表達攻擊性的那些人，就成為隱藏者所定義的狂暴之人、罪犯而被隔離、關了起來。賽斯認為這種作法「常常導致暴亂」、「可以說只累積了壓力」。至於那些「被處決的罪犯或殺人犯，是為他社會裡每一個成員的『惡』而死」，因為主張死刑的人是將內在的邪惡感、對自己的恐懼投射至罪犯身上，並且「感覺到他自己才真的該被處死，以補償他內在不敢表示的巨大攻擊性（暴力）」[1077]。

賽斯說，「愛與攻擊是沒有這種人工分界的」。自然的攻擊性為關係中的人們提供能量、電源給所有的創造力，它的本質是「創造性的愛向前衝刺，它是愛在其中被發動的方法，它是愛藉以推進自己的燃料」。如果一個人選擇相信「愛才是原動力，而愛是與攻擊相反的」[1078]，那麼他當然會讓「愛」總是沉浮於對立的情緒之中，既堅信愛使人歡樂與苦恨，卻又偏愛、追求歡樂而害怕、

[1075] 見（美國）珍・羅伯茲（Jane Roberts）著，王季慶譯：《個人實相的本質》（“*The Nature of Personal Reality*”），頁 507。

[1076] 見（美國）珍・羅伯茲（Jane Roberts）著，王季慶譯：《個人實相的本質》（“*The Nature of Personal Reality*”），頁 321。

[1077] 見（美國）珍・羅伯茲（Jane Roberts）著，王季慶譯：《個人實相的本質》（“*The Nature of Personal Reality*”），頁 507。《賽斯書》有關死刑議題的論述，並未涉及相關制度的存廢問題。他僅以人類的精神活動、實相的投射與創造等角度，分析人類發明死刑制度的心理背景。

[1078] 見（美國）珍・羅伯茲（Jane Roberts）著，王季慶譯：《個人實相的本質》（“*The Nature of Personal Reality*”），頁 321。

抗拒苦恨。賽斯強調，愛的反面不是恨，並建議永遠要從「愛自己」出發。當一個人關愛自己、「幫助自己時，也幫助了其他人」。至於關係中的愛，賽斯提醒讀者，「小心謹慎是必要的，特別是在開始的地方」，之後「小心謹慎將會被預期和信心取代，但它是必要的元素」[1079]。

許多人害怕自內心產生「恨」意，因為它是被傳統道德所不允許發生的存在。可是倡導禁止這類精神活動的人並未深思，世上有誰可以完全控制自己心智、精神的運作與活動。賽斯主張個人要勇敢面對自己各種的想法、情緒及身體反應，並且給予關懷、照顧，如此才能落實「做自己」、「愛自己」的實相創造。他說，「一個說『我恨』的人，起碼在說他有一個『我』能夠去恨」，他能夠因此「了解在那個感情與愛之間的區分」。相反的，「一個說『我沒有權利去恨』的人，卻沒有去面對他自己的個人性」，而且否認他「認為是負面情緒的經驗」，而試圖肯定他「認為是正面的情緒」[1080]，這樣的人根本無法理解情緒與愛之間的區分。或許這也說明，為什麼有時候一位「敢愛敢恨」的人會為自己創造不可思議的魅力，並且吸引群眾稱羨或讚歎的目光；而有些「只要愛不要恨」的人，反而容易感覺自己是不被愛的人，而且不被多數人支持、認同，還會因此助長內在隱藏的恨意。

對於一位願意承認自己有「恨」的人而言，賽斯認為「不去管它的話，恨並不會持久」。他解釋，「恨也可以是一種溝通方法，但它從不是一個穩定、經常的狀態」，所以只要「不去干預它的話，它就會自動的改變」。此外，就意識、精神創造實相及吸引力法則而言，「恨是愛的近親，因為懷恨的人被很深的引力吸引到他所恨的對象」，例如一見鐘情、似曾相識、恐怖情人等事件。一個人如果從小就被植入「懷恨在心是有損品性的行為」、「表達恨意會傷害自己的形象，不被尊重」、「恨會招致衝突、吵架」、「衝突是不好的」、「吵架是不道德、不優雅的事」、「只有粗俗、沒文化、沒修養的人才會選擇以衝

1079 見（美國）珍・羅伯茲（Jane Roberts）著，彭君蓉譯：《早期課 2》（“*The Early Sessions Book 2*”），頁 396。

1080 見（美國）珍・羅伯茲（Jane Roberts）著，王季慶譯：《個人實相的本質》（“*The Nature of Personal Reality*”），頁 599-600。

突、吵架的方式解決問題」等信念，而且不加思索、全盤收下，他就會「相信恨是錯的、是惡的」。可是，在情緒的愛裡，恨往往是愛的雙生子，所以當他發現自己在恨某人時，就「可能試圖壓抑那情緒」，或反過頭來用恨來對付自己，對自己生氣、發怒。當然，他也可能「假裝它並不存在」，於是就做了一件像是「把那洪流似的能量阻積了起來」的事，而錯過了把它轉化為愛的良機[1081]。相關議題可以參考電影「腦筋急轉彎」（*"Inside Out"*，2015；中譯「頭腦特工隊」，港譯「玩轉腦朋友」；IMDb: tt2096673）。

賽斯指出，「在自然狀態裡，憎恨有一個有力的激發特性，可以啟動改變與行動」。許多人認為親密關係中的暴力攻擊行為是因為由愛生恨，賽斯卻不這麼認為。他分析說道，「憎恨並不會發動強烈的暴力」，「暴力的爆發常是一種天生無力感的結果」。當一個人「天性裡，所有自然攻擊性的成分都被否定了，任何暫時性的憎恨情緒也都被認為是錯的和惡的」。在他被貼上「暴力行為者」標籤之前，平日展現的性格可能是很難自然地對他人說「不」、害怕表達相反的意見，或難以與他人就真實的想法、情感從事溝通、交流。他無法違背自己所受教育裡，那些聲稱可以獲得他人尊重、讚美的行為法則[1082]，但這才是導致暴力言行的真正原因。

當然，此處並非鼓勵個人無端藉故引發衝突、吵架，或是宣揚產生恨意的好處。以《賽斯書》的說法進一步觀察，人類是否因為標榜、高舉「道德」以致忽略生命的本質、自然的天性。如果把不同意見的溝通、交流輕易地貼上「衝突」、「吵架」等標籤，將情緒的自然流動畫分為正向或負向的情緒表達，那麼人類將會對自己的精神活動更加害怕、畏懼，以致不敢去接觸、理解與操縱它們。這麼一來，對於人際關係與群體發展不僅沒有幫助，反而可能招致更多

[1081] 見（美國）珍・羅伯茲（Jane Roberts）著，王季慶譯：《個人實相的本質》（*"The Nature of Personal Reality"*），頁 599-600。

[1082] 見（美國）珍・羅伯茲（Jane Roberts）著，王季慶譯：《個人實相的本質》（*"The Nature of Personal Reality"*），頁 599-600。賽斯曾經指出，讚美和虛榮是自我（ego）貪婪吞食的對象，而這種現象無疑是「把能量做一個劃分和區隔」，會為自己引來危險，對自己並沒有好處。見（美國）珍・羅伯茲（Jane Roberts）著，彭君蓉譯：《早期課 2》（*"The Early Sessions Book 2"*），頁 541。

不必要的猜忌誤解和相互攻擊。此外，同理他人、換位思考的作法確有助於解決這一類情緒的愛所引發的問題，這些觀念也已經日趨流行，許多人可以朗朗上口。可是如果引述者或實踐者在使用它們之前，不先深入理解它們的實質內涵，區分它們與同情、以己度人的差別，還刻意將對象區分為「好人、受害者（需要幫助的人）」與「壞人、加害者（需要被懲罰的人）」，如此是否真能發揮它們的效用、使人間更加有「愛」，值得深思。

一個人如果個人潛意識層（潛意識表層）堆積了太多的負面情緒，尤其是「恨」意，那麼無論他是否處於一段所謂「愛的關係」之中，他對愛的感受容易扭曲，而且經常感受到愛的流失與匱乏。然後，他會將這些感覺投射在禮物、鮮花、手機訊息等物質性的存在之上，並且堅信眼見為憑的愛。如果這些物質沒有及時補給，就會被定義為愛消褪、轉移到其他人或「沒有」了。這時，如果還放任不管，恐怕很難令它自然轉化。我個人認為積極培養自我覺察、自我心靈解讀能力，或是尋求心理、精神專業人士的協助，都有其必要性。當然，如何在尋求外力協助的過程裡保有自己的個人性、獨特性，也是受助者需要留意、關心的部分。

來自於本體、發源於心靈的天生之「愛」，個人必須仰賴感覺、直覺的運作才能感知、覺知它的存在，而不能過度依靠外在感官的判斷。有些傳統文化不鼓勵直接對他人表達愛意，包括親人之間，而主張愛的表達就是要含蓄、委婉、間接、影射、比喻等，而且還要搭配各種高貴精美的物質，這樣才稱得上「完滿」、搆得著「美」的定義。順著這種思路發展，當然就容易發展出「眼見為憑」的愛；還有一種可能的發展是扭曲為形式、刻板的表達。有些親密關係中的人們為了刻意、勉強表達愛，致使淪為一種問候、道別的公式，卻無視於潛臺詞中可能隱藏的不滿、畏懼與怨懟。

賽斯說，人類「**忠誠、可靠、真實、所謂可靠的外在感官，其實是可愛的騙子**」[1083]，自我（ego）也是如此。「愛」的本質之一是始終處於「變為」的狀

[1083] 見（美國）珍・羅伯茲（Jane Roberts）著，洪志美、張黛眉、梁瑞安譯：《早期課 1》（“*The Early Sessions Book 1*”），頁 335。

態，一旦少了精神活動與情感強度的支持，理所當然就會成為許多人眼中難以得到、既期待又怕受傷害的對象。許多人在理解「愛」的過程裡，接收了太多源自父母、師長、親友、同事、書籍等的信念，而少有自己的觀察、判斷與領悟；又或是基於服從的習性，不敢擁有自己對愛的詮釋與主張。以這樣的精神基礎和心理經驗去建立情感關係，通常容易得到許多事與願違或傷痕累累的經驗，進而強化痛苦人格的存在與身形。這一類的人格面向通常需要高潮迭起的劇情、濃烈的情感激盪，才能使它感知到「愛」的存在感和價值感[1084]。相關議題可以參考電影「紅玫瑰白玫瑰」（“*Red Rose White Rose*”，1994；IMDb: tt0110053）、「理智與情感」（“*Sense and Sensibility*”，1995；IMDb: tt0114388）、「拾光人生」（“*Kodachrome*”，2017；中譯「柯達克羅姆膠卷」；IMDb: tt1880399）、「誰先愛上他的」（“*Dear EX*”，2018）、「一個隱形女孩的自白」（“*Confissões de uma Garota Excluída / Confessions of an Invisible Girl*”，2021；IMDb: tt15204288）等。

有些人對於愛情的推崇與追求，往往更勝於親情與友情。推究其心理因素，大多是因為兩人可以在社會規範的認可下，可以合理地相互依靠、承諾、奉獻，甚至是要求犧牲。當發展到某種程度時，也可以在婚姻制度的支持、允許之下，組建共同的生活空間，並且受到法律的保護。在這一切使得愛情看起來足以彌補個人童年經驗中，對愛的缺憾與匱乏。不過賽斯提到，「愛情——如它常常被經驗到的——允許一個人有一段時間從另外一個人身上得到自我價值感，而至少暫時的讓另外一個人認為他是善的這個信念，勝過了他認為自己缺乏價值的信念」。他特別以這一類的情緒之愛，與本體的愛、更大的愛（greater love）之間做了區分，而後者是指「兩個人明白他們自己的價值，而能夠給予及接受」[1085]。換言之，在以本體的愛、更大的愛為基礎的愛情模式裡，雙方都各自保有個人性、獨立性，依附、合作而不依賴、競爭。賽斯認為這樣的情感組合，其

[1084] 見（加拿大）艾克哈特・托勒（Eckhart Tolle）著，張德芬譯：《一個新世界：喚醒內在的力量》（“*A New Earth: Awakening to Your Life's Purpose*”），頁 149-154。

[1085] 見（美國）珍・羅伯茲（Jane Roberts）著，王季慶譯：《個人實相的本質》（“*The Nature of Personal Reality*”），頁 492-493。

能量、創造力將不可思議。此外，即便生活中遇到難局、挑戰，只要雙方願意攜手合作、勇敢面對，並視之為學習擴展能力的機會，那麼他們將會瞭解到力量是由內而得且天生具備；他們本身就是完整的個體，而不必藉由對方獲得短暫的完整感。瞭解這些情感原理的人，一般而言不會說著「我總是在茫茫人海中找尋另一半」、「我是他的另一半」、「我此生最大的心願就是成為他的另一半」等缺乏個人性與存在感的話語。他將允許自己輕鬆自在、溫柔自信且簡單明瞭地，以「我就是我，不是誰的另一半」來形容自己在愛情或婚姻中的存在[1086]。

（三）本體永遠有足以解決難局、問題的力量及能力。

人類對於情感的觀念除了建立在兒時經驗之外，教育過程中也會受到很大的影響。傳統教育之中，經常以樹立「典範」為主要的教育方法及內容。典範即學習的榜樣，其中含有個人的思想、情感及其所創造的經驗。受教育者面對教育內容所設立的榜樣或被推崇的對象，究竟應該採取模仿、複製還是參考、審酌的態度，較少教育者會明確地對學生解說。一般而言，前者容易弱化受教育者的個人性、獨特性，限制、降低他們的創造力，並且影響到他們天生力量和潛能的發揮；後者則反之。基本的原因在於沒有一個人的意識、人格特質及生命藍圖與其他人完全相同，更不會有能力完全一致的狀況發生[1087]。再者，意識與人格永遠處於「變為」的狀態，任何外力都無法限制、束縛它們，除非個人的自我（ego）選擇接受這類外力，而限制、束縛自己。

如果能夠體認上述人類的本質及天性，就可以理解到為什麼有些教育者在現代的教學過程裡充滿了無力感。一旦教育者本身具有強烈的二分法思考、同情心，或是操縱外境與他人的意圖，就更加容易使自己陷於好／惡、對／錯、

[1086] 見（韓國）朴又蘭著，丁俞譯：《我就是我，不是誰的另一半：獻給世上所有女性的情感獨立心理學》（“*남편을 버려야 내가 산다：마음의 자립을 시작한 여자를 위한 심리학*”）（臺北：平安文化公司，2022 年），頁 223-285。

[1087] 見（美國）珍‧羅伯茲（Jane Roberts）著，王季慶譯：《個人實相的本質》（“*The Nature of Personal Reality*”），頁 598。

善／惡等情緒之愛的循環之中。在如此的生命形式裡，當然只會得到錯誤、罪惡似乎永無盡頭的體驗，更遑論去同理所謂錯誤、罪惡的行為，或是擁有看入人性本能、事件本質的智慧。同理並不等於同意。它是一種對於「人類人格有無限可能」、「創造力有無限可能」、「自己是沒有限制」等概念的承認與接納；同時也是對每個人基於自由意志所做選擇、言行舉止的完全尊重。事實上，對於所謂錯誤的人與事的強烈指責、禁制或懲罰，有時反而增長它們的能量、強化它們的存在，根本無益於解決問題及雙方的學習與發展。更何況這些指責、禁制或懲罰都可能源於自己平日看待某些個自己的方式與投射，無意間反而表達出自我對待、自我意象的真實樣貌。

以人類精神與心理運作的角度而言，通常教育者對受教育者施以強力植入信念、不容質疑等的教學方式，多少也夾雜著競爭、嫉妒、對自己的教學沒有信心、害怕被超越等，難以自覺或承認的思想與情緒。如果教育本身沒有回歸到人類天性之中的合作、尊重，符合本體、心靈的本質，就很難創造出真正溫暖、平和的教育空間，而這類空間根本無法以物質性的包裝、修飾所取代。賽斯明確指出，人類「**是一個合作的族類，也是一個有愛心的族類**」[1088]。這裡的愛心是指本體的愛，它落實在教育者與受教育者之間的是知識、智慧、經驗的分享、引導，而非灌輸、教導。同時雙方都能秉持相互學習、為自己的言行負責、同理而不干預對方的選擇等原則，永遠給予對方精神上的支持和接納。所有的合作、尊重都必須由衷而發，一旦只流於口號、做表面工夫，反而容易擴大雙方相互的猜忌、防衛，創造更大的難局與困境。

傳統威權式的教育之所以逐漸難以適用於受教育者身上，原因大致為：一是人類的意識不斷在進化，即所謂的覺醒。二是它本身就是違反人類天性的作為，與天生擁有的自由意志相互牴觸；個人只要與自身天生能力或本自具足的內在資源作對、反向操作，幾乎都是在自找麻煩。三是它建立在「不相信」每位受教育者都擁有內在知識、內在智慧，天生就有創造力，還有源源不絕、等

[1088] 見（美國）珍・羅伯茲（Jane Roberts）著，王季慶譯：《個人與群體事件的本質》（"The Individual and the Nature of Mass Events"），頁 415。

著被汲取的內在力量。這些天性和本能都是由個人所屬本體所提供的內建能力，足以面對一生可能會遇到的難局和挑戰，並用以解決各式各樣的問題。對它們的無知或不信任只會導致教育者與受教育者相互競爭、比較與批判，而無助於雙方意識、人格的學習與擴展。

《賽斯書》認為所有的歷史經驗都可以在當下被改變，而一切的改變都要從「感覺」、「想像力」與身體反應開始[1089]。如果有人認為這種論點太過虛幻、不切實際，通常他也很難相信意識、精神創造實相的原理。他大概只相信自我（ego）的判斷與決斷，並且認為是環境、他人決定他的存在與價值，而不是他的生命本身即代表存在與價值。這些狀態、信念使得他即使擁有強大的創造力，一旦意識、精神的活動偏離了生命藍圖，就可能創造出許多扭曲的實相，或是容易感受到被某些因素所左右與困限。因此，依《賽斯書》的建議，個人不妨藉助訓練自我（ego）以強化操縱思想與情感的能力，相信自我與感覺、想像力是「一家人」，進而透過感覺、想像力設立有助於自我發展的信念群，提升自己內在的、本體的力量感與能力感。能夠被個人所感知、運用的內在力量感與能力感，大致上就是一般人所謂的「底氣」。以下再就《賽斯書》相關的敘述，略舉數項如下：

1.每個人內心都「不可磨滅地帶著對自己本體和身分」、存在的意義和目的等相關知識，所以「沒有理由被孩提時的信念或經驗綑綁」[1090]。

2.每個人都可以汲取自己本體隱藏的能力與知識[1091]。

3.體認一個人不需要任何理由使自己的存在合理化，這項觀念同時也是「本體在時空中存在的基本權利」[1092]。

[1089] 見（美國）珍・羅伯茲（Jane Roberts）著，王季慶譯：《個人實相的本質》（“*The Nature of Personal Reality*”），頁 572。

[1090] 見（美國）珍・羅伯茲（Jane Roberts）著，王季慶譯：《個人實相的本質》（“*The Nature of Personal Reality*”），頁 95。

[1091] 見（美國）珍・羅伯茲（Jane Roberts）著，彭君蓉譯：《早期課 2》（“*The Early Sessions Book 2*”），頁 53。

[1092] 見（美國）珍・羅伯茲（Jane Roberts）著，王季慶譯：《個人實相的本質》（“*The Nature of Personal

4.理性天生是自我的一部分。「在任何正常的人格身上」，它「確實會保持警戒，不必恐懼本體會完全淹沒在情感的覺受之中」。這樣的情感經驗會「增強自我的力量」、「開啟自我和潛意識之間的溝通，容許來自行動主要源頭的能量更加流動不已」[1093]。有些人認為「感情容易令人受傷」，然而這是個人的信念，只要它的情感強度達到一定程度，就會成為專屬於他們的個人事實，並創造出個人實相，卻未必是所有人類的事實與實相。在地球世界裡，仍然有些人認為「感情是令人喜悅自在的」。由於發自內心的愛使他們滿足於自己的創造過程，因此不需要大肆宣揚成果或刻意地被看見。對於害怕受到感情傷害的人而言，只要他願意勇敢地改變信念，投入各種關係的連結與體驗，然後從中學習、改變人格，自然就能夠改變他的實相而體驗到感情的「正向」作用。

5.賽斯強調，僵化和封閉（closed）的心智、自我（ego），都是有害的，「重要的不是教條（dogma），而是感覺」[1094]。

6.內我是人類的本體，本身就擁廣博的知識，隨時等著人類人格取用[1095]。只要自我（ego）不刻意阻擋、拒絕，任何所需的知識都唾手可得[1096]。

7.自我（ego）本身就具有學習、成長和進化的能力。「它可以同化越來越多東西，接受更多的事物，並將其視為自己本體的一部分」[1097]。

Reality”），頁 343。

1093 見（美國）珍・羅伯茲（Jane Roberts）著，梁瑞安譯：《早期課 4》（“*The Early Sessions Book 4*”），頁 35-36。

1094 見（美國）珍・羅伯茲（Jane Roberts）著，洪志美、張黛眉、梁瑞安譯：《早期課 1》（“*The Early Sessions Book 1*”），頁 60。

1095 見（美國）珍・羅伯茲（Jane Roberts）著，王季慶譯：《靈界的訊息》（“*The Seth Material*”），頁 351。

1096 見（美國）珍・羅伯茲（Jane Roberts）著，彭君蓉譯：《早期課 2》（“*The Early Sessions Book 2*”），頁 320；（美國）珍・羅伯茲（Jane Roberts）著，王季慶譯：《個人實相的本質》（“*The Nature of Personal Reality*”），頁 131。

1097 見（美國）珍・羅伯茲（Jane Roberts）著，梁瑞安譯：《早期課 4》（“*The Early Sessions Book 4*”），頁 518。

上述各項其實都涉及一個人心靈擴展、心靈膨脹或心靈擴大的經驗。賽斯說，這一類的發展可以讓他「有了全我的知覺，自我不用再害怕自己的生存問題」。當他選擇助人時，「絕對不會面臨任何威脅」；當他選擇同理他人時，會讓自己吸收到他人痛苦的感覺，但又不致讓自己受到傷害[1098]。

賽斯說，「當人格學會使用自己的能力時，就會更加意識到複雜性領域，而且能夠以本體在其中運作」[1099]。最終自己將「了悟在所有層面上」，「與自己的更大本體在心理和生理上都是相連的」[1100]。換言之，當一個人活出本體的樣貌時，他會輕鬆自在地面對各種問題挑戰、擁有善於接納萬物百事的態度。他能同理世間各種的扭曲、混亂，並且加以區分、辨識；也能讓理性發揮功能，提醒自己沒有批判、評價的需要。他會說「真心話」，也就是心靈想要表達的實質內容；但是他也能理解為什麼自己或他人有時只選擇說「真話」，也就是自我（ego）應對社會活動時的話語。他會有情緒起伏波動、喜怒無常的時候[1101]，但也會提醒自己不要隨意將它們投射到外境或他人身上，以致做出傷害自己或他人的言行舉止。他也有無知、困惑的時候[1102]，一旦不慎任由「人格的自己」傷害到自己或他人時，他將選擇勇敢地面對錯誤，從中學習、改正，而避免一直沉浸在自責、痛苦的深淵裡。

「愛永遠是一種保護」，保護自己，也保護他人。有些人主張「以牙還牙，

1098 見（美國）珍・羅伯茲（Jane Roberts）著，梁瑞安譯：《早期課 4》（*"The Early Sessions Book 4"*），頁 305-306。

1099 見（美國）珍・羅伯茲（Jane Roberts）著，呂紹暉譯：《早期課 9》（*"The Early Sessions Book 9"*），頁 33。

1100 見（美國）珍・羅伯茲（Jane Roberts）著，王季慶譯：《個人實相的本質》（*"The Nature of Personal Reality"*），頁 571。

1101 即使對人性瞭解透澈、能夠操縱自己精神活動的賽斯，也是如此。他曾說：「相信我，我也可能喜怒無常。」見（美國）珍・羅伯茲（Jane Roberts）著，洪志美、張黛眉、梁瑞安譯：《早期課 1》（*"The Early Sessions Book 1"*），頁 284。

1102 賽斯說「我也有可能會感到困惑（苦笑）」、「我也不知道所有的答案」。見（美國）珍・羅伯茲（Jane Roberts）著，王季慶譯：《個人與群體事件的本質》（*"The Individual and the Nature of Mass Events"*），頁 440-441；（美國）珍・羅伯茲（Jane Roberts）著，洪志美、張黛眉、梁瑞安譯：《早期課 1》（*"The Early Sessions Book 1"*），頁 304。

以眼還眼」是天經地義的事，賽斯認為這種報復性的摧殘不僅是蓄意傷害他人，實際上也會讓自己「陷入被傷害的危機之中」[1103]。那種報復後短暫、一時的「快感」，正是痛苦之身渴望獲得滋養的情緒，而且隨時可能讓自己像「加害者」一樣，面臨與良心、良知、善的意圖等天性本能搏鬥的困境。這正是「做人格的自己」的難局之一。所幸本體永遠都在，它始終支持著人格面對的挑戰與學習。總之，只要一個人願意選擇同理自己所有的精神活動、學習操縱自己的思想與情感，他將自然地朝向本體與人格整合、融合的方向前行。

（四）本體永遠在尋求與人格的整合與融合。

賽斯曾經說，他「不喜歡『求進步』（"to advance"）這句話」[1104]。如果真的要將「求進步」一詞放在意識的身上，其實它是想要做到變得越來越知覺到自己「本體的那些其他的具體化」。可能的自己「就是要獲知其他可能的自己，而了悟到所有的都是『真正本體』之種種不同的顯現」，而不必以人類慣用的二分法思考去批判、評價這些不同的顯現。縱使自我（ego）會迷失在物質世界裡，這些「可能的自己」並不會在全我之中「『迷失』、埋葬或否定，沒有自由意志、自主性或個人性」。它們就是本體，無論在個人知道與否的實相裡，它們都「有完全的自由去表達所有的可能行動與發展」。因此，賽斯以「『可能性』的宇宙之網」來形容每個人所處的宇宙位置，並且強調個人「最細微的精神或情感行動都會影響它」[1105]。

就《賽斯書》的說法推論，當一個人聲稱他相信自己「擁有無限的可能性」，朝著想要成為的自己前進時，如果他卻同時極力排斥、害怕自己成為不被他人所認同、支持、讚賞、推舉等的人，又或是抗拒、逃避精神上所湧現不符合法

1103 見（美國）珍・羅伯茲（Jane Roberts）著，梁瑞安譯：《早期課 4》（*"The Early Sessions Book 4"*），頁 303-304。

1104 現代心理學者也有相關的討論。見（美國）史蒂芬・鮑地安（Stephan Bodian）著，易之新譯：《當下覺醒》（*"Wake Up Now: A Guide to the Journey of Spiritual Awakening"*），頁 57-64。

1105 見（美國）珍・羅伯茲（Jane Roberts）著，王季慶譯：《靈魂永生》（*"Seth Speaks: The Eternal Validity of the Soul"*），頁 324。

律規定、道德規範、社會標準等的想法和情感，這其實都是在自打嘴巴、自找麻煩。因為這些他所害怕、迴避的自己也都是「可能的自己」，它們一樣有待被關懷、理解與整合。不去理會或一味地壓制、否認、譴責、醜化它們，將它們關入冰冷的心牢，並不會使它們消失於無形，有時反而助長它們的存在與發展。換句話說，他自認為的「無限可能性」其實只是自我（ego）的粉飾之詞。他真正相信的是自己能力有限，而且精神活動總是往追求「完美」的偏頗、極端方向而去。如此的人格發展容易使他的理想不知不覺產生扭曲，不知不覺之中將自己型塑為狂熱分子。

無論是本體或人類人格的確立與發展，都離不了「行動」的因素。《賽斯書》在這個方面做了廣泛的論述。首先它列舉「行動」形成的眾多要素與動力，例如：外在自我、內在（心靈）行動、夢、意念、心智[1106]、人格、情感、張力[1107]、第五次元[1108]、暗示、投射等。不過在心理學、精神分析學之中，很少有專家學者會以「行動」為專題，深入探討它的形成、本質及作用。

行動大致上又可分為內在行動與外在行動。內在行動是就心理實相而言，它的重要性「一點也不亞於身體行動，甚至更為重要」；外在行動則是指身體行動，關於它的成長和釋放[1109]。雖然在敘述、指稱行動與本體時必須使用兩個分開的名詞，但「基本上這些分隔都不存在」[1110]。

[1106] 見（美國）珍・羅伯茲（Jane Roberts）著，謝欣頤譯：《早期課 5》（"*The Early Sessions Book 5*"），頁 47；（美國）珍・羅伯茲（Jane Roberts）著，陳秋萍譯：《早期課 3》（"*The Early Sessions Book 3*"），頁 131。

[1107] 見（美國）珍・羅伯茲（Jane Roberts）著，梁瑞安譯：《早期課 4》（"*The Early Sessions Book 4*"），頁 41。

[1108] 見（美國）珍・羅伯茲（Jane Roberts）著，陳秋萍譯：《早期課 3》（"*The Early Sessions Book 3*"），頁 280-282；（美國）珍・羅伯茲（Jane Roberts）著，王季慶譯：《靈魂永生》（"*Seth Speaks: The Eternal Validity of the Soul*"），頁 30。

[1109] 見（美國）珍・羅伯茲（Jane Roberts）著，梁瑞安譯：《早期課 4》（"*The Early Sessions Book 4*"），頁 24-25。

[1110] 見（美國）珍・羅伯茲（Jane Roberts）著，王季慶譯：《靈界的訊息》（"*The Seth Material*"），頁 245。

賽斯舉出的行動類別頗為眾多，例如：夢中的行動、會產生結果的行動[1111]、同時發生的行動、複雜的行動、毫無意義的行動、既定的行動（given action）[1112]、一連串或一整組有方向的行動（series or group of actions）、已經發生的行動、有效率的行動（efficient action）[1113]、行動中的行動[1114]、建設性的行動、阻礙性的行動、獨特的行動（characteristic reactions）、選擇性行動（alternative actions）、目的性行動（purposeful action）、問題行動[1115]、不存在於物質宇宙裡的行動[1116]、心靈行動之行動[1117]等。

行動的本質即「內在活力」[1118]。人類所有行動的核心是透過認識自己，並以此追尋生命的本源，而「這個追尋本身就是一個創造活動」[1119]。「感覺」對於行動有決定性的影響。如果一個人「將全部的感受力都導向憂慮的覺受，那麼無論如何平衡就有問題」；如果他允許「感覺的自發性」運作，那麼它就會自動給他「更大的自由，促進身心健康，進而維持良好的平衡」[1120]。行動還有

[1111] 見（美國）珍・羅伯茲（Jane Roberts）著，梁瑞安譯：《早期課4》（“*The Early Sessions Book 4*”），頁4-5、43-44。

[1112] 見（美國）珍・羅伯茲（Jane Roberts）著，梁瑞安譯：《早期課4》（“*The Early Sessions Book 4*”），頁10、64、65。

[1113] 見（美國）珍・羅伯茲（Jane Roberts）著，梁瑞安譯：《早期課4》（“*The Early Sessions Book 4*”），頁68、75。

[1114] 見（美國）珍・羅伯茲（Jane Roberts）著，梁瑞安譯：《早期課4》（“*The Early Sessions Book 4*”），頁10。

[1115] 見（美國）珍・羅伯茲（Jane Roberts）著，梁瑞安譯：《早期課4》（“*The Early Sessions Book 4*”），頁10、121、160、200、272。

[1116] 見（美國）珍・羅伯茲（Jane Roberts）著，梁瑞安譯：《早期課4》（“*The Early Sessions Book 4*”），頁479。

[1117] 見（美國）珍・羅伯茲（Jane Roberts）著，謝欣頤譯：《早期課5》（“*The Early Sessions Book 5*”），頁47。

[1118] 見（美國）珍・羅伯茲（Jane Roberts）著，王季慶譯：《靈界的訊息》（“*The Seth Material*”），頁247。

[1119] 見（美國）珍・羅伯茲（Jane Roberts）著，陳秋萍譯：《早期課7》（“*The Early Sessions Book 7*”），頁407。

[1120] 見（美國）珍・羅伯茲（Jane Roberts）著，梁瑞安譯：《早期課4》（“*The Early Sessions Book 4*”），

其他的本質，例如：它本身是中性的存在，「不會區分愉悅、痛苦或快樂的行動」[1121]，而這些情緒標籤是自我（ego）、大腦為它貼上的。再如，任何行動都會改變行動者，「也會改變接受行動的對象」[1122]，即使所做的只是一丁點小事，這個行為就會「自動改變做事的人」。夢活動也是如此。賽斯說，「做夢這個行為本身既改變做夢的人也改變他的夢」[1123]。

賽斯強調，所有行動都是相連的，「沒有所謂單獨的行動」。行動之中永遠還有行動，「任何行動不能夠被當成只有它自己」。這是因為「張力是行動的前提，也是行動固有的性質」。張力既是無限，也不會單獨存在。人類所認知的時間系統就是張力的結果[1124]。從以上說法可以理解，一個人生活中的每個層面，沒有一個可以單獨存在，無論求學、人際關係、工作、日常作息、休閒等，都是息息相關。如果他只想認真看待某一層面，卻忽略其他的部分，那麼即使他可以在所在乎的層面發光發熱、功成名就，最終卻可能因為其他層面的「拖累」而功虧一簣。這一類戲碼無論是在現實生活或電影之中，都是屢見不鮮。賽斯說，這種「創造的兩難之局，也就是創造扭曲本身當然是個在進一步的行為中分解的行動」[1125]。

賽斯明確指出，人類最有力量的行動是「當下」，即所謂「威力之點是當下」（the point of power is in the present）。行動的力量就在自己的生命來源，就在本體之中。這是一種覺察到自己的力量天生本自具足的行動。一個人想要

頁 25。

[1121] 見（美國）珍・羅伯茲（Jane Roberts）著，梁瑞安譯：《早期課 4》（“*The Early Sessions Book 4*”），頁 167。

[1122] 見（美國）珍・羅伯茲（Jane Roberts）著，梁瑞安譯：《早期課 4》（“*The Early Sessions Book 4*”），頁 492。

[1123] 見（美國）珍・羅伯茲（Jane Roberts）著，梁瑞安譯：《早期課 4》（“*The Early Sessions Book 4*”），頁 45。

[1124] 見（美國）珍・羅伯茲（Jane Roberts）著，梁瑞安譯：《早期課 4》（“*The Early Sessions Book 4*”），頁 40-41。

[1125] 見（美國）珍・羅伯茲（Jane Roberts）著，梁瑞安譯：《早期課 4》（“*The Early Sessions Book 4*”），頁 45。

切實改善自身的問題，無論是創造的挫折、身體的疾病、事業的困境、人際的糾葛等，都必須先認知到他所需的力量是來自內在，而非外境或他人。其次，他所處的環境、實相，所遇到的人，都「反映了個人自己的內在情況」，以及他「持有的個人信念」。想要改變外境或他人，唯有先從當下選擇「唯一需要改變的是自己的思想和情感」、「我相信自己是有力量的人，而且我配得到它」等信念著手，進而去瞭解自己的精神活動，檢視舊有的信念。有意識、有目的地去汲取內在力量，改變自己的信念，直到他可以感覺到藉由自己「與肉身的交會，非實質的能量被轉譯成有效的個人力量」。如此一來，他就能夠開始改變個人經驗，而且「至少部分改變了社會的結構」[1126]。相關議題可以參考電影「42 號傳奇」（“*42*”，2013；IMDb: tt0453562）、「火辣奇多的誕生」（“*Flamin' Hot*”，2023；中譯「熱辣奇多的誕生」；IMDb: tt8105234）等。

「威力之點在當下」觀點對於人類意識的學習、發展，有它存在的必要性。賽斯說，「當人類第一次發展了一個『反省』的暫停」，個人在「學會去區分一個生動地憶起的過去事件，與一個目前在經驗的事件之前」，「的確要經過最初的『方向迷失感』」。這時，就要「利用將來的可能事件，實質的大腦將被迫擴大它的作用，同時使個人與當下的威力之點或現世的效力保持清楚的關係」，否則就會被困限在平行宇宙的創造原理之中。過程中還要藉助「肯定」的力量。賽斯說，「肯定」永遠涉及一個人對「當下力量的承認」；「『否定』就是對那個力量的放棄」。「肯定」就是他默認自己做為「在肉體內的心靈——去形成動物性物質實相的能力」[1127]。透過這個說法也可以理解，為什麼當一個人總是否認內在聲音、真實想法，而任由大腦、自我（ego）編造不實的話語時，只會徒增內在無力感、恐懼感的堆積，而對自己的創造毫無助益。

以我個人的經驗與觀察而言，「威力之點在當下」的實踐需要把個人投入具體的生活之中，持續練習、自我提醒，所以它同時也挑戰著可能既有偏好迴

[1126] 見（美國）珍・羅伯茲（Jane Roberts）著，王季慶譯：《個人實相的本質》（“*The Nature of Personal Reality*”），頁 511-513。

[1127] 見（美國）珍・羅伯茲（Jane Roberts）著，王季慶譯：《個人實相的本質》（“*The Nature of Personal Reality*”），頁 631-632。

避、焦慮、操控他人等的人格面向與自己。賽斯強調，一個人「不能用威力之點來控制別人」，因為他自己的信念會自動套住他。反之，當一個人對自己思想（信念）、情感（情緒）愈來愈熟悉且願意深入瞭解它們，就會擴大對自己的認識。一旦選擇改變信念，也要透過持續自然的催眠、自我暗示，直到新的信念產生作用。在這些練習的過程裡，如果怒氣依舊，賽斯提醒讀者，不要告訴自己「『我充滿了平靜。』而期待好的結果發生」，因為這麼做只會掩蓋自己的感覺，而且抑制自己的能量與力量。他建議可以選擇自己喜歡的方式，例如「打一個枕頭而體驗那個怒氣，但不要對人施暴」。當怒氣被釋放出來直到自己精疲力竭時，將會自然「明白暴怒的理由」。理由其實很簡單，自己「只不過不想面對它們」或害怕它們罷了[1128]。

當上述練習到達一定程度之後，賽斯說，個人「將不再感覺需要去產生新的負面情感」，「『壓抑』擔子將減輕了」。對自己力量感的認識及對自己的信任會促使個人自然表達情感，「它們的壓抑不會再帶來爆發性的反應，它們將來來去去」，將他「從所有的恐懼裡釋放，因而也從所有的怒氣裡釋放」[1129]。賽斯說，這世界的萬物都在進化、流動。人類「身為一個族類」，「是在一種進化的狀態」。整體進化的目標將是把原本「無意識創造的東西」，有一天可以達到「有意識的創造」[1130]。如此一來，本體與人格的創造及體驗將更具有合作性，更為協調、一致，並且擴展為「更大的本體」[1131]。

在人格尋求與本體整合、融合的過程裡，「人格整合」（integration of the whole personality）是不可少的一部分。想要實踐這個理想，首先得對「整體人

[1128] 見（美國）珍・羅伯茲（Jane Roberts）著，王季慶譯：《個人實相的本質》（“*The Nature of Personal Reality*”），頁 514。

[1129] 見（美國）珍・羅伯茲（Jane Roberts）著，王季慶譯：《個人實相的本質》（“*The Nature of Personal Reality*”），頁 514-515。

[1130] 見（美國）珍・羅伯茲（Jane Roberts）著，王季慶譯：《個人實相的本質》（“*The Nature of Personal Reality*”），頁 512-513。

[1131] 見（美國）珍・羅伯茲（Jane Roberts）著，梁瑞安譯：《早期課 4》（“*The Early Sessions Book 4*”），頁 64；（美國）珍・羅伯茲（Jane Roberts）著，王季慶譯：《個人實相的本質》（“*The Nature of Personal Reality*”），頁 23。

格」有所認識。賽斯認為「它的能量是無限的，但由於本身天性和特質的關係」，使得它「無論在何時，實際上都只能擁有一小部分可用的能量」[1132]。因此，藉由一些方法，例如給自己正面的暗示，好讓「行動在人格之內，能隨心所欲地依循正常的指引方向，如此一來，可避免這些無效的支流，阻礙了個體主要的指引方向和目標」。這裡所謂「無效的支流」，可能是指所謂的負面暗示。賽斯說，「這種逆流以行動纏住自己，因而阻礙了主要的建設性動力」。他強調，如果要將「整個人格整合為一個心理個體、一個有效率的精神完形」，就必須「依賴自由自在且未受阻斷的行動之流」。如此一來，人格可以「在它之內的行動之流」，「跟隨存有和內我全面的指引」[1133]。

每個人的內我「就有一種對整體人格目標和意圖的濃縮理解」。自我（ego）「本身就是一個獨立單位」，所以它沒有這些資料。不過由於它是全我的一部分，所以「的確也可以獲取這樣的訊息」，可見對它的訓練有多重要。賽斯說，「如果人格能夠好好整合，那麼自我雖然以獨立單位運作，但還是可以實現整體人格的基本目標」。當人格發展至這種境界，自我既可以在物質操縱上「採取主導的態度」，也瞭解到它「本身只不過是整體人格的一部分」，而不再越俎代庖。賽斯說，這是個人一種理想的狀態，讓自我傾聽內我的聲音，「然後將它的能量向外引導出來，而對整體完形架構帶來助益」[1134]。

至於整合後的人格究竟是什麼的樣貌、存在，應該是因人而異。不過我個人認為有一項原則可以做為覺知的憑藉，即個人熟悉於自己各種不同人格面向的存在，而且不同人格面向之間經常保持溝通而非屏蔽、隔絕；能夠相互理解、欣賞、尊重與合作而非相互攻擊、評比、貶抑與競爭[1135]。賽斯曾經提到他認知

[1132] 見（美國）珍・羅伯茲（Jane Roberts）著，梁瑞安譯：《早期課4》（“*The Early Sessions Book 4*”），頁166。

[1133] 見（美國）珍・羅伯茲（Jane Roberts）著，梁瑞安譯：《早期課4》（“*The Early Sessions Book 4*”），頁158-159。

[1134] 見（美國）珍・羅伯茲（Jane Roberts）著，梁瑞安譯：《早期課4》（“*The Early Sessions Book 4*”），頁162-163。

[1135] 學者認為夫妻之間如果能以這種方式相處，就能讓婚姻美滿、長久。見（美國）伊莎貝爾・布里格

中的理想人格，也就是當他傳送訊息給魯柏、對著見證人說話時的人格。他說，「我要的人格必須同時兼具理性與直覺」，「自我是能平衡得很好，很建康、很強壯」。它「能夠容許它自己必然的自發行為與內在自由」，並且保持基本的穩定度。整體而言，他要的人格是在信仰、能力上保有彈性的人格，如此才能符合他的目標需求[1136]。以我個人對這部分論述的理解，當一個人可以整合人格如賽斯所描述者，應該也是活出了他本體的自己。他終將了悟到，所有的情感關係都可以與本體的「愛」連結，而且不因人類人格對愛的「分類」（情親、友情、愛情等）而有不同。分類是將愛分裂與切割，自然無法避免扭曲。扭曲會帶來新的實相創造，各種情緒的體驗自然會排山倒海而來。雖說這一切都是存有、本體自然的表達與需要的體驗，人類人格終將要學會以它們的愛，即「心靈之愛」來面對人間百態，如此才能不再受到肉身的束縛或吸引，並且完成地球上的轉世[1137]。

第二節　角色的刻畫與性格的詮釋

通常一部角色多元、性格多樣的電影，能吸引到許多觀眾的關注、青睞和討論。相反的，一部電影只有所謂的「好人」、「好事」而沒有「壞人」、「壞事」，或許很少觀眾會願意花費時間去觀賞它，而且可能以烏托邦（utopia）與不切實際來形容它的類型與內容。如果人生就是一部電影，相信也很少人願意去探討、瞭解為什麼只有「好人」、「好事」而沒有「壞人」、「壞事」的電影「不好看」，卻又希望人間只有好人、沒有壞人，而且還可能窮盡一生的精

斯・邁爾斯（Isabel Briggs Myers）、彼得・布里格斯・邁爾斯（Peter Briggs. Myers）著，鍾榕芳、張芸禎譯：《MBTI 人格分類》（*“Gifts Differing: Understanding Personality Types”*）（臺北：遠流出版公司，2023 年），頁 200-207。

1136 見（美國）珍・羅伯茲（Jane Roberts）著，梁瑞安譯：《早期課 4》（*“The Early Sessions Book 4”*），頁 235-236。

1137 見（美國）珍・羅伯茲（Jane Roberts）著，洪志美、張黛眉、梁瑞安譯：《早期課 1》（*“The Early Sessions Book 1”*），頁 102。

力去追求沒有瑕疵的完美人生，期待這世界可以被打造為極樂世界。以《賽斯書》的觀點而論，或許這樣的人間才是枯躁無趣、乏善可陳的實相創造，而且「好人」根本沒有參考對象（即「參考點」）以資學習、發展及擴展。當然，這裡不是鼓勵個人去做「壞人」，並且以幫助他人學習做為扭曲言行的藉口。真正有助於個人和世界「更好」的作法是撕去好、壞、對、錯等二分法的標籤，看入每一項關係、事件的本質，進而從中汲取可供自己觀察、學習與改變人格的訊息。

在傳統家庭或學校教育裡，通常教育者會告訴受教育者應該說或做些什麼、不可以說或做些什麼，否則就會如何如何；卻較少以溝通、討論、交流等方式，與受教育者相互交換感受、意見與分享經驗，然後讓受教育者擁有自行做出選擇的機會。事實上這整個教育過程有助於受教育者訓練他的自我（self），一味地允許與禁止、貶抑與推崇的教育方式，不僅限制了他們的存有、本體「**可能性或可能行動在尋求表達**」的本質與本意[1138]，也容易讓受教育者選擇只想「存活」在群體意識或眾人稱羨的眼光之中，而不自覺地消弭了他們的個人性、獨特性，並將整體人生的發展從原有的理想主義逐漸導向狂熱主義。相關議題可以參考電影「薩姆之子」（“*Son of Sam*”，2008；IMDb: tt1235074）、「初戀這件小事」（“สิ่งเล็กเล็กที่เรียกว่า...รัก / *A Little Thing Called Love*”，2010；港譯「初戀那件小事」；IMDb: tt1859438）、「華爾街之狼」（“*The Wolf of Wall Street*”，2013）、「大亨小傳」（“*The Great Gatsby*”，2013；中譯「了不起的蓋茨比」；IMDb: tt1343092）、「極惡人魔」（“*Extremely Wicked, Shockingly Evil and Vile*”，2019；中譯「極端邪惡」，港譯「我的迷人男友」；IMDb: tt2481498）、「酸酸甜甜」（“*새콤달콤 /Sweet & Sour*”，2021；IMDb: tt14599938）等。

存有、本體的「表達」不是指個人一定要讓所有「可能的自己」、「多次元的自己」與所有的人格面向都具體物質化，並且在地球物質世界演出、遊戲。

1138 見（美國）珍・羅伯茲（Jane Roberts）著，王季慶譯：《靈魂永生》（“*Seth Speaks: The Eternal Validity of the Soul*”），頁 116。

它們都是同時被創造出來的，也同時存在，因此唯有先行肯定它們的存在、認識它們，才能予以整合、融合。不過，個人對於它們的整合、融合不能勉強而行，一切都需要順著自然、自發的方向進行。

一、每個人的基因知識庫裡存放著生命藍圖

《賽斯書》主張，每個人投生到地球世界都是帶著自訂的理想、生命藍圖而來的，而有許多電影正是以此為劇情的主軸，尤其是傳記類型的電影（biographical film）。賽斯說，「**『理想』的發展藍圖存在於基因知識庫（pool of genetic knowledge）裡，提供了人類各式各樣的完成途徑**」。這些藍圖也以「理想」的形式存在於每個人的精神裡[1139]，所以一個人愈瞭解自己的精神活動、擁有自我覺察與自我心靈解讀的能力，就愈能及早地、明確地得知他「理想」的實質內涵。理想既是一種內建的潛能，是個人投生地球物質世界之前自訂的生命任務，因此也不妨視它為個人的「天職」（particular avocation）。

（一）每個人天生都是理想主義者。

如果地球每一日的生活狀態都是整體電影中的一小部分、一個段落，那麼想要劇情豐富多樣、精采絕倫，就必須在其中安排百工百業、角色多元、性格多變等。賽斯說，「**每個人以其自己的方式都是一個理想主義者**」[1140]，道理就在於此。「以其自己的方式」就意謂著理想是個人自願的選擇，而其內容可以是各行各業，不分等級優劣。每個人的理想都有他的個人性與獨特性，也都有他所屬存有、靈魂想要體驗的角色，即使行業、身分相同，但每個角色的實質內涵絕對不會完全一樣。因此，理想主義沒有模式可尋，如果一個人想要透過模仿他人或群體，又或是依賴他人幫助自己找到理想，就容易產生扭曲，偏離

[1139] 見（美國）珍・羅伯茲（Jane Roberts）著，王季慶譯：《個人與群體事件的本質》（"*The Individual and the Nature of Mass Events*"），頁 462。

[1140] 見（美國）珍・羅伯茲（Jane Roberts）著，王季慶譯：《個人與群體事件的本質》（"*The Individual and the Nature of Mass Events*"），頁 393。

自訂的生命藍圖。

此外，人類的理想本身是中性的存在，它沒有高低、貴賤、貧富、好壞、優劣等的差異，而只有自我（ego）、大腦可能需要如此的二元分類。在傳統以競爭為主軸的文化發展中，人類所創造出的難局、困境已日漸感到難以應付，無論是整體的氣候變遷、物種失衡，或是區域的社會階層的偏見與歧視、世代的對立、戰亂、飢荒、疫情、人際糾紛等，其實都與二元式思想與競爭式教育有關。因此，想要改變這個趨勢，最根本的作法是正視對個人理想的二元性價值評判，並且從幼兒教育開始予以關注，容許他們自行探索、發掘天生的理想與生命藍圖，而撫養者及教育者充其量只扮演引導者與分享知識、經驗的角色，輔佐他們朝著自己選擇的方向發展，發揮潛能。在教育過程裡，嘗試指引他們理解何謂內在精神與外在物質，觀察它們的內涵與關係，同時也容許他們保有改變理想的彈性與權利。這種作法或許也能展現撫養者及教育者相信整體宇宙的創造自有它精心的設計與內在的平衡，同時對於每位幼兒的誕生與發展也都予以充分的尊重和信任。當然，最理想的作法就是撫養者及教育者願意以身作則、親身示範，並與被撫養者及受教育者相互學習，在生命旅程之中共同攜手前行。

（二）信任自發、自發的「衝動」本能。

理想是人類自行設定的天職，但畢竟它先是無形的存在，經由一定的創造程序才有可能被具體化、物質化。因此，賽斯提供數項建議，以利讀者可以從中觀察、發掘自己的理想。他首先提到的是一項人類天生的能力，即「衝動」。留意、觀察自己的「衝動」並信任它的存在，是得知自己理想的首要途徑。

賽斯強調，「**衝動是自發性的**」，人類「**身體的每個細胞都感覺朝向行動、反應與溝通的衝動**」[1141]。不過人類文化發展至今，大多不敢再信任它，而寧可依賴理性與知性。賽斯談論至此時，發笑地說，就連理性和知性也是自發性的

[1141] 見（美國）珍・羅伯茲（Jane Roberts）著，王季慶譯：《個人與群體事件的本質》（“*The Individual and the Nature of Mass Events*”），頁 382。

[1142]。「衝動是朝向行動的動力，有些衝動是有意識的」[1143]；有些則「來自無意識的知識」，而且與細胞的預知能力有關[1144]。當一個人「不干涉自己的時候」，會是「自發的講理」。只有信念出了問題，才會讓自己的言行看起來像是無理的衝動[1145]。

賽斯提醒讀者，衝動既然是人類生命的本質，就無法不信賴它，更何況它是「沉浸在所謂信心的特質裡」[1146]。他鼓勵讀者學會容許自己的衝動一些自由，此時將會發現它們與自己「認為人生應該是什麼樣子的理想版本相連」，也「會發現衝動自然的合作本質」[1147]。跟隨衝動的人，將找到比自己以為「更多的力量、成就與美德」[1148]。不過賽斯特別指出，不適合的信念會腐蝕衝動，因此建議讀者留意並隨時調整自己的信念系統，覺察並承認衝動的存在，那麼它自然會引領個人「到自己的真正天性」[1149]。

賽斯說，理想是「透過人類個別成員的衝動與創造來表達它們自己」[1150]，而非一定要透過特定的地位或名聲以發光發熱、功成名就。我個人認為此處可

[1142] 見（美國）珍・羅伯茲（Jane Roberts）著，王季慶譯：《個人與群體事件的本質》（“*The Individual and the Nature of Mass Events*”），頁 388。

[1143] 見（美國）珍・羅伯茲（Jane Roberts）著，王季慶譯：《個人與群體事件的本質》（“*The Individual and the Nature of Mass Events*”），頁 382。

[1144] 見（美國）珍・羅伯茲（Jane Roberts）著，王季慶譯：《個人與群體事件的本質》（“*The Individual and the Nature of Mass Events*”），頁 388。

[1145] 見（美國）珍・羅伯茲（Jane Roberts）著，王季慶譯：《個人與群體事件的本質》（“*The Individual and the Nature of Mass Events*”），頁 388-389。

[1146] 見（美國）珍・羅伯茲（Jane Roberts）著，王季慶譯：《個人與群體事件的本質》（“*The Individual and the Nature of Mass Events*”），頁 466。

[1147] 見（美國）珍・羅伯茲（Jane Roberts）著，王季慶譯：《個人與群體事件的本質》（“*The Individual and the Nature of Mass Events*”），頁 484。

[1148] 見（美國）珍・羅伯茲（Jane Roberts）著，王季慶譯：《個人與群體事件的本質》（“*The Individual and the Nature of Mass Events*”），頁 485-486。

[1149] 見（美國）珍・羅伯茲（Jane Roberts）著，王季慶譯：《個人與群體事件的本質》（“*The Individual and the Nature of Mass Events*”），頁 466-467。

[1150] 見（美國）珍・羅伯茲（Jane Roberts）著，王季慶譯：《個人與群體事件的本質》（“*The Individual and the Nature of Mass Events*”），頁 382、462、464。

以特別注意引文中的「表達」一詞。所謂「表達」是指一個人選擇以認真、投入、接納、尊重等態度去從事某項工作，並且投入過程、全力以赴，即使所得績效不如預期，也不致排斥結果、鄙視自己或抱怨外境與他人，那麼無論他在工作上得到的成果是什麼，都成功活出了他生命的本質及樣態，都是「價值完成」，而且符合「生命即表達」、「生命即本體」的概念。只有人類的自我（ego）、大腦才會選擇在乎工作成果的好壞優劣，而忽略過程中的態度與各種表達，還可能不顧是否已經扭曲了意識與精神的發展，以致創造出各種損己或傷人的事件。

除衝動之外，透過觀察一個人兒時的喜好，也可能發掘他的理想。幼兒被容許以較大的自己去做他想做的事，以致「自然的屬性十分清晰地顯露出來」。無論他的喜好是什麼，只有他自己最清楚「那些衝動的強度——但如果它們是強烈且持續不變，那就去追求它們」。賽斯提醒讀者，在發展理想的過程裡，如果衝動引導自己「與別人建立關係」，那就不要讓「認為自己無價值的這種恐懼」擋住了自己的道路。只要盡全力表現自己的理想，就會增加「價值感與力量感」，而且「這種行動有一種保護作用」，使自己能兼顧理想與現實[1151]。

賽斯說，每個人的身體、形態與生活狀況，多少與天生理想有匹配性、適宜性。即使表面看起來並不匹配、適宜，或許這是為了提高挑戰度而設，那麼就可以透過後天的練習，以「好、更好、最好」來完成[1152]。不過，我個人認為對於此處的「好、更好、最好」需要特別留意。這種形容或許只是為了配合人類的認知習慣，以及方便讀者領會的敘述方式。賽斯在談論到整體人間生活時，特別強調「完美是不存在的，因為所有的存在都是一種『變為』的狀態」，所有的存在不是「在變成完美的狀態，而是在變成『更是它自己』的狀態」[1153]。

[1151] 見（美國）珍・羅伯茲（Jane Roberts）著，王季慶譯：《個人與群體事件的本質》（“*The Individual and the Nature of Mass Events*”），頁 467-468。

[1152] 見（美國）珍・羅伯茲（Jane Roberts）著，王季慶譯：《個人與群體事件的本質》（“*The Individual and the Nature of Mass Events*”），頁 463。

[1153] 見（美國）珍・羅伯茲（Jane Roberts）著，王季慶譯：《個人實相的本質》（“*The Nature of Personal Reality*”），頁 614。

他提醒讀者，身為生命旅程的「旅人」，人間生活只是「一個訓練階段」，最好忘掉「對『進步』的一般概念。例如，好、更好、最好的概念」，否則容易誤入歧途。人類將意識投射至地球物質世界、遊戲人間與演出各種劇本，目的只是「在學盡可能完全地存在」、「在學著創造自己」[1154]。

理想「最初都是由內在經驗裡浮現出來的」，透過與他人的合作、與社會的關係，也可以覺察自己的理想究竟為何。賽斯說，這些概念「是來自出生時就被賦予的一種生物上與靈性上的知識」，即所謂「內在知識」的部分。人類還可以透過「觀察動物們的合作之後，認出了團體的重要性」，而向大自然學習。賽斯強調，人類「永遠由自然學習，也永遠是其一部分」[1155]。

一個人的自我無價值感、無力量感，是影響他發現理想的龐大障礙，因此賽斯建議讀者「丟棄無價值及無力量的想法」，並認真整理、改變相關信念。他說，人類的理想主義「全都是在靈性與生理上根深蒂固的」，信任自己是最根本、最有力的做法，然後建立「我是這宇宙絕對必要的一部分」的信念。在日常生活中，再小的問題都不要輕忽它的存在，要以具體的行動向它宣示自己有足夠的能力、智慧可以解決。這些信念和行動可以讓自己「感覺自然的一種歸屬感」。接著可以努力使自己的知性不受「阻礙性信念」（hampering beliefs）的影響，提醒自己忽略有損人類本能的文章或節目，以利自己「學會去信任做人的基本完整性」。如此一來，個人「將能清楚估量自己的能力，既不誇大，也不低估它們」，而不必「藉著誇大一種特定天分或設定一種特定偉績或藝術之表演」，並將它「當作是一個僵化的理想」。只要個人選擇相信每個人都天生具有特殊能力，不需要藉由貶抑他人能力以證明自己存在的價值，就不會讓性格扭曲發展為自卑或自大。當一個人「接受生命在宇宙裡的正當性」，他的理想「會與天性相配」、「相當容易被賦予表達」，而且能夠增益自己的成就

[1154] 見（美國）珍・羅伯茲（Jane Roberts）著，王季慶譯：《靈魂永生》（*"Seth Speaks: The Eternal Validity of the Soul"*），頁 214。

[1155] 見（美國）珍・羅伯茲（Jane Roberts）著，王季慶譯：《個人與群體事件的本質》（*"The Individual and the Nature of Mass Events"*），頁 463。

與社會發展[1156]。

一位理想主義者的基本條件，是確立自己有想把世界改變得更為適合意識學習與擴展的欲望。賽斯說，它「確是每個人的任務」，而且是最刺激、最值得實現的任務。實踐它的方式則是從個人所處的生活與活動著手，從個人所在之處、「自己獨特活動範圍裡的努力去開始」，即使這範圍只是廚房或辦公室的一角[1157]。如此一來，改變世界的衝動與意念就建構出個人「可能的實相」、「可能的事件」。賽斯說，「人與分子兩者都住在可能性的領域裡，而它們的路並沒有被決定」。人類是覺察到了可能的行動與事件，才開始在其中做出選擇，然後「覺察到這整個問題」。於是，「可能性的廣大實相使得自由意志的存在成為可能」[1158]。

賽斯鼓勵讀者關注、信任自己的衝動，別再因為傳統文化、教育而害怕這項天生能力，阻礙自己的自由意志與創造。他說，如果一個人「沒有感覺想做這個或那個的衝動」，他「根本就不能做選擇，因此，選擇通常涉及了在林林總總的衝動中做決定」[1159]。透過各種有意識的選擇，個人就足以影響到世界所有發生的事件，形成所謂的「蝴蝶效應」（butterfly effect）[1160]。所以，「『理想的說』（ideally），群眾世界是形形色色個人選擇的結果」，而「個人的圓滿會自動導致人類更好」[1161]。反之亦然，個人理想的偏執、扭曲也足以影響一個

1156 見（美國）珍・羅伯茲（Jane Roberts）著，王季慶譯：《個人與群體事件的本質》（“*The Individual and the Nature of Mass Events*”），頁 464-465。

1157 見（美國）珍・羅伯茲（Jane Roberts）著，王季慶譯：《個人與群體事件的本質》（“*The Individual and the Nature of Mass Events*”），頁 342-343。

1158 見（美國）珍・羅伯茲（Jane Roberts）著，王季慶譯：《個人與群體事件的本質》（“*The Individual and the Nature of Mass Events*”），頁 382。

1159 見（美國）珍・羅伯茲（Jane Roberts）著，王季慶譯：《個人與群體事件的本質》（“*The Individual and the Nature of Mass Events*”），頁 382。

1160 見志晶著：《蝴蝶效應：知微見著，影響我們生活的，往往是從小事開始》（新北：幸福文化出版社，2023 年），頁 13-39。

1161 見（美國）珍・羅伯茲（Jane Roberts）著，王季慶譯：《個人與群體事件的本質》（“*The Individual and the Nature of Mass Events*”），頁 382。

家庭、團隊或群體的關係，憑藉著意識、精神的催眠、暗示與投射，而讓原有的愛與熱情發展為仇恨與狂熱。相關議題可以參考電影「香水」（*"Perfume: The Story of a Murderer"*，2006；IMDb: tt0396171）、「億萬富翁」（*"Kajillionaire"*，2020；港譯「偷呃拐騙一家人」；IMDb: tt8143990）、「王者製造」（*"킹메이커 / Kingmaker"*，2022；IMDb: tt17491616）、「榮譽團隊」（*"Honor Society"*，2022）、「人選之人——造浪者」（*"Wave Makers"*，2023；IMDb: tt26687035）等。

（三）確定所採取的每個步驟都「理想的切合」目標。

自然的衝動之所以容易被人為扭曲，與一個人無法信任自己的內在節奏，而只想要配合外境與他人的要求，或快速達成目標有關。賽斯說，藉由一個人所採取的每個步驟都「**理想的切合**」他的目標，他的手段也會是理想（使人滿意、符合希望）的，而且他的「**人生會自動被提供了刺激、自然的熱情與創造性，而那些特性也會向外反映在社會、政治、經濟與科學的世界裡**」。[1162]

許多人因為缺乏上述有序性原則（ordering principles）的認知，而選擇相信「**除非做出一些勇敢或英雄式偉大的舉動**」，或想像自己在某些社會、政治或特定團體之中擁有權力地位，甚至是「**倡導一種起義或反叛**」，才能使自己一遂理想或是「**把世界變得更好**」。這類激進的信念與激情的作法很容易使個人實踐理想的手段扭曲，並予以合理化。賽斯強調，每個人都應該「**尊重在所有形式裡的生命**」，並以此做為實踐理想的起點；想要改變外在環境或他人，都應以改變自己開始。任何侵犯他人的行為都無助於自己發掘、實踐理想。一個人無法先尊重自己、愛自己，他就不可能真正地愛他的鄰人；如果他相信愛自己是錯的，那麼他根本無法愛任何人。賽斯認為，單單一個「**肯定自己存在的正當性**」的精神上的肯定、認可，就已經是在幫助別人了[1163]。這裡所說的「愛」

1162 見（美國）珍・羅伯茲（Jane Roberts）著，王季慶譯：《個人與群體事件的本質》（*"The Individual and the Nature of Mass Events"*），頁 487。

1163 見（美國）珍・羅伯茲（Jane Roberts）著，王季慶譯：《個人與群體事件的本質》（*"The Individual and the Nature of Mass Events"*），頁 468-469。

不是只以物質裝飾全身、滿足自己的欲望，而是在精神上能夠做到無條件地同理、接納所有的自己。一個人可以做到如此照顧自己、安定身心的地步，當然就是對群體和社會的安定、和諧盡一份心力與重大貢獻。

衝動既是本能之一，又具有自發性，因此一個人想要照顧自己、培養安定自己身心的能力，最關鍵的地方就在於如何運用衝動並使它成為強大的創造力。賽斯說，個人衝動為個人如何「**盡量利用可能性**」、「**成就自己潛力到最好的地步**」提供了指導原則，同時「**也對社會整體提供了建設性的幫助**」。當一個人無法信任自己的衝動時，就會開始「**失去做決定的力量**」，然後「**失去力量感**」。他將害怕行動，而且讓自己「**處於一種優柔寡斷的窘境**」，甚至使用特定的方法去「麻木」（dull）衝動，以致無法做出建設性的行動[1164]。

賽斯強調，每個人早期都擁有運用衝動的能力。出生前的胎兒最為獨立自主，它們可以「**衝動的跟隨自己的方向**」。出生後的幼兒之所以學習能力極強，正是因為他們的自信心還沒有受到阻礙性信念的困限與侵蝕，及自然、自發地運用「**朝向探索、成長、實現、行動與力量之自然衝動**」，並以之做為「**必要的跳板**（springboard）」。例如一個人從出生後的顛簸搖晃地學習走路，到可以自信地用雙腳行走跑跳；從顫抖地嘗試以食器將食物送進口中，到可以一邊做事、一邊吃東西；從大人口中隻字片語地習得說話技巧，到可以輕鬆自然地與他人對話等，這些「生活技能」的養成，無一不是衝動加上行動之後的創造與成就。賽斯說，「**即使是在其內的原子與分子也在尋找自己最有利的可能性**」。如果他始終堅信自己的意識「**企圖朝向自己理想的發展生長，那也促進了它參與其中的所有組織之理想發展**」。相反地，如果他在成長過程裡，開始模仿他人壓抑、累積自己的自然衝動，瓦解「**自發的存在之信念**」，再加上封閉自己的精神環境、不信賴自己與外在世界等因素，他自然的衝動也會「自動」地轉化為阻礙自己創造與發展的力量[1165]。

1164 見（美國）珍・羅伯茲（Jane Roberts）著，王季慶譯：《個人與群體事件的本質》（“*The Individual and the Nature of Mass Events*”），頁 403。

1165 見（美國）珍・羅伯茲（Jane Roberts）著，王季慶譯：《個人與群體事件的本質》（“*The Individual and the Nature of Mass Events*”），頁 403-404。

賽斯曾經分析個人壓抑自然衝動的深層動力，是源於自我（ego）、大腦的防衛機轉。一個人這麼做的時候，他是在「防禦自己」。他接受被植入的信念而預期自己的「動機會是自私的」。當他「逮到自己帶有不友善的動機時，幾乎深以為慰」，因為他想著，「至少自己是很正常的」。他不再相信自己「懷有善良的動機」，而「永遠在檢查自己的衝動」，卻絕少檢查自己的知性成果。當他持續如此地對自己、外境及他人充滿了恐懼，最後就可能只剩下「想自殺的願望」，這個最後的依靠。年輕人狂熱的行為或罪行，通常就是循著這條精神軌道發展而成[1166]。他們收下成人們教以他們的「達爾文定律及生存競爭」，對許多以剝削或非法行為獲取財富的商業行為，予以合理化，最後只好以「一種糾纏不清的企圖，想在實際世界（按：即「物質世界」）裡表達一種自然的理想主義」[1167]。

一個人關閉信任衝動之門的同時，他也在「削減自己的衝動到根本認不出它們的其他領域裡」，「關閉了可能性」，並且阻止他形成原本可以引領自己走出難局的有益的新行動。但即使如此，依舊無法改變「群體世界是由個人衝動的結果而形成」的事實。賽斯強調，如果地球世界的形成與狀態是如傳統文化、教育所教導的內容且若合符節，而不是如他所提供個人「生存其中的更大脈絡之證據」，例如，自然的秩序把人類意識「投射入其他時空裡的夢的創造性戲劇」、人類「不知不覺由胎兒變為成人那種自發性成長之精確性」、「滲透了甚至最可惡無賴的生命之那些英雄式主題及追求和理想之存在」等，他就不需要透過魯柏、約瑟來寫《賽斯書》了[1168]。

1166 見（美國）珍・羅伯茲（Jane Roberts）著，王季慶譯：《個人與群體事件的本質》（*"The Individual and the Nature of Mass Events"*），頁 389-392。

1167 見（美國）珍・羅伯茲（Jane Roberts）著，王季慶譯：《個人與群體事件的本質》（*"The Individual and the Nature of Mass Events"*），頁 394。

1168 見（美國）珍・羅伯茲（Jane Roberts）著，王季慶譯：《個人與群體事件的本質》（*"The Individual and the Nature of Mass Events"*），頁 397-399。

（四）沒有人天生就是壞人、罪犯或惡魔。

現今仍有多數人堅持應該以嚴刑峻法做為懲罰或遏止個人違反群體規範的手段，不過《賽斯書》提供了一個以人性為思考起點的觀察，即「**很少人一開始就試著要盡可能的『壞』**」。賽斯舉例說，有些偷竊者是在做著他們自以為的「**改正社會的錯誤**」。這不一定是他們唯一的動機，卻是他們「**藉著以自己對善與正義的看法來看自己，而合理化了他們的活動**」。這種犯案動機也是個人由理想主義扭曲為狂熱主義的實例之一。當然，如此的分析並不意味犯案者無須為自己的選擇與行動負責[1169]。

衝動的確會導向犯罪、鑄下大錯，但這是個人後天學習、自我（ego）一意孤行所造成的結果，而非衝動先天就有如此的發展傾向。賽斯強調，「**很少有人真的由一個邪惡的出發點去做事**」。「**每個人天生都被善的意圖（good intent）所鞭策**」，可是它本身與手段也都具有扭曲的可能。如果一個人無法看見「**衝動提供了細節、方法、意義及定義，指向明確的表達途徑**」，他天生善的意圖就很可能受到扭曲。以科學實驗為例，當一位實驗者的實驗方法配不上科學的意向時，他可能會產生「**科學彷彿背叛了自己**」的感覺，認為原有的實驗方法、手段「**本身幾乎等同一種未被認出、隱伏的反科學態度**」。於是他可能不顧自己「善的意圖」的本性，而寧可選擇讓「**任何手段都可以被合理化**」、「為了救更多生命就可以且必須消滅某一個生命」等信念覆蓋這項本性，並做為扭曲本性的藉口，然後改採以犧牲其他生物性命的方式從事實驗。對於這類實驗方式賽斯深感遺憾地說，「**透過這種手段，人看不到生命的神聖，而開始輕蔑的對待生命**」[1170]。

犯罪者在尚未形成犯罪意圖之前，通常有一段長期被教導不能信任衝動，而且必須阻塞、壓制它以避免自己誤入歧途的過程。賽斯說，這將導致此人「流

[1169] 見（美國）珍・羅伯茲（Jane Roberts）著，王季慶譯：《個人與群體事件的本質》（“*The Individual and the Nature of Mass Events*”），頁 355。

[1170] 見（美國）珍・羅伯茲（Jane Roberts）著，王季慶譯：《個人與群體事件的本質》（“*The Individual and the Nature of Mass Events*”），頁 407、451。

連不去的挫折感」，令自己「覺得相當絕望」。他將在社會或政治上找到某些事件做為實例、證據，然後「開始誇大在這一般性的理想和周遭明顯見到的『貪婪與腐敗』明確證據之間的鴻溝」，同時也「開始專注在自己的缺陷」，累積對外界與自己的不滿，並且發現似乎「眼中大多數的人都被一種惡的意圖（complete lack of good intent）所鞭策」。於是，他在生活中開始容易「大怒、憤慨——或更糟的則是充滿了自以為是的感覺」，經常當面或背後攻擊那些與自己意見不同的人，因為他自認為已經找不到可以反映自己的理想或善的意圖的方法[1171]。

許多人原本是以「想要讓世界更好」做為生活的理念。但是當這一切看似已經不可能的時候，就容易連帶對外在環境感到絕望，認為世界不可能更好，於是對自己生活周遭也不再感到興趣。許多不斷抱怨環境、工作與他人的人，基本上就是以這類精神活動去創造出完全符合自己信念、想像力的「環境」（物質實相）與「現實」。他頭腦經常想著的是「問題根本不在我身上，一切都是環境、他人造成的」、「不是我有問題或精神異常，是某些力量讓圍繞在我四周的環境起了變化」、「這世界瘋了，只有我和少數人還算清醒」。一旦他沒能產生「有沒有人並非這麼想、不認為處境是如此」的自我提問，及時自我覺察、自我心靈解讀，重新發現自己善的意圖及天生理想，那麼他將不知不覺逐漸與原本大力譴責的對象成為「同路人」，創造出原本厭惡、排斥的事件。

有些傳統的文化和教育習慣以「大我」與「小我」對稱，然後鼓勵學習者要以「小我」看待自己，對「大我」無私奉獻，甚至犧牲自己的生命也在所不惜。賽斯說，這類堅持「我不重要」信念的人，會刻意把自己天生的理想「一般化」，因此他也自行封閉了行動的道路。許多罪犯正是基於這一類的絕望感而去犯罪。「他們多數有很高的理想，但這些理想卻從未被信任或付諸行動」，這種絕望引發了深厚的無力感，因此許多人總說「人就應該……」、「現在的人就是……」，卻極少或從不思索「我可以……」或「我要成為……人」。他

1171 見（美國）珍・羅伯茲（Jane Roberts）著，王季慶譯：《個人與群體事件的本質》（*“The Individual and the Nature of Mass Events”*），頁 407。

們不僅與自己一手打造的環境、世界產生巨大鴻溝，還「自以為是的憤怒或報復心去攻擊一個他們眼中冷嘲熱諷、貪婪、變態的世界」。

換句話說，這一類人的內心（個人潛意識層）通常自認是邪惡、不完美的，但自我（ego）、頭腦卻極力否認，「確信自己不應如此」。然後他們無意識地將這份邪惡、不完美投射至討厭的人或害怕的競爭對手身上；對於他人眼中一件生活中普通、影響甚微的事件，也經常反應過度或予以放大，而且「把社會看做是與善為『敵』的」。通常只要其中有人登高一呼，就容易被其他人崇拜、推舉為傑出人士或英雄。不過賽斯認為，真正的英雄「有自己表現理想主義的手段和明確的表達途徑」，能與他人真誠合作，而與這一類認為「途徑被完全切斷了」、只以個人利益為考量者不同[1172]。許多傑出人士或眾人眼中的英雄在創造出豐功偉業後不久，卻做出有違社會規範之事或淪為罪犯，以致經歷「顛峰墜落」、生活瞬間風雲變色。有人因此認為罪犯與英雄僅有一線之隔，其實正是基於如此的精神活動與心理歷程所致。

二、扭曲與偏執的精神活動容易成為害怕自己的人

《賽斯書》認為，一個人之所以會對外境或他人產生厭惡、排斥等感受，是因為他的內心累積著許多害怕外境或他人的恐懼。就意識、精神投射的原理而言，其實就是害怕自己。每個人天生就是一位具備愛心、慈悲心和好奇心的理想主義者，但只要平日疏忽於關懷、照顧自己的精神活動而任由理想逐漸扭曲，放縱性格的養成而朝向偏執（paranoia）發展，就容易親手把自己打造成為深陷自我中心、完美主義與角色框架的狂熱者（fanatic）。

（一）性格偏執源自於忘記生而為人的目的與任務。

賽斯認為，人類投生地球物質世界的一項相同的任務就是「想把世界改得

1172 見（美國）珍・羅伯茲（Jane Roberts）著，王季慶譯：《個人與群體事件的本質》（"*The Individual and the Nature of Mass Events*"），頁 409。

更好」[1173]。隨著個人成長過程的變化，以及接觸的人、事或物愈加廣泛，他將累積愈來愈多的信念。這些信念（即「信念群」）如果未曾加以梳理、探究，而任由適合與不適合者交互混雜在一起，再加上對外境與他人的過度關注，與自己的精神活動益顯陌生，那麼他不僅容易逐漸淡忘自己天生的任務，也會以他私人的信念及理想主義做出「對無害的個人或群體事件的錯誤詮釋」，於是使自己成為「偏執狂」。不過賽斯說，這一類人格是「極為有趣的」。他們認為地球物質世界所有發生的實質事件，都「可以被象徵性地組合的方式，因此，經由它們可以創造出一個實相，那幾乎一部分是實質（physical）而一部分是夢幻的」[1174]。

每個人都以其意識、精神活動創造出自己的事件，但是對於那些涉入事件中的他人而言，他們也是以一樣的方式創造屬於自己的事件。既然如此，人與人之間又如何能夠交流、溝通，而不是完全地唱獨角戲、玩著一個人的遊戲；如何能夠分享意見、共同合作學習，而不致淪為「除了自己是真實的，而其他人都是虛幻存在」的狀態？對此，賽斯說，實相可以區分為「私人實相」與「眾人共享的實相」。自己與他人之間「多少也有共享的實際接觸之會合處」，此處稱之為「感官高原」（sense plateau），它「為一個集體分享世界之協議提供夠穩定的基礎」。如果一個人習慣以「私人象徵」加諸於他透過感官所接收到的資料之上，甚至是根本看不見這些資料而只有他自己的想像、揣測，他就很難分辨這兩種實相[1175]。影響所及是內心對世界或他人充滿批判、評價，而無法開放心胸去聆聽他人想法、意見的人，也很難體會到所謂「感官高原」的存在。

還有一類很難分辨上述兩種實相的人，他們常以「利用夢中世界的方式來利用物質世界」，因此容易呈現精神錯亂的狀態。他們「非常具創意與想像力」，

[1173] 見（美國）珍・羅伯茲（Jane Roberts）著，王季慶譯：《個人與群體事件的本質》（*"The Individual and the Nature of Mass Events"*），頁 343。

[1174] 見（美國）珍・羅伯茲（Jane Roberts）著，王季慶譯：《個人與群體事件的本質》（*"The Individual and the Nature of Mass Events"*），頁 276-277。

[1175] 見（美國）珍・羅伯茲（Jane Roberts）著，王季慶譯：《個人與群體事件的本質》（*"The Individual and the Nature of Mass Events"*），頁 276-277。

但是抗拒與群眾共享的實相打交道，而「試圖形成一個完全私人的世界」。賽斯認為這一類人「對人際關係是多疑而處處提防的」。如果他們無法及早理解「實相必然被其他人分享，也必然被其他人的實相所影響」[1176]，那麼他們不僅會在人際關係創造出更大的難局、挑戰，其內心也可能被沉重的被排斥、孤單等感受所擠壓。現代心理學也有近似的研究可供參考[1177]。此外，如果一個人從小就未被教導這類觀念，而選擇以「幻滅」來詮釋他對成人世界的基本看法，那麼他就更可能經常活在自己的幻想世界裡，並且將這個議題留存到成年之後，形成中年危機[1178]。

賽斯認為偏執狂大多擁有負向的預期與信念，並且以負面的方式詮釋事件，甚至將事件視為具威脅性的存在[1179]。當一個人誤解了自己感官所收集的資料時，就容易形成「心與物之間的平衡變得太過偏向某個方向」。如此的狀態就好像一個人半夜醒來，卻堅信當下已是黎明一般。他經常會「按照他的執念（obsession）來組織心理世界」，並且「切掉每樣不適合的東西，直到所有一切都符合他的信念」[1180]。在這種情形下，他不會真心想要去瞭解聲稱在乎的人，或許試圖操控對方才是他真正的偏好與興趣。

大體而言，一個人固執地期望外在世界與他人依循著他的心理世界而建構、

1176 見（美國）珍・羅伯茲（Jane Roberts）著，王季慶譯：《個人與群體事件的本質》（*"The Individual and the Nature of Mass Events"*），頁 277。

1177 見（奧地利）阿爾弗雷德・阿德勒（Alfred Adler）著，胡慎之譯：《走出孤獨》（*"Out of Loneliness"*）（臺北：英屬維京群島商高寶國際公司台灣分公司，2020 年），頁 271-318；（美國）巴斯特・班森（Buster Benson）著，辛一立譯：《意見不同，還是可以好好說：Twitter 、Slack 高績效團隊負責人，教你化解歧見的 8 種溝通心理技術》（*"Why Are We Yelling? : The Art of Productive Disagreement"*）（臺北：天下雜誌公司，2021 年），頁 243-252。

1178 見（瑞士）瑪麗─路薏絲・馮・法蘭茲（Marie-Louise von Franz）著，徐碧貞（Pi-Chen Hsu）譯：《永恆少年：從榮格觀點探討拒絕長大》（*"The Problem of the PUER AETERNUS"*），頁 68-70、220-225。

1179 見（美國）珍・羅伯茲（Jane Roberts）著，王季慶譯：《個人與群體事件的本質》（*"The Individual and the Nature of Mass Events"*），頁 278。

1180 見（美國）珍・羅伯茲（Jane Roberts）著，王季慶譯：《個人與群體事件的本質》（*"The Individual and the Nature of Mass Events"*），頁 279。

存在時，通常他的自我暗示會是「每一天在各方面，我愈來愈糟，而世界也是如此」。殊不知這樣的想法是「邀來個人與集體悲劇的信念」，無疑是「尋求災禍的冥想」[1181]。他將無法相信自己的直覺，而認為「在人生中的目的必然是做別的東西或別的人」，而不是做他自己；還因此為自己創造了「一個精神上與物理上都封閉的環境」，害怕自己、畏懼生活則成為他的生命內涵。他會尋求目標一致的群體或組織而成為其中的一員；「尋求主義，希望把那主義的目的與他們自己未認出的目的合在一起」。當這一類人聚集成群時，就很可能變成擁有誇張求全癖（perfectionists of exaggerated quality）、追求極度完美的理想主義者，群體的信念也將導致成員逐漸從個人的經驗裡除掉他們對「對『善』的知覺」。賽斯指出，許多集體自殺事件就是依循如此的模式所創造出來的[1182]。

賽斯將一個人如何從原有天生的理想、熱情轉變成為完美、偏執與激情，分析至為透徹。這種轉變必然是先由內在的意識焦點與精神活動開始。除了上述內容之外，還包括以下數項因素：將偉大的注意放在「壞的」、「不好的」，隨時隨地都想在自己及他人的意圖、言行裡發現「惡」，造成「與自己及同類為敵」[1183]；認為金錢、財富等物質的東西才可以解決社會問題[1184]；經常「為系統性邏輯推理出的自覺偉大或被迫害妄想所苦」，形成「思考過程與情緒分隔」[1185]；扭曲自己的自由意志，具有復仇與暴力傾向等[1186]。一旦個人培養出如此偏

[1181] 見（美國）珍・羅伯茲（Jane Roberts）著，王季慶譯：《個人與群體事件的本質》（*"The Individual and the Nature of Mass Events"*），頁 290。

[1182] 見（美國）珍・羅伯茲（Jane Roberts）著，王季慶譯：《個人與群體事件的本質》（*"The Individual and the Nature of Mass Events"*），頁 282-283。

[1183] 見（美國）珍・羅伯茲（Jane Roberts）著，王季慶譯：《個人與群體事件的本質》（*"The Individual and the Nature of Mass Events"*），頁 283。

[1184] 見（美國）珍・羅伯茲（Jane Roberts）著，王季慶譯：《個人與群體事件的本質》（*"The Individual and the Nature of Mass Events"*），頁 283-284。

[1185] 見（美國）珍・羅伯茲（Jane Roberts）著，王季慶譯：《個人與群體事件的本質》（*"The Individual and the Nature of Mass Events"*），頁 428。

[1186] 見（美國）珍・羅伯茲（Jane Roberts）著，王季慶譯：《靈界的訊息》（*"The Seth Material"*），頁 288-290。

執的性格，就會吸引堪配「共同演出」、「一起遊戲」的人們來到眼前，許多的壞人、惡徒、魔鬼也是如此被創造出來。如果他再把個人的、一時的經驗無限放大，認為經驗無法改變而讓它成為不必要的「濾鏡」，就會把自己的外境與周遭的人們創造為有害的或恐怖的存在。相關議題可以參考電影「人間道」（“*Infernal Affairs / Mou gaan dou*”，2002；IMDb: tt0338564）、「命運化妝師」（“*Make Up*”，2011；IMDb: tt1854552）、「危險療程」（“*A Dangerous Method*”，2011）、「危地諜影」（“*Une zone à defender / A Zone to Defend / The Talking Cure*”，2023；IMDb: tt21276064）等。

（二）苛求完美的理想主義容易轉變成為狂熱主義。

一個人從幼兒時期「做本體的自己」逐漸轉變為「做人格的自己」，甚至發展出試圖操控外境及他人的言行，必得先由他的心理結構型塑開始。這一類的心理結構少不了有完美主義的影子。1980 年，完美主義被《精神疾病診斷準則手冊（第三版）》歸為「強迫型人格障礙」（Obsessive－compulsive personality disorder；OCPD）；依照「第五版」的解釋，完美主義者性格容易呈現專注於秩序、心智與人際的控制，而選擇犧牲直爽、效率等互動方式；熱衷於工作、死守道德、倫理，而缺乏休閒、彈性；對自己及他人吝嗇，只親近服從他意志的人，而缺乏分享、溝通、交流等能力[1187]。現代心理學、精神分析學研究認為，它是一種負面有毒的情緒[1188]；與個人的童年經驗[1189]、父母類型[1190]有關；至於

1187 見（美國）美國精神醫學學會（American Psychiatric Association）著，台灣精神醫學會譯：《精神疾病診斷準則手冊（第五版）》（“*Diagnostic and Statistical Manual of Mental Disorders, Fifth Edition*”；DSM-5）（臺北：台灣精神醫學會，2018 年），頁 329-330。

1188 見（阿根廷）貝納鐸・史達馬提亞斯（Bernardo Stamateas）著，謝琬湞譯：《毒型情緒：侵蝕你美好人生的 15 種負面有毒情緒》（“*Emociones Toxicas: Como Sanar el Dano Emocional y Ser Libres Para Tener Paz Interior*”）（台北：方智出版社，2014 年），頁

1189 見（美國）杜安・舒爾茨（Duane P. Schultz）、西德尼・艾倫・舒爾茨（Sydney Ellen Schultz）著，危芷芬譯：《人格心理學》（“*Theories of Personality 11/E*”），頁 151-174。

1190 見（美國）鍾妮斯・韋伯（Jonice Webb）著，張佳棻譯：《童年情感忽視：為何我們總是渴望親密，卻又難以承受？》（“*Running on Empty: Overcome Your Childhood Emotional Neglect*”），頁 90-95。

它對人際關係潛在而深層的影響，是許多追求完美者所忽略的部分[1191]。

至於《賽斯書》中對於「完美」議題的探索，賽斯首先提出它的核心信念是「好，還要更好」。當一個人從小被告知「『心靈』是好的、完美的」，所以他也「必須在所有方面都是完美的」。萬一他同時「相信自己的身體是不完美的」，那他「就永遠會處於矛盾中」[1192]，而「對生病本身的信念就依賴著『人是沒有價值的』、『罪惡感』和『不完美』的信念上」[1193]。人類還將這份「完美」投射到自己的存有（靈魂）身上，它「被描寫為鎮定、『完美』、被動與無情的。只有最崇高喜樂的覺察才是被容許的」。然而賽斯強調，存有「最主要的是一個能量、創造與行動的泉源，而就是要透過永遠變化的情感來顯示它的特性」，因此即使是恨、恐懼、痛苦等所謂壞的、負面、有毒的情緒，也是它願意去體驗、認識、同理及接納的對象[1194]。賽斯認為，「『完美』這字設有許多陷阱」，因為「它預設某件完成的、無法改變的事或物，它也不能再被移動、改進或創造」。人類在數千年歷史文化乃至於當下的物質實相裡，根本無法找到「完美」，卻始終無視於這項事實。心靈也是如此，事實上，「心靈永遠在一種『變為』、變遷、柔軟的狀態」，而以人類說法是心靈「沒有結束，就如它也從沒有一個開始的一點」。[1195]

當一個人被訓練為追求完美的人，而他也真的戮力不懈地朝著這個方向前進，那他就有可能將原有天生的理想與熱情，不自覺地導向偏執的狂熱主義發

[1191] 見（美國）艾德・楚尼克（Ed Tronick）、克勞蒂亞・高德（Claudia M. Gold）著，盧思綸譯：《關係修復力：心理學大師教你從衝突、裂痕中培養更高的適應力，重拾人與人的連結》（"*THE POWER OF DISCORD: Why the Ups and Downs of Relationships are the Secret to Building Intimacy, Resilience, and Trust*"）（臺北：時報文化出版公司，2021 年），頁 83-105。

[1192] 見（美國）珍・羅伯茲（Jane Roberts）著，王季慶譯：《個人實相的本質》（"*The Nature of Personal Reality*"），頁 309。

[1193] 見（美國）珍・羅伯茲（Jane Roberts）著，王季慶譯：《個人實相的本質》（"*The Nature of Personal Reality*"），頁 106。

[1194] 見（美國）珍・羅伯茲（Jane Roberts）著，王季慶譯：《個人實相的本質》（"*The Nature of Personal Reality*"），頁 607。

[1195] 見（美國）珍・羅伯茲（Jane Roberts）著，王季慶譯：《個人實相的本質》（"*The Nature of Personal Reality*"），頁 210。

展。賽斯認為一位扭曲的理想主義者即是「狂熱分子」，是「理想主義者的翻轉」[1196]，但他其實是被誤導且「真正灰了心的人」，還因此信奉「目的可以合理化自己所能用的任何手段」的觀念。他同時也是一位悲觀主義者，因為他「想把這個世界改得更好，卻相信它無法改變分毫」，於是理想主義只會在心裡纏著他不放[1197]。他還會是一位受壓抑的理想主義者，因為他害怕自由意志及自然的衝動，而選擇以嚴厲的方式對待自己。他既相信有一種「理想化的善」，卻同時「極堅定的相信人是無可救藥的有瑕疵（大聲的），充滿邪惡，且自然地比較傾向於壞的而非好的意圖」[1198]。

（三）狂熱分子通常是模糊而浮誇的做夢者。

賽斯認為，狂熱分子通常是「模糊而浮誇的做夢者」，所以他們的生活容易偏向某個層面而導致整體生活失衡。他們不甘於按部就班行事，「不滿足於等待積極表達的實際動作過程」，處事焦躁、激進。他們「無法忍受容忍的表現或相反的概念」，成為極度自以為是者，而且「會為了追求那些目標而合理化幾乎任何的罪惡」[1199]。這一類人具有強烈、極端的二分法思考，有時甚至衍生為浮誇並且理想化的超人版本。他們認為「善」的標準是絕對的，而且以他們的定義為依據。他們偏好強調共同行動的重要性，經常口若懸河、振振有詞。這類人格特質往往導致個人或群體的災難，因為他們的信念可能從認為「只有特定人士是壞人」發展至「絕大部分的人是壞人」。事實上，他們所看見、聽到的外境或他人，都只是他們內在無力感的向外投射所致[1200]。

[1196] 見（美國）珍・羅伯茲（Jane Roberts）著，王季慶譯：《個人與群體事件的本質》（“*The Individual and the Nature of Mass Events*”），頁 343。

[1197] 見（美國）珍・羅伯茲（Jane Roberts）著，王季慶譯：《個人與群體事件的本質》（“*The Individual and the Nature of Mass Events*”），頁 342。

[1198] 見（美國）珍・羅伯茲（Jane Roberts）著，王季慶譯：《個人與群體事件的本質》（“*The Individual and the Nature of Mass Events*”），頁 378-386。

[1199] 見（美國）珍・羅伯茲（Jane Roberts）著，王季慶譯：《個人與群體事件的本質》（“*The Individual and the Nature of Mass Events*”），頁 343。

[1200] 見（美國）珍・羅伯茲（Jane Roberts）著，王季慶譯：《個人與群體事件的本質》（“*The Individual

狂熱分子將組織、團體的價值置於個人之上，並且在「更大的善」的觀點之下，將不合人道或殘暴的行為合理化[1201]。他們的個人潛意識裡有著渴求「毀滅」的傾向，甚至不惜與他人同歸於盡。由於他們不相信自己的表達，只相信「人的罪惡本質以及個人之缺乏力量」，因此傾向尋求嚴厲的管控與制度[1202]。

賽斯說，「狂熱派領袖常常是男性而非女性，女性大抵是追隨者」[1203]。一位理想主義者也許一開始會主張性別平等，但是只有深入探索他的個人潛意識層才能得知他真正的想法是什麼。賽斯曾經分析魯柏就是如此的狀態，所以即使他身為女性且極富創造力，卻害怕自己「可能被別人取笑，因為女人不會被人當作深奧的思想家或者哲學性問題之創新者」，這種態度本身使得他變得脆弱[1204]。許多爭取性別平等者的內心深處仍然相信「女性是低級的」、「女性是次等的」，如果他們始終未能面對真實情況與這個非物質的自己，最後就很可能淪為狂熱分子而輕易地傷害自己或他人。

（四）狂熱分子容易形成矛盾、衝突的信念。

賽斯總結具有狂熱主義者的形象是「害怕個人性的人」、「害怕自己的人」。這一類人的本質是「永遠在與浮誇的理想打交道」。通常他們會積極尋求在團體中的表現或建立團體，因為他們想要在團體之中找到自己的個人性、建立「共同個人性」，同時也尋求「同夥關係的力量」。他們「相信權力之絕對必要」，卻「將他們的權力視為邪惡的」；「相信一種理想化的善存在」，卻認為「壞

---

and the Nature of Mass Events"），頁 350-351。

1201 見（美國）珍・羅伯茲（Jane Roberts）著，王季慶譯：《個人與群體事件的本質》（"*The Individual and the Nature of Mass Events*"），頁 352-353。

1202 見（美國）珍・羅伯茲（Jane Roberts）著，王季慶譯：《個人與群體事件的本質》（"*The Individual and the Nature of Mass Events*"），頁 354-355。

1203 見（美國）珍・羅伯茲（Jane Roberts）著，王季慶譯：《個人與群體事件的本質》（"*The Individual and the Nature of Mass Events*"），頁 369。

1204 見（美國）珍・羅伯茲（Jane Roberts）著，王季慶譯：《個人與群體事件的本質》（"*The Individual and the Nature of Mass Events*"），頁 358-360。「魯柏」是珍・羅伯茲的「存有名」，由賽斯所告知並使用於《賽斯書》。由於此存有名偏向男性特質，所以此處以「他」而非「她」做為第三人稱代詞。

人很有力量，而好人則是軟弱沒有活力的」。他們相信「自己是公正的」，認為「不同意他的人就是道德上的敵人」，而且覺得自己所代表的善已在危急之中，需要大力打擊敵人[1205]。賽斯說，這些想法與做法最終都不可能成功，他們也將永遠找不到個人性，「而只找到了一幅描繪自己無力之諷刺畫」[1206]。

理想主義者、狂熱分子扭曲的人格特質十分明顯，但是他們還是很容易吸引、聚集類似性格的群眾，然後成為特定訴求的群體、組織或團體。賽斯深入分析其中所隱含的精神活動因素，包括：群眾經常以「理想主義、狂熱是為了更大的好處」為理由，試圖姑息狂熱分子「相當應受譴責的行為」，為他們開脫責任，並將他們的行動、手段予以合理化。其次，許多人「有去找明顯的惡的傾向」，而這正是二分法思考所造成的結果。賽斯直言，當一個人「沉浸在這種黑白分明的想法裡」，就很對不起自己的理想。他點明整體事件被創造的關鍵是，「每一件不符合理想的行為都開始在其核心處瓦解那個理想」[1207]。對此，賽斯提出具體的建議。當一個人還心懷理想卻認為「理想存在於那麼遠的未來」、「覺得沒價值或無力去行動」，才會做出一些自認「必須採取本來也許不會採取的步驟去達成它」。在這種導向偏執、狂熱的發展過程裡，「理想總是受到了侵蝕」，以致無法對沿途採取的每個步驟都能配得上自己的目標[1208]。然而，只要他願意積極改變舊有的信念，選擇相信理想是天生的、內建的，進而檢視其他相關信念是否存在著矛盾、衝突，並一一予以整理、改寫，這就為理想的「正向」發展重啟大門。

此外，還可以開始關心、留意自己的精神活動，看看自己在人際互動中究

1205 見（美國）珍・羅伯茲（Jane Roberts）著，王季慶譯：《個人與群體事件的本質》（*"The Individual and the Nature of Mass Events"*），頁 379-380。

1206 見（美國）珍・羅伯茲（Jane Roberts）著，王季慶譯：《個人與群體事件的本質》（*"The Individual and the Nature of Mass Events"*），頁 355。

1207 見（美國）珍・羅伯茲（Jane Roberts）著，王季慶譯：《個人與群體事件的本質》（*"The Individual and the Nature of Mass Events"*），頁 450-452。

1208 見（美國）珍・羅伯茲（Jane Roberts）著，王季慶譯：《個人與群體事件的本質》（*"The Individual and the Nature of Mass Events"*），頁 452-454。

竟傾向合作或競爭；重視發展過程的「價值完成」，還是渴望追逐符合他人或群體所期待的成績、結果；是否可以看見許多不同的人格面向、不同的「自己」，它們之間存在哪些和諧或衝突之處；在特定環境或事件中的自己，有哪些「表達」是做人格的自己，哪些是做本體的自己；在團體中，自己是屬於「**肯定自己個人權力、而不想躲在團體裡的人**」，還是毫無力量感，只想要從團體之中獲得信心、力量，並且強調「共同行動才是唯一的道路」[1209]等。任何得到的答案都可能需要持續檢視、觀察，因為問題與答案本身都是中立且處於變化之中。

現今人類似乎無法存活於沒有法律制度的團體（例如：種族、國家等）之中。從法律繁瑣、僵化、懲罰等本質，也可以察覺人類由天生理想、熱情走向狂熱主義、激情的可能性。即使法律高舉「無罪推定原則」，依舊無法改變人類自認是「**充滿了罪的生物**」，而「**罪可以是由玩牌到有性幻想的任何事**」[1210]。賽斯提醒人類需要覺知，法律本身不具有創造性，「**任何新的法律永遠追隨信念改變，而非其反面**」[1211]。一個人想要持續走在自訂的理想及生命藍圖之中，就必須認知唯有信任自己內在的力量、知識、紀律等，認識自己的個人性、獨特性，認出其他的「自己」並與之合作而非競爭。如此一來，他既能成為愛、同理、接納自己與他人的人，也能真誠地與環境、他人互動，合作就會成為自然且有趣的戲劇演出與遊戲，而且自然、自發地開展他的生命表達。

三、自我人格訓練以掌握意識與精神的發展

《賽斯書》對於一位天生熱情的理想主義者，如何轉變成為扭曲、偏執的狂熱主義者，剖析至深。賽斯認為，一個人一旦自覺有此傾向，也有改變的意

[1209] 賽斯認為這種現象容易流於「集體的歇斯底里」，目的在於分擔責任。見（美國）珍・羅伯茲（Jane Roberts）著，王季慶譯：《個人與群體事件的本質》（*"The Individual and the Nature of Mass Events"*），頁 369。

[1210] 見（美國）珍・羅伯茲（Jane Roberts）著，王季慶譯：《個人與群體事件的本質》（*"The Individual and the Nature of Mass Events"*），頁 415。

[1211] 見（美國）珍・羅伯茲（Jane Roberts）著，王季慶譯：《個人與群體事件的本質》（*"The Individual and the Nature of Mass Events"*），頁 483。

願，就不妨從幾個方面著手：一是建立相關知識的基本認知與核心信念，最重要的是選擇「我創造、形成自己的實相」這個信念，接受每個人都活在「心想事成」的狀態下，內心所想的與外在環境所看到的是「**相當前後一致的物質實相**」的說法[1212]。二是留意「意識心」詮釋感官事件的功能，容許「**心靈與身體活動必須的行動自由**」[1213]。三是留意想像力、創造力的扭曲與誤用。四是多接觸大自然，「**心亂或生氣的時候，把注意力轉回自然世界**」，以感覺它對自己的影響。四是勇於面對「當下」需要的體驗，不再選擇逃離、迴避。五是做出正向的預期及詮釋[1214]。六是辨識「群體意識」中的負面情緒及信念。七是留意「心」與「物」的平衡，分辨個人的實相及物質實相[1215]。八是避免按照自己的執念「**來組織心理世界**」，認知「**在任何一點上，只要檢查一下未被成見所影響的感官資料**」，就會馬上為自己帶來釋放[1216]。九是多為自己做出正向的自我暗示[1217]。

1212 見（美國）珍・羅伯茲（Jane Roberts）著，王季慶譯：《個人與群體事件的本質》（"*The Individual and the Nature of Mass Events*"），頁 276-277。

1213 見（美國）珍・羅伯茲（Jane Roberts）著，王季慶譯：《個人與群體事件的本質》（"*The Individual and the Nature of Mass Events*"），頁 277-278。

1214 《賽斯書》所謂「正向的預期」並非忽略、無視「負向」的部分，而是建立在理解、接納及改變負向思想之後的新選擇。它鼓勵讀者最終能夠體悟，這一類的二元性思想會使自己經常處於正與負、好與壞的選擇，形成某些不必要的限制、束縛，同時也可能最終自己陷入了負、壞而不自覺。唯有學習如何觀察、探討有關人、事或物的本質，才能更有效地發揮個人的創造力，並發掘自己更多的潛能。心理學上有所謂的「皮格馬利翁效應」（Pygmalion effect），或稱「期望效應」，主張只看他人的優點，並以讚美、信任、鼓勵、耐心等正向作為去激發他人的能力（見陳敏編：《皮格馬利翁效應》〔臺北：百善書房，2006〕，頁 13-20）。不過這項專注於正向的學理，較少關注到被鼓勵培養這類能力的人，他本身是否能夠先行由衷地以如此的方式對待自己，並且具備「自我同理」的能力。一個人一旦刻意忽略、無視自己個人潛意識層所累積的負向、消極思想，而一味地對自我（ego）灌輸正向、積極，期望這些思想為自己帶來「美好」的收穫，反而可能對自己的潛意識形成強大的抑制力量、擴大信念之間的矛盾衝突，最終造成「心口不一」的現象。

1215 見（美國）珍・羅伯茲（Jane Roberts）著，王季慶譯：《個人與群體事件的本質》（"*The Individual and the Nature of Mass Events*"），頁 278。

1216 見（美國）珍・羅伯茲（Jane Roberts）著，王季慶譯：《個人與群體事件的本質》（"*The Individual and the Nature of Mass Events*"），頁 279。

1217 見（美國）珍・羅伯茲（Jane Roberts）著，王季慶譯：《個人與群體事件的本質》（"*The Individual*

綜合以上論述不難發現，賽斯的觀點全都集中於「人類共享一個完形意識」的中心思想。更重要的是一個人即使達成以上學習的目標，在擁有財富自由、輕鬆喜悅的生活時，仍然需要持續瞭解自己、研究自己的創造，才能持續擁有如此的生活環境。意識、精神活動始終處於「變為」的狀態，它們不會僅只於滿足當下的發展，而是會主動尋求擴展，創造更大的發展。當個人意識到這項生命原理，也願意實踐自我（self）的人格培養與訓練，他就承擔起了生命神聖的使命和任務——「對自己負責」。

（一）理解人格是移動而非靜止不動的概念。

賽斯強調，「隨時要把人格想成是移動來看待，因為它所有面向都不是靜止不動的」。人格的每個部分除了「自我」（ego）之外，都沒有時空的概念，「不會把時間當成是一系列的片刻來反應」，所以要特別留意對「內在小孩」的認識與關懷。過去曾經發生的事，「永遠會再改變」、「也永遠會被隨身帶著」，隨時會對當下的生活產生影響。一旦讓自我形成僵化的反應模式，就可能對新的選擇性反應感到害怕，因為它認為會傷害到它的「自我意象」。它「在人格與物質環境的關係中」，「必須扮演活動指導者的角色」，可是它只關注目的性行動。如果這種行動「變得非常狹隘」，壓制住「許多理所當然的必要衝動」，就會形成「遭到拒絕的行動模式」。這時，它「會感覺可用的能量減少，而可能真的出現能量短缺現象」，以致個人認為自己難以掌握外在環境[1218]。不過也因為如此，「自我無法接受的行動，可能正是人格其他全部領域所需要的那些行動」，因此平日有意識地對它多加訓練，可以使整體的自己擁有更大

and the Nature of Mass Events”），頁 280。

[1218] 通常這一類人面對挫折、失敗時，容易陷入如現代心理學家所稱的「哀傷的五個階段」（the five stages of grief），包括：否認（denial）、憤怒（anger）、討價還價（bargaining）、沮喪（或憂鬱）（depression）、接受（acceptance）。見（美國）伊莉莎白・庫伯勒—羅斯（Elisabeth Kübler-Ross）、大衛・凱思樂（David Kessler）著，蔡孟璇、吳品儒譯：《論哀傷：帶領你走向療癒的情緒、靈性與心理旅程》（*“On Grief and Grieving : Finding the Meaning of Grief Through the Five Stages of Loss”*）（臺北：遠流出版公司，2023 年），頁 35-62。

改變的自由與幅度[1219]。

讓自我理解到人格結構也是行動的概念，可以做為人格訓練方法之一，因為人格結構「本身也是行動的這個基本實相」。人格是由行動所組成，「它的覺察和本體是行動的結果」。賽斯強調，「人格實際上是同時性的行動，由行動中的行動所組成」[1220]，因此必須將它「當成一種行動完形來理解」。然而自我（ego）「必定會試圖把它本身當成與行動分離，縱使這個企圖基本上注定會失敗」，於是這裡又形成了一個既微妙又有趣的生命模型設計，賽斯稱它為「微妙的失衡網絡」。它是自我的企圖使自己「成為一個有組織、有紀律」的整體人格的「代表人」（front man），以便「去跟物質環境打交道」。可是如果它「太過嚴厲或過度執行紀律」，就無法再為整體人格代言，而只能成為「看管人」（warden），然後「把更裡面的自己最主要的表達欲望給禁錮住」了[1221]。

人類每天都活在意識、精神的催眠和暗示之中，因此，有意識地運用它們，有助於「人格結構所有層面之間能維持和諧關係」[1222]。賽斯說，「自我無法判斷一個行動是對整個人格帶來建設性，還是阻礙性」，它的目的與整體人格的目的是否一致也值得留意。如果沒有自我，人類就不會產生負面的思想、暗示[1223]，然後行動、情感流動都不會受到干擾、阻斷，並且自然、自發地尋求價值完成，享受、體驗每一個創造的過程[1224]。既然自我是天生的配備，自然也有它

[1219] 見（美國）珍・羅伯茲（Jane Roberts）著，梁瑞安譯：《早期課 4》（“*The Early Sessions Book 4*”），頁 199-201。

[1220] 見（美國）珍・羅伯茲（Jane Roberts）著，梁瑞安譯：《早期課 4》（“*The Early Sessions Book 4*”），頁 173。

[1221] 見（美國）珍・羅伯茲（Jane Roberts）著，梁瑞安譯：《早期課 4》（“*The Early Sessions Book 4*”），頁 182。

[1222] 見（美國）珍・羅伯茲（Jane Roberts）著，梁瑞安譯：《早期課 4》（“*The Early Sessions Book 4*”），頁 426。

[1223] 見（美國）珍・羅伯茲（Jane Roberts）著，梁瑞安譯：《早期課 4》（“*The Early Sessions Book 4*”），頁 161。

[1224] 見（美國）珍・羅伯茲（Jane Roberts）著，梁瑞安譯：《早期課 4》（“*The Early Sessions Book 4*”），頁 118。

存在的理由與價值，主要原因無非是藉助它干擾、阻斷的本性來擴展個人的創造力、能力，就好像原本溫柔、徐緩的水流一旦遇有干擾、阻斷，就會變得強勢、湍急而激發更多力量。當自我允許個人自然、自發地發揮創造力、能力，就可以透過尋求與整體人格的合作，而體驗到更大的自己與存在。

自我就像潛意識一樣，都有它們自己的「自我意象」[1225]。當一個人長期處於自認不夠好、沒有存在的意義與價值，且對於外在環境與自身的發展充滿憂慮、無力時，可以說這正是自我的「自我意象」。然而它未必等同於潛意識、整體心智的自我意象。在許多情況下，自我為了否認它與「最小的粒子與細胞和器官之間的合作關係」，而創造出常見的錯誤，因此對整體人格的行動形成障礙。在某種程度上，這「可以被視為惡性的反暗示」，於是自我就在其中為所欲為，「封鎖住整個有機體的所有其他面向，然後胡作非為」[1226]。

即使看起來自我對於個人的發展似乎充滿了負面的作用，但賽斯依舊強調不能忽略它的存在與影響。賽斯曾經形容魯柏的自我是「很健康，且精力充足，但帶有固執的傾向」。這種狀況對於他們當下的工作而言，「其實反而非常好，因為他正學習如何在物質環境中好好有效運作，同時又可以在內在實相之內操縱」。不過賽斯也指出，整體運作過程有其難度，一旦他們有「威脅自我的意圖」，就會「潛藏著精神分裂症和定向力缺失的危機」。較適合的做法是對它表達由衷的善意，允許它保有個體性。如此一來，它就會留給個人「自由的空間，同時也自動維持好整個人格的平衡」[1227]。之後，給予它新的信念、有意識地關心由它所做的暗示也十分重要。盡量讓它理解到負向信念只是一種體驗，並非不可改變的「事實」，然後引領它往對整體人格有益的方向前進、改變[1228]。

1225 見（美國）珍・羅伯茲（Jane Roberts）著，梁瑞安譯：《早期課 4》（“*The Early Sessions Book 4*”），頁 120。

1226 見（美國）珍・羅伯茲（Jane Roberts）著，梁瑞安譯：《早期課 4》（“*The Early Sessions Book 4*”），頁 120-121。

1227 見（美國）珍・羅伯茲（Jane Roberts）著，梁瑞安譯：《早期課 4》（“*The Early Sessions Book 4*”），頁 206。

1228 如果讀者對這部分感到興趣，不妨再深入探究、思考，那麼對自我做這些訓練的是誰？是哪一個「自

自我（ego）的暗示會持續不斷地運用在個人「體內的每個細胞」，所以賽斯強調，問題不在於個人「能不能使用暗示，而是如何更有效率地使用」[1229]。擁有有效運用暗示的自我將會「牽涉到一個平衡的人格」。當人格的行動獲得表達的自由，「自我在這個過程中會有所得，而不是有所失」、「不會獨裁專制，而是通情達理，甚至有紀律」。它「不但明白自身的處境，還知道自身的依靠」，有潛意識、內我、全我做它的靠山。當它面對挫折或失敗時，就不必一定要經歷所謂的「哀傷五階段」不可，反而能夠適時將悲傷轉化為更大的創造力。它還能「覺知到自身特有的孤立現象」，理解到「這種孤立取決於它是整個完形的一部分」，而不是它不夠完美、無依無靠所致[1230]。有鑑於此，賽斯經常鼓勵魯柏、約瑟夫婦及讀者，可以多做一些與暗示有關的活動[1231]。

（二）次人格是由最強的行動特色所支持的一種能量統合。

自我（ego）的運作會影響整體人格的發展已是心理學、精神分析學上不爭的事實。賽斯曾經強調他「不是第二人格，這裡不會有多重人格（multiple personality）」[1232]。在整體人格結構中，有一種所謂「主人格」與「次人格」、「次級人格」的區分方式[1233]。《賽斯書》於前者又稱「支配人格」，後者又稱為「第二人格」（secondary personality）。許多學者視自我為人格發展的麻煩製

己」？

[1229] 見（美國）珍・羅伯茲（Jane Roberts）著，梁瑞安譯：《早期課 4》（“*The Early Sessions Book 4*”），頁 121-122。

[1230] 見（美國）珍・羅伯茲（Jane Roberts）著，梁瑞安譯：《早期課 4》（“*The Early Sessions Book 4*”），頁 122。

[1231] 見（美國）珍・羅伯茲（Jane Roberts）著，梁瑞安譯：《早期課 4》（“*The Early Sessions Book 4*”），頁 426。

[1232] 見（美國）珍・羅伯茲（Jane Roberts）著，梁瑞安譯：《早期課 4》（“*The Early Sessions Book 4*”），頁 428。

[1233] 見（加拿大）李安德（André Lefebvre）著，若水譯：《超個人心理學》（“*Transpersonal psychology*”）（臺北：桂冠圖書公司，2009 年），頁 222-228；張以潔：〈次人格對話（Voice Dialogue）療法〉（臺北：《諮商與輔導》2015 年 5 月第 407 期，頁 35-38）。

造者或錯誤的來源，雖然賽斯也有類似的描述，不過他的論點還是建立在它是整體心智與全我的一部分的基礎上，而所有的麻煩、錯誤及其修正、改變，都是存有（靈魂）需要的體驗。自我雖然是「一種由一個人的整體個性中抽取的某些特性，再加以組合而形成的一種『表面身分』（surface identity）」[1234]，但是可以說，無論它做了什麼，都有全我的允許，全我也不會加以干涉[1235]。即使全我可能因為內在自我與外在自我之間的障礙，而被外在自我「很大程度會被拒於價值完成之外」[1236]，它所有的選擇與作為也都會被視為是全我整體表達的一部分[1237]。

相對於有些心理治療將次人格視為一種症狀，賽斯卻認為它的研究「極其有趣」，因為這樣的研究可以使人類「對於形成自我的一般方式有更好的概念」。賽斯認為次人格「只不過是在任何人格系統之內，由最強的行動特色所支持的一種能量統合而已」，而這些能量「自然會從整體人格之內汲取出來」。由於自我本身就處於「變為」的狀態，「唯有這些變化異常活躍且確實可以被感知時」，人類才會發現並討論次人格的存在與現象。自我既然持續在變化，卻有不少人擁有習慣接受或拒絕某幾類行動的現象。賽斯解釋這種常見的人格特質是因為「任何人格的主要特質驅動力會持續轉變」，「為了相反方向的所有企圖，自我必須改變以求存在，而它的那個耐久性就取決於它的靈活性（flexibility）」[1238]。因此，習慣性接受或拒絕某幾類行動可以視為自我的特點。只不過它終究必須瞭解，在「人格與物質環境打交道時」，它的確是「善於組

[1234] 見（美國）珍・羅伯茲（Jane Roberts）著，王季慶譯：《個人實相的本質》（*"The Nature of Personal Reality"*），頁 62。

[1235] 見（美國）珍・羅伯茲（Jane Roberts）著，陳秋萍譯：《早期課 3》（*"The Early Sessions Book 3"*），頁 138。

[1236] 見（美國）珍・羅伯茲（Jane Roberts）著，彭君蓉譯：《早期課 2》（*"The Early Sessions Book 2"*），頁 200。

[1237] 見（美國）珍・羅伯茲（Jane Roberts）著，梁瑞安譯：《早期課 4》（*"The Early Sessions Book 4"*），頁 118。

[1238] 見（美國）珍・羅伯茲（Jane Roberts）著，梁瑞安譯：《早期課 4》（*"The Early Sessions Book 4"*），頁 183。

織的那個面向」，但它「並不是人格中唯一善於組織的面向」，事實上「內在自我」（inner ego）也具有這項特點。

個人的自我是整體人格的一個面向。為了「辨識自己的感覺，並賦予感覺耐久性」，它創造出物理時間以利歸類或分組。對於人格的其他面向而言，「過去、現在與未來都毫無意義，物理時間的概念和實相，與自我的發展相互平行」；如果人類單純只有「對自己的意識」（consciousness of self），也不會知覺到物理時間的存在。賽斯認為，自我歸類或分組的功能設計「大部分的情況下，這種安排是相當棒的運作方式」，不過如果它過度精細分類，習慣於將人、事或物過度分類，這麼做不僅阻礙個人深入對外在環境或事件本質的觀察，也妨礙到整體人格的學習與發展。它可能「出於對錯誤的恐懼」及害怕涉入的行動「會威脅到本身的耐久性」，以致「拒絕整個有意義的行動之區域，而這個有意義的行動是整個人格曾經體驗過的」。如此的拒絕就是一種阻礙性行動，而且可能成為「所謂精神官能症形成的基礎」[1239]。

次人格的形成與發展與自我「太過嚴厲、太愛拒絕」有關，甚至可以說是由此「所造成的直接結果」。次人格在許多情境中屬於一種實相，「可以想像成是一種阻礙性的行動，就像疾病一樣」。至於它的影響程度就「必須由它對整體人格形成的全部貢獻或危害狀況來判定」。不過，這也表示次人格不完全是「有害的」，尤其當被拒絕的對象是整體人格那些很健康卻被自我否認的表達欲望。此外，它也可能「成為緊急手段，使整體人格到最後可以度過難關，讓各項行動得以表達出來，以免爆發而導致人格系統全面瓦解」，之後再藉由「所有實際的理由，可能會將次人格結構解除掉，而等到另一個緊急狀況出現時，再召喚回來」。賽斯總結次人格的本質與作用，認為一個人如果發現當下的自我的確專斷、無能，最佳解決方案是藉由多項訓練以將它改變為強壯、可靠的夥伴，而且允許個人必要的表達等；「以一種更實際的統合法則為組合方式，來接納一個新的自我」。如此一來，次人格將成為一個建設的人格，不致

[1239] 見（美國）珍・羅伯茲（Jane Roberts）著，梁瑞安譯：《早期課4》（*"The Early Sessions Book 4"*），頁179。

竊走主要能量，還「會為整體人格做更有利的表達，實際上也會增強它的耐久性和本體」[1240]。

（三）瞭解夢中的自己有助於人格的發展與整合。

賽斯說，「人人會做夢」。可是只因為夢發生在自我（ego）沒有知覺、無法動彈的時候，大多數人醒來之後，「只記得浮光掠影的畫面和支離破碎的情節」，再加上片面、獨斷的自我會逕行「嚴格審查很多潛意識保留下來的訊息」[1241]，所以「人們常常以負面觀點看待夢境，並拿它來跟醒時實相做不利的比較」。許多人認為花時間睡覺是很可惜的事，卻不知其實在夢中的工作可能更為辛苦[1242]。這些作為使得自我選擇性遺忘它可以從夢中「接收到的訊息當中獲益」，最後連它的影子「都可能會經過那個陌生地帶，並且有點回到家的感覺」[1243]。賽斯以十分肯定的語氣說，「對於人類人格的研究，只要是忽略夢實相的重要性，都不能號稱是完整的研究」。他主張醒時人格會在「睡時人格的幫助下，達成有意識的目標」[1244]，因此，一個人想要更徹底認識、瞭解全部的自己，就不能忽略對夢中自己的認識與瞭解。

一個人做夢時，是以「更真實而且比較不扭曲的方式創造，比起醒時狀態，

1240 見（美國）珍・羅伯茲（Jane Roberts）著，梁瑞安譯：《早期課 4》（*“The Early Sessions Book 4”*），頁 180-181。

1241 見（美國）珍・羅伯茲（Jane Roberts）著，陳秋萍譯：《早期課 3》（*“The Early Sessions Book 3”*），頁 251；（美國）珍・羅伯茲（Jane Roberts）著，梁瑞安譯：《早期課 4》（*“The Early Sessions Book 4”*），頁 356。賽斯說，「對大多數人來說，這樣的審查過程有其價值，因為可以防止人格被那些它沒有能力處理的資料淹沒」。見（美國）珍・羅伯茲（Jane Roberts）著，梁瑞安譯：《早期課 4》（*“The Early Sessions Book 4”*），頁 6。

1242 見（美國）珍・羅伯茲（Jane Roberts）著，梁瑞安譯：《早期課 4》（*“The Early Sessions Book 4”*），頁 355。

1243 見（美國）珍・羅伯茲（Jane Roberts）著，梁瑞安譯：《早期課 4》（*“The Early Sessions Book 4”*），頁 356。

1244 見（美國）珍・羅伯茲（Jane Roberts）著，梁瑞安譯：《早期課 4》（*“The Early Sessions Book 4”*），頁 355。

他的物質世界更多是他做夢的自己創造的產物」[1245]。《賽斯書》涉及夢的議題十分繁複，例如：夢的形成、夢的本質、夢境的變化、夢的作用、夢中的行動、夢活動、夢經驗、睡眠模式、夢宇宙、夢地點、夢的來源、夢在各個不同階段的重要性、夢與潛意識層、夢如何在物質場域影響個別的做夢者、夢的發展、夢的治療（夢療法）、夢實相、夢影像、夢世界夢的實驗等。其篇幅可說極為龐大，僅以夢的類別而言，就可分為「各種不同種類的夢和夢的片段體」[1246]、「從潛意識各層冒出來的夢的類型」、千里眼的夢、[1247]、個人夢、群體夢[1248]、負面的夢[1249]、噩夢等[1250]。本書限於篇幅，無法一一論述，只能列舉部分條目以與讀者分享。

至於夢與個人整體人格發展的關係，《賽斯書》也著墨頗多。綜合整理後，條列如下：

1.一個人的人格如果改變，他的「夢世界」（dream world）就會改變，「因為夢世界永遠都是流動多變的人格架構其中的一部分」[1251]。

2.人格是由能量完形所構成，「因此人格所創造的夢可以當成是變動中人格的一部分」，而「人格也會被它自己的夢改變」[1252]。

1245 見（美國）珍・羅伯茲（Jane Roberts）著，洪志美、張黛眉、梁瑞安譯：《早期課1》（"*The Early Sessions Book 1*"），頁305。

1246 代表過去、現在與未來相互之間的一個關係的夢。見（美國）珍・羅伯茲（Jane Roberts）著，洪志美、張黛眉、梁瑞安譯：《早期課1》（"*The Early Sessions Book 1*"），頁183。

1247 見（美國）珍・羅伯茲（Jane Roberts）著，陳秋萍譯：《早期課3》（"*The Early Sessions Book 3*"），頁30、90-92、93、343。

1248 見（美國）珍・羅伯茲（Jane Roberts）著，王季慶譯：《個人與群體事件的本質》（"*The Individual and the Nature of Mass Events*"），頁306。

1249 見（美國）珍・羅伯茲（Jane Roberts）著，梁瑞安譯：《早期課4》（"*The Early Sessions Book 4*"），頁546。

1250 見（美國）珍・羅伯茲（Jane Roberts）著，洪志美、張黛眉、梁瑞安譯：《早期課1》（"*The Early Sessions Book 1*"），頁180。

1251 見（美國）珍・羅伯茲（Jane Roberts）著，梁瑞安譯：《早期課4》（"*The Early Sessions Book 4*"），頁275。

1252 見（美國）珍・羅伯茲（Jane Roberts）著，梁瑞安譯：《早期課4》（"*The Early Sessions Book 4*"），

3.人類所處的實相無論是物質或非物質的，都是「能量與注意力聚焦的結果」，因此做夢的人進入「夢實相」或「夢宇宙」參與夢經驗時，「感覺經驗是真的，而且有些夢的確比醒時經驗更為鮮明生動」。當人格離開夢經驗之後再回想夢中經驗時，因為能量與注意力的焦點已經改變，才會開始感覺到它的「虛幻不實」[1253]。賽斯說，「人格創造它的夢；然後夢被人格經驗」。夢中經驗會改變人格，「因為行動一定會自己不斷改變」，而且經驗永遠不會消失。經驗會被載於記錄之中，「接著又改變人格，任何經驗都是如此運作」[1254]。個人對於夢中經驗未必照單全收。基於某一類情感系統的運作，「這些系統會管理個體願意接受或開放的經驗，也會在意識中關閉個體已決定要拒絕的那些經驗」，而在夢中，「個體也一樣會接受或吸引某些經驗，排除其他經驗」[1255]。此外，夢經驗對於人類的人格所造成的影響，比起個人醒時在物質世界的經驗更為重要、更持久，「因為夢經驗被阻塞的程度並不像醒時經驗那麼大」。也因此，夢經驗常常且頻繁地「改變人類的發展方向」[1256]。

4.人格通常只有在夢實相或夢宇宙裡，「才可能輕易或有效改變焦點到他能夠感知自己扮演過的不同角色」[1257]。這些角色當然包括它不同轉世的部分；也可能是同一世過去或未來的自己，其中曾經或未曾具體化、物質化的自己。

頁 270。

[1253] 見（美國）珍・羅伯茲（Jane Roberts）著，梁瑞安譯：《早期課 4》（“*The Early Sessions Book 4*”），頁 6。

[1254] 見（美國）珍・羅伯茲（Jane Roberts）著，梁瑞安譯：《早期課 4》（“*The Early Sessions Book 4*”），頁 151、270。

[1255] 見（美國）珍・羅伯茲（Jane Roberts）著，梁瑞安譯：《早期課 4》（“*The Early Sessions Book 4*”），頁 503。

[1256] 見（美國）珍・羅伯茲（Jane Roberts）著，梁瑞安譯：《早期課 4》（“*The Early Sessions Book 4*”），頁 517-518。

[1257] 見（美國）珍・羅伯茲（Jane Roberts）著，梁瑞安譯：《早期課 4》（“*The Early Sessions Book 4*”），頁 23。

5.如果一個人相信人類人格、自己都是沒有限制，「除非人格願意接受這些限制」，「那麼它的發展與成長就不會受到限制」[1258]。這項觀念與信念將有助於個人對夢實相的概念與人格在夢中的學習、擴展。

6.人格可以在夢中找到解決問題的方法。賽斯說，「夢中的人格都是片段體，是自己的投射，可以演出各種不同的角色、尋求不同的經驗，也會尋找問題的解決之道與喜悅的事物」[1259]。在夢實相裡面，個體「有機會在心靈環境更大的架構裡，找到問題的解決方法」，因為「在心靈環境並沒有物質建構的迫切需要」[1260]。

7.以直覺與理性並用的方式去解釋夢資料，學習改變自己意識焦點的經驗，可以提升「夢的助益價值」。何況「不一定要睡覺才能做夢，每個人都做過白日夢（daydreams）」，這時就「可以更清楚看到焦點的轉換」[1261]。

8.如果個人的「基本人格相當平衡，那麼他在夢實相的存在就會強化他物質的存在，反之亦然」。如果個人「對於將人格視為整體有興趣的話」，就必須瞭解人格在物質實相與夢實相之內運作的情形[1262]。

9.通常做夢的人醒後「只記得一小部分的夢，而且這些夢經常是來自比較表層」。如果想要記住更多的夢，賽斯建議可以從建立「今後我將會記得來自人格更深層的夢」的信念，並持續以此信念自我催眠、自我暗示[1263]。

1258 見（美國）珍・羅伯茲（Jane Roberts）著，梁瑞安譯：《早期課4》（“*The Early Sessions Book 4*”），頁271、349。

1259 見（美國）珍・羅伯茲（Jane Roberts）著，梁瑞安譯：《早期課4》（“*The Early Sessions Book 4*”），頁274。

1260 見（美國）珍・羅伯茲（Jane Roberts）著，梁瑞安譯：《早期課4》（“*The Early Sessions Book 4*”），頁373。

1261 見（美國）珍・羅伯茲（Jane Roberts）著，梁瑞安譯：《早期課4》（“*The Early Sessions Book 4*”），頁280。

1262 見（美國）珍・羅伯茲（Jane Roberts）著，梁瑞安譯：《早期課4》（“*The Early Sessions Book 4*”），頁281。

1263 見（美國）珍・羅伯茲（Jane Roberts）著，梁瑞安譯：《早期課4》（“*The Early Sessions Book 4*”），頁281。

10.每個人都可以在睡時狀態中，「看到人格在運作，看到它的能力和限制」。因此，人格可以在夢境中學習，「對於睡時自己（sleeping self）顯示出來的許多特質，醒時人格（waking personality）都可以善加利用」[1264]。

11.夢本身屬於「電磁系統的實相」。瞭解這些實相非常重要，「因為它們在身體形象和夢影像的建構上也相當重要，而且還負責發生在意識底下的內在溝通」[1265]。

賽斯針對人類人格的本質，提供了許多研究方法，而且非常堅持這些方法的有效性，包括對「夢中的自己」的研究。夢境中的實相沒有任何「偽裝」，因此夢中的自己「可以更清楚瞥見時間與空間的本質」，而且「人格可以更自由地表現」[1266]。他認為就人類所處的地球物質世界而言，夢無法突然活生生地出現人類的生活之中。然而「快速動眼期睡眠（REM sleep）也好，非快速動眼期睡眠也罷」，人類的夢「始終存在於意識之下，甚至存在於醒時狀態中，人格時時刻刻都受到夢的影響」。他解釋，「夢的存在有自己的次元」，而且它「與肉體組織相連」。沒有任何人可以「剝奪他的夢，這種必要的精神功能會在潛意識層面運作」，所以「夢是精神活動的一種」。一個人即使是醒時狀態，也可以藉由想像力的創造，透過「白日夢」的方式進行一場意識之旅，一樣會對人格的訓練有所幫助。當然，意願、情感強度、行動都必須緊隨其後，用以增加白日夢具體化、物質化的可能與速度。最後，賽斯強調，如果人類的科學家可以做到「自我訓練，回想自己的夢，並研究這些夢與自己日常活動和物質事件的關聯，就會更加瞭解夢的本質」[1267]。

[1264] 見（美國）珍・羅伯茲（Jane Roberts）著，梁瑞安譯：《早期課4》（“*The Early Sessions Book 4*”），頁421-423。

[1265] 見（美國）珍・羅伯茲（Jane Roberts）著，梁瑞安譯：《早期課4》（“*The Early Sessions Book 4*”），頁513-515。

[1266] 見（美國）珍・羅伯茲（Jane Roberts）著，梁瑞安譯：《早期課4》（“*The Early Sessions Book 4*”），頁310。

[1267] 見（美國）珍・羅伯茲（Jane Roberts）著，梁瑞安譯：《早期課4》（“*The Early Sessions Book 4*”），

（四）瞭解「痛苦」的意義及其正向作用。

現今有許多心理、精神的教育或訓練，強調唯有積極正向才是身心健康的表徵，才能建立更好的生活；也有許多靈性、療癒的課程或修行，標榜唯有鄙棄物質生活才能向更高階、至上的存在靠近，或成為那存在。就《賽斯書》而言，這些作法反而可能造成個人身心失衡、過度分類、無法分辨夢中與物質世界中的自己等情況。事實擺在眼前的是，物質世界的本質就是二元性，如果不去理解這種本質的意義與價值，而只是一味地抗拒或極力想要擺脫它，就只會深化對痛苦的感受。其次，如果物質是不好的、墮落的，那麼個人為什麼如此自虐地選擇生存於這個世界，然後再試圖遠離或改變這個世界。在這些矛盾、衝突的觀點與現象裡，很難不造就出表面陽光、樂觀和正向，其實內在自我意象是陰暗、悲觀且負向的偏執者、狂熱分子，也就是《賽斯書》所描述的「害怕自己的人」。

基於上述理由，理解個人內在的矛盾與衝突，以及探索「痛苦」的本質、形成的原因、發展歷程等，也成為自我（self）人格訓練的重要項目。對此，《賽斯書》提供許多建議，茲列舉如下：

1.瞭解「阻礙性的行動」。當一個人想做他原本認為積極、有建設性的事情，幾經思索後卻又嘎然而止，這大概就是常見的阻礙性行動，而痛苦的感受會伴隨而生。賽斯認為阻礙性的行動是個人的「行動轉到對整體人格並不是最有利的路線去」，「代表了能量上或行動上實際的阻塞，是一種沒有出口的累積」。這些對個人創造沒有幫助反而可能扯後腿的能量「集結在一起，轉而向內，影響了整個系統」；它們代表人格的「一種分枝，本身不見得有害」，只有「從形成人格架構的其他行動這樣的觀點來看，才會有害」。然而這「不是指行動就此終止」，這樣的行動也具有行動所有的特質，「因此也會尋求其他方式來實體化和表達」。但是行動者又可能在當下又「產生加以規範的意圖」，這時人格「又得從這些實際可用的能量中，耗費一部

頁 489-490。

分去支撐阻礙性的行動」。整個過程發展下來，「它顯然會變成人格——心理結構、物質結構、電子與化學結構的一部分」，而被整體人格「暫時接受，成為自己的一部分」。可是賽斯提醒，「這裡就埋下了危機」。賽斯建議，覺察、探索自己這種「心理事實」，發掘它背後隱藏的許多心理因素[1268]，這也將是勇敢面對自己所創造的痛苦的開始。

2.瞭解痛苦的意義及其正向作用。賽斯理解痛苦是令絕大多數人類感到不舒服的刺激與情緒，可是他提醒讀者，痛苦會「讓自己習慣如何去對意識受到刺激後的尖銳感」。意識的本質之一就是總想在物質世界尋求「刺激」，然而它並不會如人類般，總是為刺激貼上開心或煩悶、舒服或彆扭、羞辱或光榮、愉悅或悽慘等二元性的標籤，所以「不管是愉快或不愉快的，對意識多少都有刺激效果，它是一種對活動或生命的強烈覺知」，「對痛苦的刺激都予以默許，正是意識本質的基本部分，也是必要的部分」。這也是為什麼一個人明明知道眼前的事件與自己無關，可是他的「心理架構的某些部分仍會不分青紅皂白地接受，因為它是一種感覺，一種活生生的感覺」[1269]。當然，這也是精神投射的一種。

3.有意識地接納所有感覺、情緒，並理解這麼做就是生命的「表達」。有些迴避型人格會習慣在事件發生的當下，選擇「快速且自動地拒絕或抽離這類刺激的做法」，然而這種做法根本無法阻擋意識利用痛苦的刺激來認識它自己的天性。不必要的迴避行為是自我（ego）試圖逃離經驗的行動，可是它所不知道的是，行動的本質之一就是「要熟知本身所有的面向」，它和意識一樣沒有標籤、區分。這些標籤、區分「要過了很久才會出現，而且是出現在另一個層面上、在之後的進化發展中」。基於人格是由行動所組成，因此人格本身也會接受所有感覺，「不去辨別各種刺激」，這就是「它本身的

[1268] 見（美國）珍・羅伯茲（Jane Roberts）著，梁瑞安譯：《早期課 4》（“*The Early Sessions Book 4*”），頁 165-167。

[1269] 見（美國）珍・羅伯茲（Jane Roberts）著，梁瑞安譯：《早期課 4》（“*The Early Sessions Book 4*”），頁 166-167。

表達」。換言之，意識、行動都是「以肯定的態度接受所有的刺激」[1270]；人格「即使自我抗拒，但人格仍然願意接受阻礙性行動、痛苦或疾病，而且將其視為本身的一部分」。唯有當一個人的自我獨斷、僵化，而且「意識高度分化的發展」[1271]，痛苦才會如此明顯、特殊而抗拒、標示與討論，並且對他的身心健康產生重大的影響。

4.承前項。瞭解更多有關意識、人格與行動的相關基本知識，有助於對痛苦的涵納與轉化。賽斯說，「人類人格是複雜的生物」，它擁有肉體及許多其他結構，而且「已經發展出高度分化的『我』(I)意識」。「我」意識的存在是為了「設法維護本體的明顯界限」，因此，當它「從多個行動中去做選擇」時，這個選擇的行為及能力就「代表著本體的本質」。在本體這個「精密複雜的完形之下」，沒有「我」意識這個「較為單純的存在基礎，以及對所有刺激的那份認可」，本體就不可能存在。「我」結構裡的原子、分子「不斷接受痛苦的刺激，甚至愉快地忍受它們自己的毀滅」，然而它們並不害怕毀滅，因為它們瞭解「自己在行動之內有自己的獨立性」、「在所有行動裡的實相」，以及「沒有複雜的『我』結構要支撐」。總之，「如果沒有接受任何痛苦的刺激，這個結構就永遠無法維持它自己」[1272]。由此可知，一個人想要擁有扎實的心理能量和存在感，不僅要能保持正向、樂觀，更要有接受、涵納負向、痛苦情緒的勇氣。最終，他可能培養出一位可以觀察、信任自己情緒、心態變化的「自己」，且以操縱並改變自己的精神活動為挑戰和樂趣。不過，當他的自我（ego）變得專擅且試圖與行動分離時，他就可能選擇沉浸或攻擊自己創造的痛苦，致使「我」結構混亂或複雜化。而且當他面臨某些刺激時，會習慣以痛苦來標籤這個刺激，感覺到它似乎

[1270] 見（美國）珍・羅伯茲（Jane Roberts）著，梁瑞安譯：《早期課4》（“*The Early Sessions Book 4*”），頁 167-168。

[1271] 見（美國）珍・羅伯茲（Jane Roberts）著，梁瑞安譯：《早期課4》（“*The Early Sessions Book 4*”），頁 169。

[1272] 見（美國）珍・羅伯茲（Jane Roberts）著，梁瑞安譯：《早期課4》（“*The Early Sessions Book 4*”），頁 168-169。

是隻身形巨大、如影隨行的怪獸，隨時都可能將他吞噬、毀滅。

5.「努力勸誘人格，若要有所發展，就要放棄它本身的任何一部分」。由於人格會確實接受阻礙性行動，包括疾病，「且視為自己的一部分」，而且「時間越長，造成的問題會越嚴重」。因此必須讓它瞭解到，永遠在變、具靈活性是它的特性，而「阻礙性行動是整體結構的一種困境」，它的「這個特殊部分，並不屬於基本的原始人格結構，它只是被接納而已」。不過賽斯強調，去除人格的阻礙性行動只是「改變人格的某些能量移動的方向」而已[1273]。重點在於如何隨時認出並掌握自己意識的焦點，透過焦點的移動、轉變以使能量能夠運用在對自己有利的地方，並創造出人格的建設性行動。

6.培養人格從行動中做選擇的能力。賽斯說，「整個人格必須接受引導，以選擇那些整體而言對它自己最有利的行動，而且它的個體完整性，也取決於這件事的選擇結果」[1274]。

7.瞭解生物學（biology）與人格間的關係。因為「人格的存在遍及物質系統之內」，它涉及遺傳、細胞結構的特性、電子系統、生物系統等議題[1275]。

8.投入世界，體驗與他人「連結」過程中的實與虛。有些人因為自我（ego）過度思考而「害怕他自己的精神活動」，更別說去瞭解這些活動的實質內容[1276]。影響所及是即使「外表看似外向，但基本上他仍害怕將自己本身與外在環境連結」，也不敢實質上地與他人有精神上的交流、溝通，而只選擇從事表面上的言行互動。常見的例子如賽斯所說，一個人在工作時認為「這不是我，這不是我自己」，導致他的內我「不承認人格當中另外的一部分」。

[1273] 見（美國）珍・羅伯茲（Jane Roberts）著，梁瑞安譯：《早期課 4》（*"The Early Sessions Book 4"*），頁 170-171。

[1274] 見（美國）珍・羅伯茲（Jane Roberts）著，梁瑞安譯：《早期課 4》（*"The Early Sessions Book 4"*），頁 172。

[1275] 見（美國）珍・羅伯茲（Jane Roberts）著，梁瑞安譯：《早期課 4》（*"The Early Sessions Book 4"*），頁 178-179。

[1276] 見（美國）珍・羅伯茲（Jane Roberts）著，王季慶譯：《個人實相的本質》（*"The Nature of Personal Reality"*），頁 206。

最終，他也將「無法同時連結內在與外在的自己」[1277]。

9.訓練自我覺知其他的實相，例如夢實相[1278]。賽斯說，「人格時時刻刻都受到夢的影響」[1279]，在這個以潛意識為主的活動領域裡，個人的潛能就藏在其中，等著自己去領取。

10.留意因為過度執迷於「向內看」，尤其是有些自稱「修行人」忽略天性本能的行為，容易導致沉迷於「忘我世界」。賽斯說，「太過關注內在實相，導致對肉體的病痛和苦難過於容忍」[1280]；「過度關注自己的能力，就會忘記將能力發揮出來」[1281]。這麼做不僅與人類投生地球世界的目的相違，也忽略了「生命與意識的所有層面都是一體的，都充滿了萬分的樂趣和喜悅」的內在宇宙法則[1282]。

11.每完成一件事或一個階段，就要「簡單思考一下其他的事，也該讓自己心情全然放鬆，讓精神煥然一新」。這麼做是為了讓自己的「心靈能量確實可以獲得復原與更新」[1283]。

12.留意人格與科技的關係。賽斯預告，「電腦會改變人類的生活」。人格的型態、觀念、道德、智慧等，也將會影響到個人對電腦的使用[1284]。

1277 見（美國）珍・羅伯茲（Jane Roberts）著，梁瑞安譯：《早期課4》（"*The Early Sessions Book 4*"），頁186。

1278 見（美國）珍・羅伯茲（Jane Roberts）著，梁瑞安譯：《早期課4》（"*The Early Sessions Book 4*"），頁323-326、352-354。

1279 見（美國）珍・羅伯茲（Jane Roberts）著，梁瑞安譯：《早期課4》（"*The Early Sessions Book 4*"），頁489。

1280 見（美國）珍・羅伯茲（Jane Roberts）著，梁瑞安譯：《早期課4》（"*The Early Sessions Book 4*"），頁315-316。

1281 見（美國）珍・羅伯茲（Jane Roberts）著，梁瑞安譯：《早期課4》（"*The Early Sessions Book 4*"），頁321-323。

1282 見（美國）珍・羅伯茲（Jane Roberts）著，梁瑞安譯：《早期課4》（"*The Early Sessions Book 4*"），頁316。

1283 見（美國）珍・羅伯茲（Jane Roberts）著，梁瑞安譯：《早期課4》（"*The Early Sessions Book 4*"），頁341-342。

1284 見（美國）珍・羅伯茲（Jane Roberts）著，梁瑞安譯：《早期課4》（"*The Early Sessions Book 4*"），

13.瞭解人格與麻煩問題的發展關係密切。賽斯說，任何麻煩問題的發展都涉及到個人「現階段的動向帶來的結果」。因此即使當下無法「精確指出未來會發生什麼事」，只要「當下的動向能改變，那麼人格未來會發生的問題也會跟著改變」[1285]。

14.留意對「注意力」的訓練。賽斯說，「分心或對分心的恐懼，有它們自己的實相，而且會大量形成可能有害的正電荷」[1286]。有意識地訓練注意力切換也有其必要[1287]。有時候「將注意力自物質系統抽離，反而增強它」[1288]，所以賽斯「常常談到有關改變焦點以及改變意識方向的重要性」[1289]。

15.直覺的運用。賽斯指出，直覺「很接近人類的根源」，但必須與理性並用，因為理性可以讓自我（ego）瞭解內在資料的內容。如果想讓直覺運作良好，允許儲藏在潛意識的直覺以靈感的方式顯現在自己的工作上，有時候需要「讓意識心稍微轉移注意力」，並且跳過「頭腦有意識的思考」。這種做法將使個人「獲得和更新能量」。賽斯說，「事實上，有一種心靈淨化（psychic refreshment）的方法，相當自然也極為有效，最特別的是像音樂這類東西」；身處於一個志同道合、有益身心發展的團體也是如此，當「情感的動力一旦出現時」，個人就能「利用並匯集這樣的能量」[1290]。

16.辨識力（discrimination）的運用。賽斯認為「辨識力有其必要，而且最好

頁 392。

[1285] 見（美國）珍・羅伯茲（Jane Roberts）著，梁瑞安譯：《早期課 4》（“*The Early Sessions Book 4*”），頁 397。

[1286] 見（美國）珍・羅伯茲（Jane Roberts）著，梁瑞安譯：《早期課 4》（“*The Early Sessions Book 4*”），頁 436。

[1287] 見（美國）珍・羅伯茲（Jane Roberts）著，梁瑞安譯：《早期課 4》（“*The Early Sessions Book 4*”），頁 221。

[1288] 見（美國）珍・羅伯茲（Jane Roberts）著，王季慶譯：《靈魂永生》（“*Seth Speaks: The Eternal Validity of the Soul*”），頁 19。

[1289] 見（美國）珍・羅伯茲（Jane Roberts）著，梁瑞安譯：《早期課 4》（“*The Early Sessions Book 4*”），頁 287、443。

[1290] 見（美國）珍・羅伯茲（Jane Roberts）著，梁瑞安譯：《早期課 4》（“*The Early Sessions Book 4*”），頁 176、182、280、349、443-444、542。

是自發、潛意識的辨識力」，而且要做到「不允許不當的意識方向採取高壓統治」[1291]。

上述是《賽斯書》所提供有關如何自我（self）訓練人格，及如何讓自我（ego）認識、理解痛苦，並接受痛苦的作用、意義的一些建議與方法。個人在實際的操作或訓練時需謹慎小心、不可心急。如果沒有把握，也不妨尋求相關專業人士的協助。因為阻礙性行動所涉及的層面十分廣泛，賽斯曾經提醒，「如果沒有充分瞭解其他形成人格結構的行動，就不能斷定某個行動是阻礙性的，這一點極為重要。要是忽略了這一點，人格就有罹患另一個更嚴重疾病的危險」[1292]。

四、腳踏實地才能長期保持做為理想主義者

為了避免讓個人天生的理想淪為偏執的狂熱主義，賽斯提出許多具體實踐的作法，以使引導自己成為一位「腳踏實地的理想主義者」[1293]。首先就是專注於改變自己，選擇相信「意識創造實相」的原理，同時也相信自己有創造實相的能力。賽斯說，一個人可以從「自己的生活與活動」、「自己獨特的活動範圍裡的努力」開始，無論活動的地點是辦公室、生產線、公司或廚房。一旦他能夠在工作上獲得滿足，就可以將自己引向「更開闊的創造力」、「自然的個人力量感」，然後「透過個人性地發展那些能力」[1294]。

1291 見（美國）珍・羅伯茲（Jane Roberts）著，梁瑞安譯：《早期課 4》（"*The Early Sessions Book 4*"），頁 444。

1292 見（美國）珍・羅伯茲（Jane Roberts）著，梁瑞安譯：《早期課 4》（"*The Early Sessions Book 4*"），頁 171。

1293 現今流行的「理想很豐滿，現實很骨感」一語，似乎也隱含著個人是否願意成為一位腳踏實地的理想主義者的議題。就《賽斯書》的觀點而言，對理想採取務實、價值完成態度的人，自然會勇於創造夢想而不致有「骨感」的問題。對他來說，能夠在地球世界做自己喜歡的事、實踐理想才是生活的重點及生命的目的。只要他不受限於二元思想，坦然、喜悅地接受所有實踐理想的結果，同時也能理解人類為什麼只想追逐「成功」、「出人頭地」而畏懼、抗拒「失敗」、「一事無成」，自然就不會創造出「殘酷」的實相與相關事件。

1294 見（美國）珍・羅伯茲（Jane Roberts）著，王季慶譯：《個人與群體事件的本質》（"*The Individual and the Nature of Mass Events*"），頁 343-344。

有些人在工作上無法完全投入，還「以恐怖與厭惡的眼光」看向其他同事，沒有「試著更瞭解工作同伴的經驗」的動力。那麼，即使他有再好的條件，都可能怨天尤人、情緒消沉，然後既無法離開當下所處環境以尋找更理想的工作，也無法相信個人及世界可以改變得更好[1295]。這一類人的性格基本上是想要操控環境與他人，而不是改變自己、發揮影響力。他們當然也無法理解，必須先真實地愛自己才有能力去愛其他人的道理。當他們消沉、失意到某種程度時，就可能藉口為了達到目標而使自己的手段合理化[1296]。賽斯提醒，「生命及靈性之神聖性是二而一的」，任何人都「無法詛咒身體而最後沒詛咒到靈魂」[1297]。

（一）了解實相的本質及自己所扮演的角色以學習解決自己的問題。

許多人總想祈求擁有一帆風順、無憂無慮的人生。這種期望及動作正好「表達」出個人內在對生命、理想的不確定感與不信任感。賽斯說，如果一個人「想要長時間保持做個真正的理想主義者，就必須是個腳踏實地的理想主義者」[1298]。具體的作為、實踐的方法除了從當下自己所處的環境做起之外，也可以參考以下數項建議：

1.深入瞭解自己、信任自己。賽斯說，每個人都天生擁有靈體投射、神通、瞭解心靈之類的能力，可是「許多人一直在尋找可以信賴、並且向之求助的某個彷彿很遙遠的靈性『內我』」，卻始終不相信與他「有如此親密接觸的熟悉『自己』，並在自己那些部分之間建立起不必要的分隔」[1299]。這是負

[1295] 見（美國）珍・羅伯茲（Jane Roberts）著，王季慶譯：《個人與群體事件的本質》（“*The Individual and the Nature of Mass Events*”），頁 342-345。

[1296] 見（美國）珍・羅伯茲（Jane Roberts）著，王季慶譯：《個人與群體事件的本質》（“*The Individual and the Nature of Mass Events*”），頁 345-346。

[1297] 見（美國）珍・羅伯茲（Jane Roberts）著，王季慶譯：《個人與群體事件的本質》（“*The Individual and the Nature of Mass Events*”），頁 485。

[1298] 見（美國）珍・羅伯茲（Jane Roberts）著，王季慶譯：《個人與群體事件的本質》（“*The Individual and the Nature of Mass Events*”），頁 482。

[1299] 見（美國）珍・羅伯茲（Jane Roberts）著，王季慶譯：《個人與群體事件的本質》（“*The Individual and the Nature of Mass Events*”），頁 473。

面信念的阻礙所致，並且許多所謂「靈性亂象」或「靈性逃避」的原因之一[1300]。如果一個人堅信只有找到「真正」的靈性導師、花費大量的財物才能把自己帶向靈性的世界，那他可能就一直處於「尋找」的階段，而很難覺知到靈性始終存在、從未消失。

2.認識「自然的衝動」的本質及其創造性。賽斯建議讀者，如果自己曾經「認為衝動是危險、造成分裂甚至邪惡的」，那麼開始學習「自我信任」（self-trust）時，也要開始承認自己的衝動[1301]。

3.體會自己與造物主同在。賽斯指出，如果一個人害怕自己的衝動或存在的本質，那麼就「沒有一種方法會有用」。除非他能夠瞭解到一切萬有在每個人之內，「靈性的自己（physical self）也以同樣方式存在於肉身的自己之內」[1302]。

4.理解「意識在具體形式、物質宇宙、所有其顯現之先」、「精神形象被賦予了完整的物質顯現」的原理，以及「生命永永遠遠存在於意識內」且同時存在的道理[1303]。

5.透過行動，順著自己「理想的方向而行」，否則「會覺得幻滅或無力」，或「認定只有劇烈而非常不理想的手段才能達成一個既定的理想狀態或情況」[1304]。透過這項精神分析就不難理解，為什麼有些原本理想崇高、想要為群體謀福利的理想主義者，一旦掌握權力財勢之後，為了某些個人的目的寧可推翻初衷、違反誠信，而訴諸激烈的言行、詭譎的策略或踐踏他人

1300 見（美國）史蒂芬・鮑地安（Stephan Bodian）著，易之新譯：《當下覺醒》（"*Wake Up Now: A Guide to the Journey of Spiritual Awakening*"），頁209-235。

1301 見（美國）珍・羅伯茲（Jane Roberts）著，王季慶譯：《個人與群體事件的本質》（"*The Individual and the Nature of Mass Events*"），頁474-475。

1302 見（美國）珍・羅伯茲（Jane Roberts）著，王季慶譯：《個人與群體事件的本質》（"*The Individual and the Nature of Mass Events*"），頁475-476。

1303 見（美國）珍・羅伯茲（Jane Roberts）著，王季慶譯：《個人與群體事件的本質》（"*The Individual and the Nature of Mass Events*"），頁476-479。

1304 見（美國）珍・羅伯茲（Jane Roberts）著，王季慶譯：《個人與群體事件的本質》（"*The Individual and the Nature of Mass Events*"），頁482。

的尊嚴，甚至不惜戕害他人的生命。其性格的轉變與發展，其實都有跡可尋而非憑空造作、毫無理由。換言之，他可能早已偏離天生理想而不自知，因此經常拒絕內我提供的訊息或與之溝通，任由自我（ego）獨裁、驕橫的牽引、主導。賽斯說，從「內我領悟到由大得多的觀點來說，惡只是無知」[1305]，而與個人所屬的本體、生命源頭毫不相干。

6.認知每個人的理想無論「是生物或精神面的」，「人生都是被推向尋找理想的」，而這個「尋找」「自動賦予人生熱情及自然的興奮與戲劇感」[1306]。

7.跟隨衝動，採取行動。賽斯說，單靠冥想或想像是無法達到目標的，尤其當個人根本就「害怕去對冥想與想像引起的那些衝動本身採取行動的話」。一個人無法「對一個理想目標採取任何步驟時」，那麼他的人生就會缺乏熱情，然後沮喪、挫折跟隨而來，最終「變成一個反面的理想主義者」[1307]。

以上是賽斯針對有心發掘其天生理想的人，所提供的一些建議與參考訊息。至於已經實踐天生理的人會呈現什麼樣的生活面貌，狀態又是如何，我個人認為因人而異，《賽斯書》並沒有明確指出特定的模式或品評的標準，所有的答案都只有個人自己最清楚。在《賽斯書》精奧恢宏的資料裡，絕大部分都在談論所有宇宙存在的建構原理、意識創造的法則，並且指出有益於人類精神及物質的發展方向。它不會以助人為名，用指示和命令的口吻要求讀者應該往哪個方向前進，更不會以恐嚇、威脅的語氣要求讀者遵行照辦。

賽斯始終認為「幫助」是由個人的內在而來。他「的確給予少數人極佳的忠告」，但是他堅持每位讀者都需要為自己做決定，而不是將他與資料視為神明般地供奉、崇拜，做為生活中唯一的言行準據，呈現「沉浸式學習」的狀態

[1305] 見（美國）珍・羅伯茲（Jane Roberts）著，王季慶譯：《靈魂永生》（"*Seth Speaks: The Eternal Validity of the Soul*"），頁 226。

[1306] 見（美國）珍・羅伯茲（Jane Roberts）著，王季慶譯：《個人與群體事件的本質》（"*The Individual and the Nature of Mass Events*"），頁 482。

[1307] 見（美國）珍・羅伯茲（Jane Roberts）著，王季慶譯：《個人與群體事件的本質》（"*The Individual and the Nature of Mass Events*"），頁 483。

[1308]。這種堅持對於已經迴避、依賴、自我勒索或操控他人成性或成癮的讀者而言，可能一時難以接受，甚至寧可無視於賽斯的提醒而全然依靠外來的助力；又或是不惜扭曲《賽斯書》的本意，視它為地球世界唯一的真理，並且排斥其他的學說理論。賽斯鼓勵讀者要先下定決心自行研究他所提供的資料，還明確地告訴讀者，「**當你了解實相的本質，以及你在形成它時所扮演的角色，那麼你就不能再期待別人為你解決你的問題**」[1309]。因此，他強調自己與《賽斯書》絕不做魯柏及讀者的「枴杖」[1310]。

有些讀者會以《賽斯書》難讀難懂為做為「依賴」他人解說或指導的理由、藉口，又或是接觸沒多久之後即選擇放棄。我個人認為這只是信念的作用及自我暗示、自我催眠的結果。其實只要下定決心，耐心重複咀嚼書中語句或自己動手以喜歡的方式整理資料；再加上允許自己可以保有健康的懷疑精神、「參考」他人的解說或心得，不強求自己一定要立即讀懂，而只問資料是否適合當下自己的需要、學習過程是否輕鬆自在，自然可以藉此過程讓早已存在的內在知識、內在智慧浮現。總體而言，研讀《賽斯書》時，不妨考慮以「決心、信心、耐心、平常心」做為基本態度，同時觀察自己是否已經「腳踏實地」地走在生命旅程之中，並且鼓勵自己朝著天生的理想方向前行。

（二）個人實質的存在是基於所有族類之間無與倫比的合作。

「合作」一直是現代教育的重要觀點之一，而大多數人也知道身處群體之中，合作有其重要性與必要性。可是教育制度與教育者本身似乎較少認真且整體地檢視所有教育的方式及內容，是否充斥著矛盾、衝突的信念，有沒有從人類的本質、天性、自發性等方面加以考量。許多教育制度一方面倡導師生互愛、

[1308] 見（美國）珍・羅伯茲（Jane Roberts）著，王季慶譯：《靈界的訊息》（“*The Seth Material*”），頁 117。

[1309] 見（美國）珍・羅伯茲（Jane Roberts）著，王季慶譯：《個人實相的本質》（“*The Nature of Personal Reality*”），頁 341。

[1310] 見（美國）珍・羅伯茲（Jane Roberts）著，王季慶譯：《靈界的訊息》（“*The Seth Material*”），頁 121。

合作，另一方面又要求他們在各種成績、排名等上，相互競技；一方面主張師生平等，另一方面又設立各種評鑑、評比，鼓勵相互批判、比較。這些現象或許正是導致教育制度很難令大多數人滿意，而受教育者經常自認為是「白老鼠」或制度下的犧牲者的原因之一。

許多人口中雖然聲稱想與他人或其他群體合作，其實內心深處對自己的處境充滿著對不安全感，對他人或群體則毫無信任基礎。如此的「合作」關係其實只是包裝、偽飾後的「競爭」，也是自我（ego）、頭腦偏好的戲碼與遊戲之一。然而，單純以「欺騙」、「虛偽」等辭彙去定義這個現象或整體過程，對於雙方的學習、意識進化毫無助益，反而會形成惡性循環或持續創造迴路事件。在這種精神內耗式的戲碼與遊戲裡，再崇高的理想都難以避免扭曲為偏執、狂熱主義。

想要落實與他人或群體的合作，不妨先從探索自己的人格面向著手。個人在當下究竟可以覺知到多少人格面向，有哪些「自己」存在，然後觀察這些不同的人格面向、自己，平日究竟如何相處、關係如何。大抵而言，它們的相處模式、實質關係大多會外顯、具體化於個人與外境、他人及群體的關係；至於真心或假意，也只有他的內心深處最為清楚、明白。賽斯曾經描述競爭對人類所造成的影響。他說，有些國家標榜「每個人都有權去追求有價值觀且平等生活的民主信念」，卻又與「達爾文適者生存的概念（Darwinian ideas）連在一起」，於是自由企業體系就有正當理由認為「每個個人必須追求自己的好處而犧牲別人」、「與任何既定族類成員是在彼此競爭」、「每個族類更進一步又是在與每個其他族類競爭」、「人之基本貪婪天性不怎麼好」等，處於既矛盾又衝突的信念群裡。接著又在「適者生存」觀念的支持下，認為求生存者「有權去犧牲其他族類而求得生存」[1311]，經常為了達成目標而使手段合理化。現今流行的「慣老闆」、「慣員工」等概念，也大致不離這些與競爭相關的信念所造成。

賽斯認為，上述的競爭實相還反映出個人「自己與自己競爭」的精神狀態。

[1311] 見（美國）珍・羅伯茲（Jane Roberts）著，王季慶譯：《個人與群體事件的本質》（“*The Individual and the Nature of Mass Events*”），頁 452-453。

當成年人相信競爭是真實的，而且是他的「理想」，兒童就會「被教導要彼此競爭」，然後「以新表現來勝過舊表現這種衝動裡，自然地與自己『競爭』」。兒童將不再「信賴自己的能力」，而變得「過分需要別人的意見」。賽斯強調他說的「並不是任何遊戲性質的競爭」，「而是一種決然、激烈、拚命，有時幾乎致命的競爭」[1312]。在如此的教育方式之下，兒童很難體驗、領會到腳踏實地的重要性。不過，或許成年後的某些挫折、失敗還可以為他帶來覺悟、改變的契機。

「合作」是人類的天生本能、心靈的本質之一。賽斯說，個人實質的存在是因為生物性地存在於人類「與所有其他族類之間無與倫比的合作」，「而在較深的層面，則因為存在於所有族類細胞之間的細胞聯盟」。此外，「價值完成」賦予人類「物質世界之內所有意識單位的合作本質」[1313]。這種合作必須建立在信任與自發性的平衡。賽斯曾經在談及與見證人殷斯翠姆博士（Dr. Instream）合作時說道，他「並沒有意願設定任何不合理或不可能的條件」，然而「一種信任、互相信任的氣氛似乎不可或缺」，「同時也必須容許自發性的表現」。賽斯強調，這些不是條件，但是「沒有它們就難竟其功」。除此之外，「增進彼此的瞭解」，及參與者對自己的信心、沒有壓力、友善的討論、保有個人的私生活、公正客觀與坦率的態度（允許任何情緒反應）等，都是考量的因素。賽斯認為，合作是為了各自認識自己並發展個體的能力，而不是相互牽制、束縛以致於形成情緒勒索、操控。就許多方面而言，合作可以是一種相當隨意的關係。一旦發現個體之間的衝突、矛盾、扭曲等，反而有助於群體的發展[1314]；個體對現狀不滿的隱忍不發，只想要「顧全大局」，有時反而是強化扭曲的做法。

1312 見（美國）珍・羅伯茲（Jane Roberts）著，王季慶譯：《個人與群體事件的本質》（"*The Individual and the Nature of Mass Events*"），頁 454。

1313 見（美國）珍・羅伯茲（Jane Roberts）著，王季慶譯：《個人與群體事件的本質》（"*The Individual and the Nature of Mass Events*"），頁 453-454。

1314 見（美國）珍・羅伯茲（Jane Roberts）著，梁瑞安譯：《早期課 4》（"*The Early Sessions Book 4*"），頁 329-332、334-335。

實踐個人天生理想的過程裡，尋求與他人合作也可以是一種腳踏實地的做法。不過賽斯描述他與魯柏、約瑟或其他人合作時曾說，他「感興趣的是能力的發展，證據只是一種自然的結果」。他注重如何增加情感動力，認為「透過某種方式，做某件事以增加某種情感動力，因為這樣做比較容易成功」。他還關注精神的焦點及工作的視角，因為它們決定能力的升降。總之，「一定要有個友善的合作關係」[1315]。至於合作的結果，「千萬不要有不做就會完蛋的態度，若能容許自己的心四處遊走，就會有最佳表現，但若關閉自己的心，就不會有效果」。當合作告一段落時，適度給予自己休息、放鬆的機會，也是一位腳踏實地的理想主義者需要認識的生活環節[1316]。

（三）思想在身體中有具體的一面而且與健康關係密切。

賽斯之所以強調每個人都擁有知曉自己天生理想的能力，是因為每個人天生都具有「自然的衝動」。一般而言，習慣抑制並拒絕承認這種本能的人，也會失去「檢查這種惱人的刺激」的能力。賽斯說，如果一個人願意去檢查這種刺激，將「會發現它們最初都是在一個漫長的過程之後升起」，而在那個過程裡，有他「害怕去採取朝向某個理想、積極的小步驟」。所以在他日常的言行之中，通常只剩下「攻擊的衝動」，而無法動員他自己「朝向某個理想的方向移動」，並且找到在他「心中被如此理想化而彷彿不可能達成的愛或瞭解」[1317]。換言之，跟隨自己自然的衝動，才能得知自己天生的理想究竟為何。以這個觀點總是去閱讀相關電影的情節、剖析角色的性格與作為，可以獲得許多另類的感觸及體會。

賽斯說，「每個人都是一個理想主義者」。許多人口是心非地贊同他並不

[1315] 見（美國）珍・羅伯茲（Jane Roberts）著，梁瑞安譯：《早期課 4》（“*The Early Sessions Book 4*”），頁 336-338。

[1316] 見（美國）珍・羅伯茲（Jane Roberts）著，梁瑞安譯：《早期課 4》（“*The Early Sessions Book 4*”），頁 321-322。

[1317] 見（美國）珍・羅伯茲（Jane Roberts）著，王季慶譯：《個人與群體事件的本質》（“*The Individual and the Nature of Mass Events*”），頁 475。

同意的概念，於是既「出賣自己的理想」，也「傷害了社會」，因為他沒有為自己及社會提供他自己的瞭解，以便對社會有所裨益。賽斯認為，每個活著的人都以他的「思想、情感與期望」，「幫忙畫出了當代文明之活生生畫面」。所以當一個人願意「在自己的生活裡全力以赴」，那麼他「就的確幫忙改進了所有生命的品質」。因此，賽斯期許讀者「做自己最好的畫家」[1318]。換句話說，如果一個人整天只想著要「幫別人作畫」、「別人想要他畫些什麼」；只想要改造別人、改變外在環境，卻對自己漠不關心，他就很可能任由僵化、偏執且失控的自我（ego）去操縱自己的思想與情感，反而扯了自己及社會進化的後腿。

一個人可以操縱自己的思想與情感，並且自然、自發地朝著自己的理想前進，也就能照顧好自己的身體與健康。地球剛剛經歷過一場「嚴重特殊傳染性肺炎」（COVID-19）疫情風暴。有關病毒與人類的關係，賽斯說，人類「認為病毒是具體的（physical），而思想是精神性的」，可是人類所不知道的是「思想在身體裡有它們具體的一面，而病毒在身體裡有它們精神的一面」。思想不僅影響身體，每一個它「都代表了觸發性的刺激（triggering stimulus），帶來賀爾蒙[1319]的改變，改變了任何既定時候的整個身體情況」。它還會在身體內觸發化學反應，「有個化學的實相」。思想在人類的「身體裡有一種隱形的存在，就像病毒那樣」。人類的身體不僅僅只是科學掃瞄儀器或解剖「所能顯露的那些東西組成的」，「它還涉及了實質上完全看不出來的深奧關係、聯盟與聯繫」。當一個人「在想思想時，它們是有意識的」，它的活力就會自動觸發身體的「內在聯盟」。再加上每個思想都有一個情感基礎，移動得比病毒更快、都生物性地「登記在案」且具傳染性，所以賽斯強調，基本上，當一個人「對一種病有免疫力的時候，事實上是有一種精神性的免疫力（mental immunity）」[1320]。

[1318] 見（美國）珍・羅伯茲（Jane Roberts）著，王季慶譯：《個人與群體事件的本質》（*"The Individual and the Nature of Mass Events"*），頁 482-484。

[1319] 「賀爾蒙」在《賽斯書》其他專著又譯為「荷爾蒙」。見（美國）珍・羅伯茲（Jane Roberts）著，王季慶譯：《靈魂永生》（*"Seth Speaks: The Eternal Validity of the Soul"*），頁 62。

[1320] 見（美國）珍・羅伯茲（Jane Roberts）著，王季慶譯：《個人與群體事件的本質》（*"The Individual and the Nature of Mass Events"*），頁 300-303。

（四）發現或創造陪伴自己一起永續發展的「理想型父母」。

賽斯有關思想與病毒關係的討論，或許也可以為疫情期間許多未感染者被視為「天選之人」的現象，在科學研究之外，也提供了一種不同的視角與詮釋。這個現象或許也在提醒人類，一個人平日將意識焦點放在樂觀、積極的面向，與偏好放在悲觀、消極的面向，會影響到創造的結果與體驗。此外，主導他意識焦點的內在動力是恐懼、害怕自己，還是喜悅、接納自己，也關係到樂觀與積極的真／假面目，並影響所創造出實相的延續性與耐久性。

一個人想要能夠在物質實相之中，維持喜悅、自然自發、身心健康的創造，必須對死亡議題有充分的理解及認同。大多數人類基於傳統文化、教育的影響，對它總是充滿負向的信念與情緒，而且通常視之為禁忌，避之唯恐不及；拒絕談論它的存在、意義與價值，甚至想方設法讓它不要發生。賽斯說，「**在生物的層面上，所有的死亡潛藏在生命裡，而所有的生命潛藏在死亡裡**」[1321]。他強調，每個人都是做好了決定才死亡的，這個道理與人類之於疾病一樣[1322]。無論個人是壽終正寢、橫死街頭或自然災害導致死亡[1323]，沒有一種是「夭折」、「意外」或「無辜」[1324]。然後，每個人選擇、決定「**自己死亡的方式，以及死亡的時間**」，而且與個人的思想、信念緊密連結[1325]。

就《賽斯書》而言，死亡也是一種「存在」，自然有它的意義與價值。茲將相關理念略為列舉如下：

1321 見（美國）珍・羅伯茲（Jane Roberts）著，王季慶譯：《個人實相的本質》（*"The Nature of Personal Reality"*），頁 226。

1322 見（美國）珍・羅伯茲（Jane Roberts）著，王季慶譯：《個人實相的本質》（*"The Nature of Personal Reality"*），頁 190。

1323 見（美國）珍・羅伯茲（Jane Roberts）著，王季慶譯：《個人實相的本質》（*"The Nature of Personal Reality"*），頁 527-528。

1324 見（美國）珍・羅伯茲（Jane Roberts）著，王季慶譯：《個人實相的本質》（*"The Nature of Personal Reality"*），頁 281。

1325 見（美國）珍・羅伯茲（Jane Roberts）著，王季慶譯：《個人實相的本質》（*"The Nature of Personal Reality"*），頁 528。

1.每個人都擁有許多「可能的自己」及轉世的自己，因此，「死後仍活著是自然的」；「把身體還諸大地而（然後再）形成另一個」，也是自然的。「生前和死後的存在」，就像個人「目前的生命是同樣正常的現象」。一個人如果沒有具備這樣的思想、信念，他就會「感覺關係斷絕、孤立而且不知所措」[1326]。這種感覺通常深藏在個人的潛意識之中，基於某些考量、理由而不敢輕易「表達」。

2.每個人基於自己的目的而以各種不同的死亡方式「安排身體的經驗」，並且與個人「有意識的信念有關」。例如有些人認為「心臟病發作而很快死亡比較好」[1327]，有些人則選擇戰死沙場。然而賽斯強調，無論個人的死亡方式與肉身受到什麼「待遇」（例如被解剖、無人收屍、盛大的葬禮等），每個人都「將會死在一種恩寵的狀態裡」，而這種「祝福」是人類與「動物及所有其他生物共享」[1328]。

3.生與死的作用在於「有生有死就是現在靈魂於肉體中表達的架構」。所以，它也有助於加強且集中個人的注意力。「以肉體的角度來看，因為死亡的存在，生命彷彿更可貴」，所以人類不知道自己死亡的時間或許對個人而言「似乎更好過一些」。但是無意識的自己都知道這個被隱藏的事實，死亡從來沒有被個人遺忘。賽斯說，如果他所提供與死亡相關的知識能夠被個人提到有意識的層面，那麼此人就更可以「在地球實相裡，充分享受生命」。這就是為什麼有些被醫生宣布死期的人，反而能夠「自由的接受生命，帶著它所有的條件去感受一切層面」，以致「使心靈的和肉體的自己恢復生機」。相較於他原本無意識地感覺到自己生活飄蕩、人生乏味，這個「英雄式的插曲」反而激勵他「到達一個更完全的了解狀態」。即使不是死亡，而

[1326] 見（美國）珍・羅伯茲（Jane Roberts）著，王季慶譯：《個人實相的本質》（*"The Nature of Personal Reality"*），頁 191。

[1327] 見（美國）珍・羅伯茲（Jane Roberts）著，王季慶譯：《個人實相的本質》（*"The Nature of Personal Reality"*），頁 220。

[1328] 見（美國）珍・羅伯茲（Jane Roberts）著，王季慶譯：《個人實相的本質》（*"The Nature of Personal Reality"*），頁 233。

只是一個生活中突如其來的一個危機，一樣能「激勵起心與靈魂所有最偉大的成分，因此它們必須努力去了解、去感知、去獲勝」[1329]。

4.對於「死亡」的接納及了悟，能夠使個人更為清晰地覺知到，生與死只是一個選擇，它們只是個人「永恆的、變化無窮存在的兩面」。賽斯強調，所有人類都是生命旅程的旅行者。想要在旅程中欣賞自己的存在「美到何種程度」，就看自己是否願意看向所有的自己，體驗所有自己沿途創造的風景[1330]。相關議題可以參考電影「終極假期」（*"Last Holiday"*，2006；中譯「最後的假期」，港譯「最後旅情」；IMDb: tt0408985）、「一路玩到掛」（*"The Bucket List"*，2007；中譯「遺願清單」，港譯「玩轉身前事」；IMDb: tt0825232）、「一切始於一見鍾情」（*"Love at First Sight"*，2023）、「死前我想陪著你」（*"Coses a fer abans de morir"* / *"Things to Do Before You Die"*，2020；IMDb: tt11168488）等。

5.賽斯曾說，如果他以前就瞭解他現在所知道的一切，就不致於「把人生看得太認真」，卻又看待「遊戲般的生存」不夠認真，然後無法體驗到所有的死亡都是探險[1331]。

6.年輕人的死亡也是「為了許多不同的理由」，其中有一些人「是因為相信老年是可恥的，而只有年輕的身體才是美的」。賽斯提醒讀者，個人「對於年齡的信念將影響身體和它所有的能力」[1332]。

7.「生與死都是存在的狀態」。一個身分（本體）存在從來不依賴物質形象，所以人類的生與死都不會影響到它的存在[1333]。

[1329] 見（美國）珍・羅伯茲（Jane Roberts）著，王季慶譯：《個人實相的本質》（*"The Nature of Personal Reality"*），頁 346-347。

[1330] 見（美國）珍・羅伯茲（Jane Roberts）著，王季慶譯：《個人實相的本質》（*"The Nature of Personal Reality"*），頁 347-348。

[1331] 見（美國）珍・羅伯茲（Jane Roberts）著，王季慶譯：《靈魂永生》（*"Seth Speaks: The Eternal Validity of the Soul"*），頁 46-47。

[1332] 見（美國）珍・羅伯茲（Jane Roberts）著，王季慶譯：《個人實相的本質》（*"The Nature of Personal Reality"*），頁 301。

[1333] 見（美國）珍・羅伯茲（Jane Roberts）著，王季慶譯：《個人與群體事件的本質》（*"The Individual*

8.「肉身死亡後之後人格仍繼續存在」[1334]。賽斯之所以深入探討人格，除了他本身就是一個人格之外，「特別感興趣的是，讓大家瞭解和探索人類人格的這些能力」[1335]。賽斯強調他絕對「不是神」[1336]，而是「不再具體化為物質形象」[1337]、「以能量為體性的人格」[1338]，因此，他象徵性地形容自己的人格特質「有時候也許真的顯示出」，他脾氣暴躁、不太有耐心[1339]、會說「冷笑話」（weak joke）[1340]等。但是他「從不曾裝模作樣」[1341]，而且「有能力處理各方面的實相」，甚至包括他的層面中「一些陰鬱的面向」[1342]。換言之，他總是表達真實的自己、人格與本體融合的自己。

綜合以上《賽斯書》所提供與人類死亡相關的資料可知，死亡是個人的意識選擇「完全」離開身體，而不再像睡眠醒來後，又再次回到身體[1343]。賽斯強

and the Nature of Mass Events”），頁 297。

1334 見（美國）珍・羅伯茲（Jane Roberts）著，彭君蓉譯：《早期課 2》（“*The Early Sessions Book 2*”），頁 529。

1335 見（美國）珍・羅伯茲（Jane Roberts）著，梁瑞安譯：《早期課 4》（“*The Early Sessions Book 4*”），頁 217。

1336 見（美國）珍・羅伯茲（Jane Roberts）著，洪志美、張黛眉、梁瑞安譯：《早期課 1》（“*The Early Sessions Book 1*”），頁 262。

1337 見（美國）珍・羅伯茲（Jane Roberts）著，彭君蓉譯：《早期課 2》（“*The Early Sessions Book 2*”），頁 544。

1338 見（美國）珍・羅伯茲（Jane Roberts）著，王季慶譯：《靈界的訊息》（“*The Seth Material*”），頁 241。

1339 見（美國）珍・羅伯茲（Jane Roberts）著，彭君蓉譯：《早期課 2》（“*The Early Sessions Book 2*”），頁 544。

1340 見（美國）珍・羅伯茲（Jane Roberts）著，陳秋萍譯：《早期課 3》（“*The Early Sessions Book 3*”），頁 285。

1341 見（美國）珍・羅伯茲（Jane Roberts）著，彭君蓉譯：《早期課 2》（“*The Early Sessions Book 2*”），頁 544。

1342 見（美國）珍・羅伯茲（Jane Roberts）著，梁瑞安譯：《早期課 4》（“*The Early Sessions Book 4*”），頁 317。

1343 見（美國）珍・羅伯茲（Jane Roberts）著，王季慶譯：《靈魂永生・第九章・死亡經驗》（“*Seth Speaks: The Eternal Validity of the Soul*”），頁 161-185。

調，死亡後「一個人格，或人格化的能量，永遠不會被消滅」，而且「形式的轉化仍然是每個人格持續下去的一個必要條件」[1344]。他勸慰讀者不需要害怕死亡，因為每個人出生時「所受的驚嚇，比死亡要大得多」。他還幽默地說，每個人「還得死好多次呢」！何況有些人「死了自己還不知道」，還得勞駕「嚮導」們（guides）扮演成死者鍾愛的人或神的模樣，來協助死者由生到死的「過渡」。這是一份極具挑戰性的工作，因為「由嚮導的角度來看，情況是相當難處理的，因為心理上必須極為小心謹慎」，然後在適當的機會，以死者所能了解的說法，告知他真實的情況[1345]。總之，賽斯鼓勵讀者要對「死後生命有信心」，因為個人「將發現自己更容易適應新的情況」[1346]。相關議題可以參考電影「靈異航班」（“*Passengers*”，2008；中譯「乘客」，港譯「幽靈乘客」；IMDb: tt0449487）。

一個人一旦擁有對自己整體的生命模型、生活運作、由生到死，乃至於所有轉世等議題的理解，並且有所覺知、了悟，自然對於生活中的各個面向都會充滿了好奇、熱情，以及創造的活力、力量感和信心感。即使偶有身心受創的時候，也不失對生命、身體的信任，並具備自我療癒或尋求協助的能力。這麼一位開悟明覺的「自己」，或許對許多人而言是遙不可期的存在，然而對《賽斯書》而言，它是可以循序漸進、腳踏實地地被發現或創造出來。許多人渴望擁有無話不談、無條件支持自己的父母，或是追求可以渡化自己、引領自己邁向「永恆」的導師，並視之為「再生父母」，對《賽斯書》而言，這無非是個人想要回歸內我、親近本體的意願向外投射而已。換言之，內我、本體就是理想型父母，它們始終等著被個人發現；又或是經由學習、改變人格，而成為某個嶄新的自己。

1344 見（美國）珍・羅伯茲（Jane Roberts）著，陳秋萍譯：《早期課3》（“*The Early Sessions Book 3*”），頁156。

1345 見（美國）珍・羅伯茲（Jane Roberts）著，王季慶譯：《靈魂永生》（“*Seth Speaks: The Eternal Validity of the Soul*”），頁24、172。

1346 見（美國）珍・羅伯茲（Jane Roberts）著，王季慶譯：《靈魂永生》（“*Seth Speaks: The Eternal Validity of the Soul*”），頁168。

當一個人創造出「理想型父母」的自己之後，無論其他的人格面向或自己表達了什麼，它絕不會有任何的批判或評價，因為它深知唯有陪伴、同理、接納，才是所有「家庭成員」（所有的自己、整體的自己）的相處之道。自己所屬的意識、人格投射至地球物質世界的主要目的是學習、改變，以求擴展與價值完成。它也明白所有的子女（人格面向、自己）都同出一源，「子女是它，但它不是子女」，「家庭是它，但它不是家庭」，所有子女也理應保有個體性與獨特性，所以親子之間不會有任何的操控意圖與情緒勒索。子女任何的作為、表現無論他人如何批判、評價，它都能予以同理、接納，並以「心靈之愛」、「本體的愛」加以呵護，即使它未必同意子女的作為。它瞭解一個道理：家庭是一個完形、整體，其中的成員都是個體，理想的發展是所有個體的總合大於整體，而不是只能等於或小於整體。最終它也明白，當意識、人格不再選擇回到身體（即「死亡」）之後，所有經由它創造的物質存在都無法「帶走」，可是它卻收獲滿滿。賽斯說，「**過去曾經發生的事，永遠會再改變，但過去曾經發生的事，也永遠會被隨身帶著**」[1347]。當個人的意識永遠離開一世的身體時，它的「生命行囊」裡將盡是一生中所有的「**記憶、經驗和價值完成**」[1348]。

[1347] 見（美國）珍・羅伯茲（Jane Roberts）著，梁瑞安譯：《早期課 4》（“*The Early Sessions Book 4*”），頁 199。

[1348] 見（美國）珍・羅伯茲（Jane Roberts）著，陳秋萍譯：《早期課 3》（“*The Early Sessions Book 3*”），頁 239。

第五章　結論

第一節　生命的創造、發展與進化

一、生命的意義在於價值完成

綜觀本書第二章有關《賽斯書》對「一切萬有」（即所有宇宙的存在），包括人類在內的生命源頭的敘述，可以獲取以下數項啟示：

1. 它的存在及本質，與人類所認知的「神」、「上帝」等概念不同。
2. 它存在的狀態就是持續的創造、學習與改變。創造的本質在於喜悅、滿足且自我肯定；對於自己的創造物則一視同仁，且以發自本體、心靈的愛，給予它們的創造與發展完全的自由與尊重。
3. 它永遠在「個人」之內與之外。前者以人類是完全獨立自主的個體而言；後者則以人類的能量是被它所包覆而言。人類與它既未分離，也未曾切割。如果個人有這類的感受，也是他自己的選擇與決定。
4. 它沒有「完美」的概念與需求。它創造的主要目的在於認識自己，而非向他的創造物證明它的能力及地位；創造的基本態度在於實現「價值完成」，而非一定要得到某種成果或認可。
5. 它沒有如人類般的二元性思想、二分法思考；完形、整體才是它意識的本質。因此，它不需要藉由任何的分類、標籤以認識所有的創造物。它信任自己有足夠的辨識力，既能看入任何事件與存在的本質，也能同理所有創造物自身的存在與發展。換言之，它既「做本體的自己」，也可以涵納、整合所有「做人格的自己」。

6.它與所有創造物保持如人類般的「親子關係」，但是它深知「所有的創造物是它，但它不是所有的創造物」。它對自己的存在與所有的創造物都沒有操控的意圖或興趣，因此真正做到完全尊重自己與由它而生的所有存在，並與它們保持「合作」而非「競爭」的關係。它無條件地供給它們一切發展所需的資源，卻也明白不能供養過度，否則它們將「**彷彿再也無法達成比他們擁有的更多**」而失去創造的動力與能力，並且剝奪它們「**價值完成、發展和目的的慾望**」[1349]。

整體而言，一切萬有就是人類「理想型的父母」[1350]。它的「金字塔完形」概念是建立在合作與重視創造過程的基礎上，而不是有些人類所追求「金字塔頂端 1% 的極少數」的競爭與強調創造的成績、結果，所以它絕不會對孩子們有任何的嫉妒與懲罰。它只想認識自己，同時無條件地「愛」著孩子們。賽斯認為，一個人對於一切萬有存在的本質、狀態及事實的了悟程度，就是他的「**自由或生命力、（價值）完成與力量的幅度**」[1351]；對於他意識、人格的發展，就會以「**無限的觀點來觀察它**」，而且不致於想走捷徑或是特殊的進程。因為他理解腳踏實地的重要性，反而引領自己「**向著無限旅行**」[1352]。他會盡力發揮自己的潛能與創造力，好奇地認識、覺知所有的自己，並尋求彼此互助合作，以期整體的自己獲得延伸、擴展。最終，他將了悟所做的一切都是對他生命的源頭——一切萬有、存有、本體等的幫助與致敬，而非供養與禮拜。

[1349] 見（美國）珍・羅伯茲（Jane Roberts）著，王季慶譯：《健康之道》（*"The Way Toward Health"*），頁 388。

[1350] 見（美國）珍・羅伯茲（Jane Roberts）著，王季慶譯：《健康之道》（*"The Way Toward Health"*），頁 317-334。

[1351] 見（美國）珍・羅伯茲（Jane Roberts）著，陳秋萍譯：《早期課 7》（*"The Early Sessions Book 7"*），頁 407。

[1352] 見（美國）珍・羅伯茲（Jane Roberts）著，王季慶譯：《靈界的訊息》（*"The Seth Material"*），頁 277-279。

哲學研究中有一個區域是探討「本體」，及其對「人」的認知採取主體或客體觀點的議題。《賽斯書》在這個方面究竟是採取主體觀點或客體觀點，就留予讀者自行判斷與決定。畢竟這個做法是「分類」，而任何的分類都可能與「人是沒有限制的」、「自由意志唯一的限制就是內建對價值完成的需求」、「每個人選擇、擬訂自己生命的模型及旅程」等觀點有所捍挌。此外，愈深入探討分類，愈容易走向「精細分類」，以致模糊了人類生命的個體性與獨特性，並損及生命旅途風景的多元化與多樣化。

二、生命沒有非達到不可的目的

綜觀本書第三章有關《賽斯書》對「存有」，即人類通稱「靈魂」的敘述可以得知，存有的形成、本質及創造，幾乎與一切萬有一致；當然也與它的創造物——人格片段體、片段體人格及人類人格一樣。如果個人的自我（ego）覺得距離「存有」的境界尚稱遙遠，那不妨參考一下「片段體人格」所處的次元、實相，以及存在的樣貌。這也是賽斯身處的環境。

魯柏、約瑟夫婦一開始接觸的對象是一位自稱法蘭克・渥茲（Frank Watts）的存在，而非賽斯。他傳送了一些資料給這對夫妻，並且回答他們的提問。一段時間之後，有一次他們詢問賽斯是否可以針對任何特定問題提問，並請他說明時，賽斯這才「出聲」並悠悠地說，「我希望不要被稱呼為法蘭克」[1353]。原來，賽斯才是真正應該與魯柏、約瑟接觸的存在，而法蘭克・渥茲只是賽斯的一個人格片段體（也可視為某一個「轉世人格」），並同屬於一個存有。由於法蘭克・渥茲對人類的層面比較開放，所以一開始是由他幫忙賽斯與魯柏、約瑟夫婦聯繫。賽斯談到法蘭克・渥茲及整個接觸的過程時，幽默地形容自己是「尾隨他而來，可以說是抓著他的衣角而來」[1354]。

[1353] 見（美國）珍・羅伯茲（Jane Roberts）著，洪志美、張黛眉、梁瑞安譯：《早期課 1》（*"The Early Sessions Book 1"*），頁 55。

[1354] 見（美國）珍・羅伯茲（Jane Roberts）著，洪志美、張黛眉、梁瑞安譯：《早期課 1》（*"The Early Sessions Book 1"*），頁 280。

賽斯也和魯柏、約瑟夫婦探討到法蘭克・渥茲的人格特質。他形容法蘭克・渥茲「是個笨蛋」[1355]、「相當沒有個性」[1356]，「的確來自悲傷的狀態」、「一點幽默感都沒有」，既不可愛又「以乎在一站又一站的悲傷流轉」。不過賽斯認為自己「不應該輕視」他，因為賽斯「必須透過法蘭克・渥茲彌補過去的錯誤」，而他幾乎是可以說是賽斯的救贖。賽斯強調「會完全補償他，或者試著這麼做」[1357]。這裡也可以觀察到，即使是賽斯，也有他無法做到或難度頗高的人格整合功課。不過就像一切萬有、存有對待它們所創造的存在一樣，賽斯強調，就算法蘭克・渥茲曾經冒用他的身分與魯柏、約瑟夫婦接觸，他也不會壓抑法蘭克・渥茲。他還轉達法蘭克・渥茲對夫婦倆關心的感謝，並表示法蘭克・渥茲正在休息[1358]。賽斯也藉此提醒夫婦倆，不妨「從存有的角度思考」，「不要把你們的存有當作不同性質的外來個體，準備要把你吞掉似的」[1359]。

賽斯說，他與魯柏、約瑟「三個原本是同一個存有的分支」[1360]。他還介紹了自己當下所處的環境、實相。他稱之為「第五次元」，但是強調與人類科學的次元概念並不相同。它的結構形象可以「想像一個由金屬線組成的網狀物（network of wires），有些類似珍的『意念建構』概念，但不盡相同——由相互交織的金屬絲無止無盡地構成的一個迷宮（maze），因此沿著這些金屬線看過去，似乎沒有起點也沒有終點」。不過這只是為了方便讓人類理解所採用的「空

[1355] 見（美國）珍・羅伯茲（Jane Roberts）著，洪志美、張黛眉、梁瑞安譯：《早期課 1》（“*The Early Sessions Book 1*”），頁 116。

[1356] 見（美國）珍・羅伯茲（Jane Roberts）著，洪志美、張黛眉、梁瑞安譯：《早期課 1》（“*The Early Sessions Book 1*”），頁 55。

[1357] 見（美國）珍・羅伯茲（Jane Roberts）著，洪志美、張黛眉、梁瑞安譯：《早期課 1》（“*The Early Sessions Book 1*”），頁 197。

[1358] 見（美國）珍・羅伯茲（Jane Roberts）著，洪志美、張黛眉、梁瑞安譯：《早期課 1》（“*The Early Sessions Book 1*”），頁 280。

[1359] 見（美國）珍・羅伯茲（Jane Roberts）著，洪志美、張黛眉、梁瑞安譯：《早期課 1》（“*The Early Sessions Book 1*”），頁 277。

[1360] 見（美國）珍・羅伯茲（Jane Roberts）著，梁瑞安譯：《早期課 4》（“*The Early Sessions Book 4*”），頁 34。

間解說」，「因為事實上，那兒什麼也沒有」[1361]。相關議題可以參考電影「星際效應」（*“Interstellar”*，2014；中譯「星際穿越」，港譯「星際啟示錄」；IMDb: tt0816692）。

賽斯所處的實相沒有時間、空間的觀念，但也是運用意識創造的原理，「想要四周有什麼樣的形象就造出來」。他們是一種精神狀態（mental patterns），以心電感應的方式溝通，也有欲望、思想。整體而言就是「『心理與心靈的自身』之外在顯現」，與人類的物質、有形世界一樣的生動、多變、充滿活力，但是更有樂趣、更有回報且更具創造性。賽斯認為這是他所有「經歷過那許多有形或無形的存在中，最具挑戰性的一個」。不過那裡不是人類立即可以到達的地方[1362]，當然也與人類剛死亡時所在的環境不同[1363]。所有居民沒有「性別」之分，因為性別是不自然的。他們的本質都是已經了悟自己造成自己的實相，而且懷著喜悅盡情創造。他們知道如何操縱所有「具體化」的內在法則，並且直接展現自己的心境、情緒、觀念等，毫無掩飾。這麼做可以為其他存在提供「直接線索」以便被了解，它們也不會因為如此的「展現」而有任何困擾[1364]。

賽斯說，他經常在「與其他同事相會時，常把彼此的思想轉譯為種種不同的形狀與形象」，這麼做「單純只是為了喜歡」。他們擁有專門的技術，卻是以遊戲的做法去運用它們，並以此自娛[1365]。他們沒有死亡，與其他「環境」打成一片[1366]。整體而言，《賽斯書》中有關人類意識、精神的資料，尤其是賽斯

1361 見（美國）珍・羅伯茲（Jane Roberts）著，洪志美、張黛眉、梁瑞安譯：《早期課1》（*“The Early Sessions Book 1”*），頁127。

1362 見（美國）珍・羅伯茲（Jane Roberts）著，王季慶譯：《靈魂永生》（*“Seth Speaks: The Eternal Validity of the Soul”*），頁24-30。

1363 見（美國）珍・羅伯茲（Jane Roberts）著，王季慶譯：《靈魂永生》（*“Seth Speaks: The Eternal Validity of the Soul”*），頁55。

1364 見（美國）珍・羅伯茲（Jane Roberts）著，王季慶譯：《靈魂永生》（*“Seth Speaks: The Eternal Validity of the Soul”*），頁25-29。

1365 見（美國）珍・羅伯茲（Jane Roberts）著，王季慶譯：《靈魂永生》（*“Seth Speaks: The Eternal Validity of the Soul”*），頁61。

1366 見（美國）珍・羅伯茲（Jane Roberts）著，王季慶譯：《靈魂永生》（*“Seth Speaks: The Eternal Validity*

建議可以如何運用、發揮潛能、改變等部分，大多與賽斯所處實相的狀態相似。從賽斯的描述不難發現，他們存在的目的並非如人類經常談論的「神聖使命」、「英雄事蹟」般，可以為了「創造些什麼」而失去自我或犧牲生命。他們注重的是「為什麼創造」、「如何創造」，以及創造時的意識與精神狀態。因為只要專注在這些層面，而且保持精神上的振奮與平衡，思想上的自發、辨識與坦誠表達，對於提供其他存在或宇宙的協助也是自然而然的事。

對賽斯而言，「利他」就是本能，無需刻意為之。賽斯就是因為喜歡扮演老師、教育者的角色，自願旅行到很多的「層面」，傳送有益於發展的資料，並開導層面裡的存在，還會因應各個不同的層面而採取不同的教法。當然這也包括人類居住的地球[1367]。肩負這項責任的不只賽斯一位，也有其他如賽斯般的存在。賽斯認為，生命沒有非達到不可的目的。它尋求在物質世界盡情的「表達」，容許「改變」盡情地活動，永無止境[1368]。他提醒人類，存有（靈魂）總是「樂在一切萬有之中，人格往往為了追求審美的目的，轉身不予理會」[1369]。因此他鼓勵人類跟隨自己自然的衝動，並信任它的創造力。學習發揮這項本能之後，個人將會「感覺生命的衝動形狀」，而不會花時間去猜測自己的目的是什麼，因為目的會主動向自己顯現[1370]。存有創造人類並不是為了讓人類榮耀它的存在，或是讓它能夠「以人類為榮」。它只單純地希望人類感受喜樂愉悅、內在圓滿，並發揮潛能。這種發展才得以使人格茁壯成長，令內我維持適當的肉體結構[1371]。這一切就是它所認知的圓滿、明覺與開悟。

---

of the Soul"），頁 29。

[1367] 見（美國）珍・羅伯茲（Jane Roberts）著，王季慶譯：《靈魂永生》（"*Seth Speaks: The Eternal Validity of the Soul*"），頁 25-50。

[1368] 見（美國）珍・羅伯茲（Jane Roberts）著，王季慶譯：《靈魂永生》（"*Seth Speaks: The Eternal Validity of the Soul*"），頁 32。

[1369] 見（美國）珍・羅伯茲（Jane Roberts）著，彭君蓉譯：《早期課 2》（"*The Early Sessions Book 2*"），頁 73。

[1370] 見（美國）珍・羅伯茲（Jane Roberts）著，王季慶譯：《個人與群體事件的本質》（"*The Individual and the Nature of Mass Events*"），頁 389。

[1371] 見（美國）珍・羅伯茲（Jane Roberts）著，梁瑞安譯：《早期課 4》（"*The Early Sessions Book 4*"），

第二節　意識的明覺與開悟

一、認識並瞭解自己是通往更大實相的道路

綜觀本書第四章所述，人類人格在地球物質世界的創造與體驗、演出與遊戲，可說是多元與多樣。唯有習慣使用極端的二分法思考、對人生加以精細分類的人，才會感受不到這些發展、變化，也難以理解自己為什麼要來到地球，「遭受」那些令人開心與煩惱、快樂與痛苦的繁雜世事[1372]。賽斯明確指出，當一個人的「意識被迫進入一種無力的狀態」，他就進入了「非明覺狀態」[1373]。然而，每一個人「都是活生生的存有」，朝著自己的發展成長，因此個人的「每一個信念都有它自己獨特的來源和情感模式」。為了自己的意識、人格發展，賽斯建議個人可以藉由回溯、旅行過自己的「信念和自己的情感，直到理性與情感上」，了悟到「自己的完整及在時空中完全原創的存在」[1374]，而這就到達了所謂人類開悟、明覺的境界。

人類人格或其所屬的人格片段體，都「有很大的流動性、變化與挑戰」[1375]，而對自己的意識、精神活動有一定程度的瞭解，才有辦法進階到瞭解自己的人格與生命的源頭。因此，整部《賽斯書》除了提供有關整體宇宙架構與人類生

頁 326。

1372 傳統文化與教育裡，甚至有將人類本質區分為好與壞的作法，例如常聽人說「他的本質不壞」。「本質」意謂人、事與物根本的、天生的屬性，以及整體樣貌，如果強行再以二分法加以裂解、區分，事實上就已經失去了談論「本質」的意義。

1373 按：此處「意識」原文作「conscious mind」，同書他處及《賽斯書》其他譯本或譯為「意識心」。見（美國）珍・羅伯茲（Jane Roberts）著，王季慶譯：《個人實相的本質》（"*The Nature of Personal Reality*"），頁 261；Jane Roberts: "*The Nature of Personal Reality*"（San Francisco: Amber-Allen Publishing and New World Library, 2011），頁 168。

1374 見（美國）珍・羅伯茲（Jane Roberts）著，王季慶譯：《個人實相的本質》（"*The Nature of Personal Reality*"），頁 368。

1375 見（美國）珍・羅伯茲（Jane Roberts）著，洪志美、張黛眉、梁瑞安譯：《早期課 1》（"*The Early Sessions Book 1*"），頁 280。

命源頭的知識之外，如何瞭解自己、避開不必要的危險，及如何朝向更有益的方向發展，也都是它所關注的焦點。有關這個部分，可以從以下數項獲得啟示：

1.除了聚焦於物質的創造之外，也需要探索人類「真正的起源」、「看不見的自己運作」、如何透過心靈能量創造物質宇宙，及個人與「外在物質有機體感知不到的各層溝通，所有的機制和方法」，這些都有助於個人更加整合內在身分，瞭解自己及「所是的存有」[1376]。

2.學習如何向宇宙的基本生命力汲取能量，並善加運用，用以擴展心靈[1377]。

3.認知「價值完成」與「完成」的不同[1378]，並且開闊自己的觀念[1379]。

4.賽斯提醒讀者，想要讓《賽斯書》的資料發揮作用，而不致於淪為只是「對知識的追求」，就「必須先改變自己的想法，不要受制於環境的限制」[1380]。我個人認為這個部分還可以加上信任自己存在的意義與價值、改變的能力與，而不要受制於他人的批判與評價。

5.賽斯希望帶領讀者「在各種各樣的焦點和活動中，進入一種日益增長的覺知」。他認為與魯柏、約瑟夫婦工作的「動作雖慢，但進展穩定，奠基在自律的敏感上」，這麼做可以避免「在過度強烈或狂熱專注在單一聚焦方向時可能發生的危險」。賽斯強調，他們三人「不是企圖犧牲理智來啟蒙直覺」，而是「企圖以這樣的工作，好讓理智也能夠得知來自直覺內我的額外知識」[1381]。

[1376] 見（美國）珍・羅伯茲（Jane Roberts）著，彭君蓉譯：《早期課 2》（"*The Early Sessions Book 2*"），頁 527。

[1377] 見（美國）珍・羅伯茲（Jane Roberts）著，洪志美、張黛眉、梁瑞安譯：《早期課 1》（"*The Early Sessions Book 1*"），頁 371。

[1378] 見（美國）珍・羅伯茲（Jane Roberts）著，洪志美、張黛眉、梁瑞安譯：《早期課 1》（"*The Early Sessions Book 1*"），頁 507。

[1379] 見（美國）珍・羅伯茲（Jane Roberts）著，王季慶譯：《個人與群體事件的本質》（"*The Individual and the Nature of Mass Events*"），頁 459。

[1380] 見（美國）珍・羅伯茲（Jane Roberts）著，彭君蓉譯：《早期課 2》（"*The Early Sessions Book 2*"），頁 411。

[1381] 見（美國）珍・羅伯茲（Jane Roberts）著，陳秋萍譯：《早期課 3》（"*The Early Sessions Book 3*"），

6.《賽斯書》可以幫助個人瞭解自己，瞭解人格的基本面及深層的潛意識狀態，以便「他能瞭解反映他內在實相的這個世界」[1382]。
7.賽斯嘗試為魯柏、約瑟夫婦及讀者指出一條能夠「走向最有可能成功的路線」。它未必是每個人都想走的路，「在一般人眼裡看起來並不那麼實際」，但是它的確可以是每個人都考慮的一個生命走向。至於實踐的方法，不是傾盡全力「有意識不顧一切的拚命工作，而是向著有建設性的那一端」[1383]。它可以是先有精神上的目標設定，然後允許直覺與理性、自我（ego）與潛意識、精神與身體等三大面向的合作，進而選擇信任自己自然、自發的本能，以一種鬆輕自在、溫柔堅定的態度，無畏地前行。
8.賽斯主動肩負起將宇宙資料傳送至地球世界的責任，是基於他的「承諾」，但不是「狂熱的承諾」[1384]。他的任務只在於「提醒」讀者有關個人「自己存在之內的不可置信的力量」，並鼓勵讀者「去認識和利用它」[1385]，而沒有任何的條件、強迫或威嚇。

《賽斯書》以龐大的篇幅探討了人類如何從天生、熱情、腳踏實地的理想主義，走向扭曲、偏執、抄捷徑的狂熱主義，並列舉許多實例。它同時也提供了如何避免這類發展的方法，這其中也包括賽斯與魯柏、約瑟夫婦對《賽斯書》的處理工作。以我個人的經驗與觀察，研讀《賽斯書》時，也應留意這類現象的發生。這類現象大多源於自我（ego）發揮了它二分法思考、欺瞞、獨斷等技巧，試圖以個體的力量去操控整體，包括潛意識、外境、他人等，因此宜多加

頁 147。

1382 見（美國）珍・羅伯茲（Jane Roberts）著，彭君蓉譯：《早期課 2》（“*The Early Sessions Book 2*”），頁 525。

1383 見（美國）珍・羅伯茲（Jane Roberts）著，洪志美、張黛眉、梁瑞安譯：《早期課 1》（“*The Early Sessions Book 1*”），頁 514。

1384 見（美國）珍・羅伯茲（Jane Roberts）著，彭君蓉譯：《早期課 2》（“*The Early Sessions Book 2*”），頁 525。

1385 見（美國）珍・羅伯茲（Jane Roberts）著，王季慶譯：《個人實相的本質》（“*The Nature of Personal Reality*”），頁 203。

留意。換言之，藉由改變信念以改變、創造個人想要的實相並非《賽斯書》的全貌，它講究的是更全面地認識、瞭解、同理、接納以整合「所有的自己」，並藉此創造「更大的自己」。

即使如《賽斯書》如此通透宇宙、人性與所有存在的學理，都有可能使研讀者不自覺地因過度浸淫而導致身心失衡的狀態。不過，這種情況或許可以視為是自己所需的更大難局與挑戰。透過在此發展過程中的覺察，個人正好可以發現，原來一切來自外境或他人的為難、競爭，都源於「自己為難自己」、「自己與自己競爭」。我個人認為在華人的歷史文化裡，《老子》的論述、理念與《賽斯書》極為相近。雖然被後人視為《老子》思想繼承與發展者的《莊子》也有部分觀點是如此[1386]，可惜書中經常出現對儒者的批判、評價，甚至是嘲諷。以《賽斯書》精神分析、內在宇宙法則的視角而言，或許《莊子》作者更需要做的是理解、同理儒者，在對方身上認出「可能的自己」，並加以同理和接納。事實上，大多數現代心理學、精神分析學的主張也是如此。

《老子》與《賽斯書》均認為這世間最瞭解自己的，永遠只可能是自己。它們的字句間總是透露出一種溫和的自信感，學理的焦點始終放在個人的身上，並且強調允許外境與他人的自然、自發變化。更重要的是它們永遠允許、尊重他人「做自己」，只因為它們都對世事洞燭入微，對所有生命的本質知之甚詳。《老子‧第六十七章》提出「三寶說」：「天下皆謂我道大，似不肖。夫唯大，故似不肖。若肖，久矣其細也夫！我有三寶，持而保之。一曰慈，二曰儉，三曰不敢為天下先。慈故能勇；儉故能廣；不敢為天下先，故能成器長。今舍慈且勇；舍儉且廣；舍後且先；死矣！夫慈以戰則勝，以守則固。天將救之，以慈衛之」[1387]。《老子》對於意識（即「道」）與創造的見解，與《賽斯書》一樣主張要求「大」而不是求「好」。篇文中的「慈」即「愛」，「儉」即「平衡、滿足、價值完成」，「不敢為天下先」即真實的謙虛，並且尊重所有生靈

[1386] 見（晉）郭象注、（唐）成玄英疏、（唐）陸德明釋文、（清）郭慶藩集釋：《莊子集釋》（臺北：世界書局，《新編諸子集成‧三》「華亭張氏原本」，1991 年）。

[1387] 見（晉）王弼注：《老子道德經》，頁 41。

與存在的個體性、獨特性。「死矣」是一種創造的有序性原則，認為先關注自己的存在與圓滿，再求集體的存在與圓滿，否則生命會成為一條行不通的道路，而且創造過程容易充斥破壞性、阻礙性的行動。

《老子》一書強調個人的創造要先從自知之明做起，創造的過程是「自勝」（合作）而非「勝他」（競爭）[1388]。這是能夠擁有和諧的人際關係、得以享受自己創造成果的必要條件，而這些「擁有」和「享受」的最終目的還是認識、瞭解自己。賽斯曾經提到，當一個人自認為已經對環境、工作感到絕望，那麼逃離或迴避絕不是最適合的選擇與因應之道。最適合的做法是採取直面自己，並且從瞭解自己、個人所在的地方做為改變的起點。他的「工作與人際關係中」，才是自己與物質世界的交會之處，而且在這些關係裡，他的「衝動直接影響世界」。如果他能夠做到「藉著信任自己及衝動，並且以全然的正當性去影響（impressing）在日常生活中碰到的人」，就開始改變了自己與外在環境[1389]。更精確地說，是「自己」選擇進入到「不同的實相」、「可能的實相」。

許多人終其一生嘗試在各式各樣的外在行動、他人認同或情感關係中，找到一種足以讓自己感到安心、信任、溫暖、不再有孤獨感的「愛」。遺憾的是，如果無法從認識、瞭解及改變自己著手，並且接納所有的自己以整合人格，就有可能一直在家庭、事業、工作、救援等外在環境，或親人、情人、友人、同仁、路人等他人身上尋求「愛」，並且一直維持在「尋找」的狀態。這時，生活中即使充滿笑聲、幽默，都要留意它們究竟是建立在由衷的喜悅、希望之上，還是其實深藏著痛苦與絕望。相關議題可以參考電影「摩登時代」（“*Modern Times*”，1936；IMDb: tt0027977）、「齊天大聖西遊記」（“*A Chinese Odyssey Part Two - Cinderella*”，1995；中譯「大話西遊之大聖娶親」，港譯「西遊記大結局之仙履奇緣」；IMDb: tt0114996）、「王牌大騙子」（“*Liar Liar*”，1997；中譯「大話王」；IMDb: tt0119528）、「心靈點滴」（“*Patch Adams*”，

[1388] 見（晉）王弼注：《老子道德經》，頁 19。

[1389] 見（美國）珍・羅伯茲（Jane Roberts）著，王季慶譯：《個人與群體事件的本質》（“*The Individual and the Nature of Mass Events*”），頁 408-409。

1998；IMDb: tt0129290）、「小丑」（*"Joker"*，2019；IMDb: tt7286456）、「席維斯・史特龍：不只是傳奇」（*"Sly"*，2023；中譯「史泰龍的傳奇」；IMDb: tt28254460）等。

二、兼顧精神與物質生活以成為腳踏實地的理想主義者

人類的生命模型是以「愛」為基石的意念建構。現代有很多人在談論「愛」與「愛自己」，卻很少人願意先行闡述他對「愛」的理解。做為心靈能量、精神動力的「愛」而言，它本身就擁有電子、化學等實相及作用，因此賽斯說，愛是「導致行動的一個偉大煽動者，而利用了能量的發電機」。它與「恨」都是建立在個人「經驗裡的自我認同上」[1390]。如果不是個人認同了另一人，根本不會「費事去愛或恨他」，也不致於引發「很深的情感」[1391]。賽斯認為，一個人之所以會恨另一人，是因為他的愛「可能被理想化了」，又或是對方沒有達到他的期望，於是當一種「很痛苦的與愛分離的感覺」升起時，這感覺就被定義為「恨」。即使是子女對父母的恨，也是如此造成的。順著這個思路就可以理解，為什麼「恨是一個回到愛的方法」[1392]。

賽斯肯定地說，「否認恨的存在就是否定愛」。當一個人願意瞭解愛的本質，承認、接受恨的感覺，並且選擇信賴自己的情感，那麼情感就會自動地把他「領到鎮定寧靜的神秘了解之心理與心靈狀態」。有些思想學說主張由於靈魂是「鎮定、『完美』、被動與無情的」，因此人類應該超越自己的情感。賽斯特別提醒讀者，這麼做可能會產生誤導，甚至有點危險[1393]。賽斯還指出了幾

[1390] 見（美國）珍・羅伯茲（Jane Roberts）著，王季慶譯：《個人實相的本質》（*"The Nature of Personal Reality"*），頁 605。

[1391] 見（美國）珍・羅伯茲（Jane Roberts）著，王季慶譯：《個人實相的本質》（*"The Nature of Personal Reality"*），頁 605-606。

[1392] 見（美國）珍・羅伯茲（Jane Roberts）著，王季慶譯：《個人實相的本質》（*"The Nature of Personal Reality"*），頁 606。

[1393] 見（美國）珍・羅伯茲（Jane Roberts）著，王季慶譯：《個人實相的本質》（*"The Nature of Personal Reality"*），頁 607。

個有關如何認識「愛」的思考方向，例如：

1.當一個人愛上另一人，常常是因為此人喚起了他對「理想化的自己」的關注。他在所愛之人的身上，看到了喜歡的自己，而親子、夫妻、摯友之間，都可能存在著這種精神投射的關係[1394]。換言之，無論愛與恨都是個人精神活動、心靈實相向外投射的結果。從這個角度也不難理解，為什麼人類會產生偏愛或厭惡某些對象的心態。

2.情感、愛都有意識與生命，它們是活動的，所以能「十分輕易的變成憤怒或憎恨，又再回來」，而且任誰都不能強求「一種〔永恆的〕很深的相互吸引狀況，兩個人在其中永遠投入的」。當孩子對大人說「我恨你」時，他其實真正想表達的是「我這麼愛你，你為什麼對我這麼壞？」或者「是什麼站在我們、我對你的愛之間？」如果大人只對「恨」產生反應，以傳統道德或社會規範對孩子做出強烈批判，而不容許自己有觀察、好奇、探索此一事件的精神空間，恐懼將會輕易地讓孩子學會害怕憤怒與恨，然後成為對自己無法誠實、坦白的人。日後他會再將這些被否定的情緒狀態，投射到他所謂壞人、競爭對手、敵人等的身上，於是他將把自己創造為一個言辭反覆或充滿恐懼、仇恨的人，然後只把愛給予認同、支持他的「好人」[1395]。許多人就是如此地「玩」著相互精神操控、情緒勒索的遊戲，「演」著相關的戲碼，而且樂此不疲。

3.面對「恨」的方法「只需要一個誠實與堅決的企圖」，然後覺察自己的精神活動，即勇敢地面對、瞭解自己的思想與情感、信念與情緒。這種作法一旦「被貫徹始終的話，會引發愛與了解的眼淚」[1396]。

4.留意「恨」的能量回饋。詛咒別人，就是詛咒自己，而那能量會回到自己身

1394 見（美國）珍・羅伯茲（Jane Roberts）著，王季慶譯：《個人實相的本質》（*"The Nature of Personal Reality"*），頁 607-608。

1395 見（美國）珍・羅伯茲（Jane Roberts）著，王季慶譯：《個人實相的本質》（*"The Nature of Personal Reality"*），頁 608-609。

1396 見（美國）珍・羅伯茲（Jane Roberts）著，王季慶譯：《個人實相的本質》（*"The Nature of Personal Reality"*），頁 609-610。

上[1397]。

5.學習肯定自己所有的表達，無論它們被如何定義。這麼做就是對自己的存在說「好」，並且「默許在肉體中的『靈』」就是自己的實相[1398]。

6.必須由「愛自己」出發，而且是以本體的愛為之；以「真實的自傲」對「自己的完整性與價值的懷著愛心的承認」。如此才能真正認知到自己「住在一個宇宙裡，所有其他的存在也都擁有這個不可否定的個人性與自我價值」，實踐發自內心的「謙虛」[1399]。賽斯提到，當他曾是法蘭克‧渥茲時，就是為了要學習謙虛。他提醒約瑟，「要注意，驕傲的殺傷力很大。不該藐視愚蠢的人，因為我們都必須學習謙遜」；「要堅持品質，但不要沾沾自喜」[1400]。

以上有關賽斯對「愛」與「恨」的論述中，似乎也與一般心理學、精神分析學上所談論的「同理」與「同情」有關。換言之，同理之愛既允許對方做自己，也總是給予對方誠摯的祝福；信任對方有能力獨立自主、照顧自己，也給予完全的自由；勇於表達自己內在的感覺與想法，但也尊重對方溝通、交流的意願。同情之愛既不允許對方做自己，又對對方有強烈的期望；不信任對方有能力獨立自主、照顧自己，又施以強烈的占有；不敢承認內在的感覺與想法，又經常以揣測、臆度取代坦誠的溝通、交流。人類正是有這些不同的愛的「表

1397 見（美國）珍‧羅伯茲（Jane Roberts）著，王季慶譯：《個人實相的本質》（“*The Nature of Personal Reality*”），頁 610。

1398 見（美國）珍‧羅伯茲（Jane Roberts）著，王季慶譯：《個人實相的本質》（“*The Nature of Personal Reality*”），頁 611-612。

1399 見（美國）珍‧羅伯茲（Jane Roberts）著，王季慶譯：《個人實相的本質》（“*The Nature of Personal Reality*”），頁 612-615。

1400 見（美國）珍‧羅伯茲（Jane Roberts）著，洪志美、張黛眉、梁瑞安譯：《早期課 1》（“*The Early Sessions Book 1*”），頁 56。就我個人的觀點而言，當一個人真正做到由衷的謙虛時，對於自己、外境與他人就沒有所謂「聰明」與「愚蠢」、「驕傲」與「謙虛」的分別，而只有明白、堅信自己所有的選擇。所有的外境與他人都可以是他最的「鏡子」，做為他隨時調整選擇或改變人格的參考。對於這些參考的對象他全然予以尊重，並且從同理的過程中，獲得有益自己意識、人格發展的體會和領悟。

達」，才會導致有些人認為愛就是一件痛苦的事，既期待又怕受傷害；有些人卻可以愛得輕鬆、自然，既享受又能體驗它的酸甜苦辣。

如果愛是人類生命模型的基石，那麼愛自己、專注於探索自己就是生命的主要目標。魯柏、約瑟夫婦是對世人充滿愛心的人。他們剛開始與賽斯合作時，總想著要如何用這些資料去幫助別人，魯柏還會因此「鬧脾氣（cranky）」，因為他不確定這些資料可以像「良藥」般地救助世人。這時賽斯提醒他們，「盡可能地幫助別人」不可能是生命唯一的目標，事實上，生命的目標「必須永遠是對意識極為個人性的探索」。當夫婦倆這麼做時，就是在為這個世界「提供一個靈性與知性之光的整體氣氛」，而這個氣氛就可以幫助別人。夫婦倆聽從了賽斯的建議，魯柏還曾說自己「不公開為人舉行賽斯課（我也不收錢或接受捐款），因此轉世資料是我給我的學生、朋友或某些為特別悲慘的難題求助的人」[1401]。當然，他們也學習不把賽斯當作枴杖，始終保持他們的個人性、獨特性。

賽斯曾經說過，地球中的人類人格或多或少都有一些精神官能症，魯柏、約瑟夫婦也不例外。不過這就是意識身處地球世界時，一種必然、必須的兩難之局和挑戰。有些人無法適應這種現象，不夠瞭解自己與生命的本質，以致於把自己的人格創造為「一個死板的人格模式」，賽斯描述這一類人的潛意識表層會呈現「極度僵硬緊繃不放」的狀態[1402]；有些人則適應得不錯，願意在尋求認識、瞭解自己的過程裡，讓意識與人格可以透過身體來享受、表達與運用自己[1403]。後者就是建立在一種兼顧工作與休息、沉浸與覺察的生活態度之中，體現了生命對物質與精神的均衡需求。休息不代表人生戲劇停止上演、遊戲不再進行，因為它也是戲劇與遊戲內容的一部分。對此，《賽斯書》提供了一些相

1401 （美國）珍・羅伯茲（Jane Roberts）著，王季慶譯：《個人與群體事件的本質》（“*The Individual and the Nature of Mass Events*”），頁 294。

1402 見（美國）珍・羅伯茲（Jane Roberts）著，彭君蓉譯：《早期課 2》（“*The Early Sessions Book 2*”），頁 524-525。

1403 見（美國）珍・羅伯茲（Jane Roberts）著，王季慶譯：《個人實相的本質》（“*The Nature of Personal Reality*”），頁 44。

關的資料，以供讀者參考。

賽斯曾經提到，即使是在他所處的環境、實相裡，「休假」也是需要的，這是因為他們「仍知覺到存在著的全部『人格銀行』的一小部分」。至於休假的實質內容是「去拜訪十分簡單的生命形態並與之混合」，而且完全「沉溺於鬆弛與睡眠」。他們「可以花一世紀的時間當棵樹，或是另一實相中不複雜的生命形態」，主要目的就是「以簡單的生存之樂」來使他們意識歡喜。休假之後，他們又是非常活躍地「全副精力集中在工作及新的挑戰上」[1404]。

以意識唯一的工作就是在物質世界創造與體驗的概念而言，休息、休假當然也是重要的創造與工作之一。賽斯強調，意識「不會永遠馬力全開」[1405]，而且它的「節奏是時張時弛的」。一旦這些本質被人為刻意破壞，就會好像把一座「活動的高峰與低谷全抹平了」[1406]。因此，他為身處物質世界的人類提供了一些讓身心得以放鬆、休息的相關建議，例如：

1.賽斯認為人類理想的休息方式是分段休息、分段睡眠，而且每次時間都不要過長。睡眠的功能之一是讓個人血液裡累積的化學物排出，長時間的不休息會導致身體必須長時間「不斷的做身體淨化工作」，而個人就因此需要長時間睡眠。可是長時間的睡眠又會使得自我（ego）「感受到威脅，因為它必須長時間的『休假』，而對夢境建立起阻礙。這些都是極為不自然的」。因此，想要讓自己的意識保持清楚、不雜亂、聰明有力、維持效率等狀態，就必須這麼做，「不然它會扭曲它所知覺的東西」[1407]。

2.賽斯認為一個人在工作習慣中保持「喜悅的自發性」極為重要，尤其是從事

1404 見（美國）珍・羅伯茲（Jane Roberts）著，王季慶譯：《靈魂永生》（“*Seth Speaks: The Eternal Validity of the Soul*”），頁 31。

1405 見（美國）珍・羅伯茲（Jane Roberts）著，彭君蓉譯：《早期課 2》（“*The Early Sessions Book 2*”），頁 412。

1406 見（美國）珍・羅伯茲（Jane Roberts）著，王季慶譯：《靈魂永生》（“*Seth Speaks: The Eternal Validity of the Soul*”），頁 145。

1407 見（美國）珍・羅伯茲（Jane Roberts）著，王季慶譯：《靈魂永生》（“*Seth Speaks: The Eternal Validity of the Soul*”），頁 146-147。

「劇烈的精神工作」的人，賽斯建議不妨搭配「散步和其他身體活動」或「非正式的小型社交關係」[1408]。換言之，勉強自己努力工作有時候容易得到反效果，也對身心健康無益。他還提醒魯柏、約瑟夫婦要適度休息，離開工作，甚至建議他們去常去的酒吧走走[1409]。當然，這項建議與有些人想要藉由酒吧買醉或迴避無力、絕望等感覺的目的，迥然不同。

3.他曾建議魯柏、約瑟保持散步的習慣，「持之以恆，持續下去，散步期間隨時都要深呼吸」。散步過程裡，「試著感覺自己就是走過的環境其中一部分，試著融入環境，而不是只將自己視為旁觀者」[1410]。

4.賽斯建議魯柏工作「中間要有完全放鬆的時段或週末休息，但是平日應該密集工作」[1411]。

5.親近水域，最好是溪谷、海邊，藉以展開心靈充電之旅。賽斯建議，每個月至少一或二天離開熟悉的住處，做短期旅遊；或是選擇距離住處較遠的地方，以健行的方式也可以。在適宜的心態下旅行、改變環境，「可以促進心靈的轉換」[1412]。

6.賽斯認為，假期可以幫助魯柏、約瑟夫婦「真的像孩子那般無憂無慮、輕鬆自在」地生活與工作。他建議以「一些簡單的行動，例如漫步在雨中、躺在草地上、迎風而行」等，讓自己可以達到暫時忘卻身分、沉浸其中。賽斯認為這是一種「感官沉浸」（sensual immersion）、「真正的冥想」，足以使

1408 見（美國）珍・羅伯茲（Jane Roberts）著，陳秋萍譯：《早期課 3》（“*The Early Sessions Book 3*”），頁 117-118。

1409 見（美國）珍・羅伯茲（Jane Roberts）著，王季慶譯：《個人實相的本質》（“*The Nature of Personal Reality*”），頁 446。

1410 見（美國）珍・羅伯茲（Jane Roberts）著，梁瑞安譯：《早期課 4》（“*The Early Sessions Book 4*”），頁 405；（美國）珍・羅伯茲（Jane Roberts）著，陳秋萍譯：《早期課 3》（“*The Early Sessions Book 3*”），頁 118。

1411 見（美國）珍・羅伯茲（Jane Roberts）著，梁瑞安譯：《早期課 4》（“*The Early Sessions Book 4*”），頁 57。

1412 見（美國）珍・羅伯茲（Jane Roberts）著，彭君蓉譯：《早期課 2》（“*The Early Sessions Book 2*”），頁 434；（美國）珍・羅伯茲（Jane Roberts）著，彭君蓉譯：《早期課 2》（“*The Early Sessions Book 2*”），頁 472-474。

個人做到「瞬間心靈放鬆」，引領自己踏上「通往心靈體驗的途徑」。[1413]。賽斯說，「在無限廣闊的現在和大自然裡的一次感官上的沉浸」，將使自己煥然一新[1414]。

以上是《賽斯書》對人類休閒、休假的一些建議。當一個人能夠過著兼顧精神與物質、工作與休閒的生活，並且成為腳踏實地的理想主義者，他就能夠更加「強烈專注於任何一項活動」。賽斯說，這種專注將使個人「暫時失去，或彷彿失去自我認同，因為活動和人格合而為一」，例如「魯柏在那樣的情況下變成他的詩」，而約瑟則變成了他的畫作[1415]。

本書試圖描繪《賽斯書》有關人類生命較大的來源、整體存在，與較小的個體存在、細部結構。在寫作過程裡，我經常提醒自己闡述方式盡量避免形成一種局限、束縛。如果意識、人格的本質是流動且無限的，那麼生命的目的又怎能以一種固定的、非達到不可的標準來加以限制。魯柏曾經提醒讀者，閱讀《賽斯書》時，「一定要注意不要隨便望文生義，或是斷章取義妄下斷語，或自以為是，否則我們便犯了一個錯誤：硬把多度空間性的東西強塞到三度空間，而妄以人間所謂的真、假來限制與評判事物」[1416]。有鑑於此，本書凡是提到我個人意見時，大多以「可能」、「或許」來帶領字句，也再次強調它們只是我個人的理解，同時也不排除有與賽斯本意相違的可能。

撰寫這本書時，藉由保持在生活中從事實務訓練的習慣，我深刻體會到學習操縱自己精神活動、直覺與理性合作、有意識地觀察自己與他人實相交會處

1413 見（美國）珍・羅伯茲（Jane Roberts）著，彭君薈譯：《早期課2》（*"The Early Sessions Book 2"*），頁472-474。

1414 見（美國）珍・羅伯茲（Jane Roberts）著，彭君薈譯：《早期課2》（*"The Early Sessions Book 2"*），頁471。

1415 見（美國）珍・羅伯茲（Jane Roberts）著，彭君薈譯：《早期課2》（*"The Early Sessions Book 2"*），頁471。

1416 見（美國）珍・羅伯茲（Jane Roberts）著，王季慶譯：《個人實相的本質》（*"The Nature of Personal Reality"*），頁xi。

等的重要性，並且感受到潛意識「只有得，沒有失」的本質。雖然痛苦並沒有因此完全消失，但至少已經具備能力去尊重它的存在及接納、轉化它的能量，並享受在這種兼顧學術研究與個人需求的創造之中。整體而言，《賽斯書》能使讀者領會到，無論身處烏雲當頭或風和日麗的生命旅程，都要「選擇」相信自己有獨立在沿途發現良景的能力，同時也能自然、自發地與同為旅人的他者分享旅程的心得。它不僅是一套提供讀者如何在生命旅程中怡然自得的學理專著，也是一部引領讀者創造更大、更美風景的「生命旅遊指南」。

參考暨引用書目

一、中文著作

（晉）王弼注：《老子道德經》（臺北：世界書局，《新編諸子集成・三》「華亭張氏原本」，1991 年）。

（晉）郭象注、（唐）成玄英疏、（唐）陸德明釋文、（清）郭慶藩集釋：《莊子集釋》（臺北：世界書局，《新編諸子集成・三》「華亭張氏原本」，1991 年）。

尹依依：《焦慮是你的隱性天賦：倫敦大學心理諮商博士帶你看清負面情緒的強大力量》（臺北：圓神出版公司，2021 年。）

王雪岩：《父母並非不愛你，卻又讓你傷痕累累的「隱性虐待」》（臺北：方言文化出版公司，2022 年）。

志晶著：《蝴蝶效應：知微見著，影響我們生活的，往往是從小事開始》（新北：幸福文化出版社，2023 年）。

李祐寧：《如何拍攝電影》（第三版）（臺北：商周出版公司，2010 年）。

周慕姿：《情緒勒索》（臺北：寶瓶文化公司，2017 年）。

周慕姿：《過度努力》（臺北：寶瓶文化公司，2021 年）。

林家興：《精神分析治療的理論與實務》（新北：心理出版公司，2021 年）。

洪燕梅：《心靈動力視角的《老子》與《賽斯書》》（臺北：元華文創公司，2022）。

張文成：《墨菲定律：如果有可能出錯，那就一定會出錯！》（新北：幸福文化／遠足文化公司，2023 年）。

張家齊：《失控的愛：為什麼我們愈相愛，愈受傷？觸摸那些心底被忽略的失控感，走向真正親密的未來》（臺北：天下雜誌公司，2022 年）。
許義雄：《現代體育學原理（上）（新北：揚智文化公司，2017 年）。
陳敏編：《皮格馬利翁效應》（新北：百善書房，2006）。
黃啟團：《別人怎麼對你，都是你教的》（臺北：寶瓶文化公司，2021 年）。
黃國勝：《隱藏的人格面具》（臺北：時報文化出版公司，2020 年）。
盧志彬、單瑜、黃世明、崔秀倩：《舞動在山海間的懸念：運動與精神分析》（高雄：Utopie 無境文化公司，2020 年）。
蘇予昕：《活出你的原廠設定》（新北：方舟文化公司，2021 年）。

二、外文著作

Jane Roberts: "*Dreams, "Evolution," and Value Fulfillment, Volume one*"（California: Amber-Allen Publishing Inc., 1997）。
Jane Roberts: "*Dreams, "Evolution," and Value Fulfillment, Volume two*"（California: Amber-Allen Publishing Inc., 1997）。
Jane Roberts: "*How To Develop Your ESP Power*"（Hollywood: Lifetime Books, Inc. ,1997）。
Jane Roberts: "*Psychic Politics*"（New York: New Awareness Network Inc., 2017）。
Jane Roberts: "*Seth Speaks: The Eternal Validity of the Soul*"（San Francisco: Amber-Allen Publishing and New World Library, 1996）。
Jane Roberts: "*The Individual and the Nature of Mass Events*"（San Francisco: Amber-Allen Publishing, 1995）。
Jane Roberts: "*The Nature of Personal Reality*"（San Francisco: Amber-Allen Publishing and New World Library, 2011）。
Jane Roberts: "*The Nature of the Psyche*"（San Francisco: Amber-Allen Publishing, 1995）。

Jane Roberts: “*The Personal Sessions: Book One of The Deleted Seth Material*”（New York: New Awareness Network Inc., 2003）。

Jane Roberts: “*The Personal Sessions: Book Two of The Deleted Seth Material*”（New York: New Awareness Network Inc., 2003）。

Jane Roberts: “*The Personal Sessions: Book Three of The Deleted Seth Material*”（New York: New Awareness Network Inc., 2004）。

Jane Roberts: “*The Personal Sessions: Book Four of The Deleted Seth Material*”（New York: New Awareness Network Inc., 2004）。

Jane Roberts: “*The Personal Sessions: Book Five of The Deleted Seth Material*”（New York: New Awareness Network Inc., 2005）。

Jane Roberts: “*The Personal Sessions: Book Six of The Deleted Seth Material*”（New York: New Awareness Network Inc., 2005）。

Jane Roberts: “*The Personal Sessions: Book Seven of The Deleted Seth Material*”（New York: New Awareness Network Inc., 2006）。

Jane Roberts: “*The Way Toward Health*”（San Francisco: Amber-Allen Publishing Inc., 1997）。

Jane Roberts: “*The “Unknown” Reality, Volume One*”（San Francisco: Amber-Allen Publishing Inc., 1996）。

Jane Roberts: “*The “Unknown” Reality, Volume Two*”（San Francisco: Amber-Allen Publishing Inc., 1996）。

Jane Roberts: “*The Early Sessions Book 1*”（New York: New Awareness Network Inc., 1997）。

Jane Roberts: “*The Early Sessions Book 2*”（New York: New Awareness Network Inc., 1997）。

Jane Roberts: “*The Early Sessions Book 3*”（New York: New Awareness Network Inc., 1998）。

Jane Roberts: “*The Early Sessions Book 4*”（New York: New Awareness Network

Inc., 1998）。
Jane Roberts: "*The Early Sessions Book 5*"（New York: New Awareness Network Inc., 1999）。
Jane Roberts: "*The Early Sessions Book 6*"（New York: New Awareness Network Inc., 1999）。
Jane Roberts: "*The Early Sessions Book 7*"（New York: New Awareness Network Inc., 1999）。
Jane Roberts: "*The Early Sessions Book 8*"（New York: New Awareness Network Inc., 2000）。
Jane Roberts: "*The Early Sessions Book 9*"（New York: New Awareness Network Inc., 2002）。
Jane Roberts: "*The Seth Material*"（New York: New Awareness Network Inc., 2001）。

三、外文譯本

（日本）木內鶴彥著，李璦祺譯：《瀕死經驗的啟示》（"*「臨死体験」が教えてくれた宇宙の仕組み*"）（臺中：一中心公司，2020 年）。
（日本）永松茂久著，張嘉芬譯：《圖解正向語言的力量：與潛意識結為盟友，說出高成效精彩人生》（"*図解 言葉は現実化する 人生は、たった "ひと言" から動きはじめる*"）（臺北：三民書局公司，2021 年）。
（日本）石原加受子著，駱香雅譯：《在乎別人，是對自己的情緒暴力：「自我中心」心理學，教你不再因迎合而痛苦、孤獨》（"*感情はコントロールしなくていい 「ネガティブな気持ち」を味方にする方法*"）（臺北：方言文化公司，2021 年）。
（日本）村上春樹著，賴明珠譯：《1Q84》（"*1Q84*"）（一～三冊）（臺北：時報文化出版公司，2022 年）。
（日本）岡田尊司著，邱香凝譯：《孤獨的冷漠：逃避型依戀障礙的分析與修

復》（“*回避型愛着障害：絆が稀薄な人たち*”）（臺北：聯合文學出版公司，2017 年）。

（日本）枡野俊明著，王蘊潔譯：《你所煩惱的事，有九成都不會發生》（“*心配事の 9 割は起こらない: 減らす、手放す、忘れる「禅の教え」*”）（臺北：春天文化公司，2016 年）。

（日本）松村亞里著，劉淳譯：《養出自我效能高的孩子》（“*子どもの自己効力感を育む本*”）（新北：世茂出版公司，2022 年）。

（日本）情報文化研究所（山﨑紗紀子、宮代こずゑ、菊池由希子）著，高橋昌一郎監修，許郁文譯：《圖解認知偏誤！避開 99%思考陷阱》（“*情報を正しく選択するための認知バイアス事典*”）（臺北：墨刻出版公司，2022 年）。

（加拿大）艾克哈特・托勒（Eckhart Tolle）著，張德芬譯：《一個新世界：喚醒內在的力量》（“*A New Earth: Awakening to Your Life's Purpos*e”）（臺北：方智出版公司，2015 年）。

（加拿大）艾克哈特・托勒（Eckhart Tolle）著，張德芬譯：《修練當下的力量》（“*Practicing the Power of Now: Essential Teachings, Meditations, and Exercises from The Power of Now*”）（臺北：方智出版公司，2023 年）。

（加拿大）艾克哈特・托勒（Eckhart Tolle）著，梁永安譯：《當下的力量：通往靈性開悟的指引》（“*The Power of Now: A Guide to Spiritual Enlightenment*”）（臺北：橡實文化公司，2023 年）。

（加拿大）艾克哈特・托勒（Eckhart Tolle）著，劉永毅譯：《當下的覺醒：你到底是誰？啟動意識的更高層次》（“*Stillness Speaks*”）（臺北：橡實文化公司，2023 年）。

（加拿大）李安德（André Lefebvre）著，若水譯：《超個人心理學》（“*Transpersonal psychology*”）（臺北：桂冠圖書公司，2009 年）。

（印度）約瑟夫・墨菲（Joseph Murphy）著，朱侃如譯：《潛意識的力量》（“*The Power of Your Subconscious Mind*”）（臺北：INK 印刻出版公司，2010 年）。

（法國）佛朗索瓦・勒洛爾（François Lelord）、克里斯托夫・安德烈（Christophe André）著，歐瑜譯：《突破關係困境的「人格心理學」》（"*COMMENT GÉRER LES PERSONNALITÉS DIFFICILES*"）（新北：一起來出版，2018年）。

（法國）埃米爾・庫埃（Emile Coue）著，李妍編譯：《心理暗示力》（"*Psychological Suggestion*"）（北京：九州出版社，2015 年）。

（法國）瑪麗法蘭絲・伊里戈揚（Marie-France Hirigoyen）著，顧淑馨譯：《冷暴力：揭開日常生活中精神虐待的真相》（"*La harcèlement moral. La violence perverse au qutidien*"）（臺北：商周出版公司，2020 年）。

（阿根廷）貝納鐸・史達馬提亞斯（Bernardo Stamateas）著，謝琬湞譯：《毒型情緒：侵蝕你美好人生的 15 種負面有毒情緒》（"*Emociones Toxicas: Como Sanar el Dano Emocional y Ser Libres Para Tener Paz Interior*"）（台北：方智出版社，2014 年）。

（美國）D・M・巴斯（David M. Buss）著，熊哲宏、蔣柯譯：《進化心理學：心理的新科學》（"*Evolutionary Psychology: The New Science of the Mind*"）（北京：商務印書館，2021 年）。

（美國）David R. Shaffer、（美國）Katherine Kipp 著，張欣戊審閱，林淑玲、李明芝譯：《發展心理學》（"*Developmental Psychology: Childhood and Adolescence, 9e*"）（臺北：新加坡商聖智學習亞洲私人公司台灣分公司，2019 年）。

（美國）巴斯特・班森（Buster Benson）著，辛一立譯：《意見不同，還是可以好好說：Twitter 、Slack 高績效團隊負責人，教你化解歧見的 8 種溝通心理技術》（"*Why Are We Yelling? : The Art of Productive Disagreement*"）（臺北：天下雜誌公司，2021 年）。

（美國）史帝芬・米契爾（Stephen A. Mitchell）、瑪格麗特・布萊克（Margaret J. Black）著，白美正譯：《超越佛洛伊德：精神分析的歷史》（"*Freud and Beyond：a history of modern psychoanalytic thought*"）（新北：心靈工坊文

化公司，2011 年）。

（美國）史蒂芬‧鮑地安（Stephan Bodian）著，易之新譯：《當下覺醒》（“*Wake Up Now: A Guide to the Journey of Spiritual Awakening*”）（臺北：心靈工坊文化公司，2023 年）。

（美國）尼爾‧史特勞斯（Neil Strauss）著，貓學步譯：《把妹達人 1：從宅男到型男之路（2023 新版）》（“*The Game: Penetrating the Secret Society of Pickup Artists*”）（臺北：大辣出版公司，2023 年）。

（美國）布萊恩‧李托（Brian R. Little）著，蔡孟璇譯：《探索人格潛能，看見更真實的自己》（“*Me, Myself, and Us： The Science of Personality and the Art of Well-Being*”）（臺北：天下雜誌公司，2021 年）。

（美國）布魯斯‧立普頓（Bruce H. Lipton）著，傅馨芳譯：《信念的力量：基因以外的生命奧祕（十週年增訂紀念版）》（“*The Biology of Belief 〔10th Anniversary Edition〕*”）（臺北：張老師文化公司，2016 年）。

（美國）伊莉莎白‧庫伯勒—羅斯（Elisabeth Kübler-Ross）、大衛‧凱思樂（David Kessler）著，蔡孟璇、吳品儒譯：《論哀傷：帶領你走向療癒的情緒、靈性與心理旅程》（“*On Grief and Grieving : Finding the Meaning of Grief Through the Five Stages of Loss*”）（臺北：遠流出版公司，2023 年）。

（美國）伊莉莎白‧歐青克羅斯（Elizabeth L. Auchincloss）著，陳登義譯：《精神分析的心智模型：從佛洛伊德的時代說起》（“*The Psychoanalytic Model of the Mind*”）（臺北：心靈工坊文化公司，2020 年）。

（美國）伊莎貝爾‧布里格斯‧邁爾斯（Isabel Briggs Myers）、彼得‧布里格斯‧邁爾斯（Peter Briggs. Myers）著，鍾榕芳、張芸禎譯：《MBTI 人格分類》（“*Gifts Differing: Understanding Personality Types*”）（臺北：遠流出版公司，2023 年）。

（美國）吉姆‧保羅（Jim Paul）、布南登‧莫尼漢（Brendan Moynihan）著，陳重亨譯：《一個操盤手的虧損自白：長銷 30 年的獲利經典》（“*What I Learned Losing a Million Dollars*”）（臺北：今周刊出版公司，2022 年）。

（美國）安卓雅・布蘭特（Andrea Brandt）著，祁怡瑋譯：《你不爽，為什麼不明說？：腹黑、酸言、擺爛，好人面具下的「被動式攻擊」》（"*8 Keys to Eliminating Passive-Aggressiveness*"）（臺北：橡實文化公司，2021 年）。

（美國）米哈里・契克森米哈伊（Mihaly Csikszentmihalyi）著，張瓊懿譯：《心流：高手都在研究的最優體驗心理學》（"*Flow: The Psychology of Optimal Experience*"）（新北：行路／遠足文化公司，2020 年）。

（美國）艾米・馬洛－麥柯心理師（Amy Marlow-MaCoy, LPC）著，朱崇旻譯：《煤氣燈操縱：辨識人際中最暗黑的操控術，走出精神控制與內疚，重建自信與自尊》（"*The Gaslighting Recovery Workbook: Healing from Emotional Abuse*"）（臺北：麥田出版公司，2022 年）。

（美國）艾利森・高普尼克（ALISON GOPNIK）著，林楸燕、黃書儀譯：《教養是一種可怕的發明：解救現代直升機父母的親子關係人類學》（"*THE GARDENER AND THE CARPENTER: WHAT THE NEW SCIENCE OF CHILD DEVELOPMENT TELL US ABOUT THE RELATIONSHIP BETWEEN PARENTS AND CHILDREN*"）（臺北：大寫出版，2018 年）。

（美國）艾瑞克・伯恩（Eric Berne）著，林曉欽譯：《人間遊戲》（ "*Games People Play: the basic handbook of transactional analysis*" ）（臺北：麥田出版公司，2022 年）。

（美國）艾瑞克・伯恩（Eric Berne）著，劉玎譯：《人間遊戲》（ "*Games People Play: The Psychology of Human relationships*" ）（新北：小樹文化公司，2021 年）。

（美國）艾德・楚尼克（Ed Tronick）、克勞蒂亞・高德（Claudia M. Gold）著，盧思綸譯：《關係修復力：心理學大師教你從衝突、裂痕中培養更高的適應力，重拾人與人的連結》（"*THE POWER OF DISCORD: Why the Ups and Downs of Relationships are the Secret to Building Intimacy, Resilience, and Trust*"）（臺北：時報文化出版公司，2021 年）。

（美國）克莉絲汀・娜芙（Kristin Neff）、克里斯多弗・葛摩（Christopher Germer）

著，李玉信譯：《自我疼惜的 51 個練習：運用正念，找回對生命的熱情、接受不完美和無條件愛人》（“*The Mindful Self-Compassion Workbook A Proven Way to Accept Yourself, Build Inner Strength, and Thrive*”）（臺北：張老師文化公司，2022 年）。

（美國）克莉絲汀・諾瑟普（Christiane Northrup）著，劉凡恩譯：《遠離能量吸血鬼：人際病態關係的原型》（“*Dodging Energy Vampires: An Empath's Guide to Evading Relationships That Drain You and Restoring Your Health and Power*”）（臺北：橡實文化公司，2019 年）。

（美國）杜安・舒爾茨（Duane P. Schultz）、西德尼・艾倫・舒爾茨（Sydney Ellen Schultz）著，危芷芬譯：《人格心理學》（“*Theories of Personality 11/E*”）（臺北：新加坡商聖智學習亞洲私人公司台灣分公司，2020 年）。

（美國）杜安・舒爾茨（Duane P. Schultz）著，孟令子譯：《弗洛伊德與榮格：從親密到陌路》（ “*Intimate Friends——The Turbulent Relationship between Freud and Jung*” ）（上海：上海交通大學出版社，2014）。

（美國）阿瑪斯（A. H. Almass）著，胡因夢譯：《鑽石途徑 I：現代心理學與靈修的整合》（“*Elements of the real in man*”）（新北：心靈工坊文化公司，2004 年）。

（美國）阿瑪斯（A. H. Almass）著，胡因夢譯：《鑽石途徑 II：存在與自由》（“*Diamond Heart Book Two ：The Freedom To Be*”）（新北：心靈工坊文化公司，2004 年）。

（美國）阿瑪斯（A. H. Almass）著，胡因夢譯：《鑽石途徑 III：探索真相的火焰》（“*Diamond Heart Book Three: Being and the Meaning of Life*”）（新北：心靈工坊文化公司，2005 年）。

（美國）阿瑪斯（A. H. Almass）著，胡因夢譯：《鑽石途徑 IV：無可摧毀的純真》（“*Diamond Heart, Book Four: Indestructible Innocence*”）（新北：心靈工坊文化公司，2009 年）。

（美國）派崔克・奈斯（Patrick Ness）著，段宗忱譯：《噪反 I：鬧與靜》（ “*Chaos*

Walking I： The Knife of Never Letting Go"）（臺北：聯經出版公司，2012年）。

（美國）珍・羅伯茲（Jane Roberts）著，洪志美、張黛眉、梁瑞安譯：《早期課 1》（"*The Early Sessions Book 1*"）（臺北：賽斯文化公司，2016 年）。

（美國）珍・羅伯茲（Jane Roberts）著，彭君蓉譯：《早期課 2》（"*The Early Sessions Book 2*"）（臺北：賽斯文化公司，2016 年）。

（美國）珍・羅伯茲（Jane Roberts）著，陳秋萍譯：《早期課 3》（"*The Early Sessions Book 3*"）（臺北：賽斯文化公司，2016 年）。

（美國）珍・羅伯茲（Jane Roberts）著，梁瑞安譯：《早期課 4》（"*The Early Sessions Book 4*"）（臺北：賽斯文化公司，2016 年）。

（美國）珍・羅伯茲（Jane Roberts）著，謝欣頤譯：《早期課 5》（"*The Early Sessions Book 5*"）（臺北：賽斯文化公司，2019 年）。

（美國）珍・羅伯茲（Jane Roberts）著，陳秋萍譯：《早期課 6》（"*The Early Sessions Book 6*"）（臺北：賽斯文化公司，2020 年）。

（美國）珍・羅伯茲（Jane Roberts）著，陳秋萍譯：《早期課 7》（"*The Early Sessions Book 7*"）（臺北：賽斯文化公司，2021 年）。

（美國）珍・羅伯茲（Jane Roberts）著，梁瑞安譯：《早期課 8》（"*The Early Sessions Book 8*"）（臺北：賽斯文化公司，2022 年）。

（美國）珍・羅伯茲（Jane Roberts）著，呂紹暉譯：《早期課 9》（"*The Early Sessions Book 9*"）（臺北：賽斯文化公司，2023 年）。

（美國）珍・羅伯茲（Jane Roberts）著，王季慶譯：《心靈的本質》（"*The Nature of the Psyche*"）（臺北：賽斯文化，2016 年）。

（美國）珍・羅伯茲（Jane Roberts）著，王季慶譯：《心靈政治》（"*The Magical Approach*"）（臺北：賽斯文化公司，2016 年）。

（美國）珍・羅伯茲（Jane Roberts）著，王季慶譯：《未知的實相・卷一》（"*The "Unknown" Reality Volume One*"）（臺北：賽斯文化公司，2016 年）

（美國）珍・羅伯茲（Jane Roberts）著，王季慶譯：《未知的實相・卷二》（"*The*

"Unknown" Reality Volume Two"）（臺北：賽斯文化公司，2016 年）。

（美國）珍・羅伯茲（Jane Roberts）著，王季慶譯：《神奇之道》（*"Psychic Politics"*）（臺北：賽斯文化公司，2013 年）。

（美國）珍・羅伯茲（Jane Roberts）著，王季慶譯：《個人與群體事件的本質》（*"The Individual and the Nature of Mass Events"*）（臺北：賽斯文化公司，2016 年）。

（美國）珍・羅伯茲（Jane Roberts）著，王季慶譯：《個人實相的本質》（*"The Nature of Personal Reality"*）（臺北：賽斯文化公司，2016 年）。

（美國）珍・羅伯茲（Jane Roberts）著，王季慶譯：《健康之道》（*"The Way Toward Health"*）（臺北：賽斯文化公司，2016 年）。

（美國）珍・羅伯茲（Jane Roberts）著，王季慶譯：《夢、進化與價值完成（卷一）》（*"Dreams, "Evolution," and Value Fulfillment, Volume one"*）（臺北：賽斯文化公司，2016 年）。

（美國）珍・羅伯茲（Jane Roberts）著，王季慶譯：《夢、進化與價值完成（卷二）》（*"Dreams, "Evolution," and Value Fulfillment, Volume two"*）（臺北：賽斯文化公司，2016 年）。

（美國）珍・羅伯茲（Jane Roberts）著，王季慶譯：《夢與意識投射》（*"Seth, Dreams and Projections of Consciousness"*）（臺北：賽斯文化公司，2011 年）。

（美國）珍・羅伯茲（Jane Roberts）著，王季慶譯：《意識的探險》（*"Adventures in Consciousness: An Introduction to Aspect Psychology"*）（臺北：賽斯文化公司，2014 年）。

（美國）珍・羅伯茲（Jane Roberts）著，王季慶譯：《實習神明手冊——啟動內在感官的自修經典法則》（*"How To Develop Your ESP Power"*）（臺北：賽斯文化公司，2016 年）。

（美國）珍・羅伯茲（Jane Roberts）著，王季慶譯：《靈界的訊息》（*"The Seth Material"*）（臺北：賽斯文化公司，2016 年）。

（美國）珍・羅伯茲（Jane Roberts）著，王季慶譯：《靈魂永生》（*"Seth Speaks: The Eternal Validity of the Soul"*）（臺北：賽斯文化公司，2015 年）。

（美國）約翰・克爾（John Kerr）著，陳雅馨、楊晴譯：《危險療程：心理學大師榮格、佛洛伊德，與她的故事》（*"A Most Dangerous Method: The Story of Jung, Freud, and Sabina Spielrein"*）（臺北：商周出版公司，2019 年）。

（美國）美國精神醫學學會（American Psychiatric Association）著，台灣精神醫學會譯：《精神疾病診斷準則手冊（第五版）》（*"Diagnostic and Statistical Manual of Mental Disorders, Fifth Edition"*；DSM-5）（臺北：台灣精神醫學會，2018 年）。

（美國）庫爾特・考夫卡（Kurt Koffka）著，李維譯：《格式塔心理學原理》（*"Principle of Gestalt Psychology"*）（北京：北京大學出版社，2022 年）。

（美國）馬克・布雷克特（Marc Brackett）著，朱靜女譯：《情緒解鎖：讓感受自由，釋放關係、學習與自在生活的能量》（*"Permission to Feel: Unlocking the Power of Emotions to Help Our Kids, Ourselves, and Our Society Thrive"*）（臺北：天下雜誌公司，2021 年）。

（美國）康拉德・菲利普・科塔克（Conrad Phillip Kottak）著，黃劍波、方靜文譯：《文化人類學：文化多樣性的探索（第 12 版）》（"Anthropology: The Exploration of Human Diversity"〔Twelfth Edition〕）（北京：中國人民大學出版社，2014 年）。

（美國）麥斯威爾・馬爾茲（Maxwell Maltz）著，張家瑞譯：《改造生命的自我形象整容術：整形醫師驚人發現——心靈容貌決定你的人生》（*"Psycho-Cybernetics"*）（臺北：柿子文化公司，2017 年）。

（美國）傑西・謝爾（Jesse Schell）著，盧靜譯：《遊戲設計的藝術：架構世界、開發介面、創造體驗，聚焦遊戲設計與製作的手法與原理》（*"The Art of Game Design: A Book of Lenses, Third Edition"*）（新北：大家／遠足文化公司，2021 年）。

（美國）傑佛瑞・雷迪格（Jeffrey D. Rediger）著，林怡婷譯：《自癒力：為什麼有些人的病自己會好，其他人卻不行？哈佛醫院權威逾 15 年研究，解開啟動人體自癒力的 4 大關鍵，癌症、心臟病、糖尿病、憂鬱症……都可以不「藥」而癒！》（*"Cured: The Remarkable Science and Stories of Spontaneous Healing and Recovery"*）（臺北：平安文化公司，2021 年）。

（美國）琳賽・吉普森（Lindsay C. Gibson）著，范瑞玟譯：《假性孤兒：他們不是不愛我，但我就是感受不到》（*"Adult children of emotionally immature parents"*）（臺北：小樹文化公司，2016 年）。

（美國）愛思特・希克斯、傑瑞・希克斯（Esther and Jerry Hicks）著，丘羽先、謝明憲譯：《情緒的驚人力量》（*"The Astonishing Power of Emotions：Let Your Feelings Be Your Guide"*）（臺北：遠見天下文化出版公司，2021 年）。

（美國）詹姆斯・霍爾博士（James A. Hall, M.D.）著，廖婉如譯：《榮格解夢書：夢的理論與解析》（*"Jungian dream interpretation： a handbook of theory and practice"*）（臺北：心靈工坊文化公司，2011 年）。

（美國）賈斯汀・巴瑞索（Justin Bariso）著，吳書榆譯：《可以柔軟，不代表你必須一再退讓：讓情緒成為你的後盾，不再委屈自己的 EQ 練習》（*"EQ Applied: The Real-World Guide to Emotional Intelligence"*）（臺北：時報文化出版公司，2020 年）。

（美國）路易斯・吉奈堤（Louis Giannetti）著，焦雄屏譯：《認識電影（最新修訂第十版）》（*"Understanding Movies（Tenth Edition）"*）（臺北：遠流出版公司，2022 年）。

（美國）雷蒙・穆迪（Raymond A. Moody）著，林宏濤譯：《死後的世界》（*"Life After Life"*）（臺北：商周出版社、城邦文化公司，2012 年）。

（美國）瑪亞・莎拉維茲（Maia Szalavitz）著，鄭谷苑譯：《成癮與大腦》（*"Unbroken Brain"*）（臺北：遠流出版公司，2018 年）。

（美國）歐文・亞隆（Irvin D. Yalom）著，易之新譯：《生命的禮物：給心理治療師的 85 則備忘錄（全新修訂版）》（*"The Gift of Therapy：An Open Letter to a New Generation of Therapists and Their Patients"*）（臺北：心靈工

坊文化公司，2021 年）。
（美國）鍾妮斯・韋伯（Jonice Webb）著，張佳棻譯：《童年情感忽視：為何我們總是渴望親密，卻又難以承受？》（*“Running on Empty: Overcome Your Childhood Emotional Neglect”*）（臺北：橡實文化公司，2018 年）。
（美國）羅伯・蘭薩博士（Robert Lanza, MD）、鮑伯・博曼（Bob Berman）著，隋芃譯：《宇宙從我心中生起──羅伯・蘭薩的生命宇宙論》（*“Biocentrism: How Life and Consciousness are the Keys to Understanding the True Nature of the Universe”*）（臺北：大雁文化公司，2015 年）。
（美國）蘇珊・佛沃（Susan Forward）、唐娜・費瑟（Donna Frazier）著，杜玉蓉譯：《情緒勒索：遇到利用恐懼、責任與罪惡感控制你的人，該怎麼辦？》（*“Emotional Blackmail: When the People in Your Life Use Fear, Obligation, and Guilt to Manipulate You”*）（臺北：究竟出版公司，2019 年）。
（英國）卡爾・薩頓（Carl Sutton）、雪莉兒・弗雷斯特（Cheryl Forrester）著，黃晶晶譯：《為什麼孩子不說話？：選擇性緘默症，一種選擇不了的沉默焦慮》（*“SELECTIVE MUTISM IN OUR OWN WORDS: Experiences in Childhood and Adulthood”*）（臺北：寶瓶文化公司，2021 年）。
（英國）艾美・布魯納（Emmy Brunner）著，戴榕儀譯：《內心對話的力量：遠離自我批判，提升心靈自癒力的 11 種練習》（*“Find Your True Voice: Stop Listening to Your Inner Critic, Heal Your Trauma and Live a Life Full of Joy”*）（臺北：時報文化出版公司，2022 年）。
（英國）彼特魯斯卡・克拉克森（Petruska Clarkson）、（英國）珍妮弗・麥丘恩（Jennifer Mackewn）著，吳豔敏譯：《弗里茨・皮爾斯：格式塔治療之父》（*“Fritz Perls”*）（南京：南京大學出版社，2019 年）。
（英國）菲利普・喬伊斯（Phil Joyce）、夏洛特・西爾斯（Charlotte Sills）著，張莉莉譯：《完形諮商與心理治療技術》（*“Skills in Gestalt Counselling & Psychotherapy”*）（新北：心理出版社，2010 年）。
（英國）潔薩米・希伯德（Jessamy Hibberd）著，陳松筠譯：《冒牌者症候群：

面對肯定、讚賞與幸福，為什麼總是覺得「我不配」？》（"*The Imposter Cure: Escape the mind-trap of imposter syndrome*"）（臺北：商周出版公司，2022 年）。

（英國）羅布・普瑞斯（Rob Preece）著，廖世德譯：《榮格與密宗的 29 個「覺」》（"*The Wisdom of Imperfection*"）（新北：人本自然文化公司，2008 年）。

（奧地利）西格蒙德・佛洛伊德（Sigmund Freud）著，孫名之譯：《夢的解析》（"*The Interpretation of Dreams*"）（新北：左岸文化公司，2012 年）。

（奧地利）阿爾弗雷德・阿德勒（Alfred Adler）著，吳書榆譯：《阿德勒心理學講義》（"*The Science of Living*"）（臺北：經濟新潮社，2015 年）。

（奧地利）阿爾弗雷德・阿德勒（Alfred Adler）著，胡慎之譯：《走出孤獨》（"*Out of Loneliness*"）（臺北：英屬維京群島商高寶國際公司台灣分公司，2020 年）。

（瑞士）卡爾・榮格（Carl G. Jung）著，索努・山達薩尼（Sonu Shamdasani）編輯、註釋、導讀，魯宓、劉宏信譯：《紅書：讀者版》（"*The Red Book : A Reader's Edition*"）（臺北：心靈工坊文化公司，2023 年）。

（瑞士）愛麗絲・米勒（Alice Miller）著，袁海嬰譯：《幸福童年的祕密》（"*Das Drama des begabten Kindes*"）（臺北：心靈工坊文化公司，2014 年）。

（瑞士）瑪麗—路薏絲・馮・法蘭茲（Marie-Louise von Franz）著，徐碧貞（Pi-Chen Hsu）譯：《永恆少年：從榮格觀點探討拒絕長大》（"*The Problem of the PUER AETERNUS*"）（臺北：心靈工坊文化公司，2022 年）。

（墨西哥）小米蓋爾・魯伊茲（don Miguel Ruiz Jr.）著，李明芝譯：《覺察真我：自由自在地活著，不再是夢想！》（"*The Mastery of Self: A Toltec Guide to Personal Freedom*"）（臺中：一中心公司，2017 年）。

（德國）安妮拉・亞菲（Aniela Jaffé）著，王一梁、李毓譯：《榮格的最後歲月：心靈煉金之旅》（"*From the Life and Work of C. G. Jung*"）（臺北：心靈工坊文化公司，2020）。

（德國）安妮拉・亞菲（Aniela Jaffé）著，王一梁、李毓譯：《榮格的最後歲月：心靈煉金之旅》（ *"From the Life and Work of C. G. Jung"* ）（臺北：心靈工坊文化公司，2020）。

（德國）賈誠柯（Wladislaw Jachtchenko）著，廖芳婕譯：《操控與反操控：德國法律人都在使用的日常修辭邏輯與謬誤偵知法》（*"SCHWARZE RHETORIK: MANIPULIERE, BEVOR DU MANIPULIERT WIRST !"*）（臺北：遠流出版公司，2021 年）。

（韓國）朴又蘭著，丁俞譯：《我就是我，不是誰的另一半：獻給世上所有女性的情感獨立心理學》（*"남편을 버려야 내가 산다 : 마음의 자립을 시작한 여자를 위한 심리학"*）（臺北：平安文化公司，2022 年）。

（韓國）崔仁哲（최인철）著，陳品芳譯：《框架效應：告別慣性偏誤的心理學智慧》（ *"Frame, 프레임 : 나를 바꾸는 심리학의 지혜"* ）（臺北：遠流出版公司，2019 年）。

四、學位論文

劉學磊：《仿生電磁場在癌癥及糖尿病治療中的應用研究》（吉林：吉林大學生物與農業工程學院農業機械化工程本科專業博士學位論文，2021 年 6 月）。

五、期刊論文

林于湘：〈在場的問題，缺席的答案：重探莎士比亞「問題劇」〉（臺北：《戲劇研究》，2013 年 7 月第 12 期，頁 33-88）。

林其羿、傅宏、王港、姚進、周楠：〈兒童的假想夥伴與其認知、人格和社會性發展的關係〉（南京：《學前教育研究》，2016 年第 5 期；總第 257 期，頁 35-45）。

林其羿、傅宏、薛豔：〈兒童假想夥伴與社會性發展的關係：理論嬗變和實證研究歷史回顧〉（南京：《學前教育研究》，南京：2018 年第 9 期；總第 285 期，頁 39-49）。

洪燕梅：〈文獻訓詁與文化研究導入方法——以《嶽麓書院藏秦簡・占夢書》為例〉（臺南：「第十二屆中國訓詁學學術研討會」，2015 年 5 月 15 日）。

洪燕梅：〈論漢簡《老子》「自智者明」與《賽斯書》之信念覺察〉，（臺北：《第十二屆漢代文學與思想國際學術研討會論文集》，政治大學中國文學系，2022 年，頁 157-184）。

殷婷婷、黃芊芊、蘇裕盛：〈重複經顱磁刺激技術對阿茲海默症治療的研究進展〉（新竹：《元培學報》，2023 年 6 月第 26 期，頁 73-85）。

張以潔：〈次人格對話（Voice Dialogue）療法〉（臺北：《諮商與輔導》2015 年 5 月第 407 期，頁 35-38）。

黃聖芸、翁滋嬪：〈體外電磁治療儀對壓力型尿失禁婦女影響之系統性回顧〉（臺北：《物理治療》，2020 年 12 月第 45 卷 4 期，頁 295-364）。

葛躍輝：〈記憶的解構重置與記憶碎片組合——精神現象學視角下曼德拉效應的實質〉（廣東：《新經濟，New Economy》，2019 年第 8 期，頁 31-34）。

鄭匡善：〈將電磁波高溫熱療法結合化學療法應用於癌症治療〉（新竹：《科儀新知》，2015 年 6 月第 203 期，頁 81-92）。

（美國）澤馬爾・齊默（Dr Ajmal Zemmar）等：〈瀕死者腦中神經元連貫性與耦合的交互作用〉（'*Enhanced Interplay of Neuronal Coherence and Coupling in the Dying Human Brain*'），（《老化神經科學前線》〔"*Frontiers in Aging Neuroscience*"〕，2022 年 2 月 22 日）。

六、網路、資料庫

「Airiti Library 華藝線上圖書館」（新北：華藝數位公司，2011 年），https://www-airitilibrary-com.autorpa.lib.nccu.edu.tw/。

「nature」（自然）（California：Nature Portfolio，1869 年），https://www.nature.com/。

「Razzie Awards」（金酸莓獎〔Golden Raspberry Awards〕）：http://www.razzies.com/index.html。

「RSA：同理心的力量」：

https://www.youtube.com/watch?v=1Evwgu369Jw&list=PL3gPqyyeKPB_lsHoef_Ro2eqATbpmCOrR&index=19。

「中國基本古籍庫」（北京：北京愛如生數字化技術研究中心，2006 年）。

「豆瓣電影」（北京：北京豆網科技有限公司〔Beijing Douwang Technology Co. Ltd.〕，2005 年），https://movie.douban.com/。

「教育部重編國語辭典修訂本」（臺北：教育部國家教育研究院，2021 年 11 月臺灣學術網路第六版），https://dict.revised.moe.edu.tw/index.jsp。

「網路電影資料庫」（Internet Movie Database，IMDb）（美國：亞馬遜公司〔Amazon.com, Inc.〕，1990 年），https://www.imdb.com/?ref_=nv_home。

「認識電影」（臺北：國家電影及視聽文化中心，2020 年），https://edumovie-tfai.org.tw/。

「劍橋詞典」（*Cambridge Dictionary*）（英國：劍橋大學出版社〔Cambridge University Press〕，2021 年），https://dictionary.cambridge.org/zht/。

「雙語詞彙、學術名詞暨辭書資訊網」（臺北，國家教育研究院，2000 年），https://terms.naer.edu.tw/。

七、參考電影

「24 個比利」（“*Monsters Inside: The 24 Faces of Billy Milligan*”，2021；中譯「心中惡魔：比利・米利根的 24 副面孔」；IMDb: tt15287836）。

「42 號傳奇」（“*42*”，2013；IMDb: tt0453562）。

「8½」（“*8½*”，1963；中譯「八部半」；IMDb: tt0056801）。

「82 年生的金智英」（“*82 년생 김지영*”，2019；IMDb: tt11052808）。

「一切始於一見鍾情」（“*Love at First Sight / The Statistical Probability of Love at First Sight*”，2023；中譯「初見傾心」；IMDb: tt13444014）。

「一個隱形女孩的自白」（“*Confissões de uma Garota Excluída / Confessions of an Invisible Girl*”，2021；IMDb: tt15204288）。

「一路玩到掛」（“*The Bucket List*”，2007；中譯「遺願清單」，港譯「玩轉身前事」；IMDb: tt0825232）。

「七號房的禮物」（“*7 번방의 선물* /Miracle In Cell No.7”，2013；港譯「爸爸的禮物」；IMDb: tt2659414）。

「人生萬萬想不到」（“*Shortcomings*”，2023；中譯「不足之處」，港譯「世上最爛的男人」；IMDb: tt14483774）。

「人間道」（“*Infernal Affairs / Mou gaan dou*”，2002；IMDb: tt0338564）。

「人選之人—造浪者」（“*Wave Makers*”，2023；IMDb: tt26687035）。

「八月心風暴」（“*August: Osage County*”，2013；中譯「八月：奧色治郡」，港譯「一個葬禮四個失禮」；IMDb: tt1322269）。

「三面夏娃」（“*The Three Faces of Eve*”，1957；IMDb: tt0051077）。

「大地的女兒」（“*Nell*”，1994；IMDb: tt0110638）。

「大亨小傳」（“*The Great Gatsby*”，2013；中譯「了不起的蓋茨比」；IMDb: tt1343092）。

「大法師」（“*The Exorcist*”，1973；中譯「驅魔人」；IMDb: tt0070047）。

「大賣空」（“*The Big Short*”，2015；IMDb: tt1596363）。

「小丑」（“*Joker*”， 2019；IMDb: tt7286456）。

「不可能的任務 7：致命清算第一章」（“*Mission: Impossible – Dead Reckoning Part One*”，2023；中譯「碟中諜 7：致命清算〔上〕」，港譯：「職業特工隊：死亡清算〔上集〕」；IMDb: tt9603212）。

「不能說的秘密」（“*Secret*”，2007；IMDb: tt1037850）。

「天能」(“*Tenet*”，2020；中譯「信條」；IMDb: tt6723592）。

「心中的小星星」（“*तारे ज़मीन पर / Taare Zameen Par* / Like Stars on Earth”，2007；中譯「地球上的星星」；IMDb: tt0986264）。

「心靈捕手」(“*Good Will Hunting*”，1997；港譯「驕陽似我」；IMDb: tt0119217）。

「心靈點滴」（“*Patch Adams*”，1998；IMDb: tt0129290）。

「戈弗雷」（“*The Right One* / Godfrey”，2021；IMDb: tt6820128）。

「火辣奇多的誕生」（"*Flamin' Hot*"，2023；中譯「熱辣奇多的誕生」；IMDb: tt8105234）。

「火線交錯」（"*Babel*"，2006；中譯「通天塔」，港譯「巴別塔」；IMDb: tt0449467）。

「王者製造」（"*킹메이커 / Kingmaker*"，2022；IMDb: tt17491616）。

「王牌大騙子」（"*Liar Liar*"， 1997；中譯「大話王」；IMDb: tt0119528）。

「王牌冤家」（"*Eternal Sunshine of the Spotless Mind*"，2004；中譯「暖暖內含光」；IMDb: tt0338013）。

「必勝球探」（"*Hustle*"，2022；港譯「籃兒當搏盡」；IMDb: tt8009428）。

「全面啟動」（"*Inception*"，2010；中譯「盜夢空間」，港譯「潛行凶間」；IMDb: tt1375666）。

「危地諜影」（"*Une zone à defender / A Zone to Defend / The Talking Cure*"，2023；IMDb: tt21276064）。

「危險療程」（"*A Dangerous Method*"，2011；中譯「危險方法，港譯「危險療情」；IMDb: tt1571222）。

「有一天」（"*One Day*"，2010；IMDb: tt1616203）。

「死前我想陪著你」（"*Coses a fer abans de morir*" / "*Things to Do Before You Die*"，2020；IMDb: tt11168488）。

「亨利・休格的神奇故事」（"*The Wonderful Story of Henry Sugar*"，2023；IMDb: tt16968450）。

「似曾相識」（"*Somewhere in Time*"，1980；中譯、港譯「時光倒流七十年」；IMDb: tt0081534）。

「你的名字」（"*君の名は / Your Name*"，2016；IMDb: tt5311514）。

「你傷害了我」（"*You Hurt My Feelings*"，2023；IMDb: tt15771916）。

「忍無可忍」（"*Intolerance: Love's Struggle Throughout the Ages*"，1916；中譯「黨同伐異」，港譯「不可思議」；tt0006864）。

「初戀這件小事」（"*สิ่งเล็กเล็กที่เรียกว่า...รัก / A Little Thing Called Love*"，2010；

港譯「初戀那件小事」；IMDb: tt1859438）。

「命運化妝師」（“*Make Up*”，2011；IMDb: tt1854552）。

「奇異博士」（“*Doctor Strange*”，2016；IMDb: tt1211837）。

「奔騰人生」（“*Secretariat*”，2010；中譯「一代驕馬」；IMDb: tt1028576）。

「居禮夫人：放射永恆」（“*Radioactive*”，2019；中譯「放射性物質」，港譯「居禮夫人：一代科研傳奇」；IMDb: tt6017756）。

「東成西就」（“*East Meets West*”，2011；IMDb: tt2091885）。

「花落花開」（“*Séraphine*”，2008；IMDb: tt1048171）。

「長輩有交代」（“*Parental Guidance*”，2012；中譯「家長指導」，港譯「PG老爺指引」；IMDb: tt1047540）。

「阿凡達」（“*Avatar*”，2009；IMDb: tt0499549）。

「阿甘正傳」（“*Forrest Gump*”，1994；IMDb: tt0109830）。

「拾光人生」（“*Kodachrome*”，2017；中譯「柯達克羅姆膠卷」；IMDb: tt1880399）。

「星星的孩子」（“*Temple Grandin*”，2010；中譯「自閉經歷」；IMDb: tt1278469）。

「星際效應」（“*Interstellar*”，2014；中譯「星際穿越」，港譯「星際啟示錄」；IMDb: tt0816692）。

「穿著 Prada 的惡魔」（“*The Devil Wears Prada*”，2006；中譯「穿普拉達的女王」，港譯「穿 Prada 的惡魔」；IMDb: tt0458352）。

「紅玫瑰白玫瑰」（“*Red Rose White Rose*”，1994；IMDb: tt0110053）。

「美麗境界」（“*A Beautiful Mind*”，2001；中譯「美麗心靈」，港譯「有你終生美麗」；IMDb: tt0268978）。

「香水」（“*Perfume: The Story of a Murderer*”，2006；IMDb: tt0396171）。

「席維斯・史特龍：不只是傳奇」（“*Sly*”，2023；中譯「史泰龍的傳奇」；IMDb: tt28254460）。

「捉迷藏」（“*Hide and Seek*”，2005；IMDb: tt0382077）。

「桂花巷」（“*Osmanthus Alley*”，1987；IMDb: tt0093125）。

「海洋天堂」（“*Ocean Heaven*”，2010；IMDb: tt1498858）。

「特斯拉」（“*Tesla: Master of Lightning*”，2000；中譯「特斯拉：閃電的主人」；IMDb: tt0272884）。

「特斯拉」（“*Tesla*”，2020；IMDb: tt5259822）。

「真情電波」（“*Radio*”，2003；IMDb: tt0316465）。

「真愛無韁 3」（“*3 Flicka: Country Pride*”，2012；中譯「弗莉卡 3」；IMDb: tt2039339）。

「記憶傳承人：極樂謊言」（“*The Giver*”，2014；中譯「記憶傳授人」，港譯「未來叛變」；IMDb: tt0435651）。

「馬克・卡文迪什：永不停歇」（“*Mark Cavendish: Never Enough*”，2023；IMDb: tt28290216）。

「馬拉松」（“*말아톤 / Marathon*”，2005；IMDb: tt0448621）。

「高年級實習生」（“*The Intern*”，2015；中譯「實習生」、港譯「見習冇限耆」；IMDb: tt2361509）。

「鬥陣俱樂部」（“*Fight Club*”，1999；中譯「搏擊俱樂部」，港譯「搏擊會」；IMDb: tt0137523）。

「婚姻故事」（“*Marriage Story*”，2019；IMDb: tt7653254）。

「寄上生流」（“*기생충 / Parasite*”，2019；中譯「寄生蟲」，港譯「上流寄生族」；IMDb: tt6751668）。

「彗星來的那一夜」（“*Coherence*”，2013；IMDb: tt2866360）。

「徘徊年代」（“*Days Before the Millenium*”，2021；IMDb: tt15446628）。

「曼德拉效應」（“*The Mandela Effect*”，2019；IMDb: tt6544220）。

「理智與情感」（“*Sense and Sensibility*”，1995；IMDb: tt0114388）。

「異星入境」（“*Arrival*”，2016；中譯「降臨」，港譯「天煞異降」；IMDb: tt2543164）。

「第六感生死戀」（“*Ghost*”，1990；中譯「人鬼情未了」；IMDb: tt0099653）。

「終極假期」（“*Last Holiday*”，2006；中譯「最後的假期」，港譯「最後旅情」；IMDb: tt0408985）。

「脫稿玩家」（“*Free Guy*”，2021；中譯「失控玩家」，港譯「爆機自由仁」；IMDb: tt6264654）。

「逍遙騎士」（“*Easy Rider*”，1969；港譯「迷幻車手」；IMDb: tt0064276）。

「喋血雙雄」（“*The Killer / Bloodshed of Two Heroes*”，1989；IMDb: tt0097202）。

「暑假作業」（“*A Time in Quchi*”，2013；IMDb: tt3102636）。

「盜夢偵探」（“*パプリカ / Paprika* ”，2006；中譯「紅辣椒」；IMDb: tt0851578）。

「童年的終結」（“*Childhood's End*”，2015；IMDb: tt4146128）。

「絕對公平」（“*Fair Play*”，2023；IMDb: tt16304446）。

「菠蘿蜜」（“*Boluomi*”，2019；IMDb: tt11071788）。

「華爾街之狼」（“*The Wolf of Wall Street*”，2013，港譯「華爾街狼人」；IMDb: tt0993846）。

「雲圖」（“*Cloud Atlas*”，2012；IMDb: tt1371111）。

「黑神駒」（“*Black Beauty*”，2020；IMDb: tt8484160）。

「傻瓜入獄記」（“*Take the Money and Run*”，1969；IMDb: tt0065063）。

「媽的多重宇宙」（“*Everything Everywhere All at Once*”，2022；中譯「瞬息全宇宙」，港譯「奇異女俠玩救宇宙」；IMDb: tt6710474）。

「愛的針鋒相對」（“*Squared Love Everlasting*”，2023；中譯「愛的平方：天長地久」；IMDb: tt28496500）。

「楚門的世界」（“*The Truman Show*”，1998；港譯「真人 Show」；IMDb: tt0120382）。

「極惡人魔」（“*Extremely Wicked, Shockingly Evil and Vile*”，2019；中譯「極端邪惡」，港譯「我的迷人男友」；IMDb: tt2481498）。

「煤氣燈下」（“*Gaslight*”，1944；港譯「恨鎖瓊樓」；IMDb: tt0036855）。

「煤氣燈下」（“*Gaslight*”，1944；港譯「恨鎖瓊樓」；IMDb: tt0036855）。

「腦筋急轉彎」（“*Inside Out*”，2015；中譯「頭腦特工隊」，港譯「玩轉腦朋友」；IMDb: tt2096673）。

「蒂爾」（“*Till*”，2022；IMDb: tt4960748）、「埋葬」（“*The Burial*”，2023；IMDb: tt5648882）。

「實習大叔」（“*The Internship*”，2013；港譯「翻生求職黨」；IMDb: tt2234155）。

「榮譽團隊」（“*Honor Society*”，2022；中譯「優等生社團」；IMDb: tt16491324）。

「與光同行」（“*光とともに / With the Light*”，2004；IMDb: tt1315266）。

「遠山遠處」（“*The Horse Boy*”，2009；IMDb: tt1333668）。

「酸酸甜甜」（“*새콤달콤 /Sweet & Sour*”，2021；IMDb: tt14599938）。

「銘謝吸煙」（“*Thank You for Smoking*”，2005；中譯「感謝你抽菸」，港譯「吸菸無罪」；IMDb: tt0427944）。

「齊天大聖西遊記」（“*A Chinese Odyssey Part Two - Cinderella*”，1995；中譯「大話西遊之大聖娶親」，港譯「西遊記大結局之仙履奇緣」；IMDb: tt0114996）。

「億萬富翁」（“*Kajillionaire*”，2020；港譯「偷呃拐騙一家人」；IMDb: tt8143990）。

「摩登時代」（“*Modern Times*”， 1936；IMDb: tt0027977）。

「誰先愛上他的」（“*Dear EX*”，2018；IMDb: tt8443704）。

「學爸」（“*Papa*”，2023；IMDb: tt17500430）。

「操控」（“*Every Breath You Take*”，2021；中譯「你的每一次呼吸」；IMDb: tt2231874）。

「穆荷蘭大道」（“*Mulholland Dr.*”，2001；中譯「穆赫蘭道」，港譯「失憶大道」；IMDb: tt0166924）。

「醒來吧，寶貝」（“*Wake up, baby*”，2013）。

「駭客任務」（“*The Matrix*”，中譯「黑客帝國」，港譯「22 世紀殺人網絡」，1999；IMDb: tt0133093）。

「龍馬精神」（“*Ride On*”，2023；IMDb: tt15430628）。

「賽德克・巴萊」（“*Warriors of the Rainbow: Seediq Bale*”，2012；tt4164468）。

「薩姆之子」（“*Son of Sam*”，2008；IMDb: tt1235074）。

「蟻人與黃蜂女：量子狂熱」(“*Ant-Man and the Wasp: Quantumania*”，2023；中譯「蟻人與黃蜂女：量子狂潮」；IMDb: tt10954600）。

「關鍵少數」（“*Hidden Figures*”，2016；中譯「隱藏人物」，港譯「NASA 無名英雌」；IMDb: tt4846340）。

「關鍵報告」（“*Minority Report*”，2002；中譯「少數派報告」，港譯「未來報告」；IMDb: tt0181689）。

「寶貝老闆」(“*The Boss Baby*”，2017；港譯「波士 BB」；IMDb: tt3874544）。

「籃板：山羊傳奇」（“*Rebound: The Legend of Earl 'The Goat' Manigault*”，1996；IMDb: tt0117450）。

「噪反」（“*Chaos Walking*”，2021；中譯「混沌行走」，港譯「讀心叛變」；IMDb: tt2076822）。

「驚魂記」（“*Psycho*”，1960；港譯「觸目驚心」；IMDb: tt0054215）。

「讓他們說吧」（“*Let Them All Talk*”，2020；IMDb: tt10808832）。

「靈異航班」(“*Passengers*”，2008；中譯「乘客」，港譯「幽靈乘客」；IMDb: tt0449487）。

「靈魂急轉彎」（“*Soul*”，2020；中譯「心靈奇旅」，港譯「靈魂奇遇記」；IMDb: tt2948372）。

國家圖書館出版品預行編目(CIP) 資料

人生「是」戲 :<<賽斯書>>生命模型與電影/洪燕梅著. -- 初版. -- 臺北市 : 元華文創股份有限公司, 2024.03

面 ; 公分

ISBN 978-957-711-363-4 (平裝)

1.CST: 超心理學 2.CST: 心靈學 3.CST: 精神分析

175.9 113001155

人生「是」戲:《賽斯書》生命模型與電影

洪燕梅　著

發 行 人:賴洋助
出 版 者:元華文創股份有限公司
聯絡地址:100 臺北市中正區重慶南路二段 51 號 5 樓
公司地址:新竹縣竹北市台元一街 8 號 5 樓之 7
電　　話:(02) 2351-1607　　傳　　真:(02) 2351-1549
網　　址:www.eculture.com.tw
E-mail:service@eculture.com.tw
主　　編:李欣芳
責任編輯:立欣
行銷業務:林宜葶
出版年月:2024 年 03 月 初版
定　　價:新臺幣 550 元

ISBN:978-957-711-363-4 (平裝)

總經銷:聯合發行股份有限公司
地 址:231 新北市新店區寶橋路 235 巷 6 弄 6 號 4F
電 話:(02)2917-8022　　傳 真:(02)2915-6275